普通高等学校土木工程专业新编系列教材

铁道线路工程概论

(第二版)

王保成　韩　峰　主编
李　斌　主审

中国铁道出版社

2016年·北京

内 容 提 要

本书主要包括铁路选线设计和铁路轨道两大部分内容，其中铁路选线设计部分讲述了铁路发展概况，铁路选线设计的基本原则，铁路线路的平、纵断面设计，铁路定线等内容；铁路轨道部分讲述了轨道结构、轨道几何形位、无砟轨道、道岔、无缝线路等部分内容。

本书为铁路高等院校土木工程和交通工程专业本专科学生教材，也可供有关技术人员学习和参考使用。

图书在版编目(CIP)数据

铁道线路工程概论/王保成，韩峰主编.—2版.—北京：中国铁道出版社，2016.9

普通高等学校土木工程专业新编系列教材

ISBN 978-7-113-22160-7

Ⅰ.①铁… Ⅱ.①王…②韩… Ⅲ.①铁路线路-铁路工程-高等学校-教材 Ⅳ.①U21

中国版本图书馆CIP数据核字(2016)第184821号

书　　名：铁道线路工程概论（第二版）
作　　者：王保成　韩　峰　主编

责任编辑：李丽娟　**电话**：(010) 51873135
助理编辑：陈美玲
封面设计：郑春鹏
责任校对：苗　丹
责任印制：郭向伟

出版发行：中国铁道出版社（100054，北京市西城区右安门西街8号）
网　　址：http://www.tdpress.com
印　　刷：北京海淀五色花印刷厂
版　　次：2010年7月第1版　2016年9月第2版　2016年9月第1次印刷
开　　本：787 mm×1 092 mm　1/16　印张：16　字数：398千
书　　号：ISBN 978-7-113-22160-7
定　　价：36.00元

第二版前言

本书第一版自2010年出版以来，得到许多读者的垂青，被不少学校选作教材。这是对我们最大的鼓励，同时也对我们提出了更高的要求，鞭策我们在已有的基础上再接再厉。

近几年来，我国铁路建设事业取得了突飞猛进的发展。铁路建设的加快推进，不仅显著提升了路网规模、质量和运输能力，而且为拉动经济增长、促进经济结构调整、服务改善民生发挥了重要作用。截止到2015年底，我国铁路营业里程达12.1万km，稳居世界第二位，其中高速铁路营业里程达1.95万km，占世界高铁营业里程的60%，在建高速铁路规模超过其他国家的总和。与铁路发展战略相适应，近几年铁路规划与设计理念、方法及相应规范等也发生了较大的变化。为了适应我国铁路建设事业和教学发展的需要，使教材反映当前学科发展水平，我们在维持原书基本体系和内容的基础上，对本书第一版做了相应的修订。

《铁道线路工程概论》(第二版)采用了最新的数据、相关建设资料和规范。对第三章第一节中的大量公式单位做了改写，完善了相关计算结果取整要求。在第四章第二节中补充了限界及线间距内容，对第三节内容顺序做了调整，使之更系统更完善。将原第五章定线原则和定线问题细分为一般地形定线和不良地质条件下的定线，更新了第一节部分工程实例。将原第七章中的曲线超高、缓和曲线设置等部分内容合并到第四章部分章节，避免内容重复出现。第九章结合目前无砟轨道的发展及应用现状，重新进行编写了相关内容。第十章结合最新的《铁路无缝线路设计规范》(TB 10015—2012)，对部分概念、道床纵横向阻力选取等方面知识进行了更新，补充新的统一无缝线路稳定性计算方法。

本书在编写过程中得到了兰州交通大学教务处、土木工程学院以及测绘与地理学院的大力支持，在此表示感谢。

本书由兰州交通大学王保成、韩峰主编，兰州交通大学李斌主审。参加编写工作的有王保成(第1～5章)、韩峰(第7、10章)及兰州交通大学李良英(第9章)，成都铁路工程学校王霏涵(第6、8章)。王保成负责全书的统稿工作。

本书在编写过程中，参考、引用了许多已出版教材、规范和其他文献资料，在此向各位编者表示感谢。由于编者水平有限，书中缺点和错误在所难免，恳请读者予以批评指正。

编　者

2016年6月

第一版前言

本书是适应教学改革的需要,根据大土木专业培养计划的需求,结合土木工程专业非道路与铁道工程方向的教学计划安排而编写的。

由于“铁道线路工程概论”是一门面向多专业教学的专业课程,因此需要一本满足不同专业不同层次教学要求的教材,编写时充分考虑了适应不同专业教学以及我国铁路建设高潮对人才培养提出的新要求,精心组织教材内容,除介绍传统的线路设计方法及轨道结构外,还引入高速铁路线路设计及无砟轨道结构等方面的内容,确保教材能够跟上铁路建设的步伐。

本书由兰州交通大学韩峰任主编,兰州交通大学王保成、李斌任副主编,中铁十二局集团公司总工程师王法岭主审。参加编写工作的有兰州交通大学韩峰(第1、8章)、王保成(第2章)、李良英(第3章)、张咏军(第4、5章)、刘永孝(第7章)、李斌(第9章),中国西北市政设计研究院有限公司初黎明(第6章),解放军工程兵指挥学院段壮志(第10章)。韩峰负责全书的统稿工作。

本书在编写过程中,参考和引用了许多已出版教材、规范和其他文献资料,在此向各位编者表示衷心的感谢。另外本书在编写过程中得到了兰州交通大学教务处、土木工程学院以及中铁十二局集团公司邢利军高工、铁道第一勘察设计院李建强高工等的大力支持,在此,一并表示感谢。

由于编者水平有限,书中的缺点和错误在所难免,请读者予以批评指正。

编　者

2010年2月

目　录

第一章 绪论

第一节 世界铁路基本状况

一、以铁路为骨干的交通多样化时代

目前,世界上比较成熟的现代化运输方式有铁路、公路、水运、航空和管道运输五种。这五种运输方式都是随着工农业生产和科学技术的发展先后出现和发展起来的。

水运是最早出现的运输方式。在19世纪以前,工农业和城镇大都是沿着水系发展的。美国的工业首先是在五大湖流域起家的,德国内河沿岸的工业总产值占全国的三分之一以上。同样,我国的工农业也是沿着长江、黄河两大水系和东南沿海发展的。

1825年,英国的发明家斯蒂芬逊发明了蒸汽机车,英国修建了世界第一条铁路,开创了铁路运输方式,从而使工农业布局摆脱了水系与沿海,深入到腹地,在工业发达的国家出现了修建铁路的高潮,一直持续到20世纪20年代末。

第二次世界大战以后,在第三次工业革命浪潮的推动下,世界交通运输领域发生了革命性变化,传统的陆路运输格局被彻底改变。公路、航空、管道等现代交通运输方式迅速兴起,对铁路形成了强大的替代性竞争,综合交通运输体系逐步形成。特别是20世纪50年代末到80年代末,由于公路运输的机动灵活与门到门,航空运输的高速便捷等优势,使得公路和航空运输快速发展,铁路几乎垄断陆上客货运输的时代结束,铁路的地位和作用逐步弱化。在其他运输方式的强烈竞争下,铁路运量大幅度下降,经营出现大面积亏损,有些国家甚至拆除了部分运量不大的铁路。

然而,公路、航空业的迅速发展,在给人们出行提供更多便利的同时,也给人类社会可持续发展带来负面影响。20世纪70年代爆发的世界石油危机给过分依赖汽车和飞机的发达国家带来了战后最严重的经济危机,让人们重新审视交通政策。近年来,随着自然环境的日益恶化和以石油为代表的化石能源的日益枯竭,人类社会开始思考和探索建设一个绿色环保交通运输体系的有效途径,铁路以其绿色的本质重新焕发了青春。

在全球能源紧张、环境恶化的大背景下,铁路以其独特的技术经济特征,再次进入人们的视野。在高新技术的推动下,高速铁路技术与货运重载技术快速发展,铁路运量大、节能、环保、快捷、安全的优势更加突出。按照完成单位运输周转量造成的环境成本测算,航空、公路客运分别是铁路客运的2.3倍、3.3倍,货运分别是铁路的15.2倍、4.9倍。同时,在完成同样运输任务的情况下,铁路的占地和排放二氧化碳、氮氧化物等污染物的数量远小于公路和航空等交通方式。由于铁路具有降耗和减排的显著优势,许多工业发达国家纷纷投入巨额资金,积极发展高速重载铁路和城市轨道交通。发展中国家也投入巨资,修建铁路,扩大铁路网。现在,从各国的交通运输发展情况来看,世界已经进入了以铁路为骨干的交通多样化时代。

二、世界铁路发展现状

据 2014 年世界银行统计,世界铁路营业里程约 113 万 km,其中美洲占 34.5%以上,欧洲占 29.9%以上,亚洲占 25.5%,非洲占 6.3%,大洋洲占 3.8%。其中铁路营业里程最长的十个国家是:美国 22.82 万 km,中国 11.18 万 km,俄罗斯 8.53 万 km,印度 6.58 万 km,加拿大 5.2 万 km,德国 3.34 万 km,澳大利亚 3.84 万 km,法国 3.0 万 km,巴西 2.98 万 km,墨西哥 2.67 万 km。

总体来看,世界铁路里程在 2014 年比 20 世纪 80 年代末减少了 20 万 km,主要是因为北美铁路在路网优化中大幅地关闭铁路,欧洲铁路里程也有小幅减少,但进入 21 世纪后,俄罗斯、亚洲国家、非洲国家、拉美国家和部分欧洲其他国家的铁路又处在建设和发展之中,所以世界铁路营业里程已基本止住减少势头。但发展中国家的铁路路网密度仍低于欧美发达国家水平。主要国家铁路按国土面积和人口计算的路网密度见图 1-1 和图 1-2。

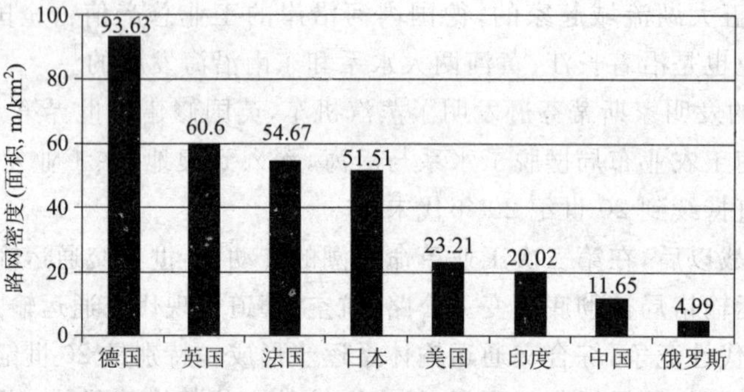

图 1-1 2014 年主要国家铁路路网密度(面积)

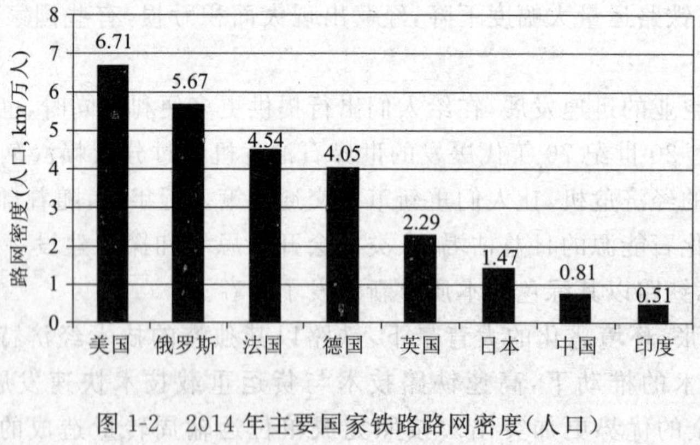

图 1-2 2014 年主要国家铁路路网密度(人口)

三、世界铁路大联网

随着各国经济的发展和世界经济一体化的趋向,世界各国对外贸易迅速增长,铁路在国际贸易货运方面发挥了重要作用。国际铁路联盟倡导和组织了一系列的国际工程,提高铁路竞争力,与有关各国政府共同组织"洲际走廊"工程,通过铁路—海路联运,将美洲、亚洲、中东、欧洲联在一起,简化运输手续,提高运输能力和运输速度,增加铁路收益。

1. 欧洲

1992年在布鲁塞尔召开了全欧高速铁路规划会议，确定了欧洲高速铁路远期发展总体规划，包括欧共体各国及奥地利和瑞士在内，高速铁路发展将达到2.3万km，其中新线1.2万km。对于整个欧洲（不包括前苏联）而言，高速铁路网里程最终将达到3.5万km，其中2万km为新线。1994年欧盟通过了在2010年建成2.9万km的泛欧高速铁路网规划，并选定了9个优先项目。其中从伦敦—巴黎—布鲁塞尔的英、法、比三国高速网已于1994年5月开通，时速250 km。1996年6月2日正式运营的新一代高速列车——"泰里斯"(Thalys)最高时速达300 km，运行于法、比、德、荷四国之间。

西班牙、葡萄牙和法国合作发展西南欧高速铁路网，其连接线路是：里斯本（葡）—马德里（西）—巴黎、巴塞罗纳（西）、塞维利亚（西）—纳尔榜（法）。

瑞典、丹麦和德国合作形成西欧大陆网：马尔默（瑞典）—哥本哈根（丹麦）—欧登塞（丹麦）—汉堡（德）。

北欧各国改造扩建既有线高速铁路网：奥斯陆（挪威）—斯德哥尔摩（瑞典）—马尔默—哥本哈根。

东北欧：赫尔辛基（芬兰）—圣彼得堡（俄）联网。

欧非大陆桥：西班牙和摩洛哥两国在直布罗陀海峡海底铁路隧道项目上达成了许多共识，拟从西班牙塔里法到摩洛哥北部的马拉巴塔角修建直布罗陀海峡隧道。隧道全长为37.7 km，其中27.2 km位于海底以下300 m深处，工程预计2025年建成。

2. 亚洲

新加坡与马来西亚合作扩建一条准高速铁路：新加坡—吉隆坡—曼谷，采用法国TGV技术。

1996年中、缅、老、越、柬、泰六国达成铁路联网协议，修建"泛亚铁路"。泛亚铁路东起中国昆明，经既有的昆玉铁路，新建的玉溪至河口准轨铁路，在河口口岸与越南铁路相连，并经柬埔寨、泰国、马来西亚的铁路网后抵达新加坡，全长约5 400 km。中国与东南亚各国已就泛亚铁路的建设方案达成共识。

中亚五国与中俄联网。1995年中亚五国（哈萨克斯坦、土库曼斯坦、吉尔吉斯斯坦、乌兹别克斯坦和塔吉克斯坦）、中国和俄罗斯七国铁道部长在北京协商，就统一车辆限界、货运运价、运输计划、车辆改造等问题达成协议。

欧亚大陆桥中段开通。1996年5月13日伊朗马什哈德和土库曼的捷詹两市之间296 km铁路新线开通，把伊朗铁路网与中亚干线连通，它向东可直通到我国新疆，向西与东欧的保加利亚、罗马尼亚等国连成一体。

2009年6月11日，联合国亚洲及太平洋经济社会委员会在曼谷举行仪式，庆祝被称为"钢铁丝绸之路"的《泛亚铁路网政府间协定》当天正式生效。泛亚铁路网是指由包括中国、缅甸、印度、蒙古、韩国、俄罗斯、塔吉克斯坦、泰国等28个亚欧国家铁路网连接贯通而成的区域性铁路网。它是在各国现有铁路网的基础上建设的，为了彼此贯通，将新建8 300 km铁路，投资约250亿美元。完工后的泛亚铁路网将总长11.4万km，横贯28个国家和地区。

泛亚铁路路线已确定为四大走廊，不仅连接亚洲国家，还通过俄罗斯与欧洲相连，通过伊朗与中东相连，有望成为亚欧贸易大通道。

东南亚走廊全长14 029 km，包括柬埔寨、老挝、马来西亚、缅甸、越南、泰国、新加坡和印尼。印尼是整个铁路网的最南端。

东北亚走廊是四大走廊中最长的,全长 44 839 km,可连接欧洲和太平洋。从德国出发,经波兰、白俄罗斯、俄罗斯、哈萨克斯坦、蒙古、中国,到达铁路网最东端的朝鲜半岛。全长 9 200 km 的泛西伯利亚铁路可将大量货物从东亚运到莫斯科,再运到欧洲。

中亚—高加索走廊全长 29 843 km,它连接着北欧和波斯湾,伊朗是它的中枢。这条走廊从芬兰的赫尔辛基出发,通过俄罗斯到里海,然后分成三路,西路经过阿塞拜疆、亚美尼亚和伊朗西部;中路通过海运直穿里海到达伊朗;东路从哈萨克斯坦、乌兹别克斯坦、土库曼斯坦到伊朗东部。三条路线在伊朗首都德黑兰交会,然后延伸到伊朗港口。

南亚走廊将中国和印度这两个地区大国连在了一起,全长 17 738 km,连接土耳其、伊朗、巴基斯坦、印度、孟加拉、缅甸、泰国(与中国云南省连通)、马来西亚和新加坡。

3. 北美洲

美国、加拿大合作扩大运能,积极开发高速重载列车技术,建立美、加、墨三国北美自由贸易区和太平洋沿岸走廊,使铁路运量大增。

4. 非洲

阿尔及利亚、摩洛哥和突尼斯计划重新启动修建连接三国的铁路线项目,总长度约 1 800 km。利比亚决定修建一条 3 000 km 的铁路来连接埃及、利比亚和乍得。西非国家经济组织计划修建一条 1 000 km 的铁路来连接贝宁、布基纳法索、尼日尔和多哥。坦桑尼亚计划建成一条与卢旺达相连的铁路。

非洲南部八国(南非、刚果、博茨瓦那、莫桑比克、赞比亚、津巴布韦、安哥拉、坦桑尼亚)合作实行货物列车运行图一体化。由南非为首建立各国的运营管理中心,大大提高了运输效率。从南非约翰内斯堡到刚果伊拉波的列车,过去要 40 天运达,而今减少为 7 天。

5. 欧、亚、北美大陆桥建设

以西伯利亚大铁路为中段,向西与欧洲铁路网相连,向东经白令海峡与北美铁路联网。亚洲部分分两期进行,近期,由西伯利亚干线东段分支,向东北经雅库塔楚科奇地区到白令海峡往西与欧洲铁路网相连;远期,另修一条东西向干线,由白令海峡西岸的乌厄连经雅库茨克往西与欧洲相连。北美部分,大陆桥东段由美国加拿大合作铺设新线到白令海峡,与亚洲相连。俄罗斯拟修建白令海峡海底隧道,隧道工程长约 103 km,深度于海面下不小于 110 m,隧道包括一条高速铁路和一条高速公路、多条输油管道、电缆和光缆,耗资 120 亿美元,海底隧道工程预计 10～15 年完成。

四、高速铁路是铁路建设的热点

回顾铁路技术发展的历史,是一部牵引能力与车速提高过程的历史。各国铁路都把提高速度作为技术发展的目标和提高竞争能力的重要手段。铁路要想生存发展必须提高车速。1825 年世界第一条铁路在英国出现时,时速为 24 km。1829 年 10 月 6 日在利物浦—曼彻斯特线上,“火箭”号蒸汽机车首创 48 km/h 的世界纪录。20 年后法国的车速已经超过了100 km/h,1890 年“克洛伯顿”号蒸汽机车时速达 143.5 km。1931 年 6 月 21 日德国费兰获·克鲁肯贝格设计的流线形“钢轨策佩林”号机车创 230 km/h 纪录。1936 年 2 月 17 日柴油机车“莱比锡”号在德国的帝国铁路线上运行速度达 205 km/h。1955 年 5 月 29 日德国波尔多—达克斯线上“BB9004”号机车创 331 km/h 纪录。1981 年 2 月 26 日法国巴黎—里昂线 TGV 高速机车时速达 380 km。1988 年 5 月 1 日德国

ICE高速列车，在富尔达—维尔茨堡区段上时速达409 km。1990年5月18日法国TGV-A高速列车创试验速度515.3 km/h纪录。1996年7月26日日本X300系列高速列车时速达443 km。2003年11月19日，日本MLX01型磁悬浮列车创造了558 km/h的世界纪录。2007年4月3日，法国进行了超高速列车最新型"V150"列车的行驶试验，时速达到574.8 km。

1964年10月1日日本建成世界上第一条高速铁路——东京到大阪的东海道高速铁路新干线，全长515.4 km，最高运行速度210 km/h。东海道新干线创造了世界上铁路与航空竞争中首次取胜的实例，日本誉之为"经济起飞的脊骨"。日本东海道新干线和法国TGV东南线的运营，在技术、商业、财政以及政治上都获得了极大的成功。东海道新干线在财务收支上已经成为日本铁路客运的主要支柱，TGV东南线也在运营10年的期限里完全收回了投资。高速铁路建设在日本和法国所取得的成就影响了很多国家。对亏损严重的各国铁路，提供了解脱困境和可以借鉴的出路。于是，从20世纪80年代末期开始，许多资金充裕、科技先进的国家，纷纷兴建新线和改建既有线路，实现250～300 km/h的最高时速。据不完全统计，截止到2015年底，全世界运营中的高速铁路营业里程总长达31 408 km，这些线路分布在中国、日本、韩国、土耳其、俄罗斯、英国、法国、德国、比利时、瑞典、意大利、西班牙等16个国家。

我国于1994年开通了时速160 km的广深准高速铁路。2003年全长404.641 km的秦沈客运专线正式运营，设计速度为200 km/h，基础设施预留提速至250 km/h。2008年8月1日京津城际高速铁路投入运营，最高速度为350 km/h，成为世界上运营中的列车速度之最，CRH3"和谐号"动车组更于2008年6月24日跑出时速394.3 km的速度。截止到2015年底，我国高速铁路总运营里程达1.95万km，占世界高速铁路营业里程的60%，在建高速铁路规模超过其他国家的总和。2015年底我国高速铁路运营线路统计如表1-1所示。

表1-1 中国高铁运营线路统计

序号	线路名称	起讫点	里程(km)	设计时速(km/h)	运营时间
1	合宁客运专线	合肥南—南京南	157	250	2008年04月18日
2	胶济客运专线	青岛—济南	393	250	2008年07月20日
3	京津城际铁路	北京南—天津	120	350	2008年08月01日
4	合武客运专线	合肥南—武汉	359	250	2009年04月01日
5	石太客运专线	石家庄—太原	232	250	2009年04月01日
6	杭深铁路甬福段	宁波—福州	581	250	2009年09月28日
7	武广高铁	武汉—广州	1 069	350	2009年12月26日
8	郑西高铁	郑州东—西安北	485	350	2010年02月06日
9	杭深铁路福夏段	福州—厦门北	273	250	2010年04月26日
10	沪宁高铁	上海—南京	301	300	2010年07月01日
11	昌九城际铁路	南昌西—九江	132	250	2010年09月20日
12	沪昆高铁沪杭段	上海虹桥—杭州东	159	350	2010年10月26日
13	宜万铁路	宜昌东—万州	377	250	2010年12月22日
14	长吉城际铁路	长春—吉林	96	250	2010年12月30日

续上表

序号	线路名称	起讫点	里程(km)	设计时速(km/h)	运营时间
15	海南东环铁路	海口—三亚	308	250	2010年12月30日
16	京沪高铁	北京南—上海虹桥	1 318	350	2011年06月30日
17	广深高铁	广州南—深圳北	102	350	2011年12月26日
18	杭深铁路厦漳段	厦门北—漳州	42	250	2012年06月29日
19	郑武高铁	郑州东—武汉	536	350	2012年09月28日
20	合蚌高铁	合肥—蚌埠南	131	350	2012年10月16日
21	哈大高铁	哈尔滨西—大连北	921	350	2012年12月01日
22	京石郑高铁	北京西—郑州东	693	350	2012年12月26日
23	宁杭高铁	南京南—杭州东	249	350	2013年07月01日
24	杭深铁路杭甬段	杭州东—宁波	150	350	2013年07月01日
25	盘营高铁	盘锦北—营口东	90	350	2013年09月12日
26	津秦高铁	天津西—秦皇岛	257	350	2013年12月01日
27	杭深铁路漳深段	漳州—深圳	472	250	2013年12月28日
28	西宝高铁	西安北—宝鸡南	138	350	2013年12月28日
29	武咸城际铁路	南湖东—咸宁南	76	250	2013年12月28日
30	柳南客运专线	柳州—南宁	226	250	2013年12月28日
31	广西沿海高铁	南宁—钦州—北海(防城港)	262	250	2013年12月28日
32	武黄城际铁路	武汉—大冶北	97	250	2014年06月18日
33	武冈城际铁路	葛店南—黄冈东	36	250	2014年06月18日
34	大西客运专线太西段	太原南—西安	570	250	2014年07月01日
35	合肥铁路南环线	肥东—长安集	40	250	2014年11月12日
36	沪昆高铁杭长段	杭州东—长沙南	883	350	2014年12月10日
37	沪昆高铁长新段	长沙南—新晃西	416	350	2014年12月16日
38	西成客运专线江成段	江油—成都东	152	250	2014年12月20日
39	成贵客运专线成乐段	成都东—乐山	135	250	2014年12月20日
40	兰新客运专线	兰州西—乌鲁木齐	1 776	250	2014年12月26日
41	南广铁路	南宁—广州南	574	250	2014年12月26日
42	贵广客运专线	贵阳北—广州南	857	250	2014年12月26日
43	青荣城际铁路	青岛北—荣城	299	250	2014年12月28日
44	沪昆高铁新贵段	新晃西—贵阳北	286	350	2015年06月18日
45	郑焦城际铁路	郑州—焦作	78	250	2015年06月26日
46	合福高铁	合肥—福州	808	350	2015年06月28日
47	哈齐客运专线	哈尔滨—齐齐哈尔南	266	300	2015年08月17日
48	沈丹高铁	沈阳南—丹东	207	250	2015年09月01日
49	吉图珲高铁	吉林—图们—珲春	359	250	2015年09月18日
50	京津城际铁路延伸段	天津—于家堡	45	350	2015年09月20日

续上表

序号	线路名称	起讫点	里程(km)	设计时速(km/h)	运营时间
51	宁安高铁	南京南—安庆	257	250	2015 年 12 月 06 日
52	南昆客专南百段	南宁—百色	223	250	2015 年 12 月 11 日
53	成渝高铁	成都东—重庆	308	350	2015 年 12 月 26 日
54	津霸客运专线	天津—霸州西	81	250	2015 年 12 月 28 日

第二节 我国铁路建设概况

一、我国铁路建设回顾

1881 年，我国建成第一条自己设计施工的铁路——唐胥铁路，不久，又制造出第一台蒸汽机车——“龙号”，从此，拉开了中国铁路建设的序幕。一百多年来，我国特定的国情使得铁路成为最重要的基础设施之一，在国土开发、区域经济发展、促进国民经济整体水平提高以及形成全国统一市场等方面发挥了重要推动作用，在国家综合运输体系中始终处于骨干地位。

1881～1949 年，旧中国仅修建了 21 810 km 铁路，其中复线只有 867 km，电气化铁路为零。相当一部分铁路因年久失修和战争破坏无法运营。铁路网的分布也极不平衡，东北地区铁路占全国铁路总营业里程的 40%，而国土面积占全国 55%的西南和西北地区铁路仅占全国总营业里程的 5%。

1949 年中华人民共和国成立后，我国铁路建设步入了加速发展的快车道。党中央、国务院把铁路摆在基础设施的重要位置，对铁路建设给予高度重视，一方面大力加强既有线改造，另一方面加快新线建设步伐，铁路建设高潮迭起，在路网建设、线路状况、技术装备和运输效率上，都取得了巨大的成就。

1. 路网建设

新中国成立以来，铁路建设坚持新线建设与旧线改造并举方针，新建了一大批干线铁路，加快了复线建设和电气化铁路建设，路网规模不断扩展，综合运输能力迅速提高，对加快国民经济发展起到了积极的促进作用。1949～2015 年，我国（不包括台湾省和香港特别行政区）共修建了 9.9 万 km 新线，是旧中国的 4.55 倍多；修建了 6.3 万 km 复线，是旧中国的72 倍多；修建了 7.4 万 km 电气化铁路，结束了旧中国没有电气化铁路的历史。铁路建设者克服重重困难，在崇山峻岭的西南地区，修建了成渝、宝成、黔桂、川黔、襄渝、阳安、来睦、黎湛、内宜、达成、南昆等干线，构成了大西南的路网骨架。在解放前根本没有铁路的西北地区，建成了天兰、兰新、兰青、青藏、南疆、包兰、干武、宝中、北疆等干线，加强了大西北与内地的联系。在华北地区，建成了丰沙、京承、京原、京通、通坨、京秦、大秦、太焦、邯长、新菏、侯西等干线，以及纵贯南北的京九大干线，首都北京已形成九条干线的大型枢纽。在东南沿海，建成了兰烟、兖石、肖甬、鹰厦、外福、皖赣、阜淮、广梅汕、三茂等干线；在华中地区，建成了焦枝、枝柳、汉丹、武大、大沙、合九等干线；在东北地区，修建了沟海、通让等联络线，汤林、牙林、长林、林碧等森林线，以及霍林河、伊敏河等煤矿支线。在沿海各大港口地区修建了疏港通道；在与俄罗斯、朝鲜和越南等国边境铁路接轨的基础上，又先后打通了与蒙古、哈萨克斯坦等国联系的通道，为我国对外开放创造了良好的条件。

目前,铁路覆盖了我国全部省、自治区、直辖市,已形成京哈、沿海、京沪、京九、京广、大湛、包柳、兰昆"八纵"和京兰、煤运北、煤运南、陆桥、宁西、沿江、沪昆(成)、西南出海"八横"组成的"八纵八横"路网主骨架。构成了纵横交错、干支结合的铁路运输网络,初步形成了横贯东西、沟通南北、联结亚欧的路网骨架,路网布局趋于合理,路网质量有所提高。中国铁路部分主要线路线名如表1-2所示。

表1-2 中国铁路部分主要线路线名

线名	起点站	终点站	里程	所经省市自治区	单双线	电气化
沪昆线	上海	昆明	2 690	沪浙赣湘贵云	双线	全部
兰新线	兰州	阿拉山口	2 423	甘新	双线	全部
京九线	北京	深圳	2 372	京冀鲁皖赣粤	双线	全部
京广线	北京	广州	2 300	京冀豫鄂湘粤	双线	全部
京广高速线	杜家坎所	广州南	2 281	京冀豫鄂湘粤	双线	全部
兰青、青藏线	兰州	拉萨	2 188	甘青藏	部分双线	部分
沪汉蓉线	上海虹桥	成都东站	1 985	沪苏皖鄂渝川	双线	全部
陇海线	连云港东	兰州	1 746	苏皖豫陕甘	双线	全部
焦柳线	月山	柳州	1 651	豫鄂湘桂	部分双线	部分
京沪线	北京	上海	1 463	京津冀鲁苏皖沪	双线	全部
南疆线	吐鲁番	喀什	1 445	新	部分双线	部分
京沪高速线	北京南	上海虹桥	1 318	京冀津鲁苏皖沪	双线	全部
京哈线	北京	哈尔滨	1 249	京冀津辽吉黑	双线	全部
成昆线	成都	昆明	1 100	川云	部分双线	全部
湘桂线	衡阳	凭祥	1 013	湘桂	部分双线	部分
宁西线西合段	西安	合肥	988	陕豫皖	单线	部分
包兰线	包头	兰州	979	内蒙宁甘	部分双线	全部
集通线	集宁赉红	通辽	959	辽内蒙	单线	
滨洲线	哈尔滨	满洲里	935	黑内蒙	双线	
包西线	包头西	新丰镇	864	内蒙陕	双线	全部
富西线	富裕	古莲	860	黑内蒙	单线	
湘渝线	老河口东	重庆	841	鄂陕川渝	双线	全部
南昆线	南宁	昆明	828	桂云	单线	全部
京包线	北京北	包头	820	京冀晋内蒙	双线	部分
京通线	昌平	通辽	804	京冀内蒙	单线	
太中线北中段	北六堡	中卫	724	晋陕宁	部分双线	全部
鹰厦线	鹰潭	厦门	694	赣闽	单线	全部
徐兰高速线郑宝段	郑州东	宝鸡南	690	豫陕	双线	全部
临策线临额段	临河	额济纳	684	内蒙	单线	
宝成线	宝鸡	成都	669	陕甘川	部分双线	全部
新石线	新乡	日照	630	豫鲁	双线	全部

“十二五”期间，全国铁路新线投产 3.05 万 km，特别是高速铁路建设取得巨大成就，京沪高铁、京广高铁、哈大高铁、兰新高铁等一批重大项目建成通车，基本形成了以“四纵四横”为主骨架的高速铁路网。高速铁路网络已经连接全国超过一半的 50 万以上人口城市。铁路建设的加快推进，不仅显著提升了路网规模、质量和运输能力，而且为拉动经济增长、促进经济结构调整、服务改善民生发挥了重要作用。截止到 2015 年底，铁路营业里程为 12.1 万 km(不含台湾省)，其中高铁营业里程达到 1.95 万公里，复线里程 6.4 万 km，复线率为 52.9%，电气化里程 7.4 万 km，电化率为 60.8%，西部地区营业里程 4.8 万 km。2008 年～2015 年我国高速铁路基本情况如表 1-3 所示。

表 1-3 我国高速铁路基本情况

年 份	营业里程(km)	占铁路营业里程比重(%)	客运量(万人)	占铁路客运量比重(%)	旅客周转量(万人・公里)	占铁路客运周转量比重(%)
2008	672	0.8	734	0.5	15.6	0.2
2009	2 699	3.2	4 651	3.1	162.2	2.1
2010	5 133	5.6	13 323	8.0	463.2	5.3
2011	6 601	7.1	28 552	15.8	1 058.4	11.0
2012	9 356	9.6	38 815	20.5	1 446.1	14.7
2013	11 028	10.7	52 962	25.1	2 141.1	20.2
2014	16 456	14.7	88 500	38.5		
2015	19 458	16.3	96 100	37.9		

2. 轨道结构

截至 2014 年底，国家铁路铺设无缝线路的里程已达 87 695 km，占正线里程的 78.4%。

3. 闭塞方式

截至 2014 年底，国家铁路半自动闭塞里程为 30 178 km，自动闭塞里程为 35 396 km，调度集中里程 15 477 km。

4. 桥梁

截至 2013 年底，全路有桥梁 64 729 座(12 372 km)。其中，500 m 以上的特大桥 3 483 座(8 047 km)，100～500 m 的大桥 10 610 座(2 535 km)，20～100 m 的中桥 19 822 座(1 163 km)，小桥 30 814 座(627 km)。

5. 隧道

截止 2013 年底，全路有隧道 10 330 座，8 365km。其中，万米以上的特长隧道 60 座(866 km)，3 000～10 000 m 的长隧道 550 座(3 251 km)，500～3 000 m 的中长隧道 3 168 座(3 722 km)，小于 500 m 的短隧道 6 612 座(1 392 km)。

6. 车站

截止 2013 年底，国家铁路车站 5 255 个。其中，特等站 53 个、一等站 243 个、二等站 437 个、三等站 910 个。办理客运业务的有 1 530 个，办理货运业务的有 2 796 个，办理集装箱业务的 426 个。

7. 机车车辆

到 2015 年底，全国铁路机车拥有量为 2.1 万台。内燃机车占 43.2%，电力机车占 56.8%。全国铁路客车拥有量为 6.5 万辆，“和谐号”动车组 1 883 组、17 648 辆。全国铁路货车拥有量为72.3万辆。

8. 运输效率

随着我国复线、电气化和内燃化水平的提高,铁路运输效率也随之提高,有的技术指标已进入世界先进行列。2014年国家铁路主要技术指标如表1-4所示。

表1-4　2014年客、货运主要技术指标

主要指标	客　运	货　运
周转量	11 556.36亿人·km	25 103.42亿t·km
运输平均运距	492 km/人	722 km/t
平均技术速度	84.9 km/h	49.9 km/h
平均旅行速度	75.0 km/h	35.6 km/h
客、货运密度	1 323万人·km/km	3 493万t·km/km
货运机车日产量		143.4万t·km/台
货物列车平均牵引质量		3 535 t

二、中长期铁路网规划

铁路是国民经济大动脉、关键基础设施和重大民生工程,是综合交通运输体系的骨干和主要交通方式之一,在我国经济社会发展中的地位和作用至关重要。加快铁路建设特别是中西部地区铁路建设,是稳增长、调结构,增加有效投资,扩大消费,既利当前、更惠长远的重大举措。2016年7月13日国务院批准了《中长期铁路网规划》,以交通大动脉建设支撑经济社会升级发展。到2020年,铁路网规模达到15万km,其中高速铁路3万km。到2025年,铁路网规模达到17.5万km左右,其中高速铁路3.8万km左右,网络覆盖进一步扩大,路网结构更加优化,骨干作用更加显著,更好发挥铁路对经济社会发展的保障作用。展望到2030年,基本实现内外互联互通、区际多路畅通、省会高铁连通、地市快速通达、县域基本覆盖。

这一规划实施完成后,铁路网将连接20万人口以上城市、资源富集区、货物主要集散地、主要港口及口岸,基本覆盖县级以上行政区。高速铁路网连接主要城市群,基本连接省会城市和其他50万人口以上大中城市,形成以特大城市为中心覆盖全国、以省会城市为支点覆盖周边的高速铁路网。实现相邻大中城市间1~4 h交通圈,城市群内0.5~2 h交通圈。与其他交通方式高效衔接,形成系统配套、一体便捷、站城融合的铁路枢纽,实现客运换乘"零距离"、物流衔接"无缝化"、运输服务"一体化"。

(一)高速铁路网

为满足快速增长的客运需求,优化拓展区域发展空间,在"四纵四横"高速铁路的基础上,增加客流支撑、标准适宜,发展需要的高速铁路,部分利用时速200 km铁路,形成以"八纵八横"主通道为骨架、区域连接线衔接、城际铁路补充的高速铁路网,实现省会城市高速铁路通达、区际之间高效便捷相连。

高速铁路主通道规划新增项目原则采用时速250 km及以上标准(地形地质及气候条件复杂困难地区可以适当降低),其中沿线人口城镇稠密、经济比较发达、贯通特大城市的铁路可采用时速350 km标准。区域铁路连接线原则采用时速250 km及以下标准。城际铁路原则采用时速200 km及以下标准。

1."八纵八横"高速铁路主通道

(1)"八纵"通道

①沿海通道。大连(丹东)—秦皇岛—天津—东营—潍坊—青岛(烟台)—连云港—盐城—南通—上海—宁波—福州—厦门—深圳—湛江—北海(防城港)高速铁路(其中青岛至盐城段利用青连、连盐铁路,南通至上海段利用沪通铁路),连接东部沿海地区,贯通京津冀、辽中南、山东半岛、东陇海、长三角、海峡西岸、珠三角、北部湾等城市群。

②京沪通道。北京—天津—济南—南京—上海(杭州)高速铁路,包括南京—杭州、蚌埠—合肥—杭州高速铁路,同时通过北京—天津—东营—潍坊—临沂—淮安—扬州—南通—上海高速铁路,连接华北、华东地区,贯通京津冀、长三角等城市群。

③京港(台)通道。北京—衡水—菏泽—商丘—阜阳—合肥(黄冈)—九江—南昌—赣州—深圳—香港(九龙)高速铁路;另一支线为合肥—福州—台北高速铁路,包括南昌—福州(莆田)铁路。连接华北、华中、华东、华南地区,贯通京津冀、长江中游、海峡西岸、珠三角等城市群。

④京哈—京港澳通道。哈尔滨—长春—沈阳—北京—石家庄—郑州—武汉—长沙—广州—深圳—香港高速铁路,包括广州—珠海—澳门高速铁路。连接东北、华北、华中、华南、港澳地区,贯通哈长、辽中南、京津冀、中原、长江中游、珠三角等城市群。

⑤呼南通道。呼和浩特—大同—太原—郑州—襄阳—常德—益阳—邵阳—永州—桂林—南宁高速铁路。连接华北、中原、华中、华南地区,贯通呼包鄂榆、山西中部、中原、长江中游、北部湾等城市群。

⑥京昆通道。北京—石家庄—太原—西安—成都(重庆)—昆明高速铁路,包括北京—张家口—大同—太原高速铁路。连接华北、西北、西南地区,贯通京津冀、太原、关中平原、成渝、滇中等城市群。

⑦包(银)海通道。包头—延安—西安—重庆—贵阳—南宁—湛江—海口(三亚)高速铁路,包括银川—西安以及海南环岛高速铁路。连接西北、西南、华南地区,贯通呼包鄂、宁夏沿黄、关中平原、成渝、黔中、北部湾等城市群。

⑧兰(西)广通道。兰州(西宁)—成都(重庆)—贵阳—广州高速铁路。连接西北、西南、华南地区,贯通兰西、成渝、黔中、珠三角等城市群。

(2)"八横"通道

①绥满通道。绥芬河—牡丹江—哈尔滨—齐齐哈尔—海拉尔—满洲里高速铁路。连接黑龙江及蒙东地区。

②京兰通道。北京—呼和浩特—银川—兰州高速铁路。连接华北、西北地区,贯通京津冀、呼包鄂、宁夏沿黄、兰西等城市群。

③青银通道。青岛—济南—石家庄—太原—银川高速铁路(其中绥德至银川段利用太中银铁路)。连接华东、华北、西北地区,贯通山东半岛、京津冀、太原、宁夏沿黄等城市群。

④陆桥通道。连云港—徐州—郑州—西安—兰州—西宁—乌鲁木齐高速铁路。连接华东、华中、西北地区,贯通东陇海、中原、关中平原、兰西、天山北坡等城市群。

⑤沿江通道。上海—南京—合肥—武汉—重庆—成都高速铁路,包括南京—安庆—九江—武汉—宜昌—重庆、万州—达州—遂宁—成都高速铁路(其中成都至遂宁段利用达成铁路),连接华东、华中、西南地区,贯通长三角、长江中游、成渝等城市群。

⑥沪昆通道。上海—杭州—南昌—长沙—贵阳—昆明高速铁路。连接华东、华中、西南地区,贯通长三角、长江中游、黔中、滇中等城市群。

⑦厦渝通道。厦门—龙岩—赣州—长沙—常德—张家界—黔江—重庆高速铁路(其中厦门至赣州段利用龙厦铁路、赣龙铁路,常德至黔江段利用黔张常铁路)。连接海峡西岸、中南、西南地区,贯通海峡西岸、长江中游、成渝等城市群。

⑧广昆通道。广州—南宁—昆明高速铁路。连接华南、西南地区,贯通珠三角、北部湾、滇中等城市群。

2. 拓展区域铁路连接线

在"八纵八横"主通道的基础上,规划建设高速铁路区域连接线,进一步完善路网、扩大覆盖。

①东部地区。北京—唐山、天津—承德、日照—临沂—菏泽—兰考、上海—湖州、南通—苏州—嘉兴、杭州—温州、合肥—新沂、龙岩—梅州—龙川、梅州—汕头、广州—汕尾等铁路。

②东北地区。齐齐哈尔—乌兰浩特—白城—通辽、佳木斯—牡丹江—敦化—通化—沈阳、赤峰和通辽至京沈高铁连接线、朝阳—盘锦等铁路。

③中部地区。郑州—阜阳、郑州—濮阳—聊城—济南、黄冈—安庆—黄山、巴东—宜昌、宣城—绩溪、南昌—景德镇—黄山、石门—张家界—吉首—怀化等铁路。

④西部地区。玉屏—铜仁—吉首、绵阳—遂宁—内江—自贡、昭通—六盘水、兰州—张掖、贵港—玉林等铁路。

3. 发展城际客运铁路

在优先利用高速铁路、普速铁路开行城际列车服务城际功能的同时,规划建设支撑和引领新型城镇化发展、有效连接大中城市与中心城镇、服务通勤功能的城市群城际客运铁路。

京津冀、长三角、珠三角、长江中游、成渝、中原、山东半岛等城市群,建成城际铁路网;海峡西岸、哈长、辽中南、关中、北部湾等城市群,建成城际铁路骨架网;滇中、黔中、天山北坡、宁夏沿黄、呼包鄂榆等城市群,建成城际铁路骨干通道。

(二)普速铁路网

扩大中西部路网覆盖,完善东部网络布局,提升既有路网质量,推进周边互联互通,形成覆盖广泛、内联外通、通边达海的普速铁路网,提高对扶贫脱贫、地区发展、对外开放、国家安全等方面的支撑保障能力。到 2025 年,普速铁路网规模达到 13.1 万 km 左右,并规划实施既有线扩能改造 2 万 km 左右。

1. 区际快捷大能力通道

推进普速干线通道瓶颈路段、卡脖子路段及关键环节建设,形成跨区域、多径路、便捷化大能力区际通道。结合新线建设和实施既有铁路扩能,强化集装箱、快捷、重载等运输网络,形成高效率的货运物流网,提高路网整体服务效率,扩大有效供给。

①京津冀—东北通道。利用京哈、津山、沈山、哈大、集通等铁路,实施京通、平齐等铁路扩能,构建北京(天津)—沈阳—哈尔滨—绥芬河(同江)、北京(天津)—通辽—齐齐哈尔—满洲里等进出关通道,连接京津冀、辽中南、哈长城市群。

②京津冀—长三角、海峡西岸通道。利用京沪、京九、华东二通道、皖赣、金温、赣龙等铁路,建设阜阳—六安—景德镇、衢州—宁德、兴国—永安—泉州等铁路,实施皖赣等铁路改造,构建北京(天津)—济南—上海(杭州、宁波)、北京(天津)—商丘—南昌—福州(厦门)通道,连接京津冀、长三角、长江中游及海峡西岸城市群。

③京津冀—珠三角、北部湾通道。利用京广、京九、湘桂、焦柳、大湛等铁路,建设龙川—汕尾等铁路,实施焦柳、洛湛南段扩能改造,构建北京—武汉—广州(南宁)、北京—南昌—深圳通道,连接京津冀、中原、长江中游、珠三角及北部湾等城市群。

④京津冀—西北(西藏)通道。利用京包兰、临哈、南疆以及京广、石太、太中银、兰青、青藏等铁路,实施青藏铁路格拉段、南疆铁路等扩能改造,建设柳沟—三塘湖—将军庙铁路,构建北京(天津)—呼和浩特—乌鲁木齐—喀什、北京(天津)—石家庄—太原—兰州—西宁—拉萨通道,连接京津冀、兰西城市群及西藏地区。

⑤京津冀—西南通道。利用京广、沪昆、南北同蒲、西康、襄渝、成昆、内昆等铁路,构建北京—西安(长沙)—川、渝、黔、滇通道,连接京津冀与滇中城市群。

⑥长三角—西北通道。利用京沪、陆桥以及宁西铁路等,实施西平铁路、宝中铁路平凉至中卫段扩能、三门峡经禹州至江苏沿海港口铁路,构建长三角—西安—乌鲁木齐—阿拉山口(霍尔果斯)通道,连接长三角、中原、关中平原、兰西城市群。

⑦长三角—成渝通道。利用京沪、宁西、宁启、铜九、武九、武襄渝、达成、成渝等铁路,实施南京—芜湖—铜陵—九江铁路等扩能改造,建设九江—岳阳—常德、黔江—遵义—昭通—攀枝花—大理铁路,规划研究沿江货运铁路,构建上海—南京(合肥)—武汉—重庆—成都沿江通道,连接长三角、长江中游、成渝城市群。

⑧长三角—云贵通道。利用沪昆、金温铁路等,建设宁波(台州)—金华、温州—武夷山—吉安、赣州—郴州—永州—兴义铁路,实施衡茶吉铁路扩能,构建长三角、长江中游至云贵地区通道。

⑨长三角—珠三角通道。利用沪昆、京九、京广等铁路,实施赣韶铁路扩能,连接长三角、珠三角城市群。

⑩珠三角—西南通道。利用京广、沪昆、渝黔、广茂、黎湛铁路等,建设柳州—梧州—广州、韶关—贺州—柳州—百色铁路,实施渝怀、黔桂、南昆铁路扩能,构建珠三角至西南地区通道。

⑪山东半岛—西北通道。利用胶济、石德、石太、太中银、兰新铁路等,建设平凉经固原至定西等铁路,构建山东半岛西向联系通道。

⑫西北—西南通道。利用兰新、陇海、宝成、包西、兰渝、西康、襄渝、渝黔、成昆、内昆等铁路,建设库尔勒—格尔木、格尔木—成都等铁路,构建西北(含呼包鄂榆)至西南地区通道。

同时,利用大秦、神朔、朔黄、张唐、新菏兖日、山西中南部、宁西等铁路,建设蒙西至华中地区、庆阳—黄陵、庆阳—平凉、神木—瓦塘等铁路,构建西煤东运、北煤南运、海(江)铁联运大通道,完善煤炭集疏运系统,提升煤运通道能力。

2."一带一路"国际通道

推进我国与周边互联互通,完善口岸配套设施,强化沿海港口后方通道。

①西北方向。规划建设克拉玛依—塔城(巴克图)、喀什—伊尔克什坦、喀什—红其拉甫、阿勒泰—喀纳斯(吉克普林)、阿勒泰—吉木乃等铁路及满都拉、乌力吉、老爷庙等口岸铁路。

②西南方向。实施南宁—凭祥铁路扩能,规划建设芒市—猴桥、临沧—清水河、日喀则—吉隆、日喀则—亚东、靖西—龙邦、防城港—东兴等铁路。

③东北方向。实施集宁—二连浩特铁路扩能,规划建设伊尔施—阿日哈沙特、海拉尔—黑山头、莫尔道嘎—室韦、古莲—洛古河、虎林—吉祥、密山—档壁镇、南坪—茂山、开山屯—三峰、长白山—惠山、盘古—连崟等铁路。

④沿海方向。以大连、秦皇岛、天津、烟台、青岛、连云港、上海、宁波、舟山、福州、泉州、厦门、汕头、深圳、广州、茂名、湛江、海口等沿海城市及重要港口为支点,畅通港口城市后方铁路通道及集疏运体系,构建连接内陆、铁海联运的国际交通走廊。

3. 脱贫攻坚和国土开发铁路

扩大路网覆盖面。建设安康—恩施—张家界、赣州—郴州—永州—兴义、阜阳—六安—景德镇、温州—武夷山—吉安、兴国—永安—泉州、黔江—遵义—昭通—攀枝花—大理、宁德—南平、瑞金—梅州、建宁—冠豸山、韶关—贺州—柳州—百色、黄陵—庆阳—平凉—固原—定西、额济纳—酒泉、汉中—巴中—南充、贵阳—兴义、黄桶—百色、涪陵—柳州、泸州—遵义、师宗—文山、临沧—普洱等铁路。

完善进出西藏、新疆通道。建设川藏铁路雅安—昌都—林芝段、滇藏铁路香格里拉—邦达段、罗布泊—若羌—和田、成都—格尔木、柳沟—三塘湖—将军庙、西宁—玉树—昌都铁路，研究建设新藏铁路和田—日喀则段，形成进出西藏、新疆、青海及四省藏区的便捷通道。

促进沿边开发开放。建设韩家园—黑河、孙吴—逊克—乌伊岭、鹤岗—富锦、创业—饶河—东方红、东宁—珲春等东北沿边铁路，芒市—临沧—文山—靖西—防城港等西南沿边铁路。

4. 强化铁路集疏运系统

以资源富集区、主要港口及物流园区为重点，规划建设地区开发性铁路以及疏港型、园区型等支线铁路，形成干支有效衔接、促进多式联运的现代铁路集疏运系统，畅通铁路运输的“最先一公里”和“最后一公里”。

上述路网方案实现后，远期铁路网规模将达到20万km左右，其中高速铁路4.5万km左右。

(三)综合交通枢纽

统筹运输网络格局，按照“客内货外”的原则，优化铁路枢纽布局，完善系统配套设施，修编铁路枢纽总图。创新体制机制，统筹建设运营，促进同步建设、协同管理，形成系统配套、一体便捷、站城融合的现代化综合枢纽。研究制定综合枢纽建设、运营、服务等标准规范。构建北京、上海、广州、武汉、成都、沈阳、西安、郑州、天津、南京、深圳、合肥、贵阳、重庆、杭州、福州、南宁、昆明、乌鲁木齐等综合铁路枢纽。

1. 客运枢纽

按照“零距离”换乘要求，同站规划建设以铁路客站为中心、与其他交通方式有机衔接的综合交通体，特大城市要强化铁路客运枢纽、机场、城市轨道交通的便捷联结。实施站区地上地下立体综合开发，打造高效便捷的综合客运枢纽和产城融合发展的临站经济区。同步强化客运枢纽场站设施，完善动车段(所)、客运机车车辆以及维修设施，完善客运枢纽(高铁车站)快件集散等快捷货物服务功能设施。

2. 货运枢纽

合理布局铁路物流中心、铁路集装箱中心站及末端配送服务设施，扩大货物集散服务网络。按照“无缝化”衔接要求，完善货运枢纽多式联运、集装箱运输、邮政快递运输、国际联运以及集疏运等“一站式”服务设施，提升枢纽集散能力和服务效率。优化货运枢纽编组站，完善货运机车车辆设施。布局建设综合维修基地、应急救援基地以及配套完善铁路战备设施等。以发展枢纽型园区经济为导向，推进传统货运场站向城市物流配送中心、现代物流园区转型发展。

复习思考题

1. 目前成熟的交通运输方式有哪几种？试举出几种技术经济指标来对它们进行评价。
2. 铁路与其他交通运输方式比较有哪些优势？
3. 各大洲有哪些大陆桥建设项目？
4. 我国铁路提速经过哪些时间节点？
5. 我国中长期铁路网规划的发展目标是什么？

第二章 铁路选线设计的基本原则

第一节 铁路总体设计

一、我国铁路设计工作的发展过程

我国铁路兴建之初，管理权为外国人把持，设计工作也为外国人包办。但是，中国人民是勤劳智慧的人民，在铁路修建的实践中，涌现出许多有成就的中国铁路工程师。1905～1909年勘测设计京张铁路并领导施工的詹天佑，就是一个杰出的代表。

京张铁路由北京丰台经西直门至张家口，翻越燕山山脉，工程非常艰巨。勘测时，詹天佑在西直门沙城间选出了三条比较线。第一条出西直门、经南口进入关沟，穿居庸关，越八达岭，过康庄、沙城、宣化到达张家口；第二条由西直门，经昌平、明陵，出得胜口，过延庆沿眇水到达沙城；第三条由西直门西行，经石景山、三家店，沿永定河河谷而达沙城。当时投资有限，第三条比较线虽然直短，但工程大，造价高，而第二条比较线又迂回太远，因而选定第一条比较线进行勘测设计。该线路走向顺直、节省造价，是当时情况下的最佳决策。

京张铁路由南口至康庄的关沟段，穿越八达岭，地形困难，纵坡陡峻。詹天佑创造性地采用了2—8—8—2型双节蒸汽机车与33‰的最大坡度，并引进国外的自动车钩车辆；利用青龙桥车站设计了人字形展线。通过这样精心设计，减少了工程数量，仅隧道总延长就较英国人选定的线路缩短2 000 m，使工程造价大大降低。在施工组织过程中，詹天佑编制了隧道施工组织规划，并在长达1 091 m的八达岭隧道施工中，开挖两个竖井，以加快施工进度。他亲自进行精密测量，指导工人打眼放炮；在怀来河大桥的架梁中预先就地拼装，加快了施工进度。在整个设计施工中，他采取有效措施，克服了资金不足、材料机具缺乏、技术工人不足等困难，使这条铁路比原计划提前两年建成，工程费结余白银28万两。詹天佑坚持在京张铁路采用1 435 mm的轨距，并建议作为全国的标准轨距，这是很有远见的。詹天佑还编定了“京张铁路标准图”和“行车、养路、机车、电报”等规则共33章，可谓我国最早的设计规范与管理规程。

辛亥革命后，我国的铁路工程师勘测设计了不少铁路，其中粤汉路株(洲)韶(关)段的选线和浙赣路钱塘江大桥的修建，誉满中外。

新中国成立以后，我国铁路勘测设计工作面貌一新，原铁道部成立了专门的勘测设计总队，以后逐步发展为地区性和专业性的设计院，目前拥有几万人的勘测设计队伍，铁路勘测设计的实践和理论，都有了长足的进展。

为了统一全路的设计标准，提高勘测设计质量，原铁道部颁布并多次修订了铁路设计规范，编制了一系列指导勘测设计的基本文件，建立了各个设计阶段鉴定审批的工作程序。在有关规章制度和勘测设计的实践中，体现了总体设计思想，并制定了总体设计负责人和专业负责人的岗位责任制，强调勘测中要重视地质情况和水文条件，明确了设计铁路要根据国家运输要求，有的放矢地设计铁路能力。设计方案的选定，要经过技术经济比较。航空勘测、遥感技术和计算机辅助设计技术已在勘测设计中广泛采用。在线路设计方面，无论是山区铁路、电气化、内燃化铁路,还是重载高速铁路,以及既有线改建和第二线设计,都积累了丰富经验,取得了长足进步。对高填深挖、风沙、冻土、软土、膨胀土的路基设计,以及轻型挡墙、抗滑桩等支挡建筑物的设计方面,都取得了突破和创新。在对新型混凝土轨枕、整体道床、焊接长钢轨、可动心轨道岔以及钢轨扣件等轨道结构条件的改善方面,都取得了可喜的成就。铁道工程设计技术已创立了我国自己的特色。

二、铁路选线设计的基本任务

铁路设计的基本任务是提出质量可靠的设计文件,以保证铁路投资的经济效益。铁路设计是一项涉及面广、技术比较复杂的工作,必须按照规定的程序进行勘测,提供设计所需要的资料。因此,铁路勘测与设计是一项综合性的整体工作。

铁路设计所需要的资料包括经济资料(如设计线的客运量、货运量、地方运量与直通运量的比重、车站装卸量等)与技术资料(如铁路沿线的地形、地质、气象等)两类。经济资料与技术资料分别通过经济勘察(即经济调查)与技术勘测获得。

铁路选线设计是整个铁路设计中一项关系全局的总体性工作,它的基本任务是:

1. 规划线路的基本走向,选定主要技术标准

在宏观层面上,根据国家政治、经济、国防的需要及设计线在交通运输系统中和在铁路网中的地位和作用,根据经济调查得到的客货运量资料并结合线路经过地区的自然条件、资源分布、工农业发展等情况,规划线路的基本走向,选定设计线的主要技术标准。

2. 设计线路的空间位置

根据沿线的地形、地质、水文等自然条件和村镇、交通、农田、水利设施等具体情况,设计线路的空间位置(平面、纵断面、横断面),并在保证行车安全的前提下,力争提高线路质量,降低工程造价,节约运营支出。

3. 布置线路上各种铁路建筑物

与其他各专业共同研究,合理布置线路上各种建筑物,如车站、桥梁、隧道、涵洞、路基、挡墙等,并确定其位置、类型及规模,使其总体上互相配合,全局上经济合理,为进一步单项设计提供依据。

铁路选线设计工作必须从国家的全局出发,统筹兼顾,正确处理铁路与工农业的关系,近期与远期的关系。要做好铁路建设与水利、公路、航运以及城乡建设的配合;要贯彻“以农业为基础”的方针,节约用地,少占良田,保证农业灌溉,方便农村交通,并结合工程改地造田。

铁路选线设计工作要坚持勤俭节约的原则,既要防止标准过高,又要照顾到将来的发展。要因地制宜,就地取材,力求节约人力、物力和财力。要加速实现铁路现代化,积极而慎重地采用新技术、新结构、新设备、新材料。

铁路选线设计必须讲究经济效益,既要考虑铁路的部门效益,又要考虑全局的社会效益,在拟定设计决策和评选原则方案时,更应着眼于社会效益。

铁路选线设计中,要认真进行调查研究工作,切实做好经济调查和地形、地质、水文的勘测工作。要从大面积着手,由面到带,逐步接近,实事求实地评选比较方案,选定合理的线路位置。

三、铁路基本建设程序

基本建设程序是指国家按照项目建设的客观规律制定的,在项目立项、决策、设计、工程实施、竣工验收并交付使用整个建设过程中,各项工作必须遵循的先后工作次序。2003 年原铁

道部制定的《铁路建设管理办法》和 2007 年 8 月发布的《铁路建设项目预可行性研究、可行性研究和设计文件编制办法》规定：铁路大中型建设项目的决策阶段应进行预可行性研究和可行性研究，铁路设计按两阶段设计，即初步设计和施工图。对于工程简易的建设项目，可不编制预可行性研究文件，设计可按一阶段设计，即施工设计，文件深度应满足项目决策和工程实施的要求，同时加强铁路建成后的后评估工作。

1. 预可行性研究

预可行性研究文件是项目立项的依据，应按铁路建设的长远规划，充分利用国家和行业资料，经调查踏勘后编制。在预可行性研究中，要从宏观上论证项目的必要性，为项目建议书提供必要的基础资料。其内容和深度主要包括：系统研究建设项目在路网及交通运输中的意义和作用，论证项目的必要性；解决拟建规模、线路起讫点和线路走向方案（改建铁路则应针对其运能与运量不相适应的薄弱环节拟定改建初步方案，铁路枢纽则应结合总图规划拟定研究年度的建设方案）；提出主要技术标准、各项主要技术设备设计原则的初步意见和主要工作内容；对相关工程和外部协作条件作初步分析；提出建设时机及工期、主要工程数量、投资估算、资金筹措设想；初步进行经济评价；从宏观上分析对自然和社会环境的影响。

预可行性研究中，对影响线路走向方案选择的长距离、大面积地质条件极其复杂的地区，应开展遥感工作，编制遥感地质报告，对线路走向方案做出地质评价。

对于地形地质特别复杂，线路可能方案较多，范围较大的地区，应在预可行性研究中提出加深地质工作的具体意见，经审查后，在初测前安排加深地质工作，确定初测方案，指导后续地质工作。

2. 可行性研究

可行性研究是项目决策的依据，应根据批准的项目建议书，从技术可行性、经济合理性上进行全面深入的论证，采用初测资料编制。其内容和深度主要包括：解决线路方案、接轨点方案、建设规模、铁路主要技术标准和主要技术设备的设计原则（改建铁路则应解决改建方案、分期提高通过能力方案、增建二线的第二线位方案，以及重大施工过渡方案；铁路枢纽则应解决主要站段方案和规模、枢纽内线路方案及其铁路主要技术标准、重大施工过渡方案；铁路特大桥则应解决桥址方案，初步拟定桥式方案）；进一步落实各设计年度的客货运量，提出主要工程数量、主要设备概数、主要材料概数、用地及拆迁概数、建设工期、投资估算、资金筹措方案、外资使用方案、建设及经营管理体制的建议；深入进行财务评价和国民经济评价；阐明对环境与水土保持的影响和防治的初步方案，以及节约能源的措施。可行性研究的工程数量和投资估算要有较高的精度。

新建铁路可行性研究报告一般应包括以下主要内容：概述；运量预测；运输组织；线路、路基、轨道、桥涵、隧道；站场、机务、车辆、给排水、通信、信号、电力、房屋建筑；环境保护、节能；建设安排及投资估算；经济效益评价；结论；问题及建议。

3. 初步设计

初步设计文件是项目建设规模和投资的主要依据，应根据批准的可行性研究报告，开展定测、现场调查，通过局部方案比选和比较详细的设计，提出工程量、主要设备和材料数量、拆迁数量、用地总量与分类及补偿费用、施工组织设计及工程总投资后编制。其内容和深度主要包括：解决各项工程设计原则、设计方案和技术问题；提出工程数量、主要设备数量、主要材料数量、用地及拆迁数量、施工组织设计及总概算；确定环境保护和水土保持措施。初步设计文件经审查、修改、批准后，作为控制建设总规模和总概算的依据，应满足工程招标承包、设备采购、征用土地和进行施工准备的需要。初步设计概算（静态）与国家批复的投资估算（静态）差额不应大于 10%。

初步设计文件实行初审和审查两步审查制度。初审程序为:建设单位在勘察设计单位完成初步设计后,组织对初步设计文件进行初审,并在10个工作日内完成初审,提出初审意见。建设单位提出初审意见后,连同初步设计文件一起主送至中国铁路经济规划研究院,抄送铁路总公司计划统计部、建设管理部、运输局及有关单位,由铁路总公司对初步设计文件组织审查,重点包括涉及公共利益、公众安全、工程建设强制性标准等内容。新建改建路网干线、时速160 km及以上铁路建设项目的初步设计文件,由铁路总公司组织审查。其他项目的初步设计文件由投资方组织审查,建设项目所在地的铁路局参与审查。

初步设计文件批复后,建设单位组织勘察设计单位按照初步设计批复意见对初步设计文件进行修改。

4. 施工图

施工图是工程实施和验收的依据,应根据已审批的初步设计和补充定测资料编制。应为施工提供需要的图表和必要的设计说明,详细说明施工时应注意的具体事项和要求,并编制投资检算。施工图由建设管理单位组织审核;特殊项目由铁路总公司指定单位审核。铁路总公司对施工图的审核工作实施监督。

5. 工程施工和设备安装

依据批准的建设规模、技术标准、建设工期和投资,施工单位按照施工图和施工组织设计文件组织工程施工和设备安装。

6. 验交投产

由建设单位会同设计、施工和铁路总公司有关单位组织验收;验收合格,铁路交管理单位投入运营,基本建设阶段结束。

7. 后评估

在铁路运营若干年后,由建设单位会同有关部门对项目实施过程、结果及其影响进行调查研究和全面系统回顾,与项目决策时确定的目标以及技术、经济、环境、社会指标进行对比,找出差别和变化,分析原因,总结经验,汲取教训,得到启示,提出对策建议,通过信息反馈,改善投资管理和决策,达到提高投资效益的目的。根据铁路总公司要求,铁路重点建设项目,特别是利用外资修建的铁路建设项目,工程竣工后都要进行后评价,由建设单位主持编写后评价报告。

四、总体设计负责制

铁路建设是国家基本建设的重要组成部分。按照设计程序,设计单位根据铁路总公司下达的任务,首先指派专人对建设项目进行调查研究,编制《预可行性研究报告》作为铁路总公司编制建设项目计划任务书(或设计任务书)的基础资料。设计单位以下达的计划任务书为依据,任命总体设计负责人(简称"总体")负责设计的总体性管理工作,同时,任命专册负责人(简称"专册")。专册包括的专业有:经济与运量;行车组织;地质;线路、路基及轨道;桥涵;隧道;站场;机务设备;车辆设备;给水排水;通信;信号;电力;房屋建筑;施工组织及概算。

总体设计负责人主要负责事项:编写《可行性研究报告》;进行勘测设计的准备工作,拟定必要的勘测设计阶段;对建设项目的主要技术标准、线路主要方案的比选、车站分布等技术问题直接负责,并对设计文件的总体性、完整性和统一性负责;施工阶段亲临现场,领导现场设计组配合施工,直到完工交付运营为止。

专册负责人在勘测设计过程中,对专业设计方案、设计原则推荐的正确性、经济合理性以及专册文件的总体性、完整性和统一性负直接责任。

五、铁路设计中应遵循的规程与规范

《铁路技术管理规程》(以下简称《技规》)是为铁路各部门和各工种安全、迅速、准确、协调地进行生产活动而制定的基本法规,所有铁路工作人员都必须严格遵守执行。《技规》内容包括:技术设备、行车组织、信号显示和对铁路工作人员的要求四大部分。《技规》是我国广大铁路职工长期生产实践经验的总结,随着技术装备的更新和科学技术的发展,其内容也在不断更新和完善。

《铁路线路设计规范》(以下简称《线规》)属于国家标准(现行标准为 GB 50090—2006)。《线规》是线路设计的依据,适用于铁路网中客货列车共线运行、旅客列车设计行车速度小于或等于 160 km/h、货物列车设计行车速度小于或等于 120 km/h 的Ⅰ、Ⅱ级标准轨距铁路的设计。内容包括:总则、术语和符号、线路的平面和纵断面、车站分布、铁路与道路的交叉规定。《线规》将随着铁路技术装备的更新和行车组织方式的改进,而不断地修订和完善。从事铁路选线设计工作的人员应掌握制订标准的理论基础,创造性地运用《线规》。

《新建时速 200 公里客货共线铁路设计暂行规定》(铁建设[2005]285 号),适用于新建客货列车共线运行、旅客列车设计行车速度 200 km/h、货物列车设计行车速度 120 km/h 铁路线路、桥梁、隧道以及电力牵引供电和信号等工程设计。

《新建时速 200～250 公里客运专线铁路设计暂行规定》(铁建设[2005]140 号),适用于旅客列车时速 250 公里及以下的新建客运专线铁路设计。内容包括:总则、术语、行车组织、电气化、电力、通信、信号、综合调度、信息化、动车组运用检修设备、给水排水、综合检测和综合维修、防灾安全监控、环境保护规定。

《高速铁路设计规范》(TB 10621—2014),其内容包括:总则、术语和符号、总体设计、运输组织、线形、路基、轨道、桥涵、隧道、轨道、站场、电力牵引供电、电力、通信、信号、信息、防灾安全监控、动车组设备、综合维修、给水排水、房屋建筑、综合接地、环境保护等,另有 5 个附录。

此外,还有原铁道部颁布的车站、信号、桥涵、隧道、路基工程等设计规范,以及《列车牵引计算规程》,在设计工作中均应遵守。

第二节　铁　路　运　量

一、客货运量的意义

新建与改建铁路,设计前必须进行经济调查,以明确设计线的政治、国防和经济意义,确定设计线在铁路网中的地位和作用,并提供铁路总体设计和各种设施设计所需要的客货运量资料。客货运量的重要意义如下:

(1)客货运量是设计铁路能力的依据。客货运量是选定铁路主要技术标准的依据,而主要技术标准又决定着客货运输装备的能力,它不应小于调查或预测的客货运量,以满足国家要求的运输任务。

(2)客货运量是评价铁路经济效益的基础。客货运量决定铁路的运营收入、运输成本、投资偿还期等经济效益指标。客货运量大,则收入多,成本低,投资偿还期短。修建铁路要讲究经济效益,就应当十分重视客货运量的调查和预测。

(3)客货运量是影响线路方案取舍的重要因素。在铁路选线设计中,会有大量的线路方案需经济比较。运量大时,投资大的方案因运营支出低于投资小的线路方案,故投资大的方案中选的可能性增加;运量小时,则投资大的方案中选的可能性降低。可见,客货运量大小是影响

线路方案取舍的重要因素。

总之,客货运量在铁路设计中具有重要作用。若调查或预测的客货运量偏大,则铁路标准偏高,技术装备能力也偏高,投资增大。但铁路运营后,若实际运量偏小,则铁路能力闲置,投资浪费,且因运营收入偏少,铁路投资效益必然降低;若调查或预测的运量偏小,虽初期投资省,但铁路运营后,能力会很快饱和,引起铁路过早改建,追加投资增大,也不经济合理。因此,铁路设计必须十分重视客货运量的调查和预测工作。

二、客货运量的调查和预测

设计线客货运量的确定,首先要划定设计线的吸引范围,然后在吸引范围内进行经济调查,以确定近期的客货运量,并根据吸引范围的建设规划和经济统计资料,预测远期的客货运量。

(一)划定吸引范围

设计线的吸引范围是设计线吸引客货运量的区域界限,设计线客货运量的调查和预测都是在吸引范围内进行的。吸引范围按运量性质划分为直通吸引范围和地方吸引范围两种。

1. 直通吸引范围

直通吸引范围是路网中客货运量通过本设计线运送有利的区域范围。因为铁路运价是按里程计算的,所以直通吸引范围可按等距离的原则划定,即在直通吸引范围内的运量,通过设计线要比其他径路运程短。直通吸引范围需按上、下行分别勾画,如图 2-1 所示。

初步勾画出直通吸引范围后,需根据以下具体情况加以修正:如充分利用铁路能力富余的线路,绕过限制区段;充分利用线路平纵断面条件较好的线路,以降低运输成本;考虑直通列车牵引定数统一,力争中途不换重;充分利用空车,减少排空运输等。

2. 地方吸引范围

地方吸引范围是在设计线经行地区内,客货运量要由设计线运送的区域范围。运量包括运出、运入和在本线装卸的货物。

地方吸引范围可按运量由设计线运送运价最低(运距最短)的原则来确定。可先作设计线经济据点(城市、工矿区等)与邻接铁路经济据点的连线,再连接各连线的中点,即可粗略画出吸引范围,然后再考虑公路、水运的布局与运价情况,山脉、河流等自然条件及行政区划等具体情况加以修正。若某线吸引范围边界附近的经济据点不能确定是否属于设计线吸引范围时,可根据货流方向计算不同径路的运价(包括公路、铁路运费与装卸费用),并考虑倒装次数、运送时间等利弊加以确定。图 2-2 中的虚线即为设计线 AB 的地方吸引范围示意图。

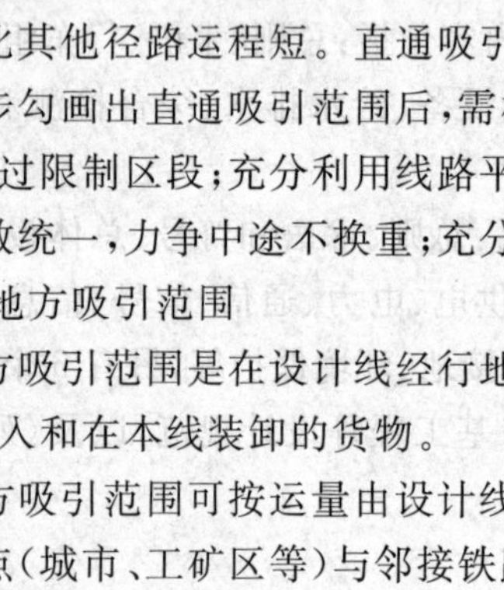

图 2-1　直通吸引范围

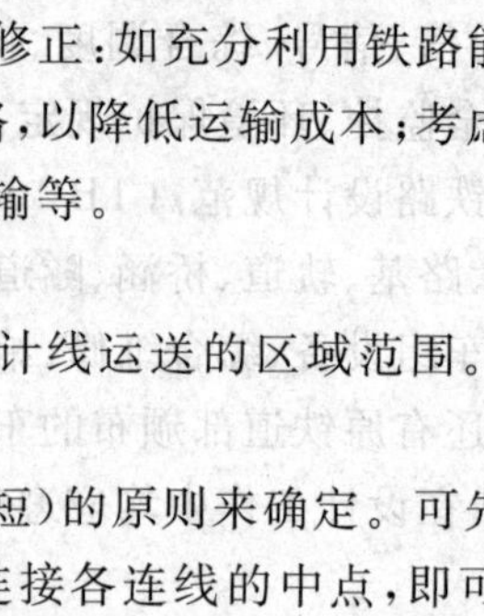

图 2-2　地方吸引范围

(二)货运量的调查和预测

直通货运量可根据国家计划部门制定的地区间物资交流规划,分析直通吸引范围内的物资供求情况,分上、下行汇总得到。

地方货运量可按产销运平衡法估算各运品的铁路运量。如粮食的运量,可根据播种面积乘平均亩产量得到总产量,将总产量分为口粮、饲料粮、种子粮,酿造业、食品加工用粮和储备粮等,总运量为产量与销售量之差(正值为运出量,负值为运入量),再从总运量中扣除公路、水运等其他运输方式承担的运量,即可得到铁路的粮食运量。将各运品的运量汇总,即可得到铁路上、下行的货运量。

设计线远期运量的预测尚缺乏成熟经验,一般多比照条件接近的既有铁路,用曲线拟合法或多元回归等方法,并结合设计线近期的调查运量来预测。

通过调查和预测,将直通货运量和地方货运量汇总,可绘出货流图,如图 2-3 所示。从货流图中可以看出各路段的货运品种、数量和流向,以及各大站的货物装卸量。

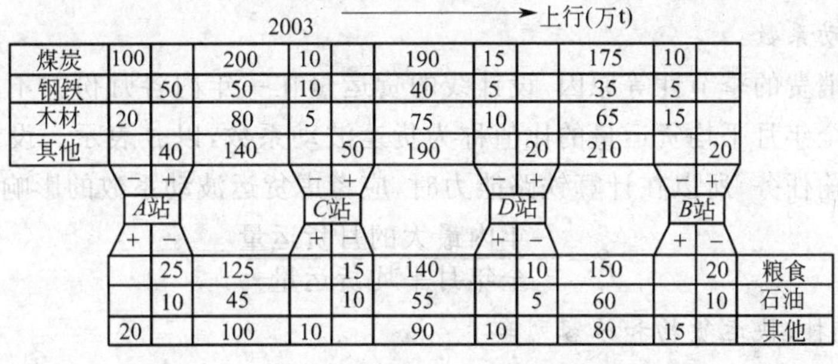

图 2-3　货流示意图

(三)客运量的调查和预测

直通客运量占客运总量的比重一般并不很大,可进行客流的典型调查,找出直通客流量和地方客流量的比值,根据地方客运量估算直通客运量。

地方客运量与吸引范围内的人口总数、工矿企业职工人数比重、人均收入、内迁工厂多少、早期移民数量、旅游地多少等因素有关。可用乘车率(每人每年的平均乘车次数)或多元回归法预测。

将客流量汇总后,可按每列车定员估算旅客列车数;亦可比照和设计线条件相近的既有线,拟定设计线的旅客列车数。

三、铁路选线设计所需要的运量参数

(一)货 运 量

货运量 C 是设计线(或区段)一年内单方向需要运输的货物吨数,应按设计线(或区段)分上、下行分别由下式计算:

$$C=\sum C_i \quad (万\ t/a) \tag{2-1}$$

式中　C_i——某种货物的年货运量(万 t/a)。

(二)货物周转量

货物周转量 C_{HZ} 是设计线(或区段)一年内所完成的货运工作量,可由单方向一年内各种

货运量 C_i(万 t/a)与相应的运输距离 L_i(km)按下式计算:

$$C_{HZ}=\sum(C_i\times L_i)\quad (万\ t\cdot km/a) \tag{2-2}$$

(三)货运密度

货运密度 C_M 是设计线(或区段)每公里的平均货物周转量:

$$C_M=\frac{C_{HZ}}{L}\quad [万\ t\cdot km/(km\cdot a)] \tag{2-3}$$

式中 C_{HZ}——设计线或各区段的货物周转量(万 t· km/a);

L——设计线(或区段)的长度(km)。

(四)货 流 比

设计线上、下行方向的货运量不均衡时,应区分轻车方向和重车方向。货流比 λ_{QZ} 是轻车方向货运量 C_Q 与重车方向货运量 C_Z 的比值,即

$$\lambda_{QZ}=\frac{C_Q}{C_Z} \tag{2-4}$$

(五)货运波动系数

由于生产和消费的季节性等原因,设计线的货运量在一年内各月份并不相等。一年内最大的月货运量和全年月平均货运量的比值称为货运波动系数,以 β 表示。设计线必须完成运量最大月份的运输任务,所以在计算铁路能力时,应考虑货运波动系数的影响。

$$\beta=\frac{一年内最大的月货运量}{全年月平均货运量} \tag{2-5}$$

(六)零担、摘挂、快运货物和旅客列车

零担列车是运送地方零散货物的列车,在中间站办理零担货物的装卸,一般运行于一个区段内。

摘挂列车是运送地方整车货物的列车,在中间站办理货车甩挂和到货场取送车作业,一般运行于一个区段内。

快运货物列车是运送鲜活或易腐货物的列车,为缩短旅途时间,这种列车很少停站,其他普通货物列车要停站待避,使其不停车通过。

旅客列车是运送旅客的列车。

这些列车的对数,应根据经济调查资料分析确定。

四、设计年度

设计线交付运营后,客货运量是随着国民经济的发展逐年增长的,设计线的能力必须与之适应。上述运量参数,也需分设计年度提供。铁路的设计年度一般分为近、远两期,近期、远期分别为铁路交付运营后第 10 年和第 20 年,各期运量均应通过经济调查采用预测运量。

铁路建设属大型建设工程,投资大,建设工期长,为节约近期投资和避免一些后期才使用的设备长期闲置,对于可分期建设的工程和配备的设备,应按运输需求分期实施。但铁路基础设施尤其是线下工程,如线路的平面和纵断面、桥梁、隧道、路基工程等,一旦建成后,若要再提高标准,则工程难度加大,投资巨增不仅造成大量的废弃工程,而且对运营干扰大,影响铁路的运输效益。因此,为体现强本简末、适应长远发展要求的原则,铁路线下基础设施和不易改、扩建的建筑物和设备,应按远期运量和运输性质设计,并适应长远发展的要求;对于易改、扩建的建筑物和设备,宜按近期运量和运输性质设计,并考虑预留远期发展条件;随运输需求变化增

减的运营设备，可按交付运营后第3年或第5年的运量进行设计。其中机车、车辆一般按交付运营后第3年的运量设计。同时，设计中对相关的配套设备采用同一设计年度。

第三节　铁路等级与主要技术标准

一、铁路等级

铁路等级是区分铁路在国家铁路网中的作用、性质、旅客列车设计行车速度和客货运量的标志。它是铁路的基本标准，也是确定铁路技术标准和设备类型的依据。设计铁路时需先确定铁路等级，然后选定其他主要技术标准和各种运输装备的类型。

(一)铁路等级划分的重要性

我国疆域辽阔，地形复杂，人口、资源分布很不平衡，工农业生产布局也不均衡，各地区经济、文化发展水平差异甚大，因此经行不同地区的铁路的经济、文化和国防意义及其在路网中的地位和作用不同，运量也各异，所担负的运输任务、安全与旅客舒适度要求也不同。划分铁路等级的重要性在于体现国家对各级铁路的运营质量和运行安全等不同要求，有区别地规划不同铁路的运输能力，经济合理地制定相应的技术标准和设备类型，使国家资金得到合理的利用。铁路等级高，要求设计标准高、输送能力大、运营质量好、安全舒适性强，同时铁路造价高，因此铁路等级划分具有重大经济意义。

(二)铁路等级划分的规定

《线规》规定：新建和改建铁路(或区段)的等级，应根据其在铁路网中的作用、性质、旅客列车设计行车速度和近期客货运量按下列规定确定：

(1)Ⅰ级铁路。在铁路网中起骨干作用的铁路，近期年客货运量大于或等于20 Mt者。

(2)Ⅱ级铁路。在铁路网中起联络、辅助作用的铁路，近期年客货运量小于20 Mt且大于或等于10 Mt者。

(3)Ⅲ级铁路。为某一地区或企业服务的铁路，近期年客货运量小于10 Mt且大于或等于5 Mt者。

(4)Ⅳ级铁路。为某一地区或企业服务的铁路，近期年客货运量小于5 Mt者。

以上年客货运量为重车方向的货运量与由客车对数折算的货运量之和。1对/d旅客列车按1.0 Mt年货运量折算。

铁路的等级可以全线一致，也可以按区段确定。如线路较长，经行地区的自然、经济条件及运量差别很大时，可按区段确定等级。但应避免同一条线上等级过多或同一等级的区段长度过短，使线路技术标准频繁变更。

二、铁路主要技术标准

铁路主要技术标准是指对铁路输送能力、工程造价、运营质量以及选定其他有关技术条件有显著影响的基本标准和设备类型。《线规》中明确规定下列内容为各级铁路的主要技术标准：正线数目、限制坡度、最小曲线半径、到发线有效长度、牵引质量、牵引种类、机车类型、机车交路、闭塞类型。这些标准是确定铁路能力大小的决定因素，一条铁路的能力设计，实质上是选定主要技术标准。同时这些标准对设计线的工程造价和运营质量有重大影响，并且是确定设计线一系列工程标准和设备类型的依据。

正线数目、限制坡度、最小曲线半径、到发线有效长度属工程标准(固定设备标准)，建成后很难改变;牵引质量、牵引种类、机车类型、机车交路、闭塞类型则属技术装备类型,可随着运量的增长逐步进行更新改造。由于铁路主要技术标准是铁路建筑物和设备的类型、能力和规模的基本标准,对铁路能力、运营安全、运输效率、投资规模、经济效益和社会效益有重要影响,而且主要技术标准之间联系密切,相互影响,因此,主要技术标准应根据远期运量或国家要求的年输送能力、客车对数和确定的铁路等级在设计中经综合比选后确定,以保证技术上先进、经济上合理、标准间协调。

铁路运输能力由货物列车牵引吨数和铁路通过能力决定,并受列车运行速度的影响。主要技术标准对三者都有不同程度的影响。

(一)影响牵引吨数的主要技术标准

1. 牵引种类

牵引种类是指机车牵引动力的类别。我国铁路目前的牵引种类有电力、内燃、蒸汽三种,不同的牵引种类具有不同的特点,对铁路运输能力、行车速度、运营条件及工程与运输经济具有重要的影响。我国干线铁路已不再使用蒸汽机车。今后牵引动力的发展方向为大功率电力和内燃机车。

(1)电力牵引

电力机车热效率高,整备一次走行距离长,不需燃料供应和中途给水,机车利用率高。电力机车功率大、速度高、牵引力大,可显著增大铁路能力;除噪声外,基本不污染环境,且乘务员工作条件好。与内燃机车相比,机车造价低,但需用接触网供电,机车独立性稍差,且投资大。我国电力机车已构成不同轴数和轴式的韶山型、和谐型机车系列,可根据不同运营条件选用。

(2)内燃牵引

内燃机车热效率高达22%～28%。机车不需供电设备,独立性好。缺点是需要消耗贵重的液体燃料,且机车构造复杂、造价较高。高温、高海拔地区牵引功率降低,使用效率低。中国内燃机车已构成不同轴数和轴式的东风型、和谐型机车系列,可根据不同运营条件选用。

(3)蒸汽牵引

蒸汽机车构造简单,制造、维修技术简易,造价低廉,但热效率低,仅6%～8%,且需每40～60 km设置给水站,机车整备时间长,利用率低,机车功率小,输送能力低,乘务员工作条件差。我国已于1988年停产蒸汽机车,并于2005年12月在内蒙集通线上正式停运,标志着我国干线铁路蒸汽时代的结束。主要干线上蒸汽机车已被电力和内燃机车所取代。新建铁路除极少数低等级铁路可能采用蒸汽牵引过渡外,路网铁路均采用电力或内燃牵引。

牵引种类应根据路网与牵引动力规划、线路特征和沿线自然条件以及动力资源分布情况、结合机车类型合理选定。在运量大的主要干线,大坡度、长隧道或隧道毗连的线路上应优先采用电力牵引。

2. 机车类型

机车类型系指同一牵引种类中机车的不同型号。它对铁路运输能力、行车速度、运营条件及工程与运输经济具有重要的影响。20世纪80年代以来,我国机车工业有很大发展,蒸汽机车停产,大功率电力、内燃机车发展迅速,已形成了4、6、8、12轴数系列和B-B、B_0-B_0、B_0-B_0-B_0、C_0-C_0、2(B_0-B_0)、2(C_0-C_0)轴式系列(B、C分别表示二轴和三轴转向架。0表示电力传动),客、货运机车轴功率电力分别达到900 kW和800 kW,内燃分别达613 kW和532 kW,机车的牵引性能和动力制动性能大大提高。我国电力与内燃部分主型机车的主要技术参数如表2-1所示。

表 2-1　我国电力与内燃部分主型机车技术参数表

牵引种类	机车类型	用途	轴式	轴距(m)	功率(kW)	持续速度(km/h)	最高速度(km/h)	持续牵引力(kN)	起动牵引力(kN)
电力	SS_1	客货	C_0-C_0	4.60	3 780	43	95	301.2	487.3
	SS_3	客货	C_0-C_0	2.3+2.0	4 350	48	100	317.8	470
	6K	客货	B_0-B_0-B_0	2.88	4 800	48	100	355	485
	8G	货	2(B_0-B_0)	2.90	6 400	50	100	451.1	627.6
	SS_4	货	2(B_0-B_0)	3.00	6 400	51.5	100	431.6	649.8
	SS_{4B}	货	2(B_0-B_0)	2.90	6 400	50	100	449.3	628
	SS_{6B}	客货	C_0-C_0	2.3+2.0	4 800	50	100	337.5	485
	SS_7	客货	B_0-B_0-B_0	2.88	4 800	48	100	351	485
	SS_{7E}	客	C_0-C_0	2.15	4 800	96	170	171	245
	SS_8	客	B_0-B_0	2.90	3 600	99.7	177	127	230
	SS_9	客	C_0-C_0	2.15	4 800	99	170	169	286
	HXD_1	货	2(B_0-B_0)	2.80	9 600	70(23 t)	120	494	700
	HXD_2	货	2(B_0-B_0)	2.60	9 600	70(23 t)	120	514	700
	HXD_3	货	C_0-C_0	2.25+2.0	7 200	65(25 t)	120	370	570
内燃	DF_4	客 货	C_0-C_0	1.8+1.8	2 426	24 20	120 100	251.6 302.1	346.3 401.7
	DF_{4E}	货	2(C_0-C_0)	1.8+1.8	4 860	22	100	630	850
	DF_6	货	C_0-C_0	1.8+1.8	2 941	22.2	118	360	435
	DF_8	货	C_0-C_0	1.8+1.8	3 309	31.2	100	307.3	442.2
	DF_{10D}	货	2(B_0-B_0)	1.8+1.8	4 260	27.7	100	455	718
	DF_{11}	客	C_0-C_0	2.0+2.0	3 680	65.5	170	160	253
	HXN_3	货	C_0-C_0	1.925+1.755	4 660	20	120	598	620
	HXN_5	货	C_0-C_0	1.85	4 400	25	120	565	620

机车类型对牵引定数、运输能力和行车速度有直接影响。因此,机车类型的选择应考虑设计线的运量、行车速度及邻接线路的牵引定数等影响。客运机车类型的选择则应以机车功率与构造速度满足设计线的旅客列车最高行车速度的要求为主。在要求一定的运输能力时,可采用主要技术标准的综合优化方法寻求与线路主要技术标准协调配套,且具有最佳技术经济效果的机车类型。

3. 限制坡度

限制坡度是设计线单机牵引时限制列车牵引质量的最大坡度。不仅影响线路走向、线路长度和车站分布,而且直接影响行车安全、行车速度、运输能力、工程投资、运营支出和经济效益,是铁路全局性技术标准。

设计线(或区段)的限制坡度应根据铁路等级、地形类别、牵引种类和运输需求比选确定,并应考虑与邻接线路的牵引定数相协调,但不得大于《线规》规定的数值。

4. 到发线有效长度

到发线有效长度是车站到发线能停放货物列车而不影响相邻股道作业的最大长度。

它对货物列车长度(即牵引吨数)起限制作用,从而影响列车对数、运能和运行指标,对工程投资、运输成本等经济指标也有一定影响。

货物列车到发线有效长度应根据运输需求和货物列车长度确定,且宜与邻接线路的货物列车到发线有效长度相协调,并应采用 1 050、850、750、650 m 等系列值。

改建既有线和增建第二线的货物列车到发线有效长度采用上述系列值引起较大工程时,可根据实际需要计算确定。

5. 牵引质量

牵引质量与机车类型、限制坡度、车站到发线有效长度等指标密切相关,直接影响铁路的输送能力,并对工程投资、运营成本、运输效率等技术经济指标有很大影响。应根据运输需求、限制坡度及机车类型等因素,经技术经济比选确定,并宜于相邻线牵引质量相协调。

(二)影响通过能力的主要技术标准

1. 正线数目

正线数目是指连接并贯穿车站的线路的数目。按正线数目可把铁路分为单线铁路、双线铁路和多线铁路。单线铁路是区间只有一条正线的铁路,在同一区间或同一闭塞分区内,同一时间只允许一列列车运行,对向列车的交会和同向列车的越行只能在车站上进行。双线铁路是区间有两条正线的铁路,分为上行线及下行线,在正常情况下,上下行列车分别在上下行线上行驶,但在同一区间或同一闭塞分区的一条正线上,同时只允许一列列车运行。多线铁路是区间有多于两条正线的铁路。

单线和双线铁路的通过能力悬殊很大。单线半自动闭塞铁路的通过能力约为 42～48 对/d;双线自动闭塞则为 144～180 对/d。双线的通过能力远远超过两条单线的通过能力,而双线的投资比两条平行单线少约 30%,双线旅行速度比单线高约 30%,运输费用低约 20%。可见,运量大的线路修建双线是经济的。

新建铁路近期年客货运量分别大于或等于 35 Mt 的平原、丘陵地区和大于或等于 30 Mt 的山区,宜一次修建双线;远期年客货运量达到上述标准者,其正线数目宜按双线设计,分期实施;远期年客货运量虽未达到上述标准,但按国家要求的年输送能力和客车对数折算的年客货运量大于或等于 30 Mt 时,宜预留双线。

2. 闭塞类型

铁路为了保证行车安全、提高运输效率,利用信号设备等来管理列车在区间运行的方法,称为闭塞类型。闭塞类型决定车站作业间隔时分,从而影响通过能力。我国的基本闭塞类型有电气路签闭塞、半自动闭塞、自动站间闭塞、自动闭塞和电话闭塞五种。我国目前电气路签闭塞仅在个别的支线、专用线上使用,主要干线上已不用。电话闭塞是当主要闭塞设备不能使用时的临时闭塞方式。故闭塞方式主要是自动闭塞、自动站间闭塞和半自动闭塞。

(1)电气路签

电气路签是在一个区间的两端车站装设同一类型闭塞机各一台(称为一组),彼此有电气锁闭关系,以路签或路牌作为列车占用区间凭证的闭塞方法。当一组闭塞机中存放路签总数为偶数时,经双方协同操作,发车站可取出一枚路签,递交司机作为行车凭证。在列车到达前(即路签未放入闭塞机以前),这一组闭塞机中不能再取出第二枚路签,这就保证了区间内只有一趟列车。电气路签闭塞的缺点是:办理手续繁琐,向司机递送路签费时费事,路签还有可能丢失和损坏;区间通过能力低。

(2)半自动闭塞

半自动闭塞是在区间的两端车站各装设一台具有相互电气锁闭关系的半自动闭塞机,并以出站信号机显示绿灯为行车凭证的闭塞方法。此时,在车站进站信号机内侧设有一小段专用轨道电路,它和闭塞机、出站信号机间也具有电气锁闭关系。其特点是:出站信号机不能任意开放,它受闭塞机控制,只有区间空闲时,双方办理闭塞手续后(双线半自动闭塞为前次列车的到达复原信号)才能开放。列车出发离开车站时,出站信号机自动关闭,并使双方闭塞机处于"区间闭塞"状态,直到列车到达接车站办理到达复原时止。

半自动闭塞法办理手续简便,效率高,列车进入区间的凭证是信号机的显示,省去了向司机递交路签的时间,从而缩短了列车在车站的接发车作业时分,改善了劳动条件。但区间轨道是否完整,到达列车是否完整,仍须通过人工检查才能确定。

(3)自动站间闭塞

自动站间闭塞是在半自动闭塞基础上发展起来的新型闭塞方法,区间两端车站的出站信号机和轨道检查装置构成联锁关系,采用轨道检查装置自动检查区间空闲,自动办理闭塞手续,列车凭信号显示发车后,出站信号机自动关闭的闭塞方法。其特征为:有区间占用检查设备;站间或所在区间只准走行一列车;办理发车进路时自动办理闭塞手续;自动确认列车到达和自动恢复闭塞。

(4)自动闭塞

自动闭塞是利用通过信号机把区间划分为若干个装设轨道电路的闭塞分区,通过轨道电路将列车和通过信号机的显示联系起来,使信号机的显示随着列车运行位置而自动变换的一种闭塞方式。

如图 2-4 所示四显示自动闭塞区间,分成若干个闭塞分区,在每个闭塞分区始端都设置一架防护该分区的通过色灯信号机,这些信号机平时显示绿灯,称为"定位开放式";只有当列车占用该闭塞分区(或发生断轨故障)时,才自动显示红灯,要求后续列车停车。列车运行完全根据通过信号机的显示,绿色灯光表示前方至少有三个闭塞分区空闲,列车可以按规定速度运行;绿黄灯光表示前方有两个闭塞分区空闲,要求列车按规定速度运行,要求注意准备减速;黄色灯光表示前方只有一个闭塞分区空闲,要求列车减速,要按规定限速通过该信号机;红色灯光表示前方的闭塞分区被占用,列车应在该信号机前停车。在四显示区段,能预告列车前方三个闭塞分区状态,将列车分三个速度等级,两个闭塞分区的长度满足从规定速度到零的制动距离,故四显示自动闭塞又称作速差式自动闭塞。

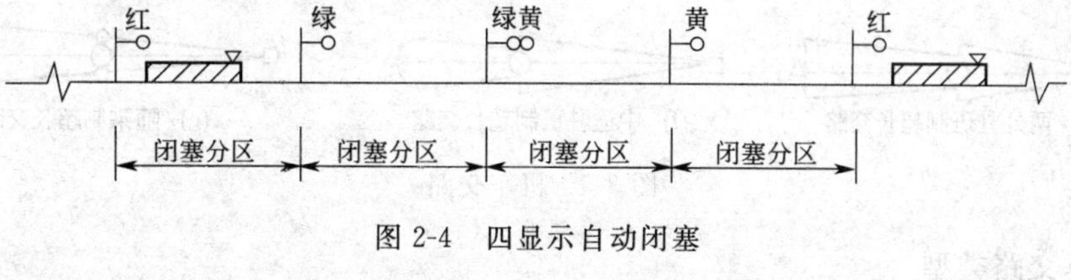

图 2-4　四显示自动闭塞

自动闭塞的优点:由于划分成闭塞分区,可用最小运行间隔时间开行追踪列车,从而大大提高区间通过能力;整个区间装设了连续的轨道电路,可以自动检查轨道的完整性,提高了行车安全的程度。

自动站间闭塞及半自动闭塞与单线铁路的能力比较适应,投资也较省。单线采用自动闭塞时,如不采用追踪运行图,则投资较高而增加能力不多,不能发挥自动闭塞的作用;单线采用追踪运行图要增铺站线,同时又会降低旅行速度,影响机车、车辆周转。因此,一般情况下单线宜采用自动站间闭塞或半自动闭塞。

双线铁路采用自动闭塞,列车可追踪运行,大大提高通过能力,充分发挥双线铁路的效益。但有的双线铁路近期运量较低且增长缓慢,采用半自动闭塞也能满足能力要求时,可采用半自动闭塞,根据需要再过渡到自动闭塞。

当旅客列车设计行车速度大于 120 km/h 时,双线区段应采用速差式自动闭塞,单线区段宜采用自动闭塞或自动站间闭塞。为确保行车安全,避免行车人员办理区间闭塞作业复杂化,有利司机确认信号,防止对信号显示产生混淆和误认,在一个区段内,一般采用同一闭塞类型。

(三)影响行车速度的主要技术标准

1. 最小曲线半径

最小曲线半径是设计线采用的曲线半径最小值。最小曲线半径不仅影响行车安全、旅客舒适等行车质量指标,而且影响行车速度、运行时间等运营技术指标和工程投资、运营支出和经济效益等经济指标。

最小曲线半径应根据路段设计速度、工程条件以及运输性质和运输需求比选确定,且不得小于《线规》规定值。

2. 机车(动车组)交路

铁路上运转的机车(动车组)都在一定区段内往返行驶。机车(动车组)往返行驶的区段称为机车交路,其长度称为机车(动车组)交路距离。机车交路两端的车站称为区段站。区段站都设置一定的机务设备(动车组运用检修设施)。机车交路距离影响列车的旅途时间和直达速度。

区段站按工作性质和设备规模分为机务段(基本段)和折返段。机务段配属有一定数量的机车,承担其相邻交路的运转作业,并设有机车整备和检修设备,配属本段的机车在此整备、检修,隶属本段的机车乘务组在此居住并轮换出乘。折返段设在机车返程站上,不配属机车,机车在折返段进行整备和检查,乘务组在此休息或驻班。此外,还有担任补机、调机或小运转机车整备作业的机务整备所和担任折返机车部分整备作业的折返所。

机车交路由于交路类型、运转方式和乘务制度不同,而有多种形式,如图 2-5 所示。

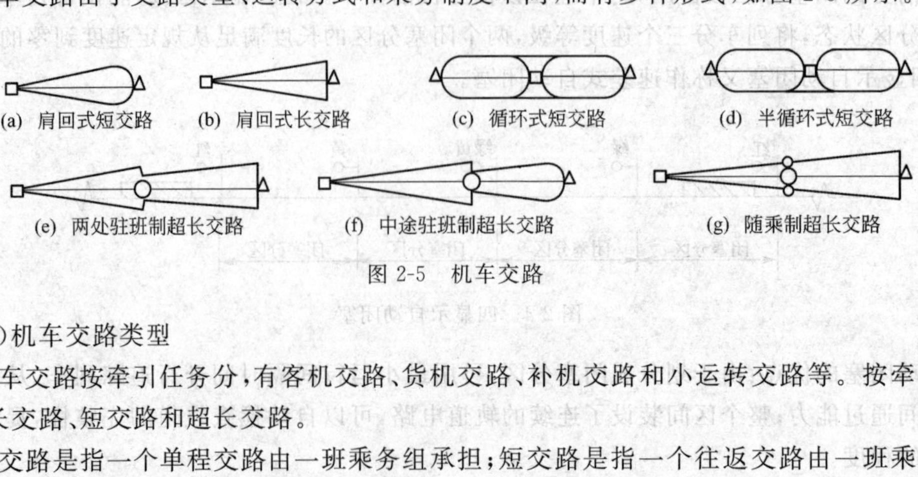

图 2-5 机车交路

(1)机车交路类型

机车交路按牵引任务分,有客机交路、货机交路、补机交路和小运转交路等。按牵引区段分,有长交路、短交路和超长交路。

长交路是指一个单程交路由一班乘务组承担;短交路是指一个往返交路由一班乘务组承担;超长交路是指一个单程交路由两班乘务组承担。

(2)机车运转方式

肩回式:机车返回区段站均要入段整备。

循环式:机车在相邻两个短交路内往返行驶,在区段站上机车不摘钩在到发线上整备。

半循环式:机车在相邻两个短交路内往返行驶,每一循环入段整备一次。

(3)乘务制度

包乘制:机车由固定的乘务组驾驶称为包乘制。蒸汽机车多采用这种乘务制度,原则上是三班包乘(图 2-5 所示的随乘制要四班包乘),若乘务组全月工作时间超过规定,则用三班半制调节。

轮乘制:机车不固定包乘组,由不同乘务组分段轮流驾驶,相应采用超长交路,适用于电力和内燃牵引。采用超长交路和轮乘制,可以缩短机车在区段站非生产停留时间,加速机车车辆周转,机车日车公里客运可提高 40%以上,货运可提高 8%以上,运用机车也可减少,运输成本有所降低。目前我国正积极推行这种乘务制度。

(4)机车交路距离

机车交路距离主要由交路类型决定,并与机车乘务组连续工作时间和列车旅行速度有关。乘务组一次连续工作时间标准(包括出、退勤工作时间),客运列车不得超过 9 h,货运列车不得超过 10 h。机车乘务员的便乘时间,不计入连续工作时间内(随货运列车或无卧铺客运列车便乘时除外)。

以前我国跨局客运机车交路约为 300 km,直通货物机车交路约 250 km,造成机车动力浪费。为提高运输效率,结合机务布局调整、生产力布局优化,现大力推行机车长交路。机务段的设置向集中化、规模化的方向发展,主要列检所保证区段要达到 500 km,编组站、区段站进行布局调整,最大限度地减少车流改编次数,尽量减少区段站数量。客运机车交路达到 500～1 000 km,货运机车交路达到 350～500 km。

机车交路应采用长交路,并应根据牵引种类、机车类型、车流特点、乘务制度、线路条件,结合路网规划及机务设备布局,经技术经济比选确定。

复习思考题

1. 简述铁路基本建设程序。
2. 初步设计应解决什么主要问题?
3. 铁路选线设计的基本任务是什么?
4. 铁路设计使用的主要规程规范有哪些?
5. 铁路客货运量与铁路设计的关系是什么?
6. 什么是吸引范围?
7. 怎样划分设计年度,其作用是什么?
8. 什么是货运量、货物周转量、货运密度、货流比、货运波动系数?
9. 铁路等级划分的标准和作用是什么?
10. 铁路主要技术标准有哪些? 它们对铁路的影响主要表现在哪些方面?
11. 不同牵引种类各有什么特征?
12. 长、短交路是按什么标准划分的? 为什么我国铁路正在大力推行长交路?

第三章 牵引计算与铁路能力

第一节 牵引计算

一、作用于列车上的力

(一)机车牵引力

1. 机车牵引力的形成

机车牵引力是依靠轮轨间的黏着产生由钢轨作用于动轮轮周上的反作用力。我国《列车牵引计算规程》(以下简称《牵规》)中规定:机车牵引力以轮周牵引力为计算标准,即以轮周牵引力来衡量和表示机车牵引力的大小。机车车钩牵引力(或称挽钩牵引力)是指机车用来牵引列车的牵引力,其值等于轮周牵引力减去机车全部运行阻力。

2. 黏着牵引力的限制

牵引力的大小可由司机通过变换操纵方式改变转矩来调节。但牵引力是动轮压在钢轨上产生的黏着力,其最大值为动轮荷载的重力乘轮轨间的黏着系数。在牵引计算中,根据机车类型可知机车的黏着质量 P_μ,但轮轨间黏着系数 μ_j 则受很多因素影响,包括动轮轮踏面、表面状况、行车速度、机车有关部件状态等,一般由试验确定。

机车黏着牵引力 F_μ 可表示为

$$F_\mu = 1\,000 \cdot P_\mu \cdot g \cdot \mu_j \quad (\text{N}) \tag{3-1}$$

式中 P_μ——机车黏着质量(t),常用机车的黏着质量见表 3-1;

g——重力加速度(m/s^2);

μ_j——机车的计算黏着系数。

表 3-1 常用机车牵引性能参数表

机型 \ 参数	v_{Jmin}(km/h)	F_{Jmax}(kN)	F_q(kN)	P、P_μ(t)	v_g(km/h)	L_J(m)
SS_1	43.0	301.2	487.3	138	95	20.4
SS_3	48.0	317.8	470	138	100	21.7
SS_4	51.5	431.6	649.8	2×92	100	32.8
SS_7	48.0	353.3	487.3	138	100	22.0
SS_{7C}	76.0	220.0	310.0	132	125	22.0
SS_{7D}	96.0	171.0	245.0	126	160	22.0
SS_8	99.7	127.0	230.0	88	177	17.5
SS_9	99	169.0	286.0	126	170	22.2
HXD_1(25 t)	65.0	532.0	760.0	2×100	120	35.2
HXD_3(23 t)	70.0	370.0	520.0	138	120	20.8

续上表

机型＼参数	v_{Jmin}(km/h)	F_{Jmax}(kN)	F_q(kN)	P、P_μ(t)	v_g(km/h)	L_J(m)
DF_4(货)	20.0	302.1	401.7	135	100	21.1
DF_4(客)	24.0	251.6	346.3	135	120	21.1
DF_{4B}(货)	21.8	313.0	442.2	138	100	21.1
DF_{4B}(客)	29.0	235.2	325.3	138	120	21.1
DF_{4C}(货)	24.5	301.5	442.2	138	100	21.1
DF_8	31.2	307.3	432.6	135	100	22.0
DF_{11}	65.6	160.0	253.0	135	170	21.3
HXN_3	20.0	598.0	620.0	150	120	22.2
HXN_5	25.0	565.0	620.0	150	120	22.3

各种机车的计算黏着系数 μ_j 的试验公式为

国产各型电力机车

$$\mu_j=0.24+\frac{12}{100+8v} \tag{3-2}$$

国产各型电传动内燃机车

$$\mu_j=0.248+\frac{5.9}{75+20v} \tag{3-3}$$

式中，v 为行车速度(km/h)。

机车的轮周牵引力不能大于机车所能产生的黏着牵引力，称为黏着牵引力限制。

3. 机车牵引性能曲线

机车牵引性能曲线是表示机车轮周牵引力(纵轴)与运行速度(横轴)相互关系的曲线，通常由试验得到。机车牵引性能曲线因牵引种类而异，牵引种类相同时，多种机车类型的牵引性能曲线大同小异。我国《牵规》附录中，列有各类常用机车的牵引性能资料及牵引性能曲线图。以下按电力、内燃机车分述如下。

(1)电力机车

电力机车系由接触网取得电能。我国铁路电力牵引采用工频单相交流电，接触网的高压交流电经机车受电弓进入机车的变压器变为低压交流电，再经整流器整流后变为直流电，供给牵引电动机。牵引电动机与机车动轮轮轴之间用齿轮啮合，使动轮得到产生牵引力所必需的旋转力矩，最后通过轮轨间的黏着作用产生机车牵引力。

电力机车上的牵引电动机，目前均采用直流串激电动机。因为这种电动机的机械特性曲线与双曲线相近，适合于机车牵引特性的需要。

①电力机车的牵引性能曲线分析

图 3-1 为 SS_3 型电力机车的牵引特性曲线图。电力机车的电能由发电厂供应，所以对每一台机车来说不会受到供电能力的限制。因此，电力机车的牵引力主要受牵引电动机功率和轮轨黏着力的限制。

a. 黏着牵引力：图中 CD 线为 SS_3 型电力机车受轮轨间黏着力限制的牵引力曲线，是根据公式(3-1)和公式(3-2)计算得出的。

b. 电动机牵引力：图中注有 1、2…8-Ⅲ 的类似双曲线的一组曲线，表示由电力机车牵引电动机功率所决定的牵引力，可由牵引电动机电机械特性换算到机车动轮轮周后求出。

机车运行中,根据运行需要,希望机车牵引力和速度能在相当大的范围内变化。仅有一条 $F=f(v)$ 曲线是不够的。干线机车一般采用改变电动机端电压和磁通量(削弱磁场)来进行速度调节。SS_3 型机车有 8 个调压级,故有 8 条 $F=f(v)$ 曲线。在 8 级位上又有 8-Ⅰ、8-Ⅱ、8-Ⅲ共 3 个削弱磁场级,分别称Ⅰ、Ⅱ、Ⅲ级削弱磁场。

c. 电动机允许电流限制的牵引力:图中斜线 AB 表示受电机持续电流发热条件限制(允许电流)的牵引力曲线。持续电流是电机在此电流下长时间运转不致使电机发热温度超过允许值的电流限制值。

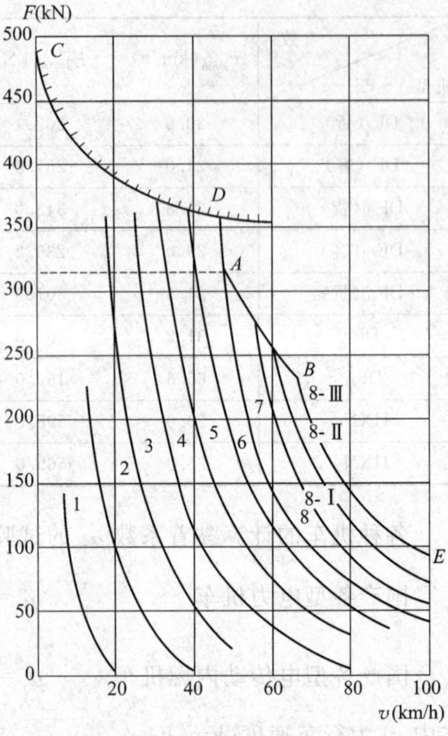

图 3-1 SS_3 型电力机车牵引特性曲线

②牵引力取值及有关参数

《牵规》规定电力机车牵引力取持续制。对于 SS_3 型机车,自起动至机车构造速度,牵引力分别取黏着牵引力(CD 段)、电动机牵引力(DA 段、BE 段)和电动机持续电流限制的牵引力(AB 段)。

a. 最低计算速度与最大计算牵引力:图 3-1 中 A 点对应的速度与牵引力称为最低计算速度(v_{Jmin})与最大计算牵引力(F_{Jmax})。

b. 起动牵引力:SS_3 型机车进行起动检算时,取速度为零时的黏着牵引力为计算起动牵引力(F_q)。少数机型则取起动电流限制的牵引力为计算起动牵引力。

此外,牵引计算中还用到机车质量 P 和机车长度 L_J,见表 3-1。

(2)内燃机车

内燃机车的动力是由机车上的内燃机(柴油机)提供的。因为用内燃机直接驱动机车动轮转动方式的 $F=f(v)$ 曲线不是理想的恒功双曲线形式,不能适应机车牵引特性要求,所以要将内燃机发出的功率经传动装置传给机车动轮,并通过轮轨间黏着作用产生机车牵引力,因此,内燃机车的牵引力受内燃机功率、传动装置及轮轨间黏着力的限制。传动装置有机械传动、电传动、液力传动三种方式。我国铁路干线机车多采用电传动。

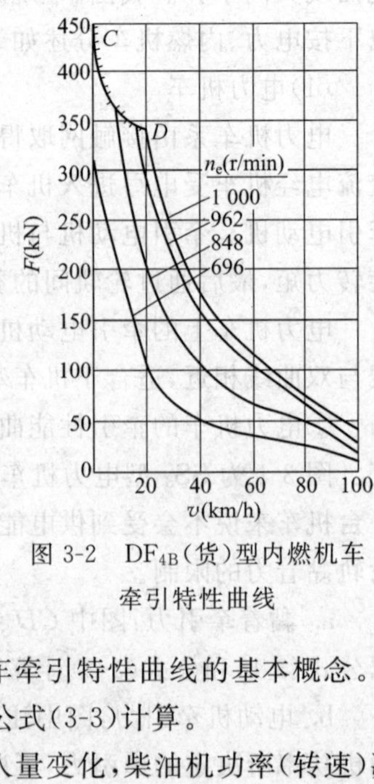

图 3-2 DF_{4B}(货)型内燃机车牵引特性曲线

电传动内燃机车是由机车上的内燃机带动主发电机,主发电机产生的电流驱动动轮轮轴上的牵引电动机,牵引电动机与轮轴齿轮啮合,使动轮轮对得到产生牵引力必需的旋转力矩。

主发电机可用直流式或交流式,而牵引电动机目前多为直流式。图 3-2 为 DF_{4B}(货)型电传动内燃机车的牵引特性曲线图。该机型为交—直流电力传动方式,用以说明电传动内燃机车牵引特性曲线的基本概念。

①黏着牵引力:图中带有阴影的曲线 CD。按公式(3-1)和公式(3-3)计算。

②机车柴油机和传动装置的牵引力:柴油机功率随燃料供入量变化,柴油机功率(转速)决

定着发电机功率，一种转速就有一条 $F=f(v)$ 牵引力曲线。DF_{4B}（货）型机车柴油机有 4 种转速，相应就有 4 条 $F=f(v)$ 曲线。

电传动内燃机车上的牵引电动机也是直流串激电动机，像电力机车那样，也可采用削弱磁场方法调节。图中的每一条 $F=f(v)$ 曲线均由 3 段组成：低速范围是满磁场；中速范围是一级削弱磁场；速度更高时为二级削弱磁场。图中没有表示出磁场转换过程，而是将其转换过程速度范围内的牵引力平均值绘成圆滑曲线。

③起动电流限制的牵引力：列车起动是由静态向动态的转变过程，列车是逐辆起动，在尾车起动时，机车的速度约为 2.5 km/h。内燃机车的起动牵引力按此计算。有的机型受黏着力限制，有的机型受起动电流限制。

内燃机车的最小计算速度 v_{Jmin} 及与之对应的最大计算牵引力 F_{Jmax}，一般取持续速度与持续牵引力。

内燃机车的柴油机有效功率与进入汽缸的空气量有关。当在大气压力较低的高原或高温地区运用内燃机车时，机车功率会有所降低。此时，应对机车牵引力进行修正，修正系数由试验确定。修正后的机车牵引力 F_x 按下式计算：

$$F_x = F \cdot \lambda_h \cdot \lambda_p \cdot \lambda_s \tag{3-4}$$

式中　λ_h——周围空气温度修正系数（表 3-2）；

λ_p——海拔修正系数（表 3-3）；

λ_s——隧道影响的牵引力修正系数：DF_{4B} 型客、货运机车，在长度大于 1 000 m 时，单机或双机重联的第一台机车取 0.88，双机重联的第二台机车取 0.85。

表 3-2　周围空气温度修正系数 λ_h

机型 \ 周围空气温度(℃)	30	32	34	36	38	40
DF_4	1	0.985	0.958	0.930	0.904	0.877
DF_{4B}	1	0.982	0.952	0.921	0.892	0.864
DF_{4C}	1	0.987	0.954	0.920	0.886	0.853
DF_8、DF_{11}	1	0.984	0.950	0.913	0.877	0.841

表 3-3　海拔修正系数 λ_p

海拔(m)		500	1 000	1 500	2 000	2 500	3 000	3 500	4 000
大气压力(kPa)		95.23	89.64	84.32	79.40	74.61	70.22	65.97	62.85
DF_4		1	0.933	0.855	0.780	0.707	0.638	0.569	0.503
DF_{4B}	45GP802-A 增压器	1	0.940	0.880	—	—	—	—	—
	ZN310 增压器	—	—	0.885	0.823	0.758	0.697	0.634	0.569

（二）列车运行的各种阻力

1. 基本阻力

一台机车牵引一定质量的列车在线路上运行时，即使在平直坡道上，由于轮轨之间，机车车辆各活动部分之间，以及车体与四周空气之间的摩擦、冲击、振动必然会产生一定的阻力，这种阻力称为列车运行的基本阻力。这种阻力的大小与列车运行速度、线路及机车车辆的构造有关，影响因素非常复杂,一般以试验公式计算,以 w_0 表示单位基本阻力(N/t),单位基本阻力即单位机车或车辆质量所受的阻力,它乘以机车或车辆的质量(t),即得机车或车辆所受总阻力。其中属于机车的称为单位机车基本阻力 w_0',属于车辆的称为单位车辆基本阻力 w_0''。

(1)机车单位基本阻力 w_0' 的试验公式

①电力机车

SS_1、SS_3、SS_4 型采用公式为

$$w_0'=(2.25+0.019v+0.000\,32v^2)g \quad (\text{N/t}) \tag{3-5}$$

SS_7 型 $$w_0'=(1.40+0.003\,8v+0.000\,348v^2)g \quad (\text{N/t}) \tag{3-6}$$

SS_8 型 $$w_0'=(1.02+0.003\,5v+0.000\,426v^2)g \quad (\text{N/t}) \tag{3-7}$$

②内燃机车

DF_4(客、货)、DF_{4B}(客、货)、DF_{4C}(货)型

$$w_0'=(2.28+0.029\,3v+0.000\,178v^2)g \quad (\text{N/t}) \tag{3-8}$$

DF_8 型 $$w_0'=(2.40+0.002\,2v+0.000\,391v^2)g \quad (\text{N/t}) \tag{3-9}$$

DF_{11} 型 $$w_0'=(0.86+0.005\,4v+0.000\,218v^2)g \quad (\text{N/t}) \tag{3-10}$$

(2)车辆的单位基本阻力 w_0''

①客车

$v\leqslant 120$ km/h 时,21、22 型 $$w_0''=(1.66+0.007\,5v+0.000\,155v^2)g \quad (\text{N/t}) \tag{3-11}$$

$v\leqslant 140$ km/h 时,25B、25G 型 $$w_0''=(1.82+0.01v+0.000\,145v^2)g \quad (\text{N/t}) \tag{3-12}$$

$v\leqslant 160$ km/h 时,准高速单层车 $$w_0''=(1.61+0.004v+0.000\,187v^2)g \quad (\text{N/t}) \tag{3-13}$$

准高速双层车 $$w_0''=(1.24+0.003\,5v+0.000\,157v^2)g \quad (\text{N/t}) \tag{3-14}$$

②货车

重车:滚动轴承 $$w_0''=(0.92+0.004\,8v+0.000\,125v^2)g \quad (\text{N/t}) \tag{3-15}$$

滑动轴承 $$w_0''=(1.07+0.001\,1\,v+0.000\,236v^2)g \quad (\text{N/t}) \tag{3-16}$$

油罐车 $$w_0''=(0.53+0.012\,1v+0.000\,080v^2)g \quad (\text{N/t}) \tag{3-17}$$

轻车 $$w_0''=(2.23+0.005\,3v+0.000\,675v^2)g \quad (\text{N/t}) \tag{3-18}$$

(3)列车基本阻力与列车平均单位基本阻力

列车基本阻力 W_0 为机车基本阻力 W_0' 与车辆基本阻力 W_0'' 之和,即

$$W_0=W_0'+W_0''=Pw_0'+Gw_0'' \quad (\text{N}) \tag{3-19}$$

式中,P、G 分别为机车质量(t)和牵引质量(t)。

列车平均单位基本阻力 w_0 是列车基本阻力 W_0 与列车质量($P+G$)的比值,即单位列车质量的列车基本阻力:

$$w_0=\frac{W_0}{P+G}=\frac{P\cdot w_0'+G\cdot w_0''}{P+G} \quad (\text{N/t}) \tag{3-20}$$

2. 附加阻力

当列车在坡道上、曲线上、隧道内运行时,还会产生一定的附加阻力,称为坡道附加阻力、曲线附加阻力、隧道空气附加阻力。

(1)坡道附加阻力

列车在坡道上运行时,其重力产生垂直于轨道的与平行于轨道的两个分力,如图 3-3 所

示，平行于轨道的分力 F_2 即为坡道附加阻力。

$$F_2 = Q \cdot g \cdot \sin\alpha \quad (\text{kN})$$

因为 α 角一般都很小（线路坡度 $i=34.9‰$ 时，$\alpha=2°$），可令 $\sin\alpha \approx \tan\alpha$，并考虑机车或车辆质量 Q 的单位换算，于是得

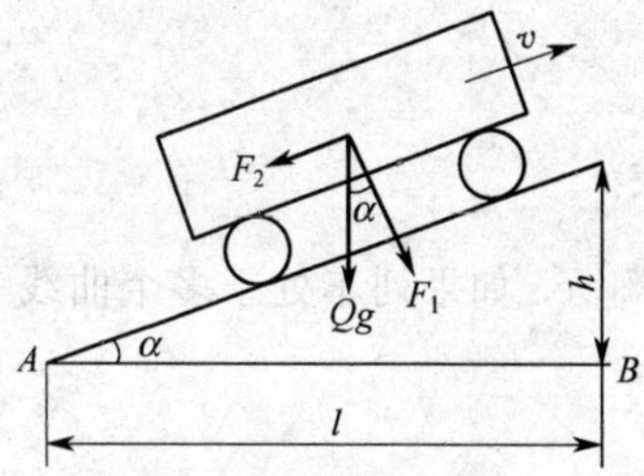

图 3-3　坡道附加阻力

$$F_2 = 1\,000Q \cdot g \cdot \tan\alpha \quad (\text{N})$$

线路坡度 i 系用千分率表示，$i=\frac{h}{l}\cdot 1\,000‰ = 1\,000 \cdot \tan\alpha(‰)$，即 $\tan\alpha=\frac{i}{1\,000}$，故

$$F_2 = Q \cdot g \cdot i \quad (\text{N})$$

因单位阻力的定义为单位质量阻力，故单位坡度附加阻力 w_i 为

$$w_i = \frac{Q \cdot g \cdot i}{Q} = g \cdot i \quad (\text{N/t}) \tag{3-21}$$

式中，i 为坡度值（‰），上坡为正值，下坡为负值。

(2)曲线附加阻力

①引起曲线附加阻力的因素

列车在曲线上运行，车轮与钢轨之间产生纵向的和横向的滑动，加剧了轮缘与钢轨之间的摩擦，同时，又由于侧向力的作用，上、下心盘之间以及轴承有关部分摩擦加剧。由这些原因增加的阻力，其大小和曲线半径 R(m)直接相关，但由于影响因素复杂，一般用试验公式来计算。

②曲线附加阻力计算式

根据试验，货物列车单位曲线附加阻力的计算公式为

$$w_r = \frac{600}{R}g \quad (\text{N/t}) \tag{3-22}$$

如果用圆曲线长度 L_y(m)与曲线转角 α(°)来表示半径，则 $R=\frac{180L_y}{\pi\alpha}$，上式可写成：

$$w_r = \frac{10.5\alpha}{L_y}g \quad (\text{N/t}) \tag{3-23}$$

③列车平均单位曲线附加阻力

设列车长度为 L_L(m)，列车每延米的质量为 q(t/m)，则列车的质量为 $L_L \cdot q$(t)。

a. $L_y \geqslant L_L$ 时，列车全长均受到曲线附加阻力，列车受到的总的曲线附加阻力为

$$W_r = \frac{600}{R}g \cdot L_L \cdot q \quad (\text{N})$$

列车平均单位曲线附加阻力为

$$w_r = \frac{W_r}{L_L \cdot q} = \frac{600}{R}g \quad (\text{N/t}) \tag{3-24}$$

或

$$w_r = \frac{10.5\alpha}{L_y}g \quad (\text{N/t}) \tag{3-25}$$

b. $L_y < L_L$ 时，列车仅有 L_y 长的一部分受到曲线附加阻力的作用，所以

$$W_r = \frac{600}{R}g \cdot L_y \cdot q \quad (\text{N})$$

列车全长平均单位曲线附加阻力为

$$w_r=\frac{W_r}{L_L\cdot q}=\frac{600}{R}\cdot g\cdot\frac{L_y}{L_L}\quad(\mathrm{N/t})\tag{3-26}$$

或

$$w_r=\frac{10.5\alpha}{L_L}g\quad(\mathrm{N/t})\tag{3-27}$$

c. 如果列车处于多个曲线上,则列车平均单位曲线附加阻力 w_r 为

$$w_r=\frac{10.5\sum\alpha}{L_L}\quad(\mathrm{N/t})\tag{3-28}$$

(3)隧道空气附加阻力

列车在隧道内运行时,由于空气受隧道约束,不能向四周扩散,造成前面的空气压力增大,尾部空气稀薄,产生压力差。同时,作用于列车上的空气阻力远较空旷地段大,增加的空气阻力称为隧道空气附加阻力。影响隧道空气阻力的主要因素有行车速度、列车长度、列车迎风面积、隧道长度、隧道净空面积、列车及隧道表面粗糙度等,难于进行理论计算,计算式由试验确定,单位隧道空气附加阻力以 w_s 表示。

(4)附加阻力换算坡度及加算坡度

①附加阻力换算坡度

因为坡道附加阻力 $w_i=i\cdot g$(N/t),所以可以认为列车在曲线上行驶所产生的曲线附加阻力或隧道附加阻力是在一个坡度 i_r 或 i_s 的坡道上行驶时产生的,即

$$w_r=i_r\cdot g\quad(\mathrm{N/t}),\quad w_s=i_s\cdot g\quad(\mathrm{N/t})\tag{3-29}$$

式中 i_r、i_s 分别称为曲线、隧道附加阻力换算坡度,或称为曲线、隧道当量坡度。

②加算坡度及列车平均单位阻力

线路纵断面上每一坡段的坡度 i 与该坡道上的曲线、隧道等附加阻力换算坡度之和称为加算坡度 i_j,即

$$i_j=i+i_r+i_s\quad(‰)\tag{3-30}$$

对应的单位加算阻力为

$$w_j=w_i+w_r+w_s\quad(\mathrm{N/t})\tag{3-31}$$

列车平均单位阻力为

$$w=w_0+w_j=\frac{Pw_0'+Gw_0''}{(P+G)g}+w_i+w_r+w_s\quad(\mathrm{N/t})\tag{3-32}$$

3. 起动阻力

机车、车辆停留时,轴颈和轴承之间的润滑油被挤出,油膜减薄;同时,轴箱内温度降低,油的黏度增大,故起动时,轴颈和轴承之间的摩阻力增大。此外,车轮压在钢轨上产生的凹形变形比运动时为大,增加了滚动阻力。同时,列车起动时,要求有较大的加速力以克服列车的静态惯性力。《牵规》将起动加速力也包括在起动阻力中考虑,因此,应另行计算列车起动时的阻力。

我国采用如下的试验公式来计算列车、车辆的起动阻力。

(1)机车单位起动阻力 w_q'　　$w_q'=5g\quad(\mathrm{N/t})$　　(3-33)

(2)货车的单位起动阻力 w_q''

滚动轴承货车　　$w_q''=3.5g\quad(\mathrm{N/t})$　　(3-34)

滑动轴承货车　　$w_q''=(3+0.4i_q)g\quad(\mathrm{N/t})$　　(3-35)

式中,i_q 为起动地段的加算坡度值(‰)。

滑动轴承货车当 w_q'' 的计算结果小于 $5g$ N/t 时,按 $5g$ N/t 计算。

（三）列车制动力

1. 制动方式

为了使列车减速或停车，必须施行制动。制动力是由司机操纵制动装置产生的与列车运行方向相反的力。制动方式可根据制动时列车动能的转移方式和制动力的形成方式来划分。目前我国使用的制动方式主要有机车车辆闸瓦摩擦制动（空气制动）和机车动力制动。

(1)空气制动

以机车上的空气压缩机产生的压缩空气为动力，推动机车车辆上的制动闸瓦压紧车轮轮箍，由摩擦产生制动。这种方式可以产生较大的制动力，因其利用压缩空气为动力，故称空气制动。为避免车轮踏面磨耗及提高制动力，目前快速客车采用的盘形制动，是将闸瓦压紧装在车轴上的制动盘而引起制动作用。

空气制动是由机车车辆上装置的制动机实现的，其原理如图 3-4 所示。

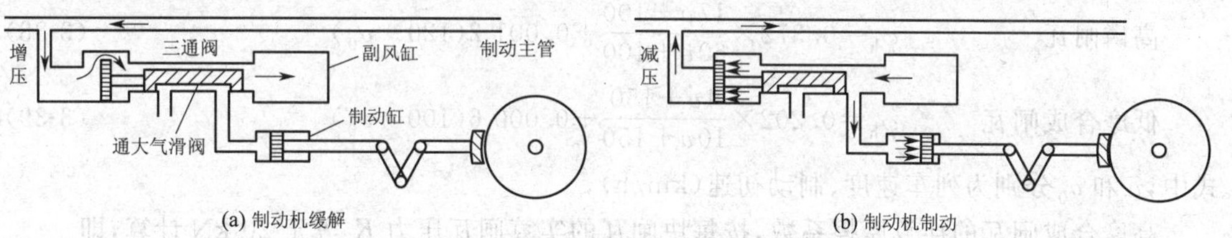

图 3-4　自动制动机工作原理

缓解时，司机将制动阀置于缓解位，使压缩空气由总风缸经过制动主管、三通阀至副风缸储存。此时制动缸内无压缩空气，闸瓦不接触车轮，故称为充风缓解状态。

制动时，司机操纵制动阀遮断总风缸通路，同时列车制动主管与大气连通放气减压，此时副风缸内储存的压缩空气进入制动缸，驱使活塞杠杆，使闸瓦压紧车轮，故称减压制动。闸瓦压力的大小与制动主管减压量大小有关。

(2)动力制动

动力制动是由机车产生制动力的一类制动方式，包括电阻制动、再生制动、液力制动。

①电阻制动与再生制动

利用电机的可逆原理，将电力机车或电传动内燃机车动轴上的电动机转换为发电机使用，动轮在列车惯性力作用下，带动传动齿轮，使电动机转子旋转而发电，从而产生反转力矩，阻止车轮转动以达到制动目的。因电机发出的电能消耗在机车特设的电阻中，故称电阻制动；如将电能反馈给电网加以利用时，则称再生制动。

②液力制动

在液力传动的内燃机车上，利用机车动轮惯性运动，通过传动齿轮带动制动器内的转子在工作油中旋转，工作油在转子中被加速而在定子中被减速，产生对转子的反扭矩。这个反扭矩传递到机车动轮上，形成液力制动力。

电阻制动力受牵引电动机最大制动电流等限制，液力制动力受制动功率等限制。在机车运行速度较高时，制动力都随速度增大而降低；当运行速度低于最小发电速度或低于产生反扭矩速度时，动力制动不起作用；当运行速度趋于零时，制动力即消失。因此《牵规》规定，动力制动仅作为列车运行时的调速制动使用；当检算列车在下坡道运行的最高允许速度或计算列车进站制动时，均不应将动力制动计算在内。

2. 空气制动力计算

由于空气制动力是制动闸瓦压紧车轮轮箍产生摩擦后，在轮轨接触点处产生的阻碍车轮前进的反作用力。因此,空气制动力的大小是由闸瓦压力及闸瓦与轮箍间的摩擦系数决定的,并受到轮轨间黏着力的限制。若闸瓦压力过大,制动力大于黏着允许的最大值时,车轮将被闸瓦抱死,车辆沿轨道滑行,引起轮轨剧烈磨耗和擦伤。故制动力不得大于轮轨间的黏着力。

单位列车制动力 b 即平均单位列车质量的制动力,新线设计时可按下式计算:

$$b=1\ 000\varphi_h\theta_h \quad (\text{N/t}) \tag{3-36}$$

式中 θ_h——列车换算制动率(kN/t),其物理意义是列车换算闸瓦压力与列车质量的比值,即平均分配到每 1 t 列车质量上的闸瓦压力;

φ_h——闸瓦与轮箍间的换算摩擦系数,按每块闸瓦的实算闸瓦压力 K 等于 25kN 计算,得中磷、高磷及低摩合成闸瓦的换算摩擦系数:

中磷闸瓦 $$\varphi_h=0.356\times\frac{3.6v+100}{14v+100}+0.000\ 7(110-v_0) \tag{3-37}$$

高磷闸瓦 $$\varphi_h=0.372\times\frac{17v+100}{60v+100}+0.001\ 2(120-v_0) \tag{3-38}$$

低摩合成闸瓦 $$\varphi_h=0.202\times\frac{4v+150}{10v+150}+0.000\ 6(100-v_0) \tag{3-39}$$

式中,v 和 v_0 分别为列车速度、制动初速(km/h)。

高摩合成闸瓦的换算摩擦系数,按每块闸瓦的实算闸瓦压力 K 等于 20 kN 计算,即

$$\varphi_h=0.322\times\frac{v+150}{2v+150} \tag{3-40}$$

盘形制动合成闸片的换算摩擦系数,按每块闸片的实算闸片压力 K' 等于 20 kN 折算到车轮踏面的 K 值计算,即

$$\varphi_h=0.358\times\frac{v+150}{2v+150} \tag{3-41}$$

选线设计中进行牵引计算时,为简化计算,可将列车换算制动率 θ_h 暂取值为 0.18 kN/t(相当于高摩闸瓦的货物列车管压力 500 kPa,或新高摩闸瓦列车管压力 600 kPa 时的制动率)。

列车换算制动率 θ_h 在不同情况的取值:列车常用制动及进站制动时一般取全值的 0.5;紧急制动时,取全值。

二、列车运动方程式

(一)列车运行状况

列车在平道及上坡道牵引运行时,是由机车的牵引力克服列车的各种阻力而实现的,牵引力大于总阻力时,列车呈加速度运行;当牵引力小于总阻力时,列车呈减速度运行;牵引力等于总阻力时,列车呈等速度运行。机车在牵引运行时的工况称为牵引工况。

当列车在下坡道运行时,机车可以关闭牵引电动机,靠坡道的下滑力(坡道阻力)使列车运行,此时为惰行工况。当列车的下滑力小于列车其他阻力总和时,列车呈减速运行,当列车的下滑力等于列车其他阻力总和时,列车呈等速运行,当列车的下滑力大于列车其他阻力总和时列车呈加速运行。在下坡道上,当列车速度达到为保证安全所限制的速度时,列车必须施行制动,使列车减速或保持恒速。当列车需要减速或停车时,也需要施加制动。列车在运行中施加制动的工况称为制动工况。

(二)列车运动方程式

列车运动方程式是根据牛顿第二定律并假设列车的质量集中于列车中心推导出来的。

1. 列车运动状态分析

列车的运动状态(静止、匀速、加速、减速)决定于作用在列车上的合力 C,合力大小与机车工况及线路平、纵断面条件有关。机车有三种工况:

①牵引运行　　$C=F-W$

②惰力运行　　$C=-W$

③制动运行　　$C=-(W+B)$

因 F、W、B 均随速度而变化,故合力 C 也随速度变化。如果 $C>0$ 时,列车加速运行;当 $C=0$ 时,列车等速运行;$C<0$ 时,列车减速运行。

2. 运动方程式的推导

列车的运动由两部分组成:全部质量集中于质心的平移运动和某些部分(如轮对等)的回转运动。所以列车的动能 E_d 由两部分组成:

$$E_d=\frac{1}{2}Mv^2+\frac{1}{2}\sum J\omega_h^2=\frac{1}{2}Mv^2+\sum\frac{Jv^2}{2R_h^2} \tag{3-42}$$

$$=\frac{1}{2}Mv^2\left(1+\sum\frac{J}{MR_h^2}\right)=\frac{1}{2}Mv^2(1+r)$$

式中　M——列车全部质量;

v——列车运行速度;

J——回转部分的转动惯量;

ω_h——回转部分角速度,$\omega_h=\dfrac{v}{R_h}$,R_h 为回转部分的回转半径;

r——回转质量系数,一般取 0.06。

如视列车为刚性系统,则其动能增量为

$$dE_d=M(1+r)v\,dv$$

根据动能定律,刚性系统动能的增量等于所有作用于该系统的力在这段时间中所做的功。而这段时间内作用于列车的合力 C 所做的功为 $C\cdot v\cdot dt$,故

$$M(1+r)v\,dv=C\cdot v\cdot dt$$

$$\frac{dv}{dt}=\frac{C}{(1+r)M}$$

将列车质量 $M=(P+G)\times 1\,000(\text{kg})$,$r=0.06$ 代入上式后,得

$$\frac{dv}{dt}=\frac{C}{1\,060(P+G)}\ (\text{m/s}^2)=\frac{12.226C}{P+G}\ (\text{km/h}^2)=12.226c\ (\text{km/h}^2)$$

式中,$c=\dfrac{C}{P+G}$,称为单位合力(N/t)。为计算方便,近似取

$$\frac{dv}{dt}=12c\ (\text{km/h}^2)$$

上式为列车运动方程式的一般形式。对该式积分,得列车运行时分为

$$t=\int\frac{dv}{12c}\ (\text{h})=\int\frac{5dv}{c}\ (\text{min})=\int\frac{300dv}{c}\ (\text{s}) \tag{3-43}$$

运行距离为

$$S=\int dS=\int v\cdot dt=\int\frac{v\,dv}{12c}\ (\text{km})=\int\frac{83.33v\,dv}{c}\ (\text{m}) \tag{3-44}$$

单位合力 c 与工况、线路条件(曲线阻力、坡道阻力等)有关。合力中的牵引力、基本阻力、制动力虽然是速度的函数,但曲线和坡道等附加阻力值仅与列车某时段所处位置有关,并非速度的函数。因此,单位合力 $c=f(v)$ 是因时、因地而异的。求解公式(3-43)及式(3-44)的方法有:

(1)直接积分法。当曲线、坡道等附加阻力为定值时,如果机车牵引力 F 和列车制动力 B 拟合为速度的函数,则可使合力 c 也表达为速度的函数,从而可求出式(3-43)和式(3-44)的积分结果,作为计算运行时分 t 和运行距离 S 的计算式。

(2)近似积分法。这是目前广泛采用的方法,可用于数解或图解。

三、牵引质量及其检算

牵引质量就是机车牵引的车列质量,也称牵引吨数(牵引定数)。在新线设计以及运营线上,一般情况下均是按列车在限制上坡道上,以机车的计算速度作等速运行为条件来确定牵引质量;客运线上按列车在平直道上以最高速度运行,并保有一定加速度余量为条件来确定牵引质量。

(一)牵引质量计算

根据列车运动方程式,列车作等速运行时合力为零,即 $F-W=0$。

设机车计算速度为 v_j,对应的计算牵引力为 F_j,则列车在限制坡道 i_x 上的总阻力为

$$W=P(w'_0+gi_x)+G(w''_0+gi_x)$$

对应的计算牵引力为 F_j,得:

$$\lambda_y F_j=P(w'_0+gi_x)+G(w''_0+gi_x)$$

即

$$G=\frac{\lambda_y F_j-P(w'_0+gi_x)}{w''_0+gi_x}\ (\text{t}) \tag{3-45}$$

在多机牵引或补机推送时:

$$G_{JL}=\frac{(1+\sum\lambda)\lambda_y F_j-\sum P(w'_0+gi_{JL})}{w''_0+gi_{JL}}\ (\text{t}) \tag{3-46}$$

式中 G, G_{JL}——单机和加力牵引质量(t),舍取为 10 t 的整倍数;

$P, \sum P$——机车计算质量或其和(t);

F_j——机车计算牵引力(N),常用机车查表 3-1;

λ_y——机车牵引力使用系数,取 0.9;

i_x, i_{JL}——限制坡度、加力牵引坡度(‰);

w'_0, w''_0——计算速度 v_j 下的机车、车辆单位基本阻力(N/t);

$\sum\lambda$——多机牵引或补机推送时,重联机车或推送补机牵引力利用系数之和。电力与内燃机车的 λ 取值为:重联牵引线操纵时取 1;分别操纵时,第二台及以后各台均取 0.98;推送补机取 0.95。

【例 3-1】 SS_3 型电力机车,牵引滚动轴承货车,求线路限制坡度 $i_x=6‰$ 时的单机牵引质量。

【解】 查表 3-1 知:$v_j=48$ km/h,$F_j=317\ 800$ N,$P=138$ t,则由式(3-5)、式(3-15)和式(3-45)知:

$$w'_0=(2.25+0.019\times48+0.000\ 32\times48^2)\times9.81=38.25(\text{N/t})$$

$$w''_0=(0.92+0.004\ 8\times48+0.000\ 125\times48^2)\times9.81=14.11(\text{N/t})$$

$$G=\frac{0.9\times317\ 800-138\times(38.25+6\times9.81)}{14.11+6\times9.81}=3\ 736(\text{t}),\text{取 }G=3\ 730\text{ t}$$

计算所得的牵引质量以 t 为单位并化整为 10 的整数倍(不足 10 者舍去)。

(二)牵引质量检算

应检算所计算的牵引质量是否受下列条件限制:

(1)起动条件的限制;

(2)车站到发线有效长的限制;

(3)车钩强度限制。

如果受到上述某一条件限制,应采用降低牵引质量或其他技术措施。

1. 起动检算

列车起动时,起动阻力较大,故应检算所求牵引质量,是否能在车站上起动。

受起动条件限制的牵引质量 G_q,可按机车计算起动牵引力 F_q 等于列车起动时总阻力 W_q 的条件求出,即由 $\lambda_y F_q = P(w'_q + gi_q) + G_q(w''_q + gi_q)$,得

$$G_q = \frac{\lambda_y F_q - P(w'_q + gi_q)}{w''_q + gi_q} \quad (t) \tag{3-47}$$

式中 F_q——机车计算起动牵引力(N),常用机车计算起动牵引力可查表 3-1;

w'_q——机车单位起动阻力(N/t),电力、内燃机车为 $5g$ N/t;

w''_q——货车的单位起动阻力(N/t),按式(3-34)、式(3-35)计算;

i_q——起动地点的加算坡度值(‰)。

当 $G_q \geqslant G$ 时,列车可以起动;如 $G_q < G$,列车不能起动,应根据具体情况降低牵引质量 G,或减小起动地段坡度 i_q。

【例 3-2】 接例 3-1,已知 $G=3\,730$ t,启动地段加算坡度 $i_q=6.0‰$,试检算列车在该地段能否起动。

【解】 查表 3-1 得计算起动牵引力 $F_q=470\,000$ N,电力机车取 $w'_q=5$ g$=49.05$ N/t,滚动轴承货车取 $w''_q=3.5$ g$=34.34$ N/t。由式(3-47)得

$$G_q = \frac{0.9\times470\,000-138(49.05+6.0\times9.81)}{34.34+6.0\times9.81}=4\,378(t)$$

因 $G_q \geqslant G$,故列车在该地段能起动。

2. 车站到发线有效长度检算

已知车站到发线有效长为 L_{yx},可按下式检算到发线长度允许的牵引质量 G_{yx}:

$$G_{yx} = (L_{yx} - L_a - N_J L_J)q \quad (t) \tag{3-48}$$

式中 L_a——安全距离(m),一般取 30 m,重载线路可酌情增大;

L_{yx}——到发线有效长度;

L_J——机车长度(m),可查表 3-1;

N_J——列车中机车数量;

q——列车延米质量(t/m),取 5.677 t/m。

如果 $G_{yx} \geqslant G$,则牵引质量不受到发线有效长限制。

【例 3-3】 接例 3-1,已知车站到发线有效长度为 750 m,检算牵引质量是否受列车到发线有效长限制。

【解】 由式(3-48)知:

$$G_{yx}=(750-30-1\times21.7)\times5.677=3\,964(t)>3\,730(t)$$

所以,牵引质量不受列车到发线有效长限制。

3. 车钩强度检算

在加力牵引的上坡道上,如果机车用重联方式牵引,第一位车辆的车钩所受拉力可能超过车钩允许强度。车钩强度限制的牵引质量 G_c 按下式计算:

$$G_c=\frac{F_c}{gi_{JL}+w''_0}\quad (t) \tag{3-49}$$

式中 F_c——车钩允许拉力(N);

i_{JL}——加力坡度(‰);

w''_0——按在 i_{JL} 坡上的列车均衡速度计算的车辆基本阻力(N/t)。

如果 $G_c<G$,则应考虑采用补机推送的方式。

【例 3-4】 根据例 3-1 计算,牵引定数 $G=3\ 730$ t,$w''_0=14.11$ N/t,货车车钩为 13 号车钩,检算在双机坡度 $i_{JL}=13‰$的坡度上,能否采用双机重联牵引。

【解】 13 号车钩允许拉力 $F_c=562\ 500$ N,由式(3-49)得

$$G_c=\frac{562\ 500}{13\times 9.81+14.11}=3\ 970(t)$$

由式(3-46)得

$$G_{JL}=\frac{(1+1)\times 0.9\times 317\ 800-2\times 138\times(38.25+13\times 9.81)}{14.11+13\times 9.81}=3\ 170(t)$$

因 $G_c>G_{JL}$,故可采用双机重联牵引。但 $G_{JL}<G$ 将会导致列车换重,因此 i_{JL} 须重新设计。

(三)牵引辆数、牵引净载及列车长度计算

在确定了列车牵引质量后,可进一步计算牵引辆数、牵引净载和列车长度。

1. 一般计算

(1)货物列车牵引辆数 n

$$n=\frac{G}{q_p}\quad (辆) \tag{3-50}$$

式中 q_p——每辆货车平均总质量(t),取 78.998 t。

(2)货物列车牵引净载 G_J

$$G_J=n\cdot q_J\quad (t) \tag{3-51}$$

式中 q_J——每辆货车平均净载(t),取 56.865 t。

(3)货物列车长度 L_L

$$L_L=L_J+n\cdot L_P\quad (m) \tag{3-52}$$

式中 L_J——机车长度(m),见表 3-1;

L_P——每辆货车平均长度(m),取 13.914 m。

2. 新线设计中的简化公式

货物列车牵引净载:

$$G_J=K_J\cdot G\quad (t) \tag{3-53}$$

式中 K_J——货物列车净载系数,取 0.72。

货物列车长度:

$$L_L=L_J+\frac{G}{q}\quad (m) \tag{3-54}$$

第二节 运行速度与运行时分

列车在区间的运行速度和运行时分是铁路的重要运营指标之一,也是评价线路设计优劣

及估算运营支出的一项重要指标。解算列车运行速度及运行时分的方法，实际上就是结合线路情况解算列车运动方程式。

一、合力曲线图及其应用

合力曲线图是表示机车在各种工况下作用在列车上的单位合力与速度关系的坐标图。

(一)单位合力曲线图

因坡道、曲线、隧道等阻力是因地而异的，绘制单位合力图时，可先不计入这类附加阻力，而按列车在空旷平直道上运行考虑，待具体应用时，再根据列车运行地段的线路具体情况，计入加算坡道阻力值。

通常先列表计算出列车在三种工况下各种速度的单位合力，再绘成单位合力图，以便使用。计算单位合力时，必须给出机车类型、机车数量及牵引方式、牵引质量、列车单位闸瓦压力等条件。

1. 单位合力的计算

表 3-4 为一具体算例，列出了计算内容及顺序，其计算要点说明如下：

(1)速度 v：由零开始，列至平坡限制速度，每隔 10 km/h 取值，并将机车牵引性能曲线及动力制动曲线上各转折点的对应速度列入。$v=0$ 时的 F、w'_0、w''_0 按 $v=10$ km/h 计算。

表 3-4 韶山 3 型电力机车单机牵引货物列车的单位合力曲线计算表

($i_x=6‰$, $P=138$ t, $G=3\ 730$ t, $v_j=48$ km/h, $F_j=317\ 800$ N, $\theta_h=1.8$ kN/t)

运行工况	栏别	速度(km/h) / 计算式	0	10	20	30	40	47	48	60	66	70	80	90
牵引运行	1	F(N)	373 680	373 680	348 750	335 430	327 240	323 100	286 020	229 590	209 250	180 090	127 980	102 420
	2	w'_0(N/t)	24.25	24.25	27.06	30.49	34.55	37.77	38.25	44.56	48.05	50.50	57.07	64.28
	3	w''_0(N/t)	9.62	9.62	10.46	11.54	12.87	13.95	14.11	16.26	17.47	18.33	20.64	23.20
	4	W_0(N)	39 224	39 224	42 740	47 257	52 776	57 235	57 912	66 817	71 811	75 340	84 864	95 390
	5	$c=\dfrac{F-W_0}{P+G}$(N/t)	86.47	86.47	79.11	74.50	70.96	68.73	58.97	42.08	35.53	27.08	11.15	1.82
惰行	6	$c=w_0=\dfrac{W_0}{P+G}$ (N/t)	10.14	10.14	11.05	12.22	13.64	14.80	14.97	17.27	18.57	19.48	21.94	24.66
空气制动	7	φ_h	0.370	0.216	0.175	0.156	0.146	0.140	0.140	0.134	0.131	0.130	0.127	0.125
	8	$b=1000\varphi_h\theta_h$	666.0	388.3	315.2	281.5	262.1	252.8	251.6	240.6	236.5	234.1	229.0	225.0
	9	$c=0.5b+w_0$	343.14	204.54	168.55	152.62	145.04	140.80	140.97	137.87	136.47	136.48	136.24	137.16

注：(1)第 3 栏 w''_0 按滚动轴承重货车计算；

(2)第 7 栏 φ_h 按《列车牵引计算规程》中磷闸瓦计算公式 $\varphi_h=0.356\times\dfrac{3.6v+100}{14v+100}+0.000\ 7(110-v_0)$ 计算。

(2)机车牵引力 F：与各栏速度 v 相应的 F 值可先从机车牵引性能曲线图或表上查出，采用外包线时，应乘以牵引力使用系数 λ_y(0.9)。内燃牵引时应先按式(3-4)计算，再乘以 λ_y。

(3)空气制动时的单位制动力 b：单独使用空气制动时，按常用制动取 $0.5b$。

2. 下坡限制速度计算

在列车指定制动距离、换算制动率和坡度等条件时列车有一个最大速度，称为制动限速。制动限速的解算，实际上需要用计算制动距离试凑，这可以很方便地用电算完成。

司机施行制动，从移动闸柄到列车完全停车为止，列车所走行的一段距离称为制动距离 S_b。紧急制动时，对于时速 120 km/h 及以下列车，我国目前规定允许的最大制动距离为 800 m。计算下坡限速即求制动距离为 800 m 时的制动初速。线路条件一定时，制动能力愈高，允许的限速愈高。

《铁路技术管理规程》根据计算制动距离 800 m，制定了列车制动限速受每百吨列车重量换算闸瓦压力及下坡道坡度限制表，如表 3-5 所示。工作中可根据列车的换算制动率 θ_h 直接查得下坡限速，也可近似按下式计算：

$$v_x = 87.28 - 1.143i \quad (\text{km/h}) \tag{3-55}$$

表 3-5　货物列车制动限速表(km/h)

(计算制动距离 800 m，高摩合成闸瓦)

下坡度(‰)	每百吨列车重量的换算闸瓦压力(kN)(机车的重量及其制动机可除外)													
	100	120	140	160	180	200	220	240	260	280	300	320	340	360
0	68	73	78	82	87	91	94	98	101	105	108	—	—	—
1	66	71	76	81	86	90	93	97	100	104	107	—	—	—
2	65	70	75	80	85	89	92	96	99	103	106	109	—	—
3	63	69	74	79	84	88	91	95	98	102	105	108	—	—
4	62	67	73	78	83	87	90	94	97	101	104	107	110	—
5	60	66	71	76	82	86	89	93	96	100	103	106	109	—
6	59	65	70	75	80	85	88	92	95	99	102	105	108	111
7	57	63	69	74	79	84	87	91	95	98	102	105	108	111
8	56	61	68	73	78	83	86	90	94	97	101	104	107	110
9	54	60	66	72	77	82	85	89	93	96	100	103	106	109
10	52	59	65	70	76	81	84	88	92	95	99	102	105	108
11	51	57	64	69	75	80	83	87	91	94	98	101	104	107
12	49	56	63	68	74	79	82	86	90	93	97	100	103	106
13	48	55	62	67	72	78	81	85	89	92	96	99	102	105

注：每百吨列车重量的高摩合成闸瓦换算闸瓦压力不得低于 180 kN(87 km/h)，货车装用高磷铸铁闸瓦时的换算闸瓦压力按相应高摩合成闸瓦换算压力的 170%计算。

例如：平坡时 $i=0$，限速 $v_x=87$ km/h；10‰下坡的限速 $v_x=76$ km/h。

3. 单位合力曲线图绘制

根据表 3-4 计算结果，按一定比例尺绘制单位合力图，如图 3-5 所示，取纵轴为速度轴，取横轴为单位合力轴，原点左侧为正，右侧为负。按表 3-4 中第 5 栏数值绘出的为牵引运行的单位合力曲线 $f-w_0=f(v)$；按第 6 栏数值绘出的为惰力运行单位合力曲线 $w_0=f(v)$；按第 9 栏绘出的为空气制动 $0.5b+w_0=f(v)$ 曲线。这些曲线统称单位合力曲线。在图 3-5 的单位合力图上，还绘有列车在下坡道上的限速线，供解算下坡道上列车运行速度及运行时分时应用。

(二)单位合力曲线特性

1. 有加算坡道时的应用

单位合力图是按列车在空旷地段平直道上运行情况计算的，即 $i_j=0$，如果有加算坡道时，

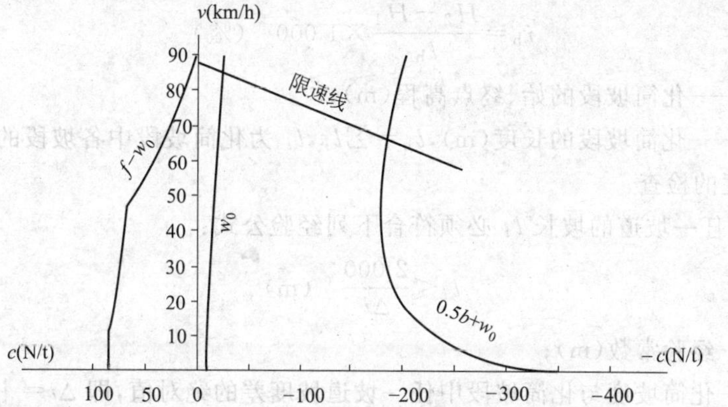

图 3-5　单位合力曲线图

单位合力应扣除加算坡道的阻力，即 $c=f(v)-gi_j$，故只需将图 3-5 合力曲线图的纵轴移动一个 gi_j 值即可。i_j 为正值时，纵轴向左移动；i_j 为负值时，纵轴向右移动。这时原来各条 $c=f(v)$ 曲线对新的坐标轴关系，就是列车在 i_j 坡道上运行时的单位合力曲线。

2. 均衡速度的确定

在合力曲线图上，考虑加算坡道纵轴移动后，速度轴与各工况 $c=f(v)$ 曲线相交处单位合力 $c=0$，这时列车就以该点所对应的速度作等速运行，该速度称为该加算坡道的均衡速度 v_{jh}；线路情况不同(即加算坡道 i_j 不同)，则均衡速度不同。机车操作有不同工况，也有相应的均衡速度。例如，在图 3-5 中，列车在 $i=4‰$的上坡道上运行，此时纵轴左移数值为 39.2 N/t，$c=0$时，$v_{jh}=63$ km/h。

3. 判断列车运行状况

在任何坡道上，列车运行速度低于所采用工况在该坡道上的均衡速度时，列车受到的单位合力为正值，列车将加速运行，直到均衡速度为止；如列车运动速度大于均衡速度，列车受到的单位合力为负值，列车将减速运行，直到均衡速度。

(1)牵引运行时

如图 3-5 所示，例如列车以速度 $v=45$ km/h 牵引运行，到达 $i=4‰$的上坡道后，因列车在该坡道的均衡速度为 $v_{jh}=63$ km/h，所以列车加速运行。

(2)惰力运行时

例如列车以速度 $v=50$ km/h 惰力运行，到达 $i=-2‰$的下坡道后，因列车在该坡道上惰力运行的均衡速度 $v_{jh}=71$ km/h，故列车要加速运行。同样情况下，列车到达 $i=-1.5‰$的下坡道，因列车在该坡道上的惰力运行均衡速度为 $v_{jh}=46$ km/h，所以列车要减速运行。

二、运行速度与运行时分计算

解算列车运行速度及站间运行时间的方法，从计算精度上可分为基于列车运动方程式的精确解法和基于均衡速度的粗略解法两类；从计算手段上可分为图解法和电算法(数值法)。随着电子计算机的普及，无论是精确解法还是均衡速度法，均已利用数值解法并采用计算机求解。在建设项目前期工作阶段或精度要求不高的概略计算时，可先对线路纵断面坡度进行化简。

(一)线路纵断面坡度化简

1. 化简坡度 i_h

化简坡度 i_h 按下式计算：

$$i_h=\frac{H_2-H_1}{l_h}\times 1\,000 \quad (‰) \tag{3-56}$$

式中 H_1、H_2——化简坡段的始、终点高程(m)；

l_h——化简坡段的长度(m)，$l_h=\sum l_i$，l_i 为化简坡段中各坡段的坡长(m)。

2. 化简坡度的检查

化简坡段中任一坡道的坡长 l_i 必须符合下列经验公式：

$$l_i\leqslant\frac{2\,000}{\Delta i} \quad (m) \tag{3-57}$$

式中 2 000——经验常数(m)；

Δi——化简坡度与化简坡段中任一坡道坡度差的绝对值，即 $\Delta i=|i_h-i_i|$(‰)。

3. 化简坡度注意事项

为减小因化简坡度造成的计算误差，站坪坡、动能坡或需校验牵引质量的坡道，不得与其他坡道一并化简。逆坡也不应一并化简。

4. 化简后的加算坡度 i_{hj}

化简后的加算坡度按下式计算：

$$i_{hj}=i_h+i_r+i_s \tag{3-58}$$

式中 i_r、i_s——曲线附加阻力和隧道空气附加阻力的折算坡度(‰)。

$$i_r=\frac{10.5\sum\alpha}{l_h} \quad (‰),\quad i_s=\frac{\sum(w_s\cdot l_s)_i}{g\cdot l_h} \quad (‰)$$

式中 $\sum\alpha$——化简坡段范围内曲线转角之和(°)；

$\sum(w_s\cdot l_s)_i$——化简坡段范围内，各隧道的单位空气附加阻力及其隧道长度乘积之和。

加算坡度应分方向分别计算。

(二)均衡速度法的运行速度与时分计算

均衡速度法是假定列车在每一个坡段上运行时，不论坡段长短，也不论进入坡段时的初速高低，都按该坡道的均衡速度(或限制速度)做等速运行考虑。按这样的速度来计算列车运行能时消耗的方法称为均衡速度法。图 3-6 表示甲站至乙站的速度—距离曲线，虚线表示实际运行速度曲线，实线表示按均衡速度法绘制的速度曲线(每个坡段上均按均衡速度等速运行，$v=f(s)$曲线均为水平线)，两者的走行时分是不同的。坡度变化不大时，均衡速度法中速度的超过部分(垂直影线部分)与其不足部分(水平影线部分)大体上可以抵消。只是在车站起动及进站停车时相差较大。所以，用均衡速度法计算时，要加起停车附加时分 t_q+t_t。当线路纵断面坡段很多，相邻坡段坡度差较大时，误差更大，故均衡速度法一般多用于概略计算。

在图 3-6 中，甲站至乙站运行时，因考虑甲、乙两站均停车，运行时分为

$$T_{甲-乙}=\sum(t_i\cdot L_i)+t_q+t_t \quad (min) \tag{3-59}$$

式中 t_q，t_t——起车、停车附加时分，与牵引种类、牵引质量及进出站线路纵断面情况有关，一般电力、内燃牵引时取 $t_q=1\sim3$ min，$t_t=1\sim2$ min；

L_i——某一坡段的长度(km)；

t_i——某一坡段上的每千米的运行时分(min/km)。上坡时 $t_i=60/v_{jh}$，v_{jh} 为在合力图上查得的均衡速度(km/h)；下坡时 $t_i=60/v_x$，v_x 为下坡限速(km/h)，货物列车可按公式(3-55)计算。

计算应分方向进行，是否应附加 t_q+t_t，应根据是否在该站停车而定。

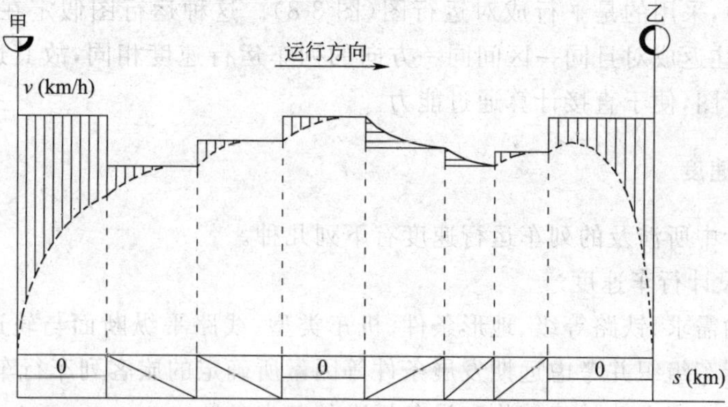

图 3-6 均衡速度法的 $v=f(s)$ 曲线

第三节 铁路通过能力与输送能力

铁路能力指通过能力和输送能力,通过能力与输送能力是铁路本身具备的设计能力;要求铁路完成的运输任务,称为需要的能力。

一、列车运行图

列车运行图是表示列车运行情况的示意图,如图 3-7 所示,横轴表示时间,每 10 min 画一竖线;纵轴表示距离,每一车站中心画一横线。两站的斜线为列车在该区间的运行线,斜率越陡,说明列车走行速度越高,走行时分越短。斜线与相邻两横线的交点分别表示列车发车和到达时间;斜线与相邻两横线交点间的时段表示列车在该区间的走行时分。例如图 3-7 中的 27028 次列车通过 C 站的时间是 0 时 06 分,到达 B 站的时间是 0 时 20 分,其间走行时分为 14 min。在运行图上还显示出列车在站停留时间,例如 27028 次列车在 B 站从 0 时 20 分到达至 0 时 27 分发车,共停站 7 min。

运行图中列车上、下行和车次的规定:进京方向或是支线开往干线、干线开往枢纽均称为上行方向,相应的上行列车车次为偶数(双数);反之离京方向或是从干线开往支线、枢纽开往干线被称为下行方向,相应的下行列车车次为奇数(单数);枢纽地区的列车运行方向和车次由铁路局规定。

在铁路运营中,采用的是非平行运行图(图 3-7)。因为铁路上开行的旅客列车、直通货物列车、摘挂列车和零担列车的速度各不相同,所以在运行图上各种列车在同一区间的运行线互不平行。非平行运行图只在实际运营中使用。

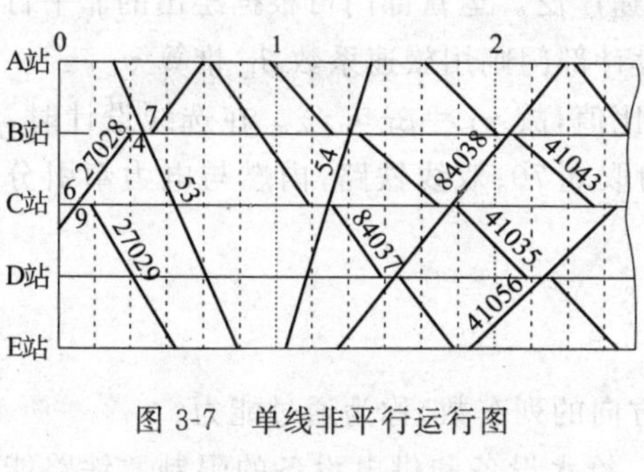

图 3-7 单线非平行运行图

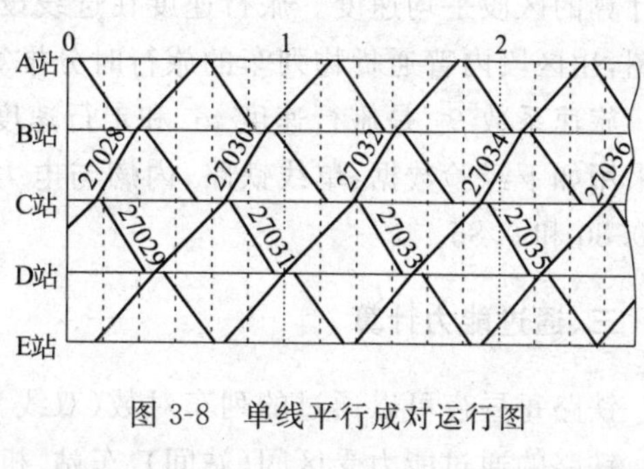

图 3-8 单线平行成对运行图

在铁路设计中,采用的是平行成对运行图(图 3-8)。这种运行图假定在线路上运行的都是直通货物列车,往返成对且同一区间同一方向的列车运行速度相同,故其运行线相互平行。采用平行成对运行图,便于直接计算通过能力。

二、列车运行速度

铁路选线设计中所涉及的列车运行速度有下列几种。

1. 旅客列车设计行车速度

它是根据运输需求、铁路等级、地形条件、机车类型、线路平纵断面与轨道标准、通信信号水平、运输调度、行车组织并考虑远期发展条件等因素所确定的旅客列车行车速度。它是确定设计线各种与客车速度有关的建筑物和设备标准的基本参数。

设计线各路段旅客列车设计行车速度(简称路段设计速度或路段速度)的最大值称为设计线旅客列车最高设计行车速度,以 v_{max}(km/h)表示。

当沿线运输需求或地形和运营条件差异较大,并有充分的技术经济依据时,可分路段选定旅客列车设计行车速度。Ⅰ、Ⅱ级铁路的路段旅客列车设计行车速度宜按表 3-6 规定的数值选用。

表 3-6 Ⅰ、Ⅱ级铁路路段旅客列车设计行车速度(km/h)

铁路等级	Ⅰ	Ⅱ
旅客列车设计行车速度	160、140、120	120、100、80

对改建既有线和增建第二线的路段旅客列车设计行车速度,应根据运输需要并结合既有线特征等因素经技术经济比选确定。不同旅客列车设计行车速度的路段长度应根据铁路等级、地形类别、线路平面和纵断面条件等因素确定。路段长度不宜过短,丘陵、山区可按地形单元划分。

2. 走行速度 v_Z

指普通货物(旅客)列车在区段内运行,按所有中间车站不停车通过所计算的区段平均速度,可由牵引计算得到。

3. 技术速度 v_S

指普通货物(旅客)列车在区段内运行,计入中间车站停车的启停附加时分所计算的区段平均速度,也可由牵引计算得到。

4. 旅行(区段)速度 v_L

指普通货物列车在区段内运行,计入中间车站停车的起停附加时分和中间车站停车时分所计算的区段平均速度。旅行速度在选线设计中用途广泛。运营部门可根据绘出的非平行运行图,用区段内普通货物列车的旅行时分推算 v_L,设计部门则用旅速系数 β_L 推算 v_L。

旅速系数 β_L 是旅行速度 v_L 和走行速度 v_Z 的比值,故 $v_L=\beta_L \cdot v_Z$。在选线设计时,β_L 可采用如下经验数据:单线铁路,内燃与电力牵引均取 0.70;双线铁路,内燃与电力牵引分别取 0.80 和 0.85。

三、通过能力计算

铁路每昼夜可以通过的列车对数(双线为每一方向的列车数)称为通过能力。

铁路的通过能力受区间(站间)、车站、机务设备、给水设备和供电设备的限制。铁路能实现的通过能力,取决于上述设备中最薄弱环节限制的通过能力。设计铁路时,一般根据区间通过能力来设计其他各种设备的能力,使之相互协调,且不小于区间通过能力。

(一)单线铁路通过能力

单线铁路通过能力按平行成对运行图考虑,用一对普通货物列车占用区间的总时分(称运行图周期 T_Z)来计算,如图 3-9 所示。它包括一对列车在区间的往、返走行时分 t_W、t_F 和两端车站接发列车的车站作业间隔时分 t_B、t_H。

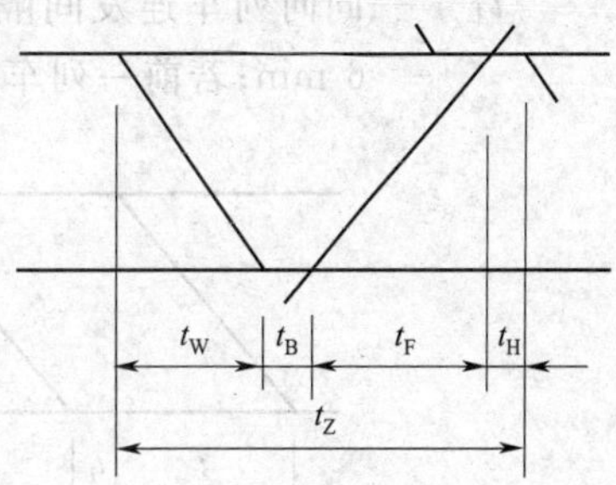

图 3-9 平行成对运行图周期

单线平行成对运行图的通过能力 N 可用下式计算:

$$N=\frac{1\,440-T_T}{T_Z}=\frac{1\,440-T_T}{t_W+t_F+t_B+t_H} \quad (对/d) \tag{3-60}$$

式中 T_T——日均综合维修"天窗"时间(min),电力牵引取 90 min,内燃牵引取 60 min;

1 440——每一昼夜的分钟数;

t_W、t_F——站(区)间往、返走行时分(min),与站间距离、平纵断面情况、牵引质量以及机车类型和制动条件等因素有关,可通过牵引计算获得;

t_B——对向列车不同时到达的间隔时分(min),即一列车到达车站中心起到对向列车到达或通过车站中心的最小间隔时分;

t_H——车站会车间隔时分(min),即一列车到达或通过车站中心起到该车站向原区间发出另一列车时的最小间隔时分。

t_B 和 t_H 与车站信联闭类型、股道数目和作业性质等因素有关,选线设计时,可采用表 3-7 中的数据。

表 3-7 车站作业间隔时分(min)

闭塞方式	电气路签(牌)	半自动闭塞	自动闭塞	自动闭塞与调度集中
t_B	5～6	4～6	3～5	3～5
t_H	3～4	2～3	1～2	0.5～1.0

全线(或区段)的各个站间,其站间距离、行车速度各不相同,车站间隔时分也不相同,故一对直通货物列车在各站间的运行图周期也互有差异,各站间的通过能力也有大有小。运行图周期值 T_Z 最大的站间,通过能力最小,全线(或区段)的通过能力要受到它的控制,称为控制站间。全线(或区段)的通过能力,应按控制站间的运行图周期计算。

(二)双线铁路通过能力

双线铁路通过能力按平行运行图考虑,因上、下行的列车分线单向运行,所以通过能力应分方向计算,单位为列/d。

1. 半自动闭塞

采用半自动闭塞时,同向列车可连发运行,如图 3-10(a)所示,通过能力 N 为

$$N=\frac{1\,440-T_T}{t+t_L} \quad (列/d) \tag{3-61}$$

式中 T_T——日均综合维修"天窗"时间(min),电力牵引取 120 min,内燃牵引取 70 min;

t——普通货物列车站间单方向走行时分(min);

t_L——同向列车连发间隔时分(min),若前后列车都通过前方邻接车站,则 $t_L=4\sim6$ min;若前一列车通过后一列车停站,则 $t_L=2\sim3$ min。

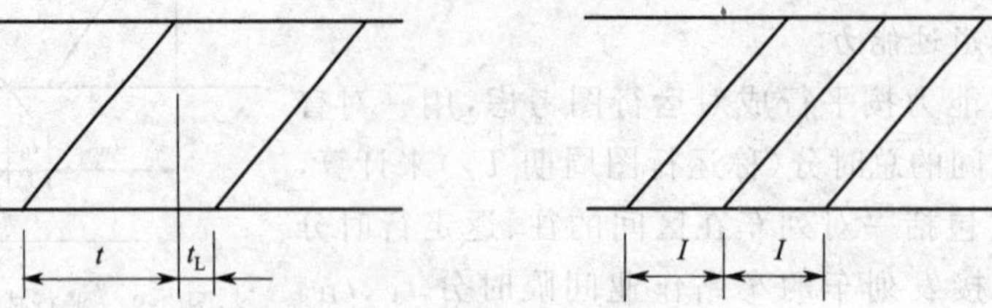

(a) 连发　　(b) 追踪

图 3-10　双线平行运行图

2. 自动闭塞

采用自动闭塞时,同向列车可追踪运行,如图 3-10(b)所示,通过能力 N 为

$$N=\frac{1\,440-T_T}{I}\quad (列/d) \tag{3-62}$$

式中　I——同向列车追踪间隔时分,其数值根据运营条件决定,一般采用 $I=8\sim10$ min;

T_T——意义及取值同公式(3-61)。

通过能力 N 计算取值到小数点后一位。以列数表示时,不足 1 列者舍去;以对数表示时,不足 0.5 对者舍去,大于等于 0.5 对者按 0.5 对取值。

四、铁路输送能力

铁路输送能力是铁路单方向每年能运送的货物吨数。设计线各设计年度的输送能力不应小于经济调查得到的相应年度的货运量。

客货共线铁路输送能力 C 可用下式计算:

$$C=\frac{365\cdot N_H\cdot G_j}{10^6\beta}\quad (Mt/a) \tag{3-63}$$

式中　N_H——折算的普通货物列车对数(对/d);

G_j——普通货物列车净载;

β——货运波动系数,由经济调查确定,通常可取 1.15。

快运货物列车、零担列车、摘挂列车的牵引吨数通常较普通货物列车小,需要将这些列车的对数按装载的货物质量折算为普通货物列车对数,折算的普通货物列车对数 N_H 为

$$N_H=N_{PT}+N_{KH}\cdot\mu_{KH}+N_L\cdot\mu_L+N_Z\cdot\mu_Z\quad (对/d) \tag{3-64}$$

式中　N_{PT}、N_{KH}、N_L、N_Z——普通货物、快运货物、零担、摘挂列车对数(对/d);

μ_{KH}、μ_L、μ_Z——快运货物、零担、摘挂列车的货物质量与普通货物列车的货物质量的比值,称为满轴系数,一般取 $\mu_{KH}=0.75$,$\mu_L=0.5$,$\mu_Z=0.75$。

每天可能通过的普通货物列车对数 N_{PT},应在站间通过能力 N 的基础上考虑一定的通过能力储备量,再扣除旅客列车、快运货物列车、零担和摘挂列车占用的通过能力,可用下式求得:

$$N_{PT}=\frac{N}{1+\alpha}-(N_K\cdot\varepsilon_K+N_{KH}\cdot\varepsilon_{KH}+N_L\cdot\varepsilon_L+N_Z\cdot\varepsilon_Z)\quad(对/d)\tag{3-65}$$

式中　N——通过能力(对/d)；

α——通过能力储备系数，单线 $\alpha=0.20$，双线 $\alpha=0.15$；

N_K、N_{KH}、N_L、N_Z——旅客、快货、零担、摘挂列车对数(对/d)；

ε_K、ε_{KH}、ε_L、ε_Z——旅客、快货、零担、摘挂列车的扣除系数。

扣除系数是开行1对(或1列)旅客、快货、零担、摘挂列车在平行运行图上占用的时间与1对(或1列)普通货物列车占用时间的比值。因旅客列车与快运货物列车速度较快，且停站次数少，普通货物列车要停站待避让其越行或交会；而零担和摘挂列车停站次数多、停站时间长，故扣除系数值均大于1。其值主要取决于正线数目和闭塞方式，也与各种列车的数量、运行图铺划方式、各种列车的速度差及区间不均等程度等因素有关。一般采用表3-8所列数值。

将式(3-65)代入式(3-64)得：

$$N_H=\frac{N}{1+\alpha}-[N_K\cdot\varepsilon_K+N_{KH}\cdot(\varepsilon_{KH}-\mu_{KH})+N_L\cdot(\varepsilon_L-\mu_L)+N_Z\cdot(\varepsilon_Z-\mu_Z)]\quad(对/d)\tag{3-66}$$

表3-8　扣除系数

正线数目	闭塞方式	旅客列车	快货列车	零担列车	摘挂列车	附　注
单线	自　动	1.0	1.0	1.5～2.0	1.3～1.5	
	半自动	1.1～1.3	1.2	1.5～2.0	1.3～1.5	3对以上取1.3
双线	自　动	见表(b)	2.0～2.3	3.0～4.5	2.5～3.0	$N_Z>3$ 时，取相应的低限值
	半自动	1.3～1.5	1.4	2.0～3.0	1.5～2.0	

注：其他闭塞方法，可参照半自动闭塞的扣除系数。

复习思考题

1. 简述牵引力、阻力和制动力三者之间的异同点。
2. 机车牵引性能曲线图的含义是什么？
3. 简述列车行驶阻力的分类和它们之间的异同点。
4. 怎样计算牵引质量，如何保证其计算值合理？
5. 如何计算单位合力？
6. 什么是均衡速度，有何意义？
7. 用什么表示铁路能力？
8. 什么是平行成对运行图？什么是非平行运行图？
9. 走行速度、技术速度、旅行速度的区别是什么？
10. 列车上、下行和车次的规定是什么？
11. 解释以下系数：μ_j、λ_h、λ_p、λ_s、λ_y、$\sum\lambda$、β、μ_{KH}、K_J、ε_{KH}、T_Z。
12. 某单线铁路，采用半自动闭塞方式 $T_T=90$ min，$t_B=6$ min，$t_H=3$ min；普通货物列车站间往返运行总时间为28 min，$G_j=2\,600$ t，折算的普通货物列车对数是通过能力的80%，

β=1.15,请计算输送能力。

13. 双线铁路通过能力为什么不是单线铁路的两倍?

14. SS_7 型电力机车牵引滚动轴承货车,试计算线路限制坡度 $i_x=13‰$时的双机重联分别操纵的牵引质量,并估算牵引净载和列车长度。

15. 根据本章表3-4或图3-5的单位合力曲线资料,试计算:

(1)牵引运行 $i=5‰$、惰力运行 $i=-2‰$的均衡速度,$i=-5‰$的限制速度。

(2)在下列条件下,列车是加速、等速还是减速运行。

① 牵引状态,以40 km/h速度进入6‰的上坡道;

② 牵引状态,以75 km/h速度进入5‰的上坡道;

③ 惰性状态,以75 km/h速度进入2‰的下坡道;

④ 空气制动,以65 km/h速度进入6‰的下坡道。

16. 甲乙两站平纵断面见下图,列车长度680 m,圆曲线长度小于列车长度。根据本章表3-4或图3-5的单位合力曲线资料,试用均衡速度法,求甲乙两站间的往返走行时分,并计算两站之间的通过能力($t_q+t_t=3$ min,$t_B+t_H=8$ min)。

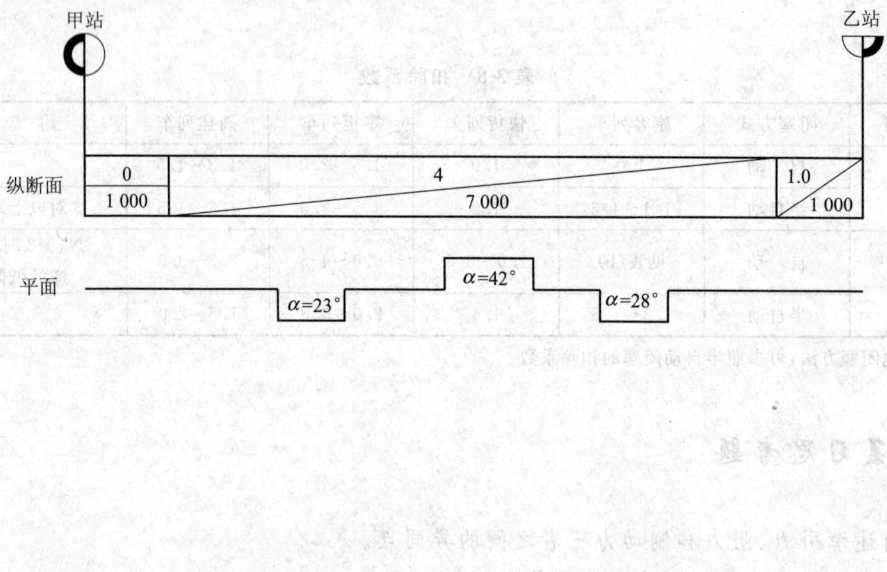

第四章 铁路线路平面及纵断面设计

第一节　设计的基本要求

铁路设计时，铁路用线路中心线（中线）表示。如图 4-1 所示，路基横断面上距外轨半个轨距的铅垂线 AB 与路肩水平线 CD 的交点 O 在纵向上的连线，称为线路中心线。实际测量时，线路中心 O 点对于直线段来说是两根钢轨之间连线的中间位置，对于曲线段而言，是从外轨顶面下 16 mm 处向中线方向量半个标准轨距的位置（由于部分曲线存在加宽）。

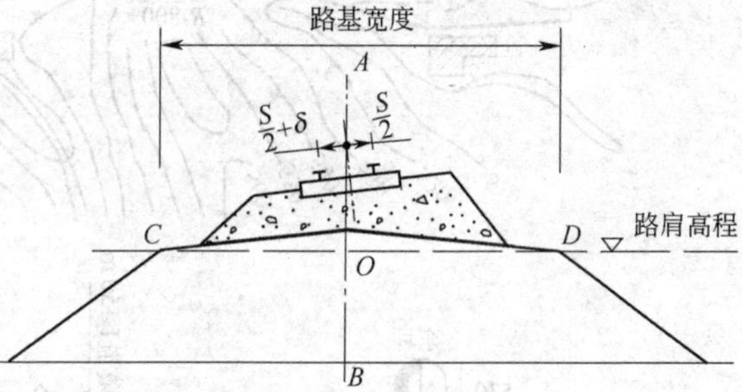

图 4-1　路基横断面

线路的空间是由它的平面、纵断面和横断面表示的，其中控制线路位置的是平面和纵断面。所谓线路平面是指线路中心线在水平面上的投影，表示线路平面状况；而线路纵断面是指沿线路中心线所作的铅垂剖面展直后，线路中线在立面的投影，表示线路起伏情况。一般新线设计时，纵断面的设计高程采用路肩处的高程。

线路平面图和纵断面图是线路设计中各个设计阶段必须编制的基本文件。各设计阶段的定线要求不同，平面图和纵断面图的详细程度也各有区别。例如，在可行性研究阶段，由于其主要目的并不在于确定最终的线路位置，因此，其平纵面图为概略平面和纵断面。

图 4-2 所示为概略定线的简明线路平面图和纵断面图。简明平面图中，等高线表示地形和地貌特征，村镇、道路等表示地物特征。图中粗线表示线路平面，并标出里程、曲线要素（转角 α、曲线半径 R）、车站、桥隧特征等资料。

简明断面图的上半部为线路纵断面示意图；下半部为线路基础数据，自下而上顺序标出：线路平面、里程、设计坡度、路肩设计高程、工程地质概况等栏目。

线路平面和纵断面设计必须满足以下三方面的基本要求：

（1）必须保证行车安全和平顺。主要指列车运行时不出现脱钩、断钩、脱轨、途停、运缓等情况，以及满足旅客舒适的要求，这些要求均反映在《线规》规定的技术标准中，设计时要遵守《线规》规定。

（2）力争节约资金。既要力争减少工程数量、降低工程造价，又要考虑为施工、运营、维修提供有利条件，节约运营支出。从降低工程造价考虑，线路最好顺地面爬行，但因起伏弯曲太大，给运营造成困难，导致运营支出增大；从节约运营支出考虑，线路最好又平又直，但势必增大工程数量，提高工程造价。因此，设计时必须根据设计线的特点，分析设计路段的具体情况，综合考虑工程和运营的要求，通过方案比较，正确处理两者之间的矛盾。

(3)既要满足各类建筑物的技术要求，还要保证它们协调配合、总体布置合理。铁路上要修建车站、桥涵、隧道、路基、道口和支挡、防护等大量建筑物，线路平面和纵断面设计不但关系到这些建筑物的类型选择和工程数量，并且影响其安全稳定和运营条件。因此，设计时不仅要考虑各类建筑物对线路的技术要求，还要从总体上保证这些建筑物相互协调、布置合理。

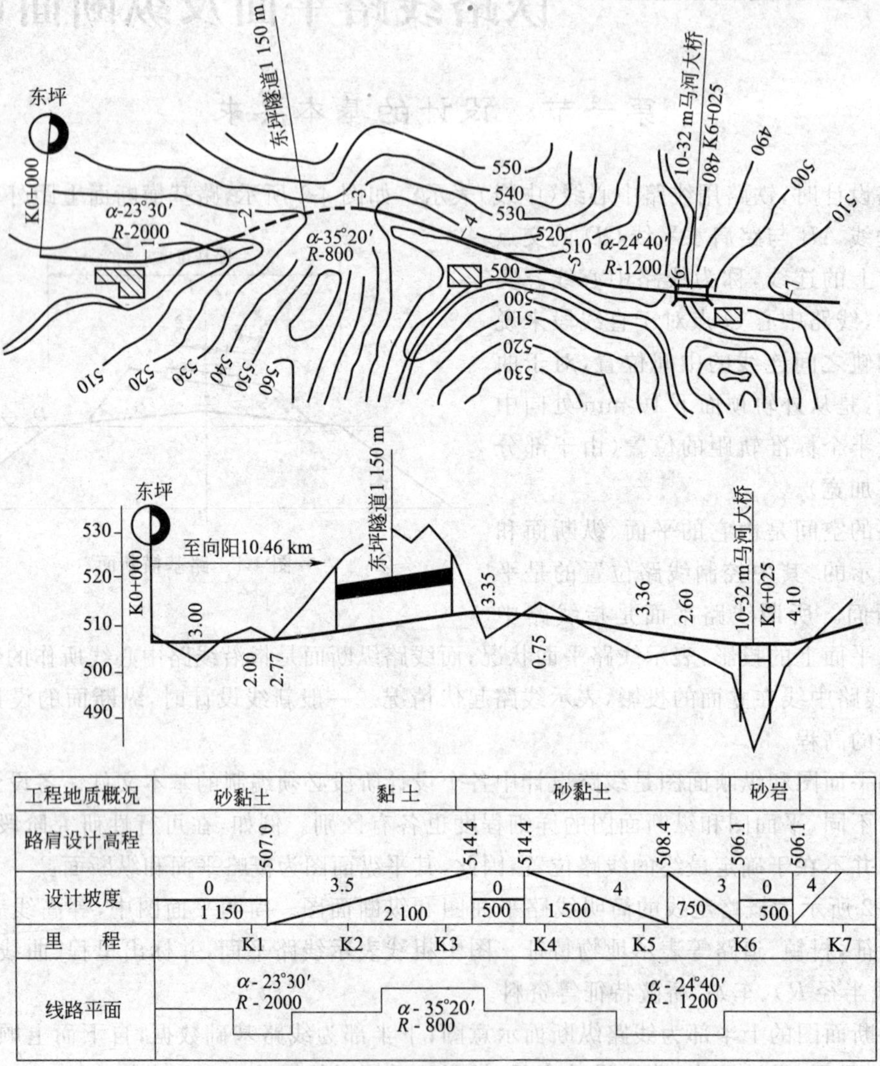

图 4-2 概略定线时的简明线路平面图和纵断面图

第二节 区间线路平面设计

一、平面组成和曲线要素

线路平面由直线和曲线(均指的是铁路中心线)组成，铁路曲线由圆曲线和缓和曲线构成。

1. 无缓和曲线的曲线

在纸上进行的概略定线，简明平面图和纵断面图上可以不画出缓和曲线，如图 4-3(a) 所示。设计时，偏角 α 由曲线两侧的直线形成的交角直接量出，曲线半径 R 由曲线板选配得到。

确定曲线的是圆曲线的半径 R 和曲线偏角 α。切线长 T_y、曲线长 L_y 和外矢距 E_y 由下列公式计算：

$$T_y = R \cdot \tan\frac{\alpha}{2} \quad (\text{m}) \tag{4-1}$$

$$L_y = \frac{\pi \cdot \alpha \cdot R}{180} \quad (\text{m}) \tag{4-2}$$

$$E_y = R \cdot \left(\sec\frac{\alpha}{2} - 1\right) \quad (\text{m}) \tag{4-3}$$

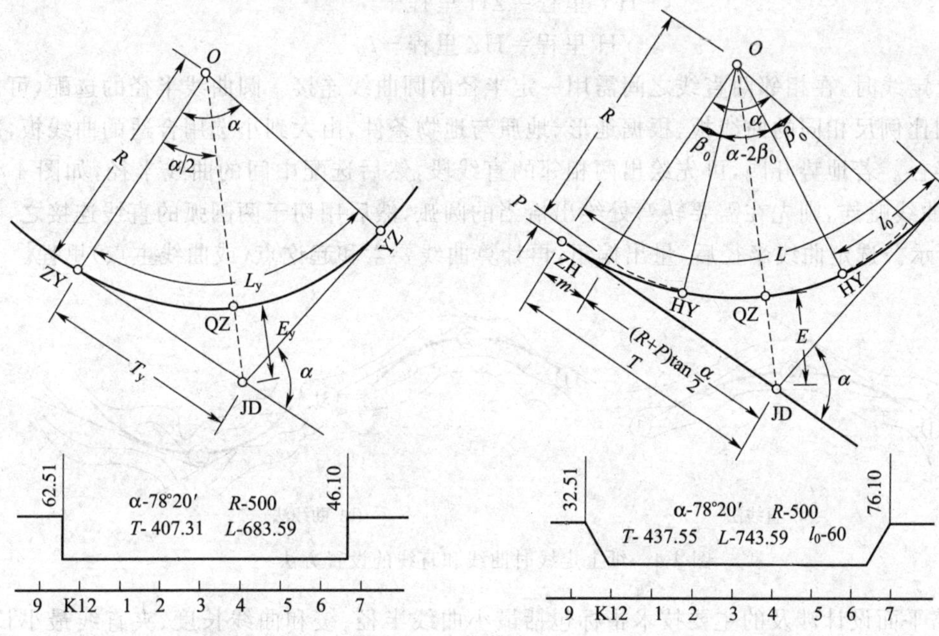

(a) 圆曲线　　(b) 圆曲线和缓和曲线

图 4-3　铁路曲线

2. 有缓和曲线的曲线

详细定线时，平、纵面图中要绘出加设缓和曲线后的曲线，铁路的缓和曲线一般情况下是对称的，如图 4-3(b)所示。曲线由圆曲线半径、缓和曲线的长度及曲线转角确定。切线长 T、曲线长 L 和外矢距 E 由下列公式计算：

$$T = (R + P) \cdot \tan\frac{\alpha}{2} + m \quad (\text{m}) \tag{4-4}$$

$$L = \frac{\pi(\alpha - 2\beta_0)R}{180} + 2l_0 = \frac{\pi \cdot \alpha \cdot R}{180} + l_0 \quad (\text{m}) \tag{4-5}$$

$$E = (R + P) \cdot \sec\frac{\alpha}{2} - R \quad (\text{m}) \tag{4-6}$$

式中　P——内移距，$P = \dfrac{l_0^2}{24R} - \dfrac{l_0^4}{2\,688R^3} \approx \dfrac{l_0^2}{24R}$ (m)；

m——切垂距，$m = \dfrac{l_0}{2} - \dfrac{l_0^3}{240R^2} \approx \dfrac{l_0}{2}$ (m)；

β_0——缓和曲线角，$\beta_0 = \dfrac{90 l_0}{\pi R}$ (°)。

上式中，m 和 P 反映了加设缓和曲线后的圆曲线与未加缓和曲线前的圆曲线之间的变化情况，P 表示圆曲线向圆心移动的距离，m 表示曲线起点在切线上移动的距离。通常情况，线路设计行车速度 $v \leqslant 160$ km/h 时，m 和 P 取公式第一项即能满足精度要求；设计行车速度 $v \geqslant 200$ km/h 时，m 和 P 应取公式前两项。

3. 曲线主点里程推算

ZH(或 ZY)里程可在平面图上量得或通过坐标计算得出：

$$\text{HZ(或 YZ)里程} = \text{ZH 里程} + L$$

$$\text{HY 里程} = \text{ZH 里程} + l_0$$

$$\text{YH 里程} = \text{HZ 里程} - l_0$$

纸上定线时，在相邻两直线之间需用一定半径的圆曲线连接。圆曲线半径的选配，可使用与地形图比例尺相同的曲线板，根据地形、地质与地物条件，由大到小选用合适的曲线板，决定合理的半径。若地势开阔，可先绘出两相邻的直线段，然后选配中间的曲线半径，如图 4-4(a)所示；若曲线毗连，则先在需要转弯处绘出恰当的圆弧，然后用切于两圆弧的直线连接之，如图 4-4(b)所示。选定曲线半径后，量出偏角，再计算曲线要素和起讫点(或曲线主点)里程。

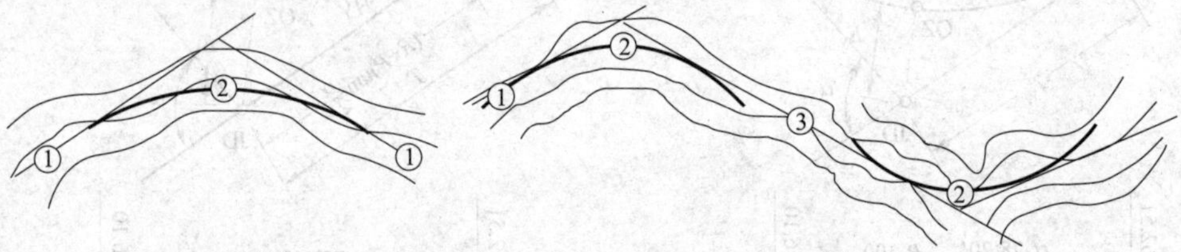

(a) 直线法　　(b) 曲线法

图 4-4　纸上定线时曲线和直线的设置方法

线路平面设计涉及的主要技术指标包括最小曲线半径、缓和曲线长度、夹直线最小长度、最小圆曲线长度等。

二、直　线

线路平面设计应力争设置较长的直线段，减少交点个数，以缩短线路长度，改善运营条件。只有因遇到地形、地质或地物等局部障碍而引起较大工程时，才设置曲线绕避障碍。

在地形困难、曲线毗连地段，两相邻曲线间的直线段，即前一曲线终点(HZ_1 或 YZ_1)与后一曲线起点(ZH_2 或 ZY_2)间的直线，称为夹直线，如图 4-5 所示。两相邻曲线，转向相同者称为同向曲线，转向相反者称为反向曲线。

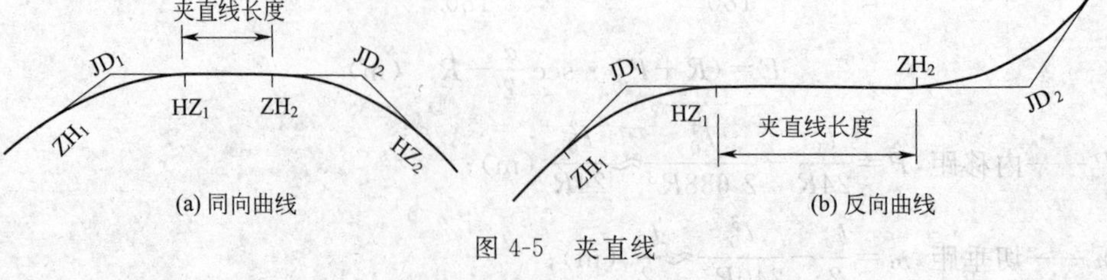

(a) 同向曲线　　(b) 反向曲线

图 4-5　夹直线

(一)夹直线长度的确定

夹直线长度应力争长一些，为行车和维修创造有利条件。但为适应地形节省工程，需要设置较短的夹直线时，其最小长度受下列条件控制：

(1)线路养护要求。为正确保持直线方向，夹直线长度不宜短于 50～75 m，困难时不短于 25 m。

(2)行车平稳要求。为减少车辆摇摆，使列车运行平稳，夹直线长度不宜短于 2～3 辆客车长度。22 型、25 型客车长度分别为 24 m、25.5 m，故夹直线长度应为 48～76.5 m。

车辆通过圆曲线或夹直线两端缓和曲线时，为避免车辆后轴在缓和曲线终点(指缓圆点或缓直点)产生的振动，与车辆前轴在另一缓和曲线起点(指圆缓点或直缓点)产生的振动相叠加，圆曲线或夹直线应有足够长度，使旅客列车通过圆曲线或夹直线的时间不小于弹簧振动消失的时间(可通过计算确定)。同时对圆曲线而言，为保持曲线圆顺，圆曲线上至少应有两个正矢桩，以满足日常维修中采用绳正法拨正曲线的需要，故不应小于 20 m。

综合上述因素，圆曲线及夹直线的最小长度如表 4-1 所示。

表 4-1 夹直线及圆曲线最小长度(m)

路段设计速度(km/h)		350	300	250	200	180	160	140	120	100	80
工程条件	一般	280	240	200	160	130	130	110	80	60	50
	困难	210	180	150	120	90	80	70	50	40	30

(二)夹直线长度的保证

纸上定线时，通常仅绘出圆曲线而不绘出缓和曲线。因此，为了保证有足够长度的夹直线，相邻两圆曲线端点(YZ_1 与 ZY_2)间夹直线长度 L_j 应满足下列条件：

$$L_j \geqslant \frac{l_{01}}{2} + L_{jmin} + \frac{l_{02}}{2} \tag{4-7}$$

式中 L_{jmin}——夹直线最小长度(m)，按表 4-1 取值；

l_{01}、l_{02}——相邻两圆曲线所选配的缓和曲线长度(m)。

夹直线长度不够时，应修改线路平面。对于反向夹直线，可以减小曲线半径或选用较短的缓和曲线长度，如图 4-6(a)；另外可改移夹直线的位置，以延长两端点间的直线长度和减小曲线偏角，如图 4-6(b)；当同向曲线间夹直线长度不够时，可采用一个较长的单曲线代替两个同向曲线，如图 4-6(c)。

三、圆 曲 线

(一)曲线超高

1. 曲线超高的作用及设置方法

曲线超高是曲线外轨与内轨顶面的水平高度之差。

列车在曲线上行驶时，由于离心力作用，加大了外股钢轨的压力，也常使旅客感到不适或货物产生移位等。因此需要将曲线外轨适当抬高，使列车自身重力产生一个向心的水平分力，以抵消离心力的作用，使内外两股钢轨受力均匀和垂直磨耗均等，满足旅客舒适感，提高线路的稳定性和列车运行的安全性。同时，曲线超高还是确定缓和曲线长度及曲线线间距加宽值等相关平面标准的重要参数。

曲线超高的设置方法有外轨提高法和线路中心高度不变法两种。外轨提高法是保持内轨高程不变而只抬高外轨的方法，为世界各国和我国铁路普遍采用。线路中心高度不变法是内轨降低和外轨抬高各一半曲线超高值，从而保证线路中心高程不变的方法，在城市轨道交通中

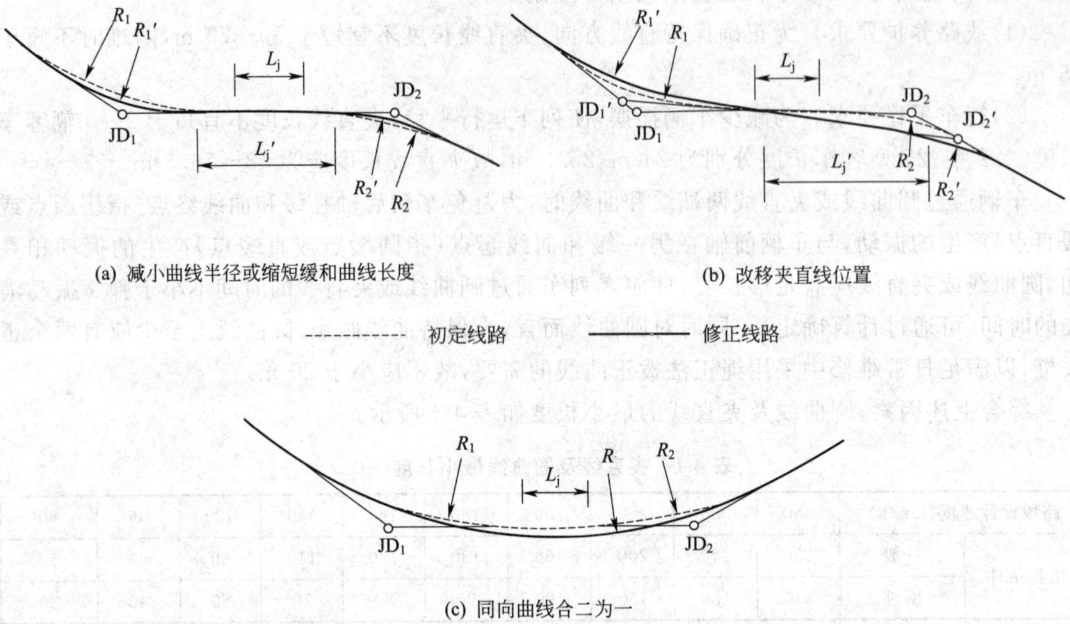

图 4-6 夹直线长度不够时的修正

使用较普遍,或仅在建筑限界受到限制时才在铁路设计中采用。

2. 曲线超高值的计算

曲线超高的大小由列车通过时离心力的大小确定。由于离心力与行车速度的平方成正比,与曲线半径大小成反比,因此曲线半径越小,行车速度越高,则离心力越大,所需设置的超高就越大(图 4-7)。

列车通过曲线时产生的离心力为

$$F=m\frac{v^2}{R}=\frac{G}{g}\cdot\frac{v^2}{R}$$

式中 G——列车重力(N);

m——列车质量(kg);

v——列车通过速度(m/s);

R——圆曲线半径(m);

g——重力加速度,9.81m/s^2。

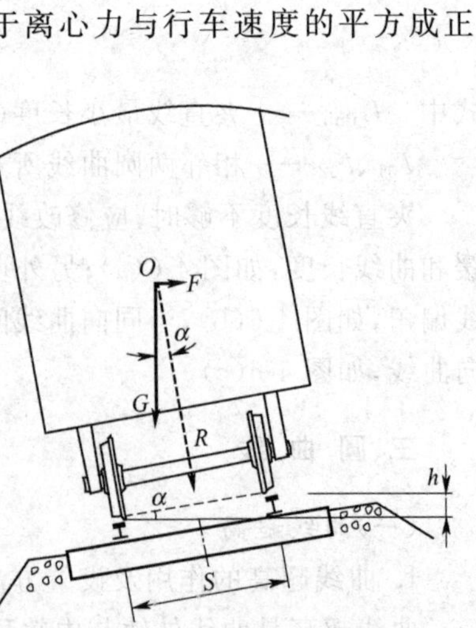

图 4-7 曲线超高

曲线上设置外轨超高 h,使列车重力 G 与离心力 F 的合力 R 恰好通过轨道中心,此时内外两股钢轨所受的垂直压力相等,钢轨的支承反力相等,列车的运动状态处于最理想的状态。由图 4-7 可知:$\tan\alpha=F/G$,$\sin\alpha=h/S$,因为横坡角 α 很小,可近似认为 $\tan\alpha\approx\sin\alpha$,于是有:$F/G\approx h/S$,则平衡离心力所需要的外轨超高 h 为

$$h=\frac{F\cdot S}{G}=\frac{G\cdot v^2\cdot S}{g\cdot R\cdot G}=\frac{Sv^2}{gR} \tag{4-8}$$

式中 h——外轨超高 (mm);

S——两根钢轨轨头中心线之间的距离(mm)。对于 1 435 mm 标准轨距,$S\approx 1\ 500$ mm。

将 v 的单位由 m/s 转换成 km/h,并代入 S、g 的数值,则:

$$h=\frac{1\ 500\times\left(\frac{v}{3.6}\right)^2}{9.81\times R}=11.8\,\frac{v^2}{R}\quad(\text{mm})\tag{4-9}$$

按上述公式确定的 h 取整为 5 mm 作为实设超高,当列车以速度 v 通过曲线时,可达到最佳舒适度、内外轨磨耗均等和受力均衡状态。但实际线路上运行的列车种类不同,各种列车的运行速度也不相同,为了反映不同行驶速度和不同牵引质量的列车对外轨超高值的不同要求,实际中,曲线外轨设计超高是根据均方根速度确定的。

在既有线上,各类列车的数目、质量和速度可经过实测求得。均方根速度按下式确定:

$$v_{JF}=\sqrt{\frac{\sum NGv^2}{\sum NG}}\quad(\text{km/h})\tag{4-10}$$

式中 N——每昼夜通过的各类列车数;

G——各类列车质量(t)。

在新线设计时,均方根速度可根据最大速度乘以速度系数概略确定:

$$v_{JF}=\beta v_{max}\quad(\text{km/h})\tag{4-11}$$

式中 v_{max}——通过曲线的最大行车速度(km/h);

β——速度系数,一般地段采用 0.80,单线上、下行速度悬殊地段可采用 0.65。

3. 未被平衡超高及其允许值

(1)未被平衡超高值

外轨超高是一个定值,它所产生的向心力只能平衡一种速度的离心力。当实际通过速度 $v>v_{JF}$时,会产生未被平衡离心力;当实际通过速度 $v<v_{JF}$时,会产生未被平衡的向心力。未被平衡的离心力和向心力可以理解为由于外轨超高不足或外轨超高过大所产生。当列车以 v_{max}(或 v_{min})通过时,可以用欠超高和过超高的形式表示,其值为

$$h_q=11.8\,\frac{v_{max}^2}{R}-h\quad(\text{mm})\tag{4-12}$$

$$h_g=h-11.8\,\frac{v_{min}^2}{R}\quad(\text{mm})\tag{4-13}$$

式中 h_q、h_g——欠、过超高值(mm)。

(2)未被平衡超高允许值

未被平衡的超高使内外轨产生偏载,引起内外轨不均匀磨耗,并影响旅客的舒适度。此外,过大的未被平衡超高值还可能导致列车倾覆,因此必须对未被平衡的超高加以限制。

允许欠超高值$[h_q]$可反映旅客舒适度状况,也可反映外股钢轨磨耗状况,它与客车结构、转向架构造及其悬挂方式有关。行车速度越大,要求舒适度越高,允许欠超高应小一些。《线规》中允许欠超高的取值为:一般 70 mm,困难 90 mm,既有线改造时取 110 mm。《铁路线路修理规则》(简称修规)采用值:一般 75 mm,困难情况下应不大于 90 mm。

允许过超高$[h_g]$反映内轨偏磨程度，与货车结构、转向架构造和悬挂方式及货运量有关。客货共线且货运量较大时，过超高不宜过大，《线规》及《修规》中允许过超高限值：一般30 mm，困难 50 mm。新建时速 200 km 客货共线的铁路，其客运量所占比重大，故$[h_g]$取值比《线规》规定取值适度放大，其允许值一般 40 mm，困难 60 mm。

4. 最大超高允许值

低速列车行驶(或列车停车)于超高很大的曲线轨道时，存在倾覆的危险性。为了保证行车安全，必须限制外轨超高的最大值。

设曲线外轨最大超高度为h_{max}，与之相适应的行车速度为v，产生的离心惯性力为J，车辆的重力为G，J与G的合力为R，它通过轨道中心点O，如图 4-8 所示。当某一车辆以$v_1<v$的速度通过该曲线时，相应的离心力为J_1，J_1与G的合力为R_1，其与轨面连线的交点为O_1，偏离轨道中心距离为e，随着e值的增大，车辆在曲线运行的稳定性降低，其稳定程度可采用稳定系数n来表示。令

$$n=\frac{S_1}{2e} \tag{4-14}$$

当$n=1$，即$e=S_1/2$时，R_1指向内轨断面中心线，属于临界状态；当$n<1$，即$e>S_1/2$时，车辆丧失稳定而颠覆；当$n>1$时，车辆处于稳定状态。n值愈大，稳定性愈好。

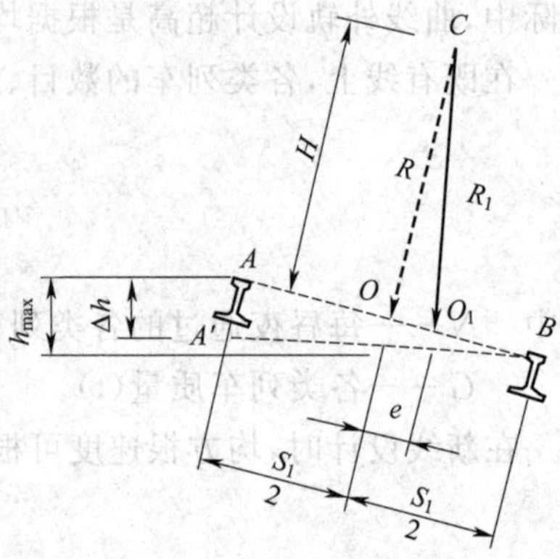

图 4-8 外轨最大超高计算图

由以上分析可知，e值与未被平衡超高Δh存在一定的关系，由图 4-8 可得过超高三角形$\triangle BAA'$与三角形$\triangle COO_1$有以下近似关系：

$$\frac{OO_1}{OC}=\frac{AA'}{S_1}$$

设车辆重心到轨面的高度为H，则上式可变换为

$$e=\frac{H}{S_1}\Delta h \tag{4-15}$$

式中 e——合力偏心距；

H——车体重心至轨顶面高，货车为 2 220 mm(超限重车)，客车为 2 057.5 mm；

Δh——未被平衡超高度；

S_1——两轨头中心线距离。

将式(4-15)代入式(4-14)，得

$$n=\frac{S_1^2}{2H\cdot\Delta h} \tag{4-16}$$

根据我国铁路运营经验，为保证行车安全，n值不应小于 3。最大外轨超高度应满足这一指标的要求。我国铁路设计规范规定，最大超高度为 150 mm，若以最不利情况(曲线上停车，即速度$v=0$)来校核其稳定系数n，并考虑 4 mm 的水平误差在内，即过超高$\Delta h=154$ mm，则通过计算可得到

$$n=\frac{S_1^2}{2H\cdot\Delta h}=\frac{1.5^2}{2\times2.22\times0.154}=3.3 \quad \text{(大于 3，满足要求)}$$

由以上分析可知，在单线铁路上，上下行列车速度相差悬殊的地段，如设置过大的超高，将使低速列车对内轨产生很大的偏压并降低稳定系数。《铁路线路修理规则》规定，实际设置最大超高单线为125 mm，双线为150 mm。

新建时速200 km客货共线的铁路，实设最大超高能使列车通过圆曲线时的欠、过超高均维持在一个令人比较满意或令人满意的水平之上，并稍留调整裕量，规定采用90 mm。

5. 曲线超高的允许设置范围

客货共线铁路的曲线实设超高取决于客货列车通过曲线的速度及最大超高和欠、过超高允许值等参数，影响行车速度、旅客舒适度和钢轨磨耗，甚至影响行车安全。在新线设计及缓和曲线长度和双线铁路曲线线间距加宽标准制订时，需要在曲线超高的允许设置范围内确定合理的超高值。当客货列车速度及曲线半径一定时，客货共线铁路的曲线超高设置应满足下列条件：

(1)应不大于最大超高且不小于最小超高，即

$$h_{\min}\leqslant h\leqslant h_{\max}\quad(\mathrm{mm})\tag{4-17}$$

(2)使客车不产生过超高和货车不产生欠超高，即

$$11.8\frac{v_{\mathrm{H}}^{2}}{R}\leqslant h\leqslant 11.8\frac{v_{\mathrm{K}}^{2}}{R}\quad(\mathrm{mm})\tag{4-18}$$

(3)使客车产生的欠超高和货车产生的过超高不超过其相应的允许值，即

$$11.8\frac{v_{\mathrm{K}}^{2}}{R}-[h_{\mathrm{q}}]\leqslant h\leqslant 11.8\frac{v_{\mathrm{H}}^{2}}{R}+[h_{\mathrm{g}}]\quad(\mathrm{mm})\tag{4-19}$$

保证式(4-19)能够成立的必要条件是曲线半径应满足下列不等式：

$$R\geqslant 11.8\frac{v_{\mathrm{K}}^{2}-v_{\mathrm{H}}^{2}}{[h_{\mathrm{q}}]+[h_{\mathrm{g}}]}\quad(\mathrm{m})\tag{4-20}$$

式中　h——曲线实设超高(mm)；

v_{K}——旅客列车行车速度(km/h)；

v_{H}——货物列车行车速度(km/h)；

$h_{\max}$——允许的最大超高(mm)；

$h_{\min}$——允许的最小超高，为5mm。

(二)曲线限速

根据旅客列车以较高速度通过曲线时所产生的欠超高不超过旅客舒适度要求的允许欠超高值，可推导出列车通过曲线时的运行速度与曲线半径、曲线超高及允许欠超高的关系：

$$v_{\mathrm{R}}=\sqrt{\frac{h+[h_{\mathrm{q}}]}{11.8}R}\quad(\mathrm{km/h})\tag{4-21}$$

式中　v_{R}——曲线限制速度，即旅客列车通过曲线时的允许速度(km/h)；

h——曲线实设超高(mm)；

$[h_{\mathrm{q}}]$——允许欠超高(mm)；

R——曲线半径(m)。

在曲线半径较小的路段，若考虑取$h=h_{\max}=150$ mm、$[h_{\mathrm{q}}]=70$ mm或$h=h_{\max}=125$ mm、$[h_{\mathrm{q}}]=90$ mm，则得曲线限速的计算公式为

$$v_{\mathrm{R}}\approx 4.3\sqrt{R}\quad(\mathrm{km/h})\tag{4-22}$$

(三)曲线半径对工程和运营的影响

1. 曲线半径对工程的影响

地形困难地段,采用较小的曲线半径一般能更好地适应地形变化,减少路基、桥涵、隧道、挡墙的工程数量,对降低工程造价有显著效果,但也会由于下列原因引起工程费用增大。

(1)增加线路长度

对单个曲线来说,当曲线偏角一定时,小半径曲线的线路长度较采用大半径曲线增加,如图 4-9 所示,其增长的线路长度为

$$\Delta L_r = 2(T_D - T_X) + K_X - K_D \quad (m) \tag{4-23}$$

式中 T_D——大半径曲线切线长(m);

T_X——小半径曲线切线长(m);

K_D——大半径曲线圆曲线长度(m);

K_X——小半径曲线圆曲线长度(m)。

对一段线路来说,在困难地段采用小半径曲线,便于随地形曲折定线,但会增加曲线数目和增大曲线偏角,使线路增长。

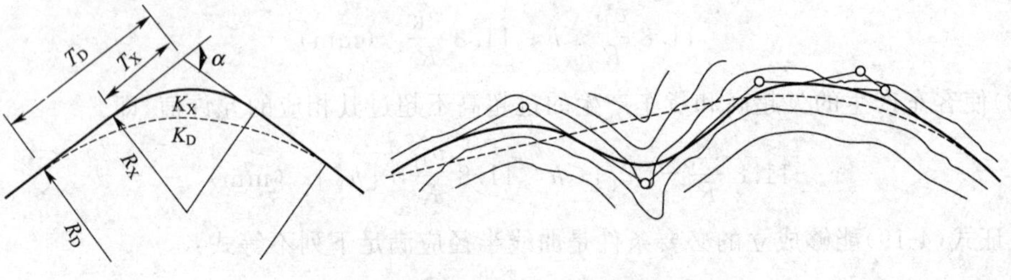

—— 小半径曲线的线路 ------ 大半径曲线的线路

图 4-9 小半径曲线增长线路

(2)降低黏着系数

机车在小半径曲线上运行时,车轮在钢轨上的纵向和横向滑动加剧,引起轮轨间黏着系数降低,从而导致机车黏着牵引力的降低。

在用足最大坡度的持续上坡道上,若受黏降后机车黏着牵引力的限制,则线路必须在曲线范围内额外减缓坡度,因而引起线路的额外展长。

(3)轨道需要加强

小半径曲线上,车轮对钢轨的横向冲击力加大。为了防止钢轨被挤动而引起轨距扩大,以及整个轨道的横向移动,轨道需要加强。加强的方法是装设轨撑、轨距杆、防脱护轨、加固桩,加铺轨枕,增加曲线外侧道床宽度,增铺道砟,从而增大工程投资。

(4)增加接触导线的支柱数量

电力牵引时,接触导线对受电弓中心的最大容许偏移量为 500 mm。曲线地段,若接触导线的支柱间距不变,则曲线半径越小,中心弧线与接触导线的矢度越大。为防止受电弓与接触导线脱离,接触导线的支柱间距应随曲线半径的减小而缩短,见表 4-2,从而增加了导线支柱的数量。

表 4-2 导线支柱的最大间距

曲线半径 R(m)	300	400	500	600	800	≥1 000
导线支柱的最大间距(m)	42	47	52	57	62	65

2. 曲线半径对运营的影响

(1)增加轮轨磨耗

列车经行曲线时，轮轨间产生纵向滑动、横向滑动和横向挤压，使轮轨磨耗增加。曲线半径越小，磨耗增加越大。

钢轨磨耗用磨耗指数(每通过兆吨总质量产生的平方毫米磨耗量)表示。运营部门实测的磨耗指数与曲线半径的关系曲线如图 4-10 所示。从图中可以看出，当曲线半径 $R<400$ m 时，钢轨磨耗急剧加大；$R>800$ m 时，磨耗显著减轻；$R\geqslant 1\ 200$ m 时，磨耗与水平直线接近。车轮轮箍的磨耗，大致和钢轨磨耗规律相近，也随曲线半径的减小而增大。

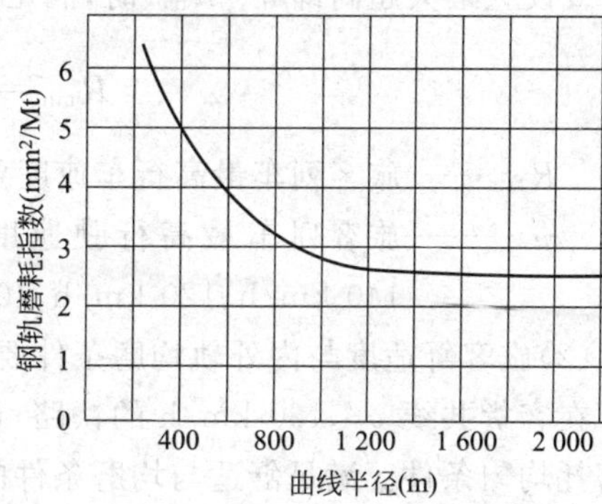

图 4-10　钢轨磨耗与曲线半径的关系曲线

另外，曲线路段的钢轨磨耗，还与坡度大小及机车类型有关。曲线位于平缓坡度上时，因速度较高、牵引力不大，且一般不需要制动，故轮轨间的相互作用力较小，磨耗相应减轻；曲线位于陡峻坡度上时，因上坡时牵引力大，下坡时往往需要制动，轮轨间的相互作用力大，因而磨耗加剧。既有线加强，蒸汽机车更换为电力机车时，$R\leqslant 400$ m 的曲线磨耗明显加大；这是因为蒸汽机车有导轮、动轮有横动量，重心高，对钢轨的横向推力小，因而磨耗较小；而电力机车无导轮、支轮直径小，转向架转向不灵活，重心低，对钢轨的横向推力大，因而磨耗较大。

为了减少钢轨磨耗，可采取在小半径曲线上铺设耐磨钢轨以及在钢轨头部内侧涂油等措施有效地减轻轮轨磨耗。

(2)维修工作量加大

小半径曲线地段，轨距、方向容易错动；采用木枕时，容易产生道钉孔扩大和垫板切入枕木等病害，钢轨磨耗严重；电力牵引时轨面更要出现波浪形磨耗，需要打磨轨面，倒轨、换轨。这样，必将增加维修工作量和维修费用。

(3)行车费用增高

在小半径曲线上要限制旅客列车的行车速度，故列车在曲线前方要制动减速，通过曲线后又要加速，如图 4-11 所示，这样，必然使机车额外作功，且增加运行时分和行车费用。采用小半径曲线，因线路加长、总转角增大，使要克服的曲线阻力功加大，也要增加行车费用。

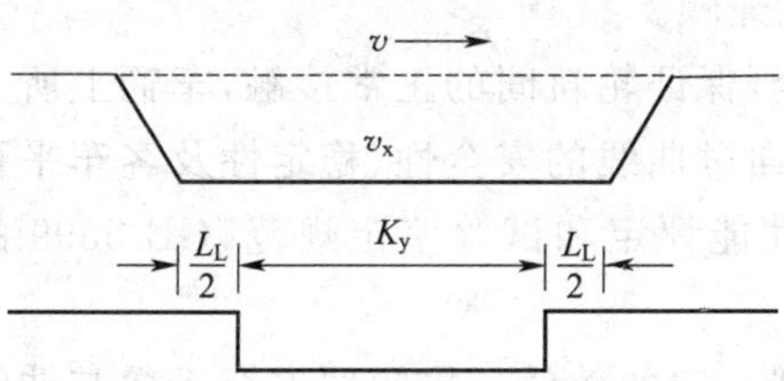

图 4-11　曲线限速示意图

综合以上分析，小半径曲线在困难地段，能大量节省工程费用，但不利于运营，特别是曲线限制行车速度时，影响更为突出。因此必须根据设计线的具体情况，综合工程与运营的利弊，选定设计线合理的最小曲线半径。

(四)最小曲线半径的选定

最小曲线半径是一条干线或其中某一路段允许采用的曲线半径最小值。它是铁路主要技术标准之一，应在初步设计阶段比选确定。

1. 最小曲线半径的计算式

客货列车共线运行铁路的最小曲线半径，主要应满足旅客舒适度、轮轨磨耗均匀和列车具有一定抗倾覆系数三个条件。其数值应采用其中的较大者,并取为50 m的整倍数。

(1)旅客列车最高行车速度要求的最小曲线半径

最小曲线半径应保证旅客列车以最高速度 v_{max} 通过时,欠超高 h_q 不超过允许值 $[h_q]$。当曲线设置最大超高即 $h=h_{max}$ 时,满足旅客舒适条件的最小曲线半径 R_{min} 为

$$R_{min}=\frac{11.8v_{max}^2}{h_{max}+[h_q]} \quad (m) \tag{4-24}$$

式中 R_{min}——旅客列车最高行车速度要求的曲线半径(m);

v_{max}——旅客列车最高行驶速度(km/h),采用路段设计速度,分别取160 km/h、140 km/h、120 km/h、100 km/h、80 km/h。

(2)旅客舒适度与内外轨均磨条件要求的最小曲线半径

在客货共线 $v\leqslant160$ km/h 的铁路,最小曲线半径既要满足旅客舒适条件,又要满足内外轨磨耗均匀条件。满足舒适与均磨条件的曲线半径应符合下列不等式:

$$R_{sj}\geqslant11.8\frac{v_{max}^2-v_H^2}{[h_q]+[h_g]} \quad (m) \tag{4-25}$$

式中 R_{sj}——舒适与均磨半径(m);

v_H——货物列车设计速度(km/h),与路段设计速度相对应,分别取90 km/h、80 km/h、70 km/h、60 km/h、50 km/h;

$[h_g]$——允许过超高值(mm),一般地段取30 mm、困难地段取50 mm。

客货共线 $v=200$ km/h 的铁路,最小曲线半径贯彻"少维修"的要求,曲线半径采用下列公式计算:

$$R_{min}\geqslant11.8\frac{v_{max}^2-v_H^2}{[h_q+h_g]} \quad (m) \tag{4-26}$$

式中 v_{max}——旅客列车最高行驶速度,$v_{max}=200$ km/h;

v_H——货物列车设计速度,$v_H=100$ km/h;

$[h_q+h_g]$——欠、过超高之和的允许值(mm),一般地段取100 mm、困难地段取130 mm。

2. 最小曲线半径选定的影响因素

(1)设计线的运输性质。高速铁路和客运专线主要追求旅客舒适度,重载运输线路更重视轮轨磨耗均匀(均磨),客货列车共线运行线路则需两者兼顾。

(2)运行安全。为保证机车车辆在曲线上运行安全,保证轮轨间的正常接触,车辆上所受的力应保持在安全范围内。最小曲线半径应保证车辆通过曲线的安全性、稳定性及客车平稳性的评价指标,符合现行国家标准《铁道车辆动力学性能评定和试验鉴定规范》GB 5599的规定。

列车在曲线上运行时,应保证抗倾覆安全系数达到一定的数值。抗倾覆安全系数与曲线半径、行车速度、曲线超高、风力大小、车辆类型、装载情况与重心高度、振动性能等因素有关,在其他条件一定的情况下,最小曲线半径决定于最小的抗倾覆安全系数。

(3)地形条件。在保证运营安全的前提下,曲线半径应与沿线的地形条件相适应。山区铁路地形复杂,坡陡弯急,采用较小半径的曲线既可避免破坏山体,影响环境,也可减少工程量、节约投资。

(4)经济因素。小半径曲线可更大程度地适应地形,从而减少工程投资,但增大运营支出,在一定的地形条件和运输需求下,存在经济合理的最小曲线半径(经济半径),故应全面权衡得

失，经技术经济比选确定最小曲线半径标准。

通过以上分析，并考虑到运输性质与安全因素已体现在路段旅客列车设计行车速度中，路段旅客列车设计行车速度的选择应满足运输需求，最小曲线半径标准应满足不同路段设计速度的最低要求。

线路平面的最小曲线半径应根据运输性质和运输要求、路段列车设计行车速度和工程条件综合比选确定。

3. 规范拟定的最小曲线半径

线路最小曲线半径应根据路段设计速度及上述因素比选后确定，并不得小于表 4-3 所列规定值。必要时，可拟定两个以上的最小曲线半径，选取设计线的某些代表性地段，分别进行平面和纵断面设计，通过技术经济比较，并结合上述因素分析评价，来确定采用的最小曲线半径。

表 4-3　最小曲线半径

铁路类型		客运专线					客货共线铁路						
最高设计速度 v_{max}(km/h)		350		300		250	200	200	160	140	120	100	80
轨道类型		有砟	无砟	有砟	无砟								
R_{min}(m)	一般	7 000	7 000	5 000	4 500	4 000	2 200	3 500	2 000	1 600	1 200	800	600
	(特殊)困难	—	(5 500)	(4 500)	(4 000)	(3 500)	(2 000)	2 800	1 600	1 200	800	600	500

注：括号内数字为特殊条件下，经技术经济比选后方可采用的个别曲线半径。

(五)曲线半径的选用

曲线半径不仅影响行车安全、旅客乘坐舒适等行车质量指标，而且影响行车速度、运行时间等技术指标和工程费、运营费等经济指标。

1. 在优先取值范围内，按由大到小选用

在适应地形的条件下，《线规》制定了半径优先选用取值范围，如表 4-4 所示。线路平面设计中，曲线半径的选用并不是越大越好，曲线半径过大，曲率变化很小，曲线线形难于保持，反而成为线路不平顺的隐患。

表 4-4　线路平面曲线半径优先取值范围

路段设计速度(km/h)	160	140	120	100	80
曲线半径(m)	2 500～5 000	2 000～4 000	1 600～3 000	1 200～2 500	800～2 000

实际设计中，一般应根据设计速度及地形地物条件，按照由大到小、合理选用的原则，在上述推荐半径范围内，尽量采用较大的曲线半径。

当遇到车站、特殊桥梁、重大建筑物障碍、环保敏感点等控制因素不能采用推荐半径时，半径的选择则应根据控制因素，综合考虑相关专业设计要求，分析研究后确定。曲线半径选用时应遵循“慎用最小曲线半径”及由大到小、宁大勿小的原则，以适应地形、地质、地物条件，少占农田，减少路基、挡墙、桥隧工程量。

2. 应与线路纵断面设计配合

坡道平缓地段与凹形纵断面坡底地段，因行车速度可以较高，应选配不限制行车速度的较大半径。

在长大坡道地段、凸形纵断面的坡顶地段和双方向均需停车的大站两端引线地段，因行车速度较低,若地形困难,在不引起较大工程量时,可选用较小曲线半径。

足坡的长大坡道坡顶地段和车站前要用足坡度上坡的地段,虽然行车速度较低,但不宜选用 600 m 或 550 m 以下过小的曲线半径,以免因轮轨间黏着系数降低,而使坡度减缓,额外展长路线。

3. 小曲线半径集中使用

在地形困难、工程艰巨地段,小曲线半径宜集中使用,以免列车频繁限速,损失列车动能,增大能量消耗,恶化运营条件。

4. 符合曲线半径系列

为了测设、施工和养护的方便,曲线半径一般应取 50、100 m 的整倍数,即 12 000、10 000、8 000、7 000、6 000、5 000、4 000、3 500、3 000、2 800、2 500、2 000、1 800、1 600、1 200、1 000、800、700、600、550、500 m;困难条件下,可采用上列半径间 10 m 整倍数的曲线半径。

5. 最大曲线半径

曲线半径的最大值确定为 12 000 m,是考虑到再增大曲线半径,因行车速度不高,行车条件的改善并不显著;而过大的半径导致曲线过长,采用正矢法整正曲线时正矢很小,不利于日常的检修,维修工作加大,曲线也不易保持圆顺。

四、缓和曲线

缓和曲线是设置在直线与圆曲线间或不同半径的圆曲线之间的曲率连续变化的曲线,可使列车安全、平顺、舒适地由直线过渡到圆曲线,或改善复曲线。

缓和曲线的作用是:在缓和曲线范围内,其曲率半径由无限大渐变到圆曲线半径,从而使车辆产生的离心力逐渐增加,有利于行车平稳;在缓和曲线范围内,外轨超高由零递增到圆曲线上的超高量,使向心力逐渐增加,与离心力的增加相配合;当曲线半径小于 350 m、轨距需要加宽时,在缓和曲线范围内,由标准轨距逐步加宽到圆曲线上的加宽量。

设计缓和曲线时,有线形选择、如何选用、长度计算和保证缓和曲线间圆曲线必要长度四个问题。

1. 线形选择

缓和曲线线形近似于缓和曲线曲率的二次定积分,而曲率又和超高具有一定的比例关系,所以缓和曲线线形可以形象地用外轨超高的顺坡形式表示。

我国铁路大多是客货列车共线运行,行车速度不高,一直采用直线形超高顺坡的三次抛物线缓和曲线线形。这种缓和曲线的优点是线形简单,长度较短,计算方便,易于铺设养护。外股钢轨在缓和曲线起终点处自然弯曲,维修中又规定起点加 2 mm,终点减 1 mm,以维持其曲度;再加上轨道本身的弹性和车辆弹簧的缓冲作用,轮轨冲击和车辆振动大大减轻。运营实践表明,这种线形基本上是适用的;最高速度不超过 160 km/h 的客货列车共线运行的铁路,今后仍应当采用这种线形。

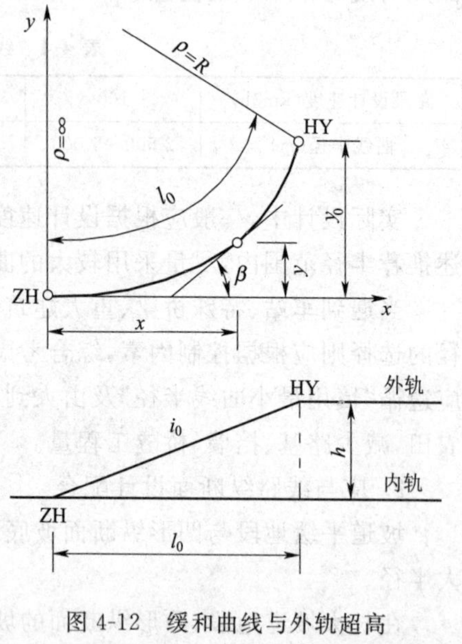

图 4-12 缓和曲线与外轨超高

如图 4-12 所示,三次抛物线形缓和曲线的参数方程、直角坐标方程和外轨超高顺坡坡度按下列计算式分别计算。

参数方程：

$$\begin{cases} x=l\left(1-\dfrac{l^4}{40R^2l_0^2}+\cdots\right)\approx l \\ y=\dfrac{l^3}{6Rl_0}\left(1-\dfrac{l^4}{56R^2l_0^2}+\cdots\right)\approx\dfrac{l^3}{6Rl_0} \end{cases} \tag{4-27}$$

直角坐标方程：

$$y=\frac{x^3}{6Rl_0}\left(1+\frac{2x^4}{35R^2l_0^2}+\cdots\right)\approx\frac{x^3}{6Rl_0} \tag{4-28}$$

超高顺坡坡度：

$$i_0=\frac{h}{l_0} \tag{4-29}$$

式中 x、y——缓和曲线上任意点的横坐标、纵坐标；

l——缓和曲线上任意点距 ZH 点的长度(m)；

l_0——缓和曲线全长(m)；

R——圆曲线半径(m)；

h——圆曲线上的外轨超高(mm)。

2. 缓和曲线长度计算

缓和曲线长度影响行车安全和旅客舒适，拟定标准时，应根据下列条件计算并取其较长者。

(1)超高顺坡不致使车轮脱轨。满足不使车轮脱轨的缓和曲线长度为

$$l_{01}\geqslant\frac{h}{i_0}=\frac{h}{2}\quad(\text{m}) \tag{4-30}$$

式中 l_{01}——缓和曲线长度(m)；

h——圆曲线超高(mm)；

i_0——不使车轮脱轨的临界超高顺坡度(‰)。我国《铁路线路修理规则》规定：曲线超高应在整个缓和曲线内顺完，顺坡坡度一般应不大于 $1/(9v_{\max})$；困难条件下不得大于 $1/(7v_{\max})$。当 $1/(7v_{\max})$大于 2‰时，按 2‰设置。

(2)超高时变率不会引起旅客不适。满足此条件的缓和曲线长度为

$$l_{02}\geqslant\frac{h\cdot v_{\max}}{3.6f}\quad(\text{m}) \tag{4-31}$$

式中 l_{02}——缓和曲线长度(m)；

$v_{\max}$——通过曲线的最高行车速度(km/h)；

f——旅客舒适允许的超高时变率(mm/s)，其值为 28～40 mm/s，与最高行车速度及工程条件有关，速度高、工程条件容易时应取小值。

(3)欠超高(或未被平衡离心加速度)时变率不应使旅客不适。满足此条件的缓和曲线长度为：

$$l_{03}\geqslant\frac{h_q\cdot v_{\max}}{3.6b}\quad(\text{m}) \tag{4-32}$$

式中 l_{03}——缓和曲线长度(m)；

h_q——旅客列车以最高行车速度通过曲线时的欠超高(mm)；

b——旅客舒适度容许的欠超高时变率(mm/s),可根据工程条件难易程度取 40~52.5 mm/s,工程容易时取小值,困难时取大值。

综上分析,缓和曲线长度的计算公式为

$$l_0=\max\{l_{01},l_{02},l_{03}\}=\max\left\{\frac{h}{i_0},\frac{h\cdot v_{\max}}{3.6f},\frac{h_q\cdot v_{\max}}{3.6b}\right\}\quad(\text{m})\tag{4-33}$$

式中 l_0——缓和曲线长度标准值(m)。

根据曲线超高允许设置范围及相应的超高计算公式,并取 $f=32$ mm/s,$b=45$ mm/s. 按式(4-33)计算并检算,按缓和曲线长度进整为 10 m,不足 20 m 者取 20 m 等要求,计算得出最小缓和曲线长度,如表 4-5 所示。

表 4-5 最小缓和曲线长度(m)

路段旅客列车设计行车速度(km/h)		160		140		120		100		80	
工程条件		一般	困难	一般	困难	一般	困难	一般	困难	一般	困难
曲线半径 R (m)	12 000	40	40	30	20	20	20	20	20	20	20
	10 000	50	40	30	20	20	20	20	20	20	20
	8 000	60	50	40	20	30	20	20	20	20	20
	7 000	70	50	50	30	30	20	20	20	20	20
	6 000	70	50	50	30	30	20	20	20	20	20
	5 000	70	60	60	40	40	30	20	20	20	20
	4 500	70	60	60	40	40	30	30	20	20	20
	4 000	80	70	60	40	50	30	30	20	20	20
	3 500	90	70	70	50	50	40	40	20	20	20
	3 000	90	80	70	50	50	40	40	20	20	20
	2 800	100	90	80	60	50	40	40	30	20	20
	2 500	110	100	80	70	60	40	40	30	30	20
	2 000	140	120	90	80	60	50	50	40	30	20
	1 800	160	140	100	80	70	60	50	40	30	20
	1 600	170	160	110	100	70	60	50	40	40	20
	1 400			130	110	80	70	60	40	40	20
	1 200			150	130	90	80	60	50	40	30
	1 000					120	100	70	60	40	30
	800					150	130	80	70	50	40
	700							100	90	50	40
	600							120	100	60	50
	550							130	110	60	50
	500									60	60
	450									80	70
	400									90	80
	350									100	90

3. 缓和曲线长度的选用

为进一步优化线路运营条件,增加旅客列车舒适度,降低钢轨磨耗,减少养护维修的困难,节省运营成本,考虑到今后我国铁路技术装备水平的逐步提高,线下基础设施应预留长远的发展条件，缓和曲线长度应依据曲线半径、路段旅客列车设计行车速度和工程条件，优先选用表4-6规定的数值。但最小缓和曲线长度不得小于表4-5规定的数值。

表 4-6　优选缓和曲线长度(m)

路段旅客列车设计行车速度(km/h)		160	140	120
曲线半径(m)	12 000	40	40	40
	11 000	50	40	40
	10 000	50	40	40
	9 000	60	40	40
	8 000	60	40	40
	7 000	70	50	40
	6 000	70	50	40
	5 000	70	60	40
	4 500	70	60	40
	4 000	80	60	40
	3 500	90	70	50
	3 000	100	80	50
	2 800	110	90	60
	2 500	120	90	60
	2 000	150	100	70
	1 800	170	120	80
	1 600	190	130	90
	1 400	—	150	100
	1 200	—	190	120
	1 000	—	—	140
	800	—	—	180

4. 缓和曲线间圆曲线的最小长度

两缓和曲线间圆曲线的最小长度，应保证行车平稳，并考虑维修方便。

在线路平面设计时，为保证圆曲线有足够的长度，曲线偏角 α、曲线半径 R 和缓和曲线长度 l_0 三者间的关系应满足下式：

$$\frac{\pi \cdot R \cdot \alpha}{180} - l_0 \geqslant L_{\text{ymin}} \quad (\text{m}) \tag{4-34}$$

式中，L_{ymin}——圆曲线最小长度(m)，采用表4-1中数值。

在设计线路平面时，若曲线偏角较小，设置缓和曲线后，圆曲线长度达不到规定值，即式(4-34)得不到满足，则宜加大半径，增加圆曲线长度。如条件限制，不易加大曲线半径或加大后仍不能满足要求时，则可采用较短的缓和曲线长度，或适当改动线路平面，增大曲线偏角，从而增加圆曲线长度。

五、限界及线间距

(一)铁路限界

铁路限界是线路纵向中心线垂直的横断面轮廓。铁路限界主要包括机车车辆限界、基本建筑限界、隧道建筑限界、桥梁建筑限界等。限界设置的目的是为了使机车牵引车辆在铁路上以规定的速度行驶时，不致同建筑物和设备碰擦，保证运行的安全。

1. 机车车辆限界

机车车辆限界是机车车辆本身及其装载的货物不得超越的轮廓线。机车车辆无论是空车或重车,当停在水平直线上时,其车身所有一切突出部分(如扶手)和悬挂部分(如信号灯),除电力机车升起的受电弓外,都应容纳在限界轮廓之内,不允许有超越情况。

机车车辆限界部分尺寸说明如下:

(1)机车车辆的中部最大高度,限界规定为 4 800 mm,因此机车车辆顶部的任何装置,如高烟囱、放置防火罩或天窗的开度等,均应保持在 4 800 mm 以内,防止机车车辆顶部与桥梁、隧道上部相撞。

(2)机车车辆在钢轨水平面上部 1 250 至 3 600 mm 范围内,其宽度规定为 3 400 mm,但为了安装路签接受机及悬挂列车侧灯,允许左右各加宽 100 mm。

(3)在钢轨水平面上 1 250 mm 高度以下,机车车辆宽度应逐渐缩减,因为在这个范围内,建筑物和设备较多,如站台、道岔转辙器、电气装置等,为防止与这些设备接触,所以规定不同的限界要求。

(4)机车车辆限界的半宽为 1 700 mm。

(5)距线路中心线 1 675 mm,是电力机车左右两汽缸(或蓄电池柜)外侧距线路中心线的限界。

(6)距钢轨水平面 350 mm,是机车脚蹬板及客车车梯距轨面的限界。

机车车辆上部限界如图 4-13 所示。

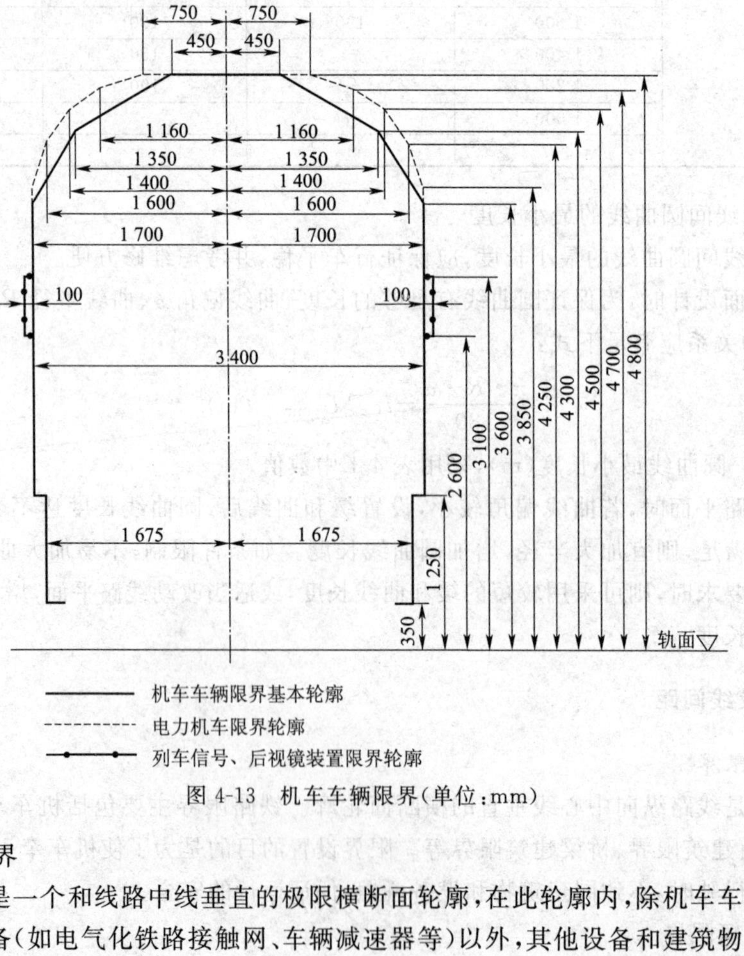

图 4-13 机车车辆限界(单位:mm)

2. 建筑限界

建筑限界是一个和线路中线垂直的极限横断面轮廓,在此轮廓内,除机车车辆以及同它有相互作用的设备(如电气化铁路接触网、车辆减速器等)以外,其他设备和建筑物不得侵入的轮廓线。

建筑限界包括基本建筑限界、隧道建筑限界、桥梁建筑限界。

基本建筑限界(图 4-14)考虑了电力机车运行的情况，是全国铁路的基本建筑限界，其主要部位考虑的主要因素为：

2 440 mm——信号机、水鹤、跨线桥柱、雨棚、天桥(距正线及通行超限列车的站线)距线路中心的最小距离(2 225＋170.5＋44.5＝2 440 mm，其中 2 225 mm 为超限货物装载限界的半个宽度，170.5 mm 为横向偏移量，44.5 mm 为安全余量)。

2 150 mm——信号机、水鹤(距不通行超限货物列车的站线)距线路中心的距离。

1 750 mm——高站台、一般旅客站台、邻靠正线及通行超限列车线路旁侧的旅客站台距线路中心的最小距离。

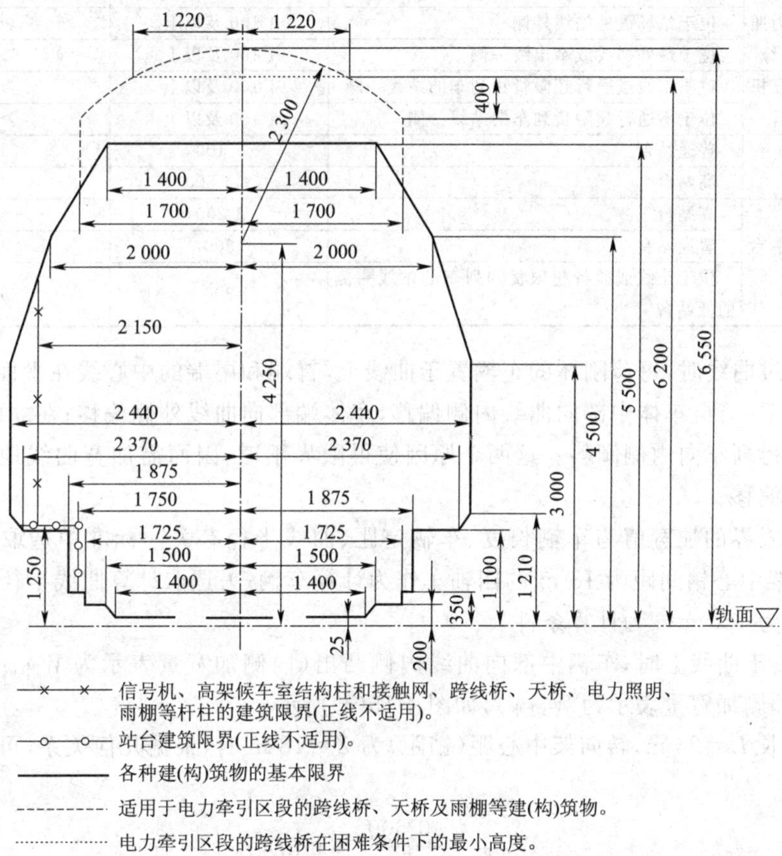

图 4-14　铁路基本限界(单位：mm)

注：旅客站台上的柱类建(构)筑物离站台边缘至少 1.5 m，建(构)筑物离站台边缘至少 2.0 m。专为行驶旅客列车的线路上可建 1 250 mm 的高站台。

在建筑限界与机车车辆限界间之所以留有相当的距离(安全空间)，是考虑了机车车辆运行中震动、摆动及线路可能发生的非正常状态偏移的余地及超限货物列车的运行要求，此安全空间的大小随建筑物性质而不同。例如在电力牵引区段的建筑物，其净空高度需考虑到电压的强弱、接触线至车辆和建筑物的距离等；而隧道建筑限界需考虑顶部形状及机车烟尘、废气排放等；桥梁建筑限界也需考虑其特殊性。

机车车辆限界和建筑限界的垂直尺寸，都是从轨面算起的，在设计桥梁、隧道与其他建筑物或设备的高度时，应估计到由于线路起道、更换重轨或其他原因引起的轨面抬高，同时也应考虑建筑物和设备可能的下沉或倾斜。

在采用上述限界时，货物列车的装载高度应不超过 5 300 mm。在基本建筑限界与桥梁建筑限界之间可以装设照明、通信及信号等设备。

3. 建筑限界的加宽

铁路沿线的主要建筑物和设备至中心线的距离是常用的数据，表 4-7 给出了直线地段的要求，若为曲线地段尚需考虑限界加宽。

表 4-7 主要建筑物和设备至线路中心线的距离($v\leqslant 160$ km/h)

序号	建筑物和设备名称		高出轨面的距离(mm)	至线路中心线的距离(mm)
1	跨线桥柱、天桥柱、雨棚柱和接触网、电力照明等杆柱边缘	位于正线或站线一侧(下面两种情况除外)	1 100 及以上	≥2 440
		位于站场最外站线外侧	1 100 及以上	≥3 000
		位于最外梯线或牵出线一侧	1 100 及以上	≥3 500
2	高柱信号机边缘	位于正线或通行超限货物列车的站线一侧	1 100 及以上	≥2 440
		位于不通行超限货列车的站线一侧	1 100 及以上	≥2 150
3	货物站台边缘	普通站台	1 100	1 750
		高站台	≤4 800	1 850
4	旅客站台边缘	高站台	1 250	1 750
		普通站台	500	1 750
		位于正线或通行超限货物列车的站线一侧的低站台	300	1 750

当列车通过曲线时，每节刚体的车辆置于曲线上，首端和尾端的中心线在平面上会与实际曲线的中心线不一致：车体中部向曲线内侧偏移，车体端部向曲线外侧偏移；在立面上，由于超高的存在而使得列车向内侧倾斜。这两个原因使得限界不够，因而需加宽曲线地段的建筑限界来处理几何偏移。

曲线建筑限界的加宽值与车辆长度、车辆定距、曲线半径有关。标准中选取车体长度为 26 m，两转向架中心销间距为 18 m 的四轴车作为计算车辆；另选取计算曲线半径 $R=300$ m，曲线外轨超高为 150 mm 为计算条件。

(1)车辆位于曲线上时，车辆中部向曲线内侧凸出(内侧加宽量表示为 $W_{中内}$)，车辆两端向外侧凸出(外侧加宽量表示为 $W_{端外}$)，如图 4-15(a)所示。

按最大车长 $L=26$ m，转向架中心距(销距)为 $Z=18$ m 时，根据几何关系，可求出 $W_{中内}$、$W_{端外}$ 如下：

$$W_{中内}=\frac{40\ 500}{R}\quad(\text{mm}) \tag{4-35}$$

$$W_{端外}=\frac{44\ 000}{R}\quad(\text{mm}) \tag{4-36}$$

(2)曲线上外轨实设超高 h 使车体向内侧倾斜，如图 4-15(b)所示。在距轨面高度 H(3 850 mm)处，车体内侧最大倾斜值(超过加宽量)表示为 $W_{超内}$(两轨中心距按 1 500 mm 计)。

由

$$\frac{W_{超内}}{H}=\frac{h}{1\ 500} \tag{4-37}$$

得

$$W_{超内}=\frac{H}{1\ 500}h\quad(\text{mm}) \tag{4-38}$$

根据上述加宽量，可得曲线内侧限界加宽量为：

$$W_{内}=W_{中内}+W_{超内} \tag{4-39}$$

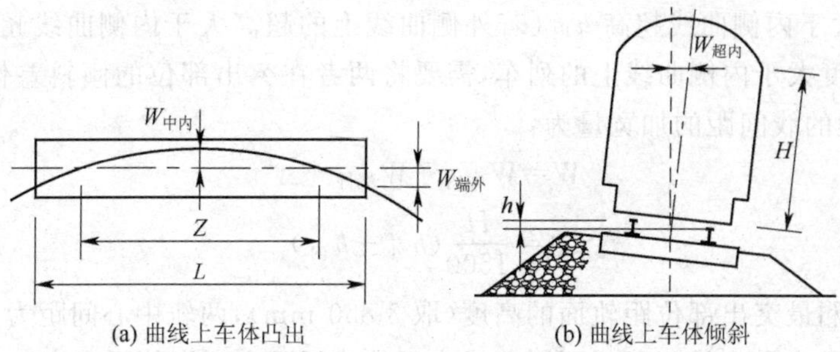

图 4-15　曲线限界加宽的原因

而曲线限界外侧加宽量仅需考虑车辆两端外移引起的加宽量，即按式(4-36)计算即可。各种加宽量计算结果均进整为 5 mm 的整倍数。

(二)线间距

相邻铁路之间的中心线间的最小距离称为线间距离。不论在区间或站场，通常按最小间距设计，以减少占地空间。

线间距除了考虑限界要求外，还要考虑安全的需要，曲线地段线间距要加宽。

1. 直线地段的线间距

当旅客列车最高行车速度等于或小于 140 km/h 时，采用机车车辆限界的半宽为 1 700 mm，列车信号限界宽度为 100 mm，两列车不限速会车的安全距离取 400 mm，则线间距离：

$$2\times(1\ 700+100)+400=4\ 000(\text{mm})$$

当旅客列车最高行车速度为 160 km/h 时，两列车不限速会车的安全距离取 600 mm，则第一、二线线间距为 4.2 m。改建既有线及增建第二线，当最高行车速度为 160 km/h 时，区间正线最小线间距可保持 4.0 m(但应采用必要措施防止会车时引起客车车窗玻璃破损及敞车篷布飞扬等情况的发生)。区间正线第一、二线间线间距如表 4-8 所示。

表 4-8　区间正线第一、二线间线间距

设计行车速度(km/h)	$160<v\leqslant 200$	$120<v\leqslant 160$	$v\leqslant 120$
机车车辆间的安全净距(mm)	900	600	400
线间距(m)	4.4	4.2	4.0

双线铁路有超限货物列车通过时：两列车间最小距离大于 350 mm 时可不限速；在 300～350 mm 之间时行车速度不得超过 30 km/h；小于 300 mm 时禁止会车。例如：线距为 4.0 m 的双线铁路，若某一线开行一级超限货物列车(半宽为 1 900 mm)，另一线通行一般货物列车(半宽为 1 700 mm，车灯限界为 100 mm)，则两列车间距离为 4 000－1 900－1 700－100＝300(mm)，故两列车允许以 30 km/h 限速在区间会车；若开行二级超限货物列车(半宽为 1 940 mm)或超级超限货物列车(半宽为 2 225 mm)，这两种情况的列车与另一线一般货物列车的安全距离不足 300 mm，此时，另一线不得通行列车。

增建第二线时，为了在超限运输量大且逐年增大的区间上能通行二级或超级超限货物列车，可在区段内布置若干交汇超限货物列车区段，线间距为：2×2 225＋400＝4 850(mm)，一般取 5.0 m。

2. 曲线地段的线间距

曲线两端直线地段线间距按表 4-8 最小线间距设计时，曲线地段的线间距的加宽量除了考虑外侧曲线上车厢中部内移，内侧曲线上车厢端部外移的加宽因素外，还要考虑外侧曲线上

的超高 $h_{外}$ 是否大于内侧曲线超高 $h_{内}$(若外侧曲线上的超高大于内侧曲线超高,外侧曲线上的列车内倾的程度大于内侧曲线上的列车,需要将两者在突出部位的倾斜差作为增加的加宽量 Δ)。曲线地段的线间距的加宽量为:

$$W=W_{中内}+W_{端外}+\Delta \tag{4-40}$$

其中:

$$\Delta=\frac{H}{1500}(h_{外}-h_{内}) \tag{4-41}$$

式中 H——车厢最突出部位距轨面的高度(取 3 850 mm),两轨中心间距为 1 500 mm。

区间直线地段为最小线间距时不同曲线半径的线间距离加宽值可在表 4-9 中查得。

表 4-9 区间直线地段为最小线间距时不同曲线半径的线间距离加宽值(mm)

线别间		第一、二线间						第二、三线间				
内、外侧线路曲线超高设置情况		外侧线路曲线超高大于内侧线路曲线超高时					其他情况					
路段旅客设计行车速度(km/h)		160	140	120	100	80	≤160	160	140	120	100	80
曲线半径(m)	12 000	50	35	30	20	15	10	60	50	40	30	20
	10 000	60	35	30	20	15	10	70	50	40	30	20
	8 000	75	50	35	25	15	10	95	60	50	30	20
	7 000	80	65	50	30	20	15	105	85	65	45	35
	6 000	80	65	50	35	25	15	115	85	65	45	35
	5 000	95	80	55	40	35	15	120	105	75	55	45
	4 500	100	85	70	45	40	20	125	110	90	60	50
	4 000	100	85	85	55	40	20	130	110	100	70	50
	3 500	105	100	90	65	50	25	145	135	115	85	65
	3 000	105	100	90	80	65	30	150	140	120	100	80
	2 800	115	110	95	85	65	35	165	150	130	115	85
	2 500	125	110	100	100	70	35	175	155	135	125	95
	2 000	175	125	115	105	95	40	245	170	150	140	110
	1 800	185	135	125	110	100	45	260	185	165	145	125
	1 600	195	150	135	125	115	55	275	205	185	165	145
	1 400	—	190	150	135	125	60	—	260	200	180	160
	1 200	—	210	165	155	135	70	—	290	220	200	170
	1 000	—	—	220	175	155	85	—	—	295	225	195
	800	—	—	265	210	190	105	—	—	355	265	235
	700	—	—	—	260	210	120	—	—	—	340'	260
	600	—	—	—	295	235	140	—	—	—	380	290
	550	—	—	—	315	255	155	—	—	—	405	315

相邻铁路并行地段的平面设计中,从平行直线段到曲线地段,曲线两端线距为 4.0 m 时,内外侧两曲线一般按同心圆设计。通常有以下两种加宽曲线地段线间距的方法。

(1)曲线两端直线地段线间距等于最小线间距

由于可以通过曲线内移量 P 的调节实现两端直线段不动而曲线部分位置变化,因此,曲线线间距加宽可以采用加长内侧曲线的缓和曲线长度,使曲线向圆心方向移动,以增加两线间的线间距。此种作法两端直线不需移动,可节省直线地段的占地,如图 4-16(a)所示。

内侧缓和曲线的内移量应大于外侧缓和曲线的内移量,其值为外侧曲线设置缓和曲线后的内移量 $P_{w}=\frac{l_{w}^{2}}{24R_{w}}$,加上线间距的最小加宽量 W',即

$$P_{n}=P_{w}+W'\times 10^{3} \tag{4-42}$$

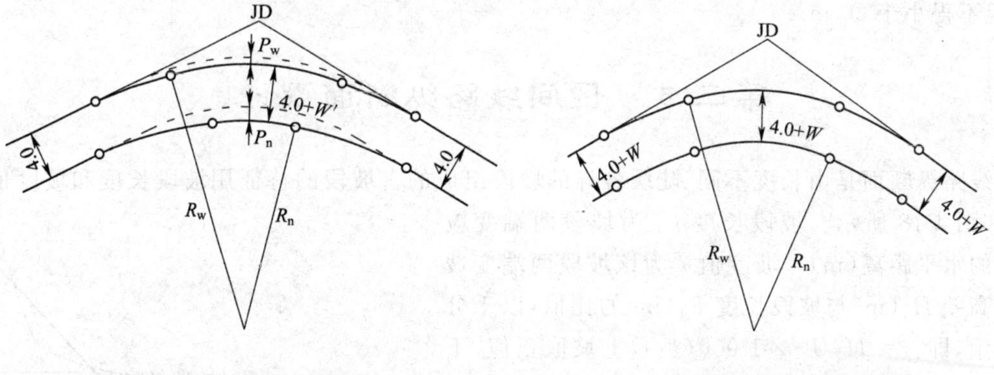

(a) 加长内侧曲线缓和曲线长度　　(b) 加宽两端直线线间距

图 4-16　曲线地段线间距加宽

（图中以 $D_{min}=4.0$ m 为例）

由 $P_n=\dfrac{l_n^2}{24R_n}$，得内侧缓和曲线长度为：

$$l_n=\sqrt{24R_n(P_w+W'\times10^3)} \tag{4-43}$$

式中　l_n、l_w——内、外侧线缓和曲线长度(m)，进整至 10 m；

R_n、R_w——内、外侧线曲线半径(m)。

(2)加宽曲线两端直线地段线间距

在曲线毗连地段，如果夹直线长度较短，或者曲线偏角过小，不能过多的加长内侧线的缓和曲线长度时，内侧线可采用相同的缓和曲线长度的，而加宽曲线两端直线地段的线间距，使其满足曲线加宽要求，如图 4-16(b)所示。

3. 区间线路线间距变更方法

(1)车站两端和桥隧地段的线间距变更宜利用附近曲线完成，如图 4-17(a)所示。条件不具备时，可在第二线上采用反向曲线完成，如图 4-17(b)所示。

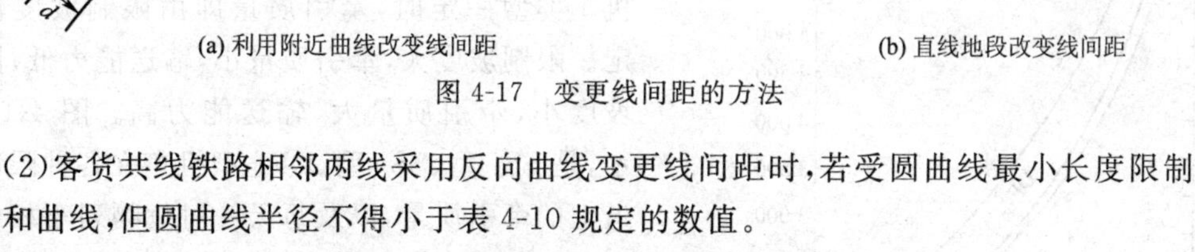

(a) 利用附近曲线改变线间距　　(b) 直线地段改变线间距

图 4-17　变更线间距的方法

(2)客货共线铁路相邻两线采用反向曲线变更线间距时，若受圆曲线最小长度限制，可不设缓和曲线，但圆曲线半径不得小于表 4-10 规定的数值。

表 4-10　可不设缓和曲线的最小圆曲线半径

旅客列车设计行车速度(km/h)	160	140	120	100	80
最小圆曲线半径(m)	12 000	10 000	5 000	4 000	3 000

(3)客货共线铁路相邻两线采用反向曲线变更线间距时，若受曲线偏角限制难于满足圆曲线最小长度标准时，对旅客列车设计行车速度小于 100 km/h 的地段，可采用较短的圆曲线长

度,但不得小于 20 m。

第三节　区间线路纵断面设计

线路纵断面是由长度不同、陡缓各异的坡段组成的。坡段的特征用坡段长度和坡度值表示,如图 4-18 所示。坡段长度 L_i 为坡段两端变坡点间的水平距离(m)。坡度值 i 为该坡段两端变坡点的高差 H_i(m)与坡段长度 L_i(m)的比值,以千分数表示,即:$i=H_i/L_i\times1\,000$(‰),上坡取正值,下坡取负值。如坡度为 5‰,即表示每千米高差为 5 m。

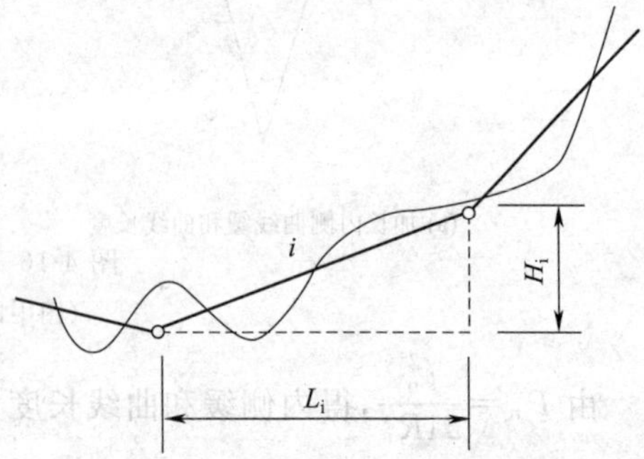

图 4-18　坡长与坡度示意图

一、线路的最大坡度

最大坡度是一项具有全局性意义的铁路主要技术标准,在一定的自然条件下,它对设计线的线路走向、长度、工程投资、运营费用、牵引质量及输送能力,均有决定性的影响。

新建铁路的最大坡度,在单机牵引路段称限制坡度,在两台及以上机车牵引路段称加力牵引坡度。

限制坡度是单机牵引普通货物列车,在持续上坡道上,最终以机车计算速度等速运行的坡度。

加力牵引坡度是两台及以上机车牵引规定牵引吨数的普通货物列车,在持续上坡道上,最后以机车计算速度等速运行的坡度,它是加力坡度路段的最大坡度。

如果纵断面的加算坡度超过最大坡度,则按限制坡度计算的牵引吨数的货物列车,在该设计坡道的持续上坡道上,最终会以低于计算速度的速度运行,发生运缓事故,甚至造成途停。所以设计坡度值加上曲线和隧道附加阻力的换算坡度值及小半径黏降坡度减缓值,不能大于最大坡度值。

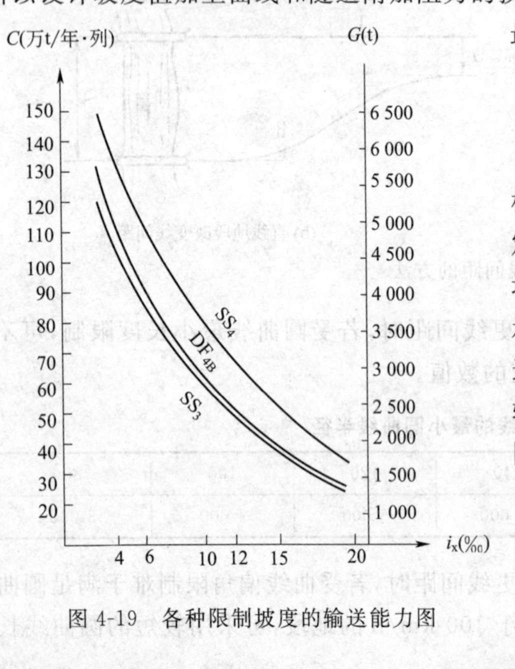

图 4-19　各种限制坡度的输送能力图

(一)限制坡度

1. 限制坡度对输送能力的影响

输送能力取决于通过能力和牵引质量。在机车类型一定时,牵引质量即由限制坡度值决定。限制坡度大,牵引质量小,输送能力低;限制坡度小,牵引质量大,输送能力高。图 4-19 所示,是 SS_3 型、SS_4 型、DF_{4B}型机车在各种限制坡道上的牵引质量,以及每天一对货物列车相应的输送能力图。可以看出,牵引质量、输送能力与限制坡度及机车类型间的关系密切。

2. 限制坡度对工程和运营的影响

(1)对工程数量的影响

平原地区,限制坡度值对工程数量一般影响不大,但在铁路跨过需要立交的道路与通航河流时,因桥下要保证必要的净空而使桥梁抬高,若采用较大的限制坡度,可使桥梁两端引线缩短,填方数量减少。

丘陵地区采用较大的限制坡度,可使线路高程升降较快,能更好地适应地形起伏,从而避免较大的填挖方,减少桥梁高度,缩短隧道长度,使工程数量减少,工程造价降低,如图 4-20 所示。

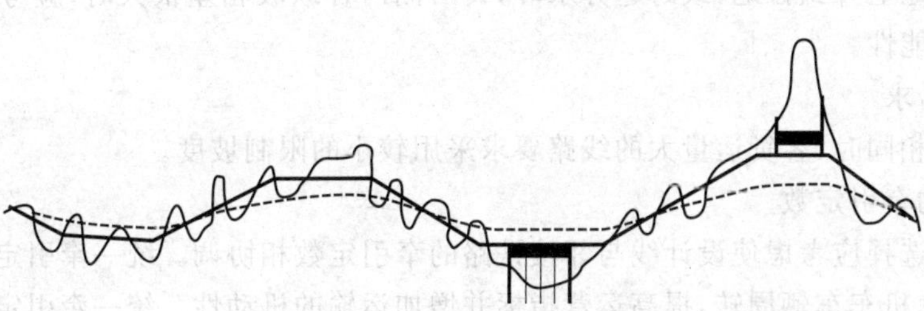

图 4-20 不同限坡的起伏纵断面

在自然纵坡陡峻的越岭地段,若限制坡度小于自然纵坡,线路需要迂回展长,才能达到控制点预定高程,工程数量和造价急剧增加。

(2)对运营费用的影响

在完成相同运输任务的前提下,采用的限制坡度越大,则货物列车的牵引质量越小,需要开行的货物列车对数越多,机车台数增多,机车乘务组、燃料消耗和修理费用等加大,区间距离缩短,车站数目加多,管理人员和日常开支增加,列车区段速度降低,旅途时间加长,相应开支加大。总之,采用较大限坡,运营支出要相应增加,行车设备的投资也略有增加。

在平均自然纵坡陡峻地区,采用与自然纵坡相适应的限制坡度,可以缩短展线长度,大量降低工程投资。同时,因线路缩短,机车台数、车站数目、旅途时间等也相应减少,虽然列车数目增多,运营开支总和也不致增加很多。所以平均自然纵坡陡峻地区,应采用与其相适应的较大限制坡度,力争不额外展长线路。

3. 影响限制坡度选择的因素

限制坡度是影响铁路全局的主要技术标准。它不仅对线路走向、长度和车站分布有很大影响,而且直接影响运输能力、行车安全、工程费与运营费。

(1)铁路等级

铁路等级越高,则设计线的意义、作用和客货运量越大,安全、舒适要求相应较高,宜采用较小的限制坡度。

(2)牵引种类和机车类型

电力牵引比内燃牵引的计算牵引力大,计算速度高,牵引定数大,满足相同运能要求的限制坡度比内燃牵引大。大功率机车牵引力大、牵引定数大,满足相同运能要求的限制坡度比小功率机车大。

设计线的客货运量是逐年增长的。选择限制坡度时,应尽量采用节约初期投资、逐期加强的方案,如初期采用内燃牵引、远期采用电力牵引,或初期采用小功率机车、远期更换大功率机车。这样,就有可能采用适应地形条件的较大限坡而又能满足运输要求,达到节省初期投资的目的。

(3)地形类别

限制坡度要和地形相适应,既不能选择过小的限制坡度,引起大量人为展线;又不能选择过大的限制坡度,使该限坡得不到充分利用,节省工程的效果不显著,却给运营带来不良影响。

一条长大干线应力争选定同一限坡,以利直通列车的开行。但若各区段地形条件差别很大,亦不宜强求统一限制坡度。可根据各区段地形特点,分区段选定限制坡度,各区段采用不同的机车类型,统一全线的牵引定数。

线路跨越分水岭,自然纵坡陡峻的越岭地段,可采用双机牵引坡度,以减少展线。

线路由盆地上升到台地,或跨越分水岭,其两侧河谷纵坡相差很大时,应考虑分方向选择限制坡度的可能性。

(4)运输需求

其他条件相同时,客货运量大的线路要求采用较小的限制坡度。

(5)邻线的牵引定数

限制坡度选择应考虑使设计线与邻接铁路的牵引定数相协调。统一牵引定数可避免列车换重作业,加速机车车辆周转,提高运营指标并增加运输的机动性。统一牵引定数时可采用与邻接线路相同的限制坡度和机型,也可采用与邻接线不同的限坡,而用不同的机型来调整。

(6)符合《线规》规定

设计线选定的限制坡度,不应大于《线规》规定值,如表 4-11 所示。

表 4-11　限制坡度最大值(‰)

铁路等级		Ⅰ			Ⅱ		
地形类别		平原	丘陵	山区	平原	丘陵	山区
牵引种类	电力	6.0	12.0	15.0	6.0	15.0	20.0
	内燃	6.0	9.0	12.0	6.0	9.0	15.0

限制坡度最小值,《线规》未作规定,通常取为 4‰。

4. 分方向选择限制坡度

一般情况下,一条线路双方向的限制坡度是相同的,即双方向最大持续上坡道坡度值是相同的。但当有些线路具备一定条件时,可以在重车方向设置较缓的限制坡度(上坡坡度),在轻车方向设置较陡的限制坡度(上坡坡度),称为分方向选择限制坡度。

轻重车方向货流显著不平衡,预计将来也不致发生巨大变化的铁路,如在轻车方向采用较大的限制坡度有较大经济价值时,经过方案比选,可分方向采用不同的限制坡度。Ⅰ级铁路是路网中的骨干铁路,一般不应采用,仅在特殊困难条件下,有充分技术经济依据时方可考虑采用。

分方向选用限制坡度时,为适应将来货流比发生变化,轻车方向的限制坡度不宜大于重车方向限制坡度相应的双机牵引坡度,以便在轻车方向有可能采用双机或三机牵引时进行补救,为运输方面留一定的余地。

(二)加力牵引坡度

在高程障碍比较集中的越岭展线地段,若用较小的限制坡度,则会引起大量展线或出现较长的越岭隧道,使工程加大、工期延长。这种地段,可采用加力牵引,保持在限制坡度上单机牵引的牵引定数不变,从而可采用较陡的坡度线,以减少展线,降低造价。这种用两台或更多机车牵引的较陡坡度称为加力牵引坡度(简称加力坡度)。

采用加力坡度可以缩短线路长度,大量减少工程,有利于降低造价和缩短工期,是在长大越岭地段克服巨大高差的一种行之有效的设计决策。当然,采用加力坡度也必然增加机车台数和运营管理的难度,延长到发线有效长度,在加力牵引的起讫站要增加补机摘挂作业时分,并要增建补机的整备设备。加力坡度太大时，对下坡行车也将产生不利影响。因此，是否采用加力坡度，应从设计线意义、地形条件以及节省工程和不利运营等方面全面分析，比选后确定。

1. 采用加力坡度的注意事项

(1)加力牵引坡度应集中使用，使补机能在较长的路段上行驶，提高其利用率。

(2)补机要进行必要的整备作业，需要相应的机务设备。所以加力坡度的起讫站，宜有一个为区段站或其他有机务设备的车站，困难时也应尽量与这类车站接近，以利用其机务设备。

(3)补机要在加力坡度的起讫站摘挂，增加列车的停站时分。因此，与起讫站邻接的加力牵引区间的往返行车时分要相应减少，以免限制通过能力。

(4)加力牵引采用重联牵引或补机推送中的何种方式，与牵引质量、车钩强度有关。若车钩强度允许时，应采用重联牵引，以便各台机车的司机相互配合、同步操纵，充分发挥机车的牵引力，否则，应采用补机推送，此时补机的牵引力就不能充分发挥。

2. 加力坡度的最大值

加力坡度的最大值取决于货物列车在陡坡上的运营条件，包括下坡的制动安全、闸瓦磨耗、上坡的能量消耗，以及车站技术作业对通过能力的影响等。电力、内燃机车都可用电阻制动控制下坡速度，但因电力机车的电阻制动较内燃机车的大，因而要分别规定其最大的加力牵引坡度。

(1)内燃牵引的最大加力坡度

东风系列等内燃机车都装有电阻制动。内燃机车牵引的货物列车，在长大下坡道上，电阻制动与空气制动可配合作用，比单纯使用空气制动可大大提高制动力和陡坡运行的安全性。黔贵线内燃牵引采用25‰的加力坡度经长期运营实践表明是安全的，故规定内燃牵引的最大加力牵引坡度为25‰。

(2)电力牵引的最大加力坡度

电力机车如韶山系列的电阻制动力比内燃牵引大，在30‰的下坡道上，仅用电阻制动就可以控制下坡的速度。宝成线宝鸡—秦岭间的电力牵引长期运营实践表明，采用30‰的加力坡度是安全的，故规定电力牵引的最大加力坡度为30‰。

3. 加力坡度的计算

加力牵引坡度的坡度值 i_{JL}，可根据限制坡度上的牵引吨数、机车台数和加力牵引方式按下式计算：

$$i_{\mathrm{JL}}=\frac{\sum_{k=1}^{n}\lambda_{\mathrm{y}}\lambda_{k}F_{\mathrm{J}k}-\left(\sum_{k=1}^{n}P_{k}w_{0k}'+Gw_{0}''\right)}{\left(\sum_{k=1}^{n}P_{k}+G\right)\cdot g} \tag{4-44}$$

式中 i_{JL}——加力牵引坡度(‰)，以0.5‰为单位取值；

n——机车台数；

λ_{y}——机车牵引力使用系数；

λ_{k}——第 k 台机车的牵引力取值系数；

$F_{\mathrm{J}k}$——第 k 台机车在本务机车计算速度时的牵引力(N)；

P_{k}——第 k 台机车的质量(t)；

G——牵引质量(t)；

w_{0k}'——第 k 台机车在本务机车计算速度时的单位基本阻力(N/t)；

w_0''——车辆在本务机车计算速度时的单位基本阻力(N/t)。

采用相同类型的机车加力牵引时各种限制坡度相应的加力牵引坡度如表4-12。表中内燃牵引加力坡度值未进行海拔与气温修正。

表 4-12 电力和内燃牵引的加力牵引坡度(‰)

<table>
<tr><th rowspan="2">限制坡度(‰)</th><th colspan="2">双机牵引坡度</th><th colspan="2">三机牵引坡度</th></tr>
<tr><th>电力</th><th>内燃</th><th>电力</th><th>内燃</th></tr>
<tr><td>4.0</td><td>9.0</td><td>8.5</td><td>14.0</td><td>13.0</td></tr>
<tr><td>5.0</td><td>11.0</td><td>10.5</td><td>16.5</td><td>15.5</td></tr>
<tr><td>6.0</td><td>13.0</td><td>12.5</td><td>19.0</td><td>18.5</td></tr>
<tr><td>7.0</td><td>14.5</td><td>14.5</td><td>21.5</td><td>21.0</td></tr>
<tr><td>8.0</td><td>16.5</td><td>16.0</td><td>24.0</td><td>23.5</td></tr>
<tr><td>9.0</td><td>18.5</td><td>18.0</td><td>26.5</td><td rowspan="8">25.0</td></tr>
<tr><td>10.0</td><td>20.0</td><td>20.0</td><td>29.0</td></tr>
<tr><td>11.0</td><td>22.0</td><td>21.5</td><td rowspan="6">30.0</td></tr>
<tr><td>12.0</td><td>24.0</td><td>23.5</td></tr>
<tr><td>13.0</td><td>25.5</td><td rowspan="4">25.0</td></tr>
<tr><td>14.0</td><td>27.5</td></tr>
<tr><td>15.0</td><td>29.0</td></tr>
<tr><td>16.0</td><td>30.0</td></tr>
</table>

二、最大坡度的折减

客货共线铁路线路纵断面设计时,在需要用足最大坡度(包括限制坡度与加力牵引坡度)的地段,当平面上出现曲线和遇到长于400 m的隧道时,因为附加阻力增大、黏着系数降低,而需将最大坡度值减缓,以保证普通货物列车以不低于计算速度或规定速度通过该地段。此项工作称为最大坡度的折减。

(一)曲线地段的最大坡度减缓

在曲线地段,货物列车受到的坡度阻力和曲线阻力之和,不得超过最大坡度的坡度阻力,以保证列车不低于计算速度运行,所以设计坡度 i 应为

$$i=i_{\max}-\Delta i_{R} \quad (‰) \tag{4-45}$$

式中 $i_{\max}$——最大坡度值(‰);

Δi_{R}——曲线阻力的相应坡度减缓值(‰)。

1. 曲线地段最大坡度减缓的注意事项

(1)当设计坡度值和曲线阻力之和不大于最大坡度值时,此设计坡度不用减缓。

(2)既要保证必要减缓值,又不要减缓过多,以免损失高度,使线路额外展长。

(3)减缓时,涉及的曲线长度系未加设缓和曲线前的圆曲线长度。

(4)减缓时,涉及的货物列车长度应取近期长度,因近期长度短于远期长度,按近期长度考虑能满足远期长度的减缓要求。

(5)减缓坡段长度应不短于、且尽量接近于圆曲线长度,取为50 m的整倍数,且不应短于200 m。通常情况下,所取的坡段长度还不宜大于货物列车长度。

(6)减缓后的设计坡度值,取小数点后一位。

2. 曲线地段最大坡度减缓的方法

(1)两圆曲线间不小于 200 m 的直线段,可设计为一个坡段,不予减缓,按最大坡度设计。

(2)长度不小于货物列车长度的圆曲线,可设计为一个坡段,曲线阻力的坡度减缓值为:

$$\Delta i_R=\frac{600}{R}\quad (‰) \tag{4-46}$$

式中　R——圆曲线半径(m)。

(3)长度小于货物列车长度的圆曲线,曲线阻力的坡度减缓值为:

$$\Delta i_R=\frac{10.5\alpha}{L_i}\quad (‰) \tag{4-47}$$

式中　α——曲线转角(°);

L_i——减缓坡段长度(m),当其大于货物列车长度时,取货物列车长度。

(4)若连续有一个以上长度小于货物列车长度的圆曲线,其间直线段长度小于 200 m 时,可将小于 200 m 的直线段分开,并入两端曲线进行减缓,坡度减缓值按(4-47)计算,也可将两个曲线合并折减,减缓坡段长度不宜大于货物列车长度,曲线阻力的坡度减缓值为:

$$\Delta i_R=\frac{10.5\sum\alpha}{L_i}\quad (‰) \tag{4-48}$$

式中　$\sum\alpha$——折减坡段范围内的曲线转角总和(°)。

(5)当一个曲线位于两个坡段上时,每个坡段上分配的曲线转角度数,应按两个坡段上的曲线长度比例计算。

【例 4-1】 设计线为电力牵引Ⅰ级铁路,限制坡度为 6‰,近期货物列车长度为 660 m,最高行车速度 80 km/h,线路平面如图 4-21 所示。线路右端设置车站,要求车站左端站坪设置为 600 m 的平坡,站坪外再设置 200 m 长的 4.5‰的缓坡,其余地段需要用足限制坡度上坡,试进行坡段设计。

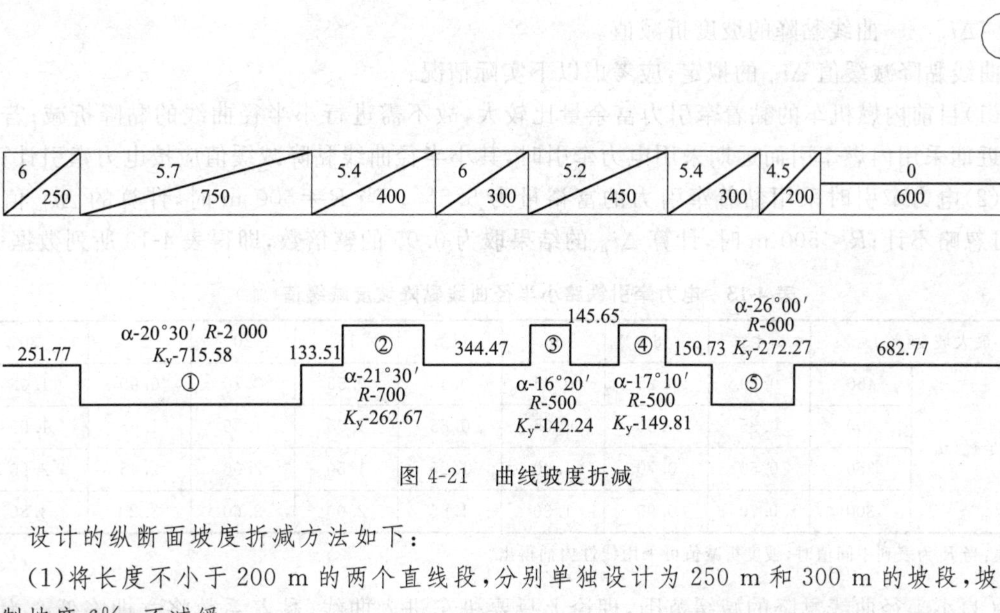

图 4-21　曲线坡度折减

设计的纵断面坡度折减方法如下:

(1)将长度不小于 200 m 的两个直线段,分别单独设计为 250 m 和 300 m 的坡段,坡度取限制坡度 6‰,不减缓。

(2)将长度大于近期货物列车长度的①号圆曲线设计为一个坡段,坡段长度取 750 m,根

据式(4-45)及式(4-46)知,设计坡度为:

$$i=i_{\max}-\frac{600}{R}=6-\frac{600}{2\,000}=5.7‰$$

(3)将长度小于近期货物列车长度的②号圆曲线设计为一个坡段,坡段长度取400 m,根据式(4-45)及式(4-47)知,设计坡度为:

$$i=i_{\max}-\frac{10.5\alpha}{L_i}=6-\frac{10.5\times 21.5}{400}=5.44‰,取为5.4‰$$

(4)将长度小于近期货物列车长度的③号和④号圆曲线,连同中间小于200 m的直线段,设计为一个坡段,坡段长度取450 m,根据式(4-45)及式(4-48)知,设计坡度为:

$$i=i_{\max}-\frac{10.5\sum\alpha}{L_i}=6-\frac{10.5\times(16.33+17.17)}{450}=5.22‰,取为5.2‰$$

(5)根据设计要求,⑤号圆曲线被划分在两个坡段上。其中站坪外200 m长4.5‰缓坡内,因坡度值显然小于其减缓坡度值,故无需进行曲线折减;另一300 m长坡段上曲线长度为153.57 m,则分配的偏角为:

$$26°\times\frac{153.57}{272.27}=14.66°$$

设计坡度为:

$$i=i_{\max}-\frac{10.5\alpha}{L_i}=6-\frac{10.5\times 14.66}{300}=5.48‰,取为5.4‰$$

(二)小半径曲线地段的最大坡度减缓

当机车牵引规定重量的列车,通过用足最大坡度设计的长大坡道上的小半径曲线时,由于小半径曲线曲率大,增加了机车的动轮与钢轨间的横向、纵向滑动,导致机车黏着系数显著降低,若黏降后的黏着牵引力 F_μ 小于计算牵引力 F_j,还需要进行曲线黏降的坡度减缓。因此,需要用足最大坡度设计的位于长大坡道上的小半径曲线地段,其设计坡度应为:

$$i=i_{\max}-\Delta i_R-\Delta i_\mu \quad (‰) \tag{4-49}$$

式中 Δi_μ——曲线黏降的坡度折减值。

曲线黏降减缓值 Δi_μ 的拟定,应考虑以下实际情况:

(1)目前内燃机车的黏着牵引力富余量比较大,故不需进行小半径曲线的黏降折减;若设计线近期采用内燃牵引而远期采用电力牵引时,其小半径曲线黏降减缓值应按电力牵引计算。

(2)电力牵引时采用黏着牵引力的富裕量为5.5%。当 $R=500$ m时,计算的 Δi_μ 值很小,可忽略不计;$R<500$ m时,计算 Δi_μ 的结果取为0.05的整倍数,即得表4-13所列数据。

表4-13 电力牵引铁路小半径曲线黏降坡度减缓值(‰)

最大坡度(‰)		4	6	9	12	15	20	25	30
曲线半径(m)	450	0.20	0.25	0.35	0.45	0.55	0.70	0.90	1.05
	400	0.35	0.50	0.65	0.85	1.05	1.35	1.65	1.95
	350	0.50	0.70	1.00	1.25	1.50	2.00	2.45	2.90
	300	0.70	0.90	1.30	1.65	2.00	2.60	3.20	3.80

注:当 R 为表列中间值时,坡度折减值可采用线性内插得出。

(3)小半径曲线黏降的减缓范围,理论上只要机车进入曲线,黏着系数将立即降低。为了简化设计,只在小半径曲线范围内进行黏降减缓。设计时,将小半径曲线对应的坡段按 Δi_μ 减缓,以策安全。

【例 4-2】 设计线为电力牵引,限制坡度为 9‰,近期货物列车长度为 600m,线路平面如图 4-22 所示,该地段需用足限制坡度上坡。试进行坡段设计。

设计的纵断面坡度折减方法如下:

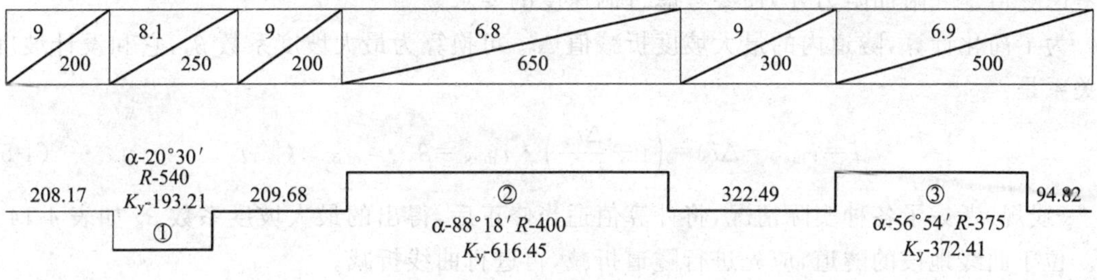

图 4-22　小半径曲线坡度折减

(1)将长度不小于 200 m 的三个直线段,分别单独设计为 200 m、200 m、300 m 的坡段,坡度取限制坡度 9‰,不减缓。

(2)将长度小于近期货物列车长度的①号圆曲线设计为一个坡段,坡段长度取 250 m,设计坡度为:

$$i=i_{\max}-\frac{10.5\alpha}{L_i}=9-\frac{10.5\times 20.5}{250}=8.13‰,取为 8.1‰$$

(3)将长度大于近期货物列车长度的②号圆曲线设计为一个坡段,坡段长度取 650 m 因 $R=400$ m,查表 4-13,得 $\Delta i_{\mu}=0.65$,根据式(4-49)知,设计坡度为:

$$i=i_{\max}-\Delta i_{R}-\Delta i_{\mu}=9-\frac{600}{400}-0.65=6.85‰,取为 6.8‰$$

(4)将长度小于近期货物列车长度的③号圆曲线设计为一个坡段,坡段长度取 500 m,因 $R=375$ m,查表 4-13 进行线性内插,得 $\Delta i_{\mu}=0.825$,设计坡度为:

$$i=i_{\max}-\Delta i_{R}-\Delta i_{\mu}=9-\frac{10.5\times 56.9}{500}-0.825=6.98‰,取为 6.9‰$$

(三)隧道内的最大坡度折减

隧道长度大于 400 m 的且用足坡度设计的长大坡道地段,为了保证列车不低于计算速度运行,应将最大坡度进行折减。

1. 折减的原因

(1)隧道空气附加阻力。列车在隧道内运行时,由于空气受隧道空间约束,不能迅速向四面扩散,造成列车前面空气密度加大,尾部空气稀薄,使得空气阻力较空旷地段空气阻力大,因此最大坡度要相应进行折减。

(2)内燃牵引时列车通过隧道的速度。内燃牵引时列车通过隧道的行车速度不能过低,以免机车排出的废气进入司机室和机车的柴油机汽缸,降低机车功率,影响机车乘务员健康。将坡度减缓以利于列车迅速通过隧道。

(3)隧道内黏着系数。隧道内轨面较为潮湿,且黏附有烟尘油垢,使轮轨间黏着系数降低,黏降百分率随隧道加长而增大。当黏降后的黏着力小于计算牵引力时,需要进行黏降坡度折减。但因电力、内燃机车的黏着系数公式已考虑了隧道内不利的轨面条件,因此可不必再考虑隧道黏降。

(4)内燃机车功率降低。内燃机车通过隧道时,若速度过低,因散热条件不良,将引起柴油机功率降低。当双机重联时,第二节机车的功率降低更为严重。

2. 最大坡度的折减系数

根据以上分析,电力牵引时隧道内的最大坡度折减仅需考虑隧道空气附加阻力;内燃牵引除考虑隧道空气附加阻力外,还要考虑过洞速度的要求。

为了简化计算,隧道内的最大坡度折减值 Δi_s 可换算为最大坡度系数 β_s,它和设计坡度 i 的关系是:

$$i=i_{\max}-\Delta i_s=\left(1-\frac{\Delta i_s}{i_{\max}}\right)\cdot i_{\max}=\beta_s\cdot i_{\max}\quad(‰)\tag{4-50}$$

《线规》考虑了各种实际情况,将计算值适当修正后,得出的最大坡度系数 β_s 如表 4-14 所示。位于曲线地段的隧道,应先进行隧道折减,再进行曲线折减。

表 4-14 电力与内燃牵引隧道内的最大坡度系数

牵引类型 / 隧道长度(m)	电力牵引	内燃牵引
$400<L\leqslant 1\ 000$	0.95	0.90
$1000<L\leqslant 4\ 000$	0.90	0.80
$L>4\ 000$	0.85	0.75

3. 折减范围

隧道坡度折减的主要因素包括隧道空气附加阻力和通过隧道的最低速度两项。隧道空气附加阻力中列车头部的压力,虽然在机车刚进入洞门时就突然产生,但列车四周与空气的摩阻力,却是随列车进入隧道的长度而逐步增大,列车全部进入隧道后才达到稳定值。而列车尾部吸力则是在列车全部进入隧道后才产生,并逐步增大最后才趋于稳定。为简化计算,各种牵引的折减范围仅限于隧道长度内,并随折减坡段取值,坡长进整为 50 m 的倍数。

为满足内燃牵引的过洞速度要求,按规定进行隧道坡度折减后,还应进行列车进洞速度检算,如达不到过洞的最低速度要求,则应在进洞上坡前设计加速缓坡,使机车进洞时速度达到规定值。

三、坡段长度

相邻两坡段的坡度变化点称为变坡点。相邻两变坡点间的水平距离称为坡段长度。

从工程数量上看,采用较短的坡段长度可更好地适应地形起伏,减少路基、桥隧等工程数量(图 4-23)。但最短坡段长度应保证坡段两端所设的竖曲线不在坡段中间重叠。

图 4-23 不同坡长的纵断面

从运营角度看,因为列车通过变坡点时,变坡点前后的列车运行阻力不同,车钩间存在游间,将使部分车辆产生局部加速度,影响行车平稳;同时也使车辆间产生冲击作用,增大列车纵向力,坡段长度要保证不致产生断钩事故。

为了满足较高的舒适度要求,纵断面宜设计为较长的坡段。对旅客列车设计行车速度大于或等于 160 km/h 的路段,最小坡段长度应符合表 4-15 的规定。

表 4-15 时速大于或等于 160 km 路段最小坡段长度

旅客列车设计行车速度(km/h)	350 客专	300 客专	200～250 客专	200 客货	160 客货
一般条件(m)	2 000	1 200	1 200	600	400
困难条件(m)	900	900	900	400	400
连续采用要求	不得连续	不得连续	不得连续	不超过 2 个	不超过 2 个

旅客列车设计行车速度小于 160 km/h 的路段，最小坡段长度如表 4-16 所示。

表 4-16 时速小于 160 km 路段最小坡段长度表

远期到发线有效长度	1 050	850	750	650
最小坡段长度	400	350	300	250

为了因地制宜节省工程，旅客列车设计行车速度小于 160 km/h 的路段，在下列情况下，坡段长度允许缩短至 200 m。

(1)凸形纵断面坡顶为缓和坡度差而设置的分坡平段(也可以是小坡度的坡段)，其长度不应小于 200 m，如图 4-24(a)所示；凹形纵断面底部为缓和坡度差而设置的分坡平段，其长度仍按表 4-16 取值，如图 4-24(b)。

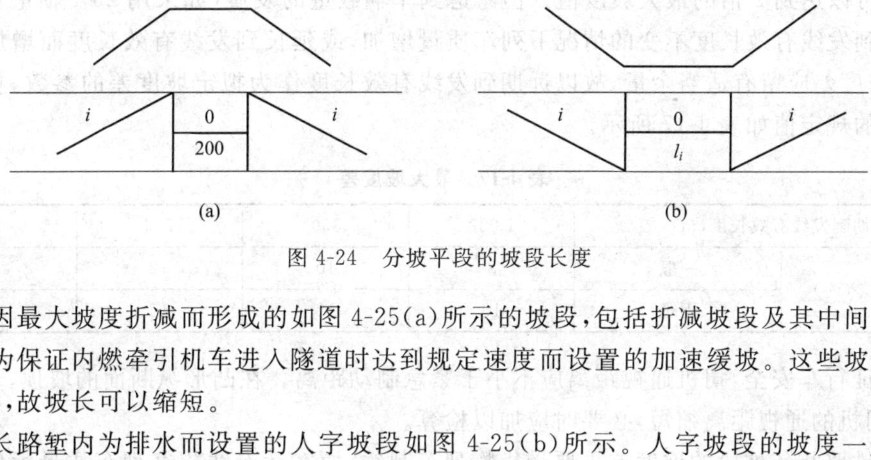

图 4-24 分坡平段的坡段长度

(2)因最大坡度折减而形成的如图 4-25(a)所示的坡段，包括折减坡段及其中间无需折减的坡段；为保证内燃牵引机车进入隧道时达到规定速度而设置的加速缓坡。这些坡段间的坡度差较小，故坡长可以缩短。

(3)长路堑内为排水而设置的人字坡段如图 4-25(b)所示。人字坡段的坡度一般不小于 2‰，以利于路堑侧沟排水。

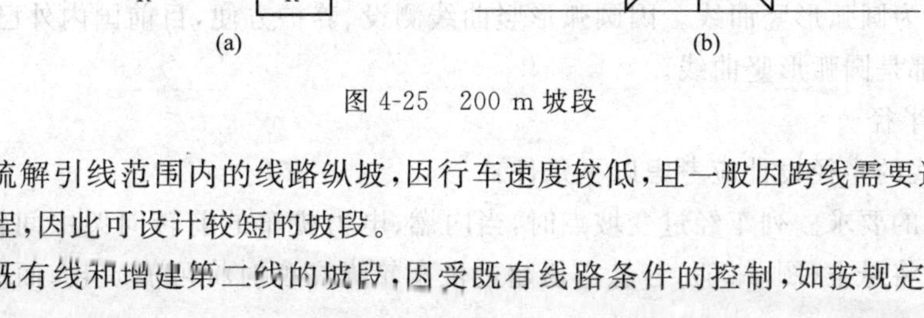

图 4-25 200 m 坡段

(4)枢纽疏解引线范围内的线路纵坡，因行车速度较低，且一般因跨线需要迅速升高(或降低)纵断面高程，因此可设计较短的坡段。

(5)改建既有线和增建第二线的坡段，因受既有线路条件的控制，如按规定的坡段长度设计可引起大量改建工程或改建困难时,可以采用不短于 200 m 的坡段。

四、坡段连接

(一)相邻坡段坡度差

纵断面的坡段有上坡、下坡和平坡。上坡的坡度为正值,下坡的坡度为负值,相邻坡段坡度差的大小,应以代数差的绝对值 Δi 表示。如前一坡段的坡度 i_1 为 5‰下坡,后一坡段的坡度 i_2 为 3‰上坡,则坡度差 Δi 为

$$\Delta i=|i_1-i_2|=|(-5‰)-(+3‰)|=8‰$$

相邻坡段的坡度差,都是以保证货物列车不断钩来制定的,即取决于车钩强度所允许的列车纵向力。列车通过变坡点时的纵向力有如下规律:

(1)两相邻坡段为凸形纵断面时,列车纵向拉力增大,压力减小;凹形纵断面拉力减小,压力增大;

(2)列车纵向力随坡度差值的增大有所增大;

(3)列车通过变坡点附近的纵向力与列车跨越变坡点的个数无关,而主要与纵断面的形式及其相应的操纵工况以及列车的牵引质量紧密相关。

根据列车通过变坡点时产生的纵向力不大于车钩强度(即保证列车不断钩)进行计算,最大坡度差可以达到 2 倍的最大坡度值。但考虑到车辆载重的发展(如采用 25 t 轴重车或缩短型车),在到发线有效长度不变的情况下列车质量增加,或延长到发线有效长度而增加列车质量,最大坡度差应留有适当余量,故以远期到发线有效长度作为拟定坡度差的参数,相应的最大坡度差的规定值如表 4-17 所示。

表 4-17 最大坡度差

远期到发线有效长度(m)		1 050	850	750	650
最大坡度差(‰)	一般	8	10	12	15
	困难	10	12	15	18

为保证行车安全,司机通视距离应不小于紧急制动距离。在凸形纵断面的坡顶,若坡度差过大,则司机的通视距离缩短,必要时应加以检算。

常规铁路相邻坡段的坡度差主要受货物列车制约,而客运专线旅客列车质量远低于货物列车,参考国外高速铁路对相邻坡段的坡度差均未做规定,故我国客运专线相邻坡段的坡度差也未做规定。

(二)竖 曲 线

竖曲线是为了缓和变坡点坡度的急剧变化,使列车通过变坡点时不脱轨、不脱钩。相邻坡度差大于一定限度时,在线路纵断面的变坡点处应设置竖向曲线。

常用的竖曲线有两种线形。一为抛物线形,即用一定变坡率的 20 m 短坡段连接起来的竖曲线;另一种为圆弧形竖曲线。因圆弧形竖曲线测设、养护方便,目前国内外已大量采用,所以下面论述的都是圆弧形竖曲线。

1. 竖曲线半径

圆形竖曲线的半径设计应考虑以下条件:

(1)不脱轨的要求。列车经过变坡点时,当内燃、电力机车的前转向架中间轴未通过变坡点前,机车前轮将悬空(图 4-26),若悬空值超过机车轮缘高度时将可能脱轨,而通过设置竖曲

线，可避免此种情况发生。一般相邻坡段的坡度代数差大于3‰时，必须设置竖曲线进行坡段连接；而小于3‰时，施工或养护时变坡点也能自然形成竖曲线的形状，一般不必设置竖曲线。但设计行车速度为160 km/h及以上时，为保证行车安全，当相邻坡度代数差大于1‰时即须设置竖曲线。

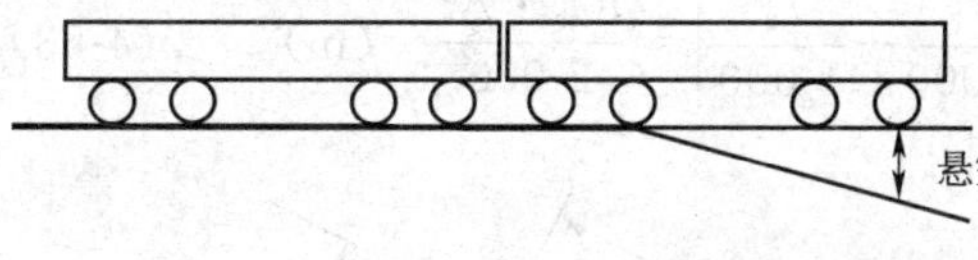

图4-26　前轮悬空示意图

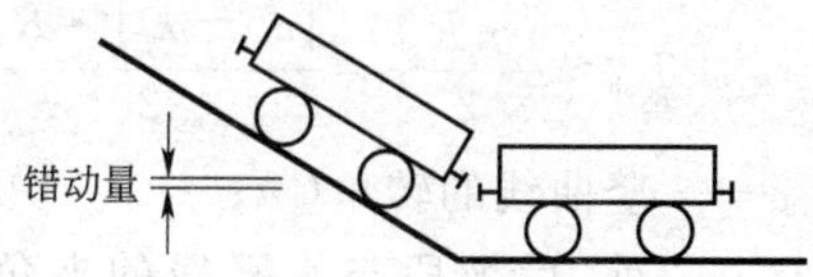

图4-27　车钩错动示意图

(2)不脱钩的要求。列车经过变坡点时，由于相邻车辆相对倾斜，车钩上下错动(图4-27)，若错动超过限定的最大值时，将引起上下脱钩。列车通过竖曲线时，考虑相邻车辆相对斜倾引起的车钩中心线上下位移值，经过化简后，相应竖曲线半径近似公式为：

$$R_{sh}=\frac{(L+d)d}{2f_R} \tag{4-51}$$

式中　R_{sh}——竖曲线半径(m)；

L——车辆两转向架中心距(m)；

d——转向架中心至车钩中心距(m)；

f_R——车钩中心线上下位移允许值。

我国车钩允许的上下活动量货车为75 mm，客车为60 mm，据此确定的最小竖曲线半径一般在1 750 m～2 850 m。

(3)行车平稳要求。列车通过变坡点时产生的竖直离心加速度不应使旅客产生不舒适感。竖曲线半径R_{sh}(m)与行车速度v(km/h)及离心加速度a_{sh}(m/s^2)的关系为：

$$R_{sh}=\frac{v^2}{3.6^2a_{sh}} \tag{4-52}$$

当列车速度为160 km/h时，取a_{sh}值为0.15 m/s^{2}和0.2 m/s^2，按公式(4-52)计算满足行车平稳要求的最小竖曲线半径分别为13 200 m和9 880 m。

(4)竖曲线与列车纵向力的关系。据计算，当列车牵引质量不大于5 000 t时，在相应限制坡度构成的凹、凸形变坡点上，竖曲线半径为10 000 m时，各种运行工况产生的列车纵向力均小于限值。

综合以上分析，为了行车平稳和安全，改善行车条件，规定：对于设计速度小于160 km/h的铁路，相邻坡段的坡度差大于3‰时，相邻坡段应以圆型竖曲线连接，半径采用10 000 m；对于设计速度大于和等于160 km/h的铁路，相邻坡段坡度差大于等于1‰时，设置半径为15 000 m的圆形竖曲线。

考虑既有竖曲线标准和运营养护实际情况，规范对竖曲线最小半径有表4-18的规定。当竖曲线半径增大到一定程度时，养护维修很难达到其设置要求，因此，根据国内外养护维修经验，最大竖曲线半径不应大于30 000 m。

表4-18　最小竖曲线半径

设计时速(km/h)	300～350	250	250以下160以上	160以下
R_{sh}(m)	25 000	20 000	15 000	10 000

2. 竖曲线的几何要素

由图 4-28 可知,在竖曲线计算中,可近似地将坡段与水平线的夹角同其坡度视为相等,同时将竖曲线的切线长与其对应坡段长均视为相等。

(1)竖曲线切线长 T_{sh}

$$T_{sh}\approx\frac{\alpha\cdot R_{sh}}{2}=\frac{|\alpha_1-\alpha_2|\cdot R_{sh}}{2}=\frac{R_{sh}}{2}\left|\frac{i_1}{1\,000}-\frac{i_2}{1\,000}\right|=\frac{R_{sh}\cdot\Delta i}{2\,000}\quad(\text{m})\qquad(4\text{-}53)$$

式中 α——竖曲线的转角(°);

α_1、α_2——前、后坡段与水平线的夹角(°),上坡为正值,下坡为负值;

i_1、i_2——前、后坡段的坡度(‰),上坡为正值,下坡为负值;

Δi——坡度代数差的绝对值(‰)。

因此,竖曲线半径为 10 000 m 和 15 000 m 时,$T_{sh}=5\Delta i$ 及 $T_{sh}=7.5\Delta i$。

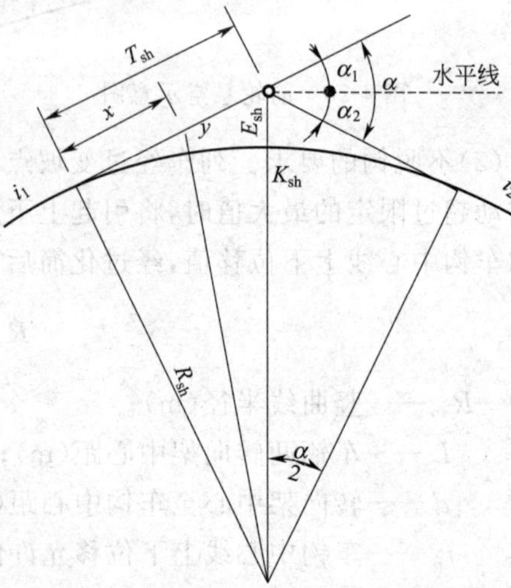

图 4-28 竖曲线

(2)竖曲线长度 K_{sh}

$$K_{sh}\approx 2T_{sh}\quad(\text{m})\qquad(4\text{-}54)$$

(3)竖曲线纵距 y

因为 $(R_{sh}+y)^2=R_{sh}^2+x^2$

$2R_{sh}\cdot y=x^2-y^2$(y^2 值很小,略去不计)

所以 $$y=\frac{x^2}{2R_{sh}}\quad(\text{m})\qquad(4\text{-}55)$$

式中 x——切线上计算点至竖曲线起点的距离(m)。

变坡点处的纵距称为竖曲线的外矢距 E_{sh},计算式为:

$$E_{sh}=\frac{T_{sh}^2}{2R_{sh}}\quad(\text{m})\qquad(4\text{-}56)$$

新建铁路的设计高程为路基面的路肩高程,变坡点处的设计高程为变坡点的计算高程(即两坡段相交处的高程),减去(凸形变坡点)或加上(凹形变坡点)外矢距,竖曲线上任意一点里程 x_i 的设计高程为 H_i:

$$H_i=H_0+(x_i-x_0)\times i\pm y$$

式中 x_0、H_0——分别为变坡点处的里程和计算高程(两坡段相交处的高程)。

路基填挖高度(施工高度)应为设计高程与原地面高程的差。

3. 设置竖曲线的限制条件

(1)竖曲线不应与缓和曲线重叠

缓和曲线范围内,外轨超高一般以不大于 2‰的超高递增坡度逐渐升高,在竖曲线范围内的轨顶将以一定变率圆顺地变化,若两者重叠,一方面在轨道铺设和养护时,外轨高程不易控制;另一方面外轨的直线形超高顺坡和圆形竖曲线,都要改变形状,影响行车的平稳。

为了保证竖曲线不与缓和曲线重叠,纵断面设计时,变坡点离开缓和曲线起终点的距离,不应小于竖曲线的切线长(图 4-29)。

(2)竖曲线不应设在明桥面上

明桥(无砟桥)面上如有竖曲线时,其曲率需要用木枕高度调整,每根木枕厚度都不一样,并要按固定位置顺序铺设，给施工、养护带来困难。为了保证竖曲线不设在明桥面上，变坡点距明桥面端点的距离，不应小于竖曲线的切线长（图 4-30）。

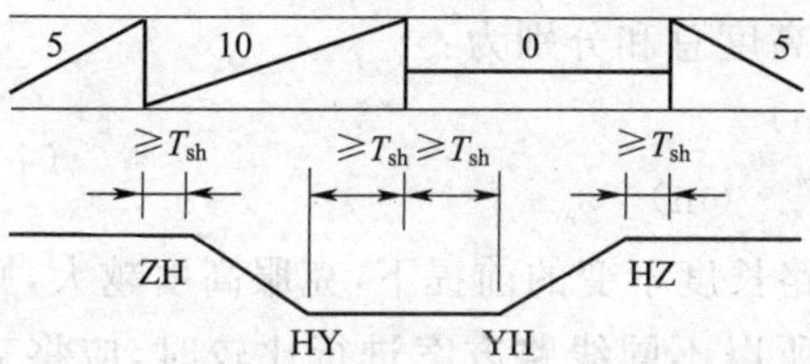

图 4-29　变坡点距缓和曲线的距离

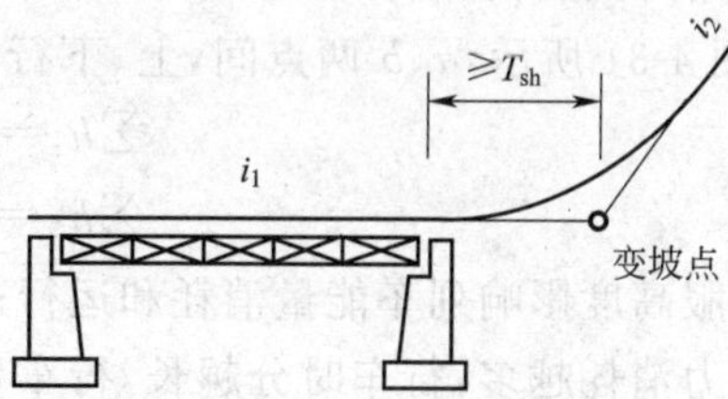

图 4-30　变坡点至明桥面桥的距离

(3)竖曲线不应与道岔重叠

道岔的尖轨和辙叉应位于同一平面上，如将其设在竖曲线的曲面上，则道岔的铺设与转换都有困难。同时，如道岔的导曲线和竖曲线重合，列车通过的平稳性更差，会增加列车的摇摆和震动。

为了保证竖曲线不与道岔重叠，变坡点与车站站坪端点的距离，不应小于竖曲线的切线长。

(4)竖曲线不宜与圆曲线重叠

设计速度为 160 km/h 及以上的路段，竖曲线与平面圆曲线不宜重叠设置。但由于平面曲线半径较大，圆曲线长度较长，如要避免竖曲线与平面圆曲线重叠设置，竖曲线只能设在直线上，约束条件较严，导致工程费用大幅上升。因此，在困难条件下，允许竖曲线可与优选半径的圆曲线重叠设置。若将一个曲线设置为多个坡段时，其相邻坡段坡度差不宜大于不设置竖曲线的最小坡度差。

另外，竖曲线与钢轨伸缩调节器不应重叠设置，如重叠则将影响钢轨伸缩调节器的正常使用，也增加养护困难。竖曲线与竖曲线不应重叠设置，重叠设置时要保证各自竖曲线的形状是很困难的，测设工作将更加困难。

五、坡段设计对行车费用的影响

(一)坡度大小对行车费用的影响

设计线的机车类型和限制坡度选定后，货物列车的牵引质量随之确定。对于非足坡设计的情况，若设计坡度值较大，则上坡时每公里的燃料或电力的消耗增多，行车时分加长；下坡时限速降低，轮箍闸瓦的磨耗较严重，故行车费用增多。

(二)有害坡段与无害坡段

列车在下坡道上运行时，可借助重力作用，不需机车牵引而向下滑行，坡度越陡，坡段越长，则列车最后滑行的速度越快。但是列车下坡的速度受制动条件限制不能过高，达到限制速度后，即需制动。这种需要制动的坡段，不仅使列车在坡顶具有的位能因制动而消耗一部分，而且轮箍闸瓦因制动而磨损，增大行车费用，所以称为有害坡段。

若下坡的坡度不大，或者坡度虽大但坡段很短，列车借助重力向下滑行时，速度达不到限制速度，因而不需要施行制动。这种不需制动的坡段，位能完全得到利用，又不会引起轮箍闸瓦的磨耗，不至增大行车费用，所以称为无害坡段。

纵断面设计时，通常将坡度大于 4‰，且下降高度超过 10 m 的坡段，概略地定为有害坡段。若地形条件许可,应尽量消除有害坡段。

(三)克服高度

线路的克服高度为线路上坡方向上升的高度,又称拔起高度。上行与下行方向应分别计算,如图 4-31 所示,a、b 两点间,上、下行方向的克服高度总和分别为:

$$\sum h_s = h_s' + h_s'' \quad (\text{m})$$
$$\sum h_x = h_x' + h_x'' + h_x''' \quad (\text{m}) \tag{4-57}$$

克服高度影响列车能量消耗和运行速度。在线路长度不变的前提下,克服高度越大,则燃料或电力消耗越多,行车时分越长,行车费用越高。所以不同线路方案进行比较时,应将克服高度作为技术指标之一,衡量方案优劣。设计纵断面时,不仅要适应地形起伏,也要力争减小克服高度,才可提高行车速度,降低行车费用。

(四)考虑节能的车站位置

中间站分布较广,对于非连续上坡地段的车站设置,应考虑“高站位低区间”的设计思想。一般应争取将车站设在纵断面的凸起部位,使列车进站时上坡,将动能转化为势能,列车出站时下坡,再将势能转化为动能,这样有利于减少能量消耗,达到节能的目的,称为节能坡设计。如图 4-32 所示,坡段长度与坡度大小是相同的,只是进出车站的上下坡情况不同。图 4-32(b)的纵断面,列车出站为下坡,有利于列车加速,减少能量消耗;进站为上坡有利于列车减速,减少制动的轮箍闸瓦磨耗,并且有利于争取较高的区间走行速度(特别是在地铁车站设计中,由于其间距短且一般站站停车,节能坡设计也得到了较多应用)。图 4-32(a)的纵断面则相反。

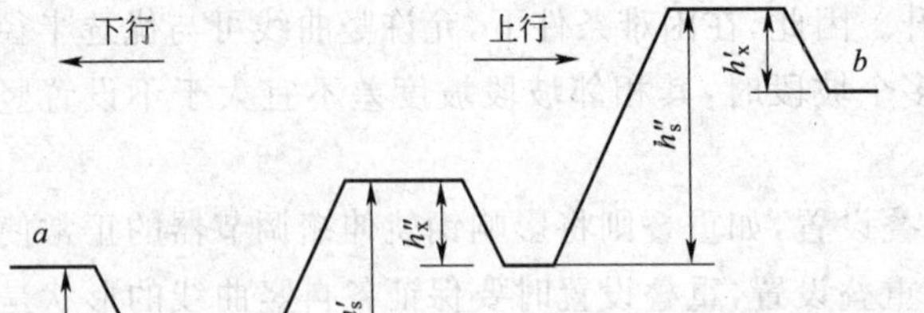

图 4-31 克服高度示意图

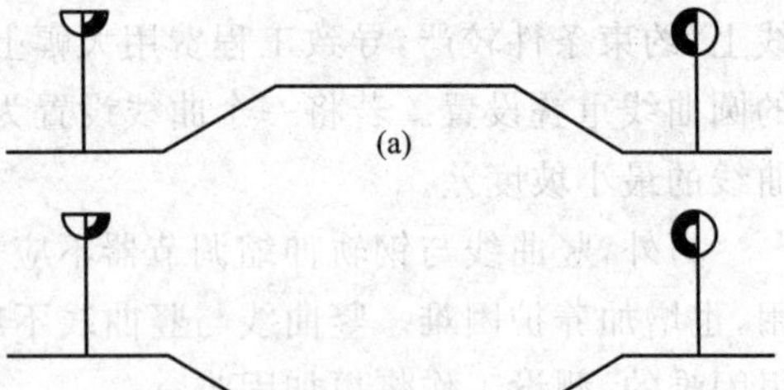

图 4-32 凸形、凹形区间纵断面

第四节 桥涵、隧道、路基地段的平纵断面设计

一、桥涵路段的平纵断面设计

桥梁按其长度可划分为特大桥(桥长大于 500 m)、大桥(桥长 100～500 m)、中桥(桥长 20～100 m)和小桥(桥长 20 m 及以下者)。涵洞孔径一般为 0.75～6.0 m。

(一)桥涵路段的平面设计

小桥和涵洞对线路平面无特殊要求。

特大桥、大桥宜设在直线上,困难条件下必须设在曲线上时,宜采用较大的曲线半径。桥梁设在曲线上,可能限制行车速度,并产生列车运行不平稳、线路易变形、钢轨磨耗加剧、养护工作增加等弊病。而桥上更换钢轨整正曲线较为困难;线路变形易造成过大偏心,不利桥墩受力;桥上限速、施行制动和行车摇摆,对桥梁本身和行车安全不利。因此,设计桥位的线路平面时，宜将桥梁（尤其是特大桥、大桥）布置在直线上，在地形困难、地质不良、受车站站坪影响等困难条件下，为避免工程过大，特大桥、大桥必须设在曲线上时，宜采用较大曲线半径，以减少不利影响。

明桥面桥应设在直线上。如设在曲线上，则线路很难固定，轨距不易保持，影响运营安全，在换铺轨枕时，曲线超高也难于处理。明桥面上的曲线超高靠桥枕调整，或将墩台支承垫石做成部分超高，其余超高仍需桥枕调整。当桥枕高度不够时，还需将两根桥枕重叠做成楔形。只有在特殊困难条件下，确有充分技术经济依据时，方可将跨度大于 40 m 或桥长大于 100 m 的明桥面桥设在半径小于 1 000 m 的曲线上。

同一座桥梁如在反向曲线上，则列车过桥时，将产生剧烈摆动，影响运营安全。同时，由于线路养护维修中拨道不易正确就位，梁上产生偏心，不利于桥梁受力。尤其明桥面桥超高更难调整，故明桥面桥不应设在反向曲线上。如不得已设在反向曲线上时，应尽可能设计较长的夹直线。同时考虑到若明桥面桥设在缓和曲线上，因外轨超高逐渐变化，给施工、养护和维修工作增加更大困难，故《线规》规定：明桥面桥不宜设在缓和曲线上。

连接大桥的桥头引线，应采用桥梁上的平面标准。如设计为曲线时，半径不应小于该路段的最小曲线半径，并应考虑采用架桥机架梁。为保证桥头路基稳定，如桥头引线曲线外侧迎向水流上游时，应将曲线推移到洪泛线外，以免因桥头产生回流形成水袋。

（二）桥涵路段的纵断面设计

涵洞和有砟桥可设在任何纵断面的坡道上。

明桥面桥宜设在平道上。设在坡道上时，由于钢轨爬行的影响，线路难于锁定，轨距也难于保持，给线路养护带来困难，同时影响行车安全。如果必须设在坡度上时，坡度不宜大于 4‰，以免列车下坡时，在桥上制动增加钢轨爬行。所以如将跨度大于 40 m，或桥长大于100 m 的明桥面桥设在大于 4‰、不大于 12‰的坡道上时，应有充分的技术经济依据。

明桥面桥上不应设置竖曲线，以免调整轨顶标高引起铺设和养护的困难，所以纵断面设计时，应使变坡点距明桥面桥两端不小于竖曲线切线长，如图 4-30 所示。

桥涵处的路肩设计高程，涵洞处应不低于水文条件和构造条件所要求的最低高度。桥梁处应不低于水文条件和桥下净空高度所要求的最低高度。平原地区通航河流上的大型桥梁，为了保证桥下必要的通航净空，并使两端引线高程降低，可在桥上设置凸形纵断面。

二、隧道路段的平纵断面设计

（一）隧道路段的线路平面

隧道内的测量、施工、运营、通风和养护等条件均比空旷地段差，曲线隧道更为严重，所以隧道宜设在直线上。如受地形地质等条件限制必须设在曲线上时，宜将曲线设在洞口附近，并采用较大的曲线半径。

隧道不宜设在反向曲线上。必须设在反向曲线上时，其夹直线长度不宜小于 44 m，以免两端的曲线加宽发生重叠，增加施工难度。

当直线隧道外的曲线接近洞口时，应使直缓点或缓直点与洞门的距离不小于 25 m，以免引起洞口和洞口的衬砌加宽。

（二）隧道路段的线路纵断面

隧道内的线路纵断面可设置为单面坡或人字坡。单面坡能争取高度且有利于长隧道的运营通风；人字坡有利于施工中的排水和出砟。

需要用足最大坡度路段的隧道，为了争取高度，一般应设计为单面坡。

越岭隧道，当地下水发育且地形条件允许时，应设计为人字坡。人字坡的长隧道，当内燃牵引时，双方向上坡列车排出的废气与油烟，污染隧道，恶化运营和维修工作条件，必要时应采用人工通风。

隧道内的坡度不宜小于 3‰，以利排水。严寒地区且地下水发育的隧道，可适当加大坡度，以减少冬季排水结冰堆积的影响。

三、路基对线路纵断面的要求

特大桥、大中桥的桥头引线，其路肩设计高程应不小于设计水位＋壅水高度＋波浪侵袭高度＋局部股流涌高＋斜水流局部冲高＋河弯超高＋河床淤积等影响至少 0.5 m。

小桥涵洞附近的路基，其路肩设计高程应不小于设计水位＋壅水高度＋0.5 m。

长大路堑内的设计坡度不宜小于 2‰，以利侧沟排水。当路堑长度在 400 m 以上且位于凸形纵断面的坡顶时，可设计为坡度不小于 2‰、坡长不小于 200 m 的人字坡。

第五节 站坪的平面和纵断面设计

一、站坪长度

站坪长度 L_z 包含到发线有效长度 L_{yx} 和道岔咽喉区长度 L_{yh} 及车站咽喉区两端最外道岔及其他单独道岔(直向)至曲线超高顺坡终点之间的直线长度。设计时对站坪平面长度要考虑长远发展的需要，如图 4-33 所示。站坪长度不包括站坪两端竖曲线的切线长度。

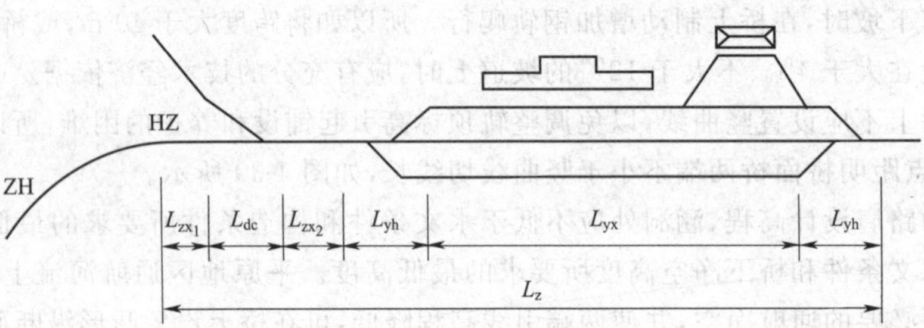

图 4-33 站坪长度示意图

站坪长度根据远期到发线有效长度、正线数目、车站的种类和车站的布置形式等条件确定。车站类别不同，股道数量不同，则站坪两端咽喉区长度不同；股道布置形式和到发线有效长度决定站坪中段的长度。站坪长度一般可采用不小于表 4-19 所列数值。

表 4-19 客货共线铁路站坪长度表

车站种类	车站布置形式	远期到发线长度(m)						
		1 050		850		750		650
		单线	双线	单线	双线	单线	双线	单线
会让站、越行站	横列式	1 450	1 700	1 250	1 500	1 150	1 400	1 050
中间站	横列式	1 600	2 000	1 400	1 800	1 300	1 700	1 200
区段站	横列式	2 000	2 500	1 800	2 300	1 700	2 200	1 600
	纵列式	3 500	4 000	3 100	3 600	2 900	3 400	2 600

表列站坪长度未包括站坪两端的竖曲线长度以及双机或多机牵引应增加的长度。

表列的站坪长度，正线上除越行站、双线中间站两正线间的一条正线采用18号道岔外，其余均为采用12号道岔计算的单机牵引站坪长度。若条件不同，站坪长度应计算确定。

表列数值是按一般车站计算的。站内如有其他铁路接轨时，站坪长度应根据计算确定。复杂中间站、区段站的站坪长度可按实际情况计算确定。

二、站坪的线路平面

（一）车站正线的平面标准

车站要进行技术作业，为了作业的安全和方便，站坪应设在直线上。但若受地形条件限制，设在直线上可能会引起大量工程时，允许将站坪设在曲线上，但曲线半径应符合《线规》要求。

车站设在曲线上，在运营上有如下缺点：

(1)站内瞭望视线不良，使接发车、调车及列检作业等复杂化，值班员、车长、调车员、司机之间信号联系条件恶化，不仅增加中转信号时间，降低效率，还容易误认信号，造成行车事故。

(2)影响作业安全，尤其在夜间照明设备不良的情况下或雪天，作业极不安全。

(3)增加列车起动阻力。

(4)作业繁忙的车站需要增加辅助的行车人员及列检人员。

(5)由于曲线车站调车作业不能使用铁鞋制动，列检人员检修车辆及换闸瓦有时需移到直线上进行，作业受限制。

车站的规模越大，作业越多，上述影响则越加严重。因此《线规》按路段旅客列车设计行车速度，对最小曲线半径作出如下规定：

区段站应设在直线上，特殊困难条件下，如有充分依据需设在曲线上时，其曲线半径不得小于表4-20所列数值。中间站、会让站、越行站宜设在直线上，困难条件下需设在曲线上时，应采用较小的曲线转角和较大的曲线半径，最小圆曲线半径应不小于表4-20规定，以保证旅客列车可以按设计速度通过车站。改建车站时，特殊困难条件下，可保留小于规定的曲线半径，但应有充分的依据。

表4-20　车站平面最小曲线半径(m)

路段旅客列车设计行车速度(km/h)		200	160	140	120	100	80
区段站		2 000	1 600	1 200	800		
中间站、会让站、越行站	一般	3 500	2 000	1 600	1 200	800	600
	困难	2 800	1 600	1 200	800	600	

（二）站坪设置在反向曲线上的要求

横列式车站不应设在反向曲线上，以免恶化瞭望条件，降低效率，影响作业安全。纵列式车站如设在反向曲线上时，则每一运行方向的到发线有效长度范围内，不应有反向曲线。

（三）车站咽喉区的平面要求

车站咽喉区范围内有较多道岔，道岔设在曲线上时有严重不足，如尖轨不密贴且磨耗严重，道岔导曲线和直线部分不好连接，轨距复杂不好养护，列车通过时剧烈摇晃且易脱轨；曲线道岔又需特别设计和制造等。所以车站咽喉区的正线应设在直线上。

车站咽喉区两端最外道岔及其他单独道岔由于直向通过速度较高，道岔(直向)与曲线之间应设有一定长度的直线段过渡，以减少列车行车时的振动和摇晃，使列车在曲线上产生的振动与道岔上产生的振动不叠加。此过渡段最小长度，客货共线铁路，当 $v_{max}=200$ km/h时，一般不宜小于100 m，困难条件下不得小于70 m；当 120 km/h$\leqslant v \leqslant$160 km/h 时，一般不应小于40 m，困难条件下不应小于25 m；$v_{max}<120$ km/h时，不应小于20 m。

三、站坪的线路纵断面

(一)站坪的坡度

站坪宜设在平道上，以确保车站作业的方便和安全。但在自然纵坡较陡的地形条件下，为了节省大量工程或争取线路高度，也允许将站坪设在坡道上，但设计坡度应满足下列要求。

1. 保证车站停放的车辆不致溜逸和站内调车作业的安全

车站上停放的车辆，当遇到大风、振动或碰撞时，装有滚动轴承的车辆，在站坪坡度大于1.7‰时就有可能溜逸。为了适应车辆滚动轴承化的需要，站坪宜设在平道上，困难条件下必须把站坪设在坡道上时，坡度一般不应大于1.0‰，以保证站内调车的安全与方便。

在特殊困难条件下，有充分技术经济依据，可设在不大于2.5‰的坡道上，并且考虑相邻车站可以进行调车作业，为远期发展留有余地，允许将会让站、越行站设在不陡于6‰的坡道上，但不应连续设置。

改建车站在特殊困难条件下，如受桥隧等既有建筑物的控制的，为了减少工程量，经过充分比选，可保留既有坡度，但应采取防溜安全措施。

2. 保证停站列车顺利起动

站坪设计坡度应不大于最大起动坡度 $i_{q,max}$：

$$i_{q,max}=\frac{\lambda_y \cdot F_q-(P \cdot w'_q+G \cdot w''_q)}{(P+G)g} \quad (‰) \tag{4-58}$$

在列车起动范围内如有曲线时，则列车长度内包括曲线附加阻力的加算坡度值不应大于最大起动坡度。

站坪范围一般设计为一个坡段。有时为了减少工程，也可将站坪设计在不同的坡段上。若站坪范围内设计为两个坡段时，应考虑列车位于最不利位置时，列车长度内的平均加算坡度不应大于最大起动坡度。

(二)正线咽喉区的坡段

车站道岔咽喉区的正线坡度宜与站坪坡度相同。特殊困难条件下，客货共线铁路可将咽喉区设在限制坡度减去2‰的坡道上，这是因为咽喉区的道岔附加阻力大约为20 N/t。但区段站、客运站的道岔咽喉区正线坡度不得大于2.5‰，以防止车辆溜逸和有利于调车。为防止道岔爬行，中间站、会让站、越行站的道岔咽喉区正线坡度不得大于10‰，有大量调车作业的中间站，其咽喉区的坡度不宜大于2.5‰。客运专线铁路可将咽喉区设在不大于2.5‰的坡道上，越行站可设在不大于6‰的坡道上。

咽喉区外的个别道岔和渡线可设在不大于限制坡度的坡道上。

(三)旅客乘降所

客货共线铁路旅客乘降所允许设在旅客列车能够启动的坡道上，但不宜大于8‰；在特殊困难条件下，有充分技术经济依据，经行车检算，能保证旅客列车起停车和加速的要求时，可设在大于8‰的坡道上。

四、站坪两端的线路平面和纵断面

（一）竖曲线和缓和曲线不应伸入站坪

在站坪纵断面上，竖曲线不应伸入站坪。站坪端点至站坪外变坡点的距离不应小于竖曲线的切线长度 T_{sh}，如图 4-34 右端所示。

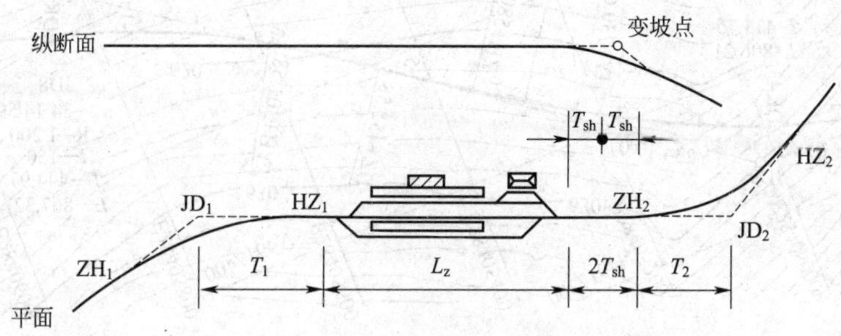

图 4-34　站坪两端平纵断面

在站坪平面上，缓和曲线不应伸入站坪。站坪端点至站坪外曲线交点的距离不应小于曲线的切线长度 T_1，如图 4-34 左端所示。

若站坪两端的线路，在平面上有曲线，在纵断面上有竖曲线，则应考虑竖曲线不与缓和曲线重叠的要求，如图 4-34 右端所示，曲线交点距站坪端点的距离不应小于 $2T_{sh}+T_2$。

（二）进站起动缓坡

限制坡度小于或等于 6‰的内燃牵引线路，编组站、区段站和接轨站进站信号机前的线路坡度，不能保证货物列车顺利起动时，应设置起动缓坡。其他车站除地形困难外，也宜设置起动缓坡。

（三）站坪与区间纵断面的配合

地形条件允许时，站坪尽可能设在两端坡度较缓、升高不大的凸形纵断面顶部，以利于列车进站减速和出站加速，如图 4-32(b)所示。设在凹形纵断面底部的站坪，不利于列车进站减速和出站加速，对运营是不利的。

第六节　线路平面图和详细纵断面图

线路平面图和纵断面图是铁路设计的基本文件。在各个设计阶段都要编制要求不同、用途不同的各种平纵面图，其比例尺、项目内容和详细程度均不相同。

各种平纵面图都有标准的格式和要求，设计时，可参照行业通用图《铁路线路图式》(专线(185)0006)。

现从教学需要出发，介绍线路平面图和详细纵面图的基本要求和图中数据的计算方法。

一、线路平面图

线路平面图是在绘有初测导线和经纬距的大比例带状地形图上，设计出线路平面和标出有关资料的平面图，如图 4-35 所示。

1. 线路里程和百米标

整千米处注明线路里程，里程前的符号初步设计用 CK，技术设计用 DK。千米标之间的

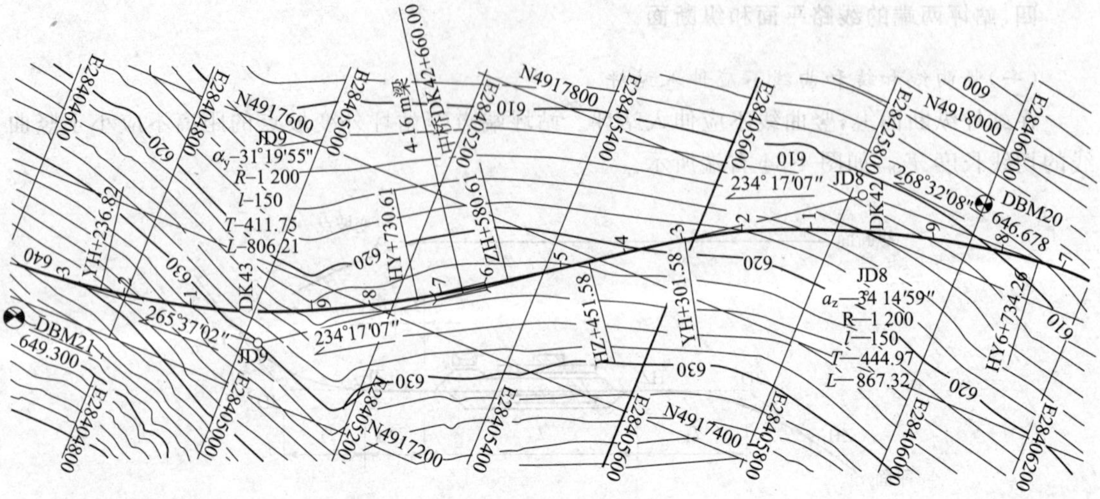

图 4-35 详细定线时的线路平面图

百米标注上百米标数。数字写在线路上方,面向左侧书写。两方案或两测量队衔接处,应在图上注明断链和断高关系。

2. 曲线要素及其起终点里程

曲线交点应标明曲线编号,曲线转角应加脚注 Z 或 Y,表示左转角或右转角。曲线要素应平行线路写于曲线内侧。曲线起点 ZH 和终点 HZ 的里程,应垂直于线路写在曲线内侧。

3. 线路上各主要建筑物

沿线的车站、大中桥、隧道、平立交道口等建筑物,应以规定图例符号表示,并注明里程、类型和大小。如有改移公路、河道时,应绘出其中线。

4. 初测导线和水准基点

图中连续的折线表示初测导线,导线点符号为 C,脚注为导线点编号。图中应绘出水准基点的位置、编号及高程,其符号为 BM。

二、详细纵断面图

详细纵断面图的横向表示线路的长度,竖向表示高程,如图 4-36 所示。

1. 线路资料和数据

该部分内容标注在图的下方。自下而上的顺序为:

(1)连续里程。一般以线路起点车站的旅客站房中心线处为零起算,在整千米处注明里程。

(2)线路平面。是表示线路平面的示意图。根据下行方向,采用凸起和凹下部分表示曲线的转向。凸起与凹下部分的转折点依次为 ZH、HY、YH、HZ 点。在 ZH 和 HZ 点处要注上距前一百米标的距离。曲线要素注于曲线内侧。两相邻曲线间的水平线为直线段,要标注其长度。

(3)百米标与加标。在整百米标处标注百米标数,加标处应标注距前一百米的距离。

(4)地面高程。各百米标和加标处应填写地面高程。在地形图上读取高程时,精度为十分之一的等高线距;外业测得的高程,精度为 0.01 m。

(5)设计坡度。向上或向下的斜线表示上坡道或下坡道,水平线表示平道。线上数字表示

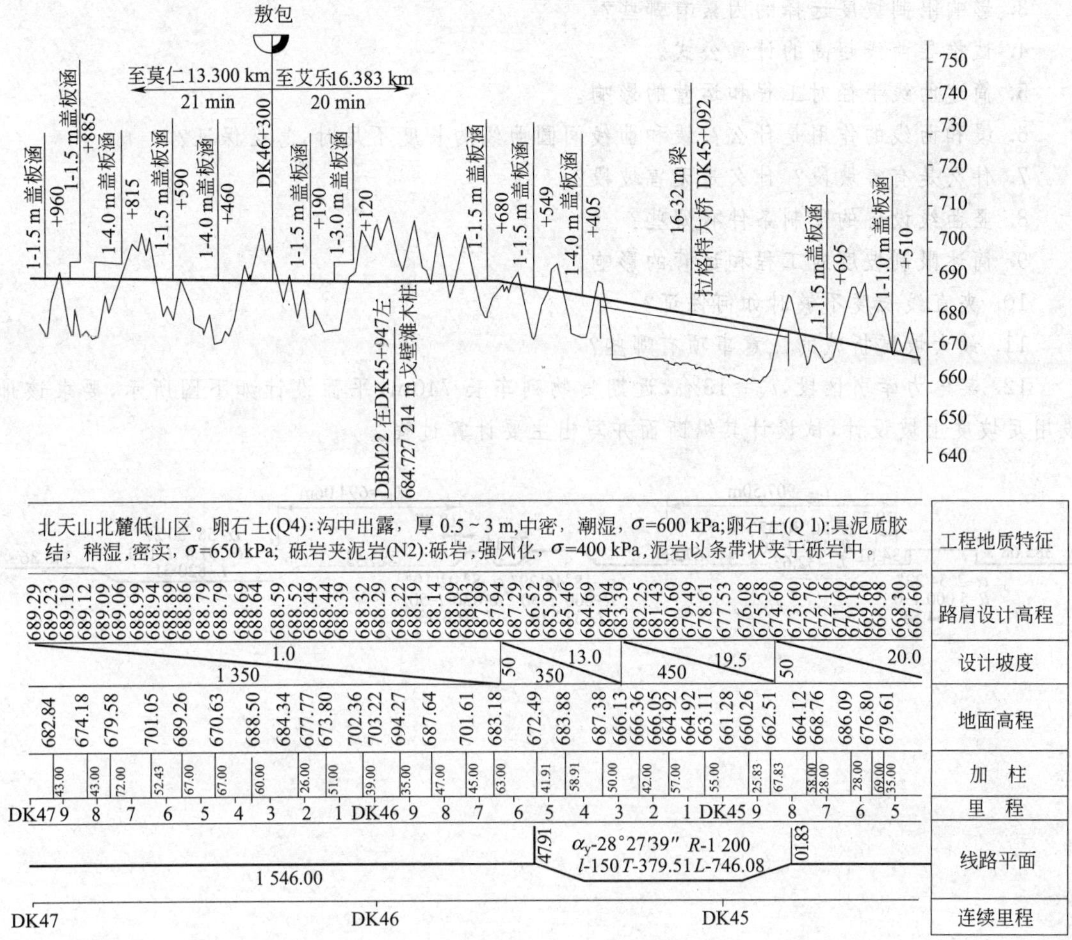

图 4-36　详细定线时线路纵断面图

坡度的千分数，线下数字表示坡段长度(m)。

(6)路肩设计高程。图上应标出各变坡点、百米标和加标处的路肩设计高程，精度为 0.01 m。

(7)工程地质特征。扼要填写沿线各路段重大不良地质现象、主要地层构造、岩性特征、水文地质等情况。

2. 纵断面示意图

此内容绘于图的上方，表示线路纵断面概貌和沿线建筑物特征。细线表示地面线，粗线表示路肩高程线。

线路资料的上方，应标注线路的主要技术标准(图 4-36 略此内容)。

车站符号的左、右侧，应写上距前、后车站的距离和前、后区间的往返走行时分。

设计路肩高程线的上方，要求标出线路各主要建筑物的名称、里程、类型和大小。

绘出断链标和水准基点标的位置和数据。

复习思考题

1. 线路平纵断面应该满足的基本要求有哪些？

2. 什么是限制坡度，什么是加力牵引坡度？二者有何异同？

3. 影响限制坡度选择的因素有哪些?

4. 试推导曲线超高的计算公式。

5. 简述曲线半径对工程和运营的影响。

6. 缓和曲线的作用是什么?缓和曲线间圆曲线的长度不足时,怎么保证?

7. 什么是有害坡段?什么是无害坡段?

8. 竖曲线设置的限制条件有哪些?

9. 简述限制坡度对工程和运营的影响。

10. 夹直线长度不够时如何保证?

11. 最大坡度折减的注意事项有哪些?

12. 某电力牵引区段,$i_x=13‰$,近期货物列车长 740m,平面设计如下图所示,要求该地段用足坡度上坡设计,试设计其纵断面并写出主要计算过程。

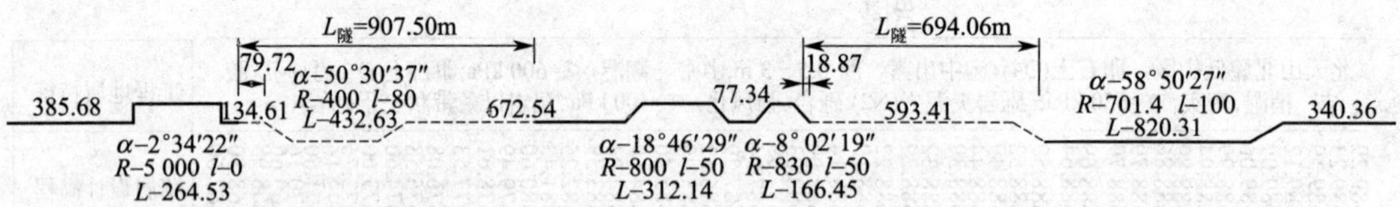

第五章

铁路定线

第一节　选线设计

一、线路走向的选择

铁路定线是在地形图或地面上选定线路的方向，确定线路的空间位置，并布置各种建筑物，是铁路勘测设计中决定全局的重要工作。要做好定线工作，必须综合考虑多方面的因素，逐步分阶段地进行工作。每一阶段都应精心设计，多作方案比选。内容应从粗到细，从整体到局部，工作过程是从面到带，从带到线，直到确定线路的具体位置，这种特点决定了铁路定线过程中内外业的关系：外业勘测与调查是内业定线的依据，而内业定线又指导下一阶段的外业勘测，经过多次反复，最后才将线路测设于地面。

铁路定线工作的第一步就是选定线路的基本走向。

在设计线起讫点间，因城市位置、资源分布、工农业布局和自然条件等具体情况的不同，常有若干可供选择的线路走向，如图 5-1，若将线路起讫点和必须经过的城市 A、B、C 直接连接，则线路必须多次跨越大河，穿越较高的山岭和不良地质地段，不仅投资多，而且线路质量差、隐患大。为了降低工程造价，节约运营支出和消除隐患，可根据自然条件选择有利地点通过，如特大桥或复杂大桥的合适桥址 D、E，绕避不良地质的 F、G，垭口 H、I，这些点也称为控制点。这样，据点 A、B 之间就有两个可能走向，即 ADFB 和 AGEB；而据点 B、C 间也有 BHC 和 BIC 两个可能走向。选线的基本任务之一，就是从中选出最合理的方案作为进一步设计的依据。

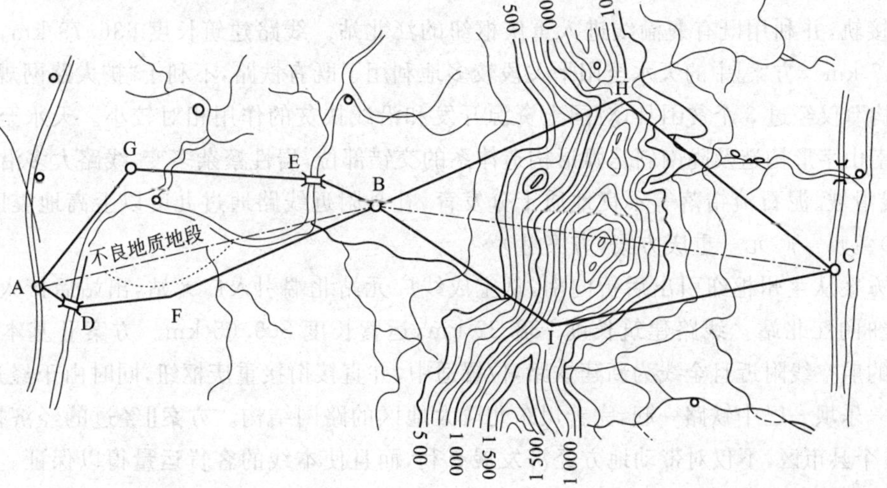

图 5-1　线路走向的拟定

长大干线要特别注意做好线路走向选择。如兰渝铁路是连接西南、西北地区的区际新通道,结合区域的路网规划,在系统考虑了路网布局的基础上进行了大面积的研究比较,确定了四大宏观走向,如图 5-2 所示。

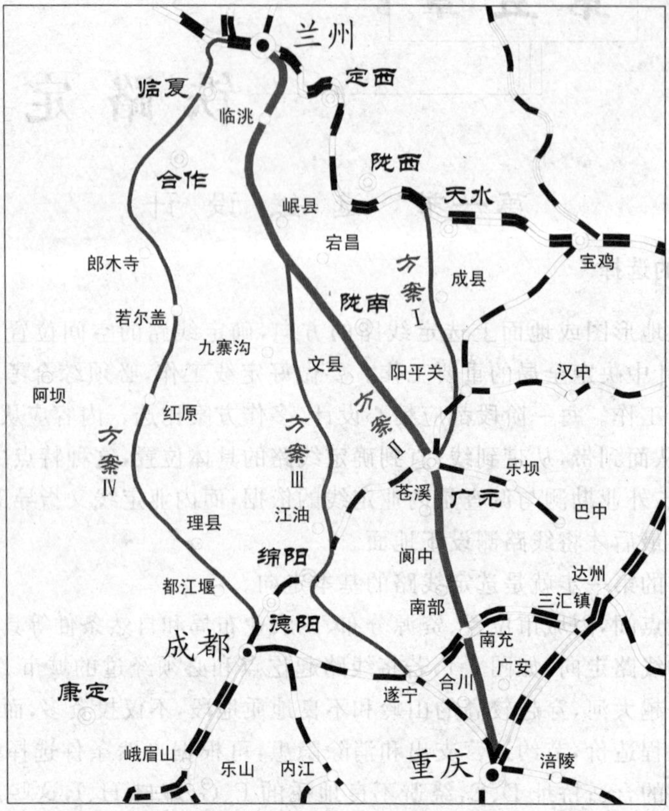

图 5-2 兰渝铁路走向方案

(1)兰州—天水—阳平关—广元—重庆方案(方案Ⅰ)

此方案从陇海铁路的三阳川车站接轨,接入达成线南充车站,出站后经广安市至襄渝线的三汇坝接轨,并利用既有襄渝线进入重庆枢纽的江北站。线路建筑长度 636.79 km,运营长度 1 029.47 km。方案Ⅰ中的天水至阳平关段较多地利用了既有铁路,不利于“扩大路网规模和完善路网结构”,仅经过 3 个贫困县,对国土资源开发和沿线扶贫的作用相对较小。天水至阳平关段通过陇南山字形构造及陇南斜迭弧形构造体系的交错部位,岩性繁杂多变,线路大多沿断裂带走行,沿线滑坡、泥石流错落等不良地质十分发育,礼县附近线路通过九度以上高地震区。

(2)兰州—广元—重庆方案(方案Ⅱ)

该方案从兰州枢纽引出后折向南,从宝成线广元站北端引入广元站,出站后接入方案Ⅰ至重庆枢纽的江北站。线路建筑长度 788.22 km,运营长度 869.65 km。方案Ⅱ基本位于兰州与重庆的航空线附近且全线为新建铁路,位置适中,并直接衔接重庆枢纽,同时由于经过广元,可与广元—乐坝—巴中铁路一起,完善川东北广大地区的路网结构。方案Ⅱ经过的经济据点最多,吸引 25 个县市区,不仅对带动地方经济发展有利,而且使本线的客货运量得以保证。沿线经过 12 个国家级贫困县(甘肃省 6 个、四川省 6 个),有利于沿线国土资源开发和扶贫。兰州至广元段线路通过西京构造南端秦岭东西纬间构造带和华厦系及新华厦系构造,不良地质主要集中于岷县至陇南段内,线路通过陇南附近 8 度地震区。因此,本方案工程地质条件相对较好。

(3)兰州—绵阳—遂宁—重庆方案(方案Ⅲ)

该方案兰州至岷县段同方案Ⅱ,此后线路经九寨沟、平武,接入宝成线的江油车站,此后新建双线至绵阳站,出站后经三台、射洪至达成线的遂宁站,并利用在建的遂渝线并增建第二线至重庆枢纽的江北站。线路建筑长度 819.39 km,运营长度 1 009.66 km。方案Ⅲ线路经过绵阳及成都,一方面由于线路布局偏西,且远离航空线,不利于区际通道客货的顺直运输,增加运输成本,另一方面与方案Ⅱ相比是通过既有铁路衔接重庆枢纽,使两个区际通道(本通道和沪汉蓉通道)合二为一,加大了对既有成遂渝铁路的运输负荷和压力。由于部分利用遂渝铁路,新增吸引范围较方案Ⅱ小,同时新建线路部分地段又远离县城,减少了本线的吸引范围的地方客货流。由于利用遂渝铁路,新增吸引范围相对较少,同时线路远离四川省境内的国家级贫困县。兰州至绵阳段线路通过秦岭东西向褶皱带、龙门山褶皱带和扬子地台,其中黑店峡至九寨沟间的秦岭、龙门山区构造断裂十分发育,岩体破碎严重,线路通过九寨沟附近 8 度地震区。因此,本方案工程地质条件相对较差。

(4)兰州—成都—遂宁—重庆方案(方案Ⅳ)

该方案从兰新铁路的河口南接轨,经临厦、合作、若尔盖、红原、理县至成都,此后利用在建的达成线复线和遂渝线(该线增建第二线)至重庆枢纽的江北站。线路建筑长度 804.91 km,运营长度 1 305.41 km。方案Ⅳ线路经过绵阳及成都,一方面由于线路布局偏西,且远离航空线,不利于区际通道客货的顺直运输,增加运输成本,另一方面与方案Ⅱ相比是通过既有铁路衔接重庆枢纽,使两个区际通道(本通道和沪汉蓉通道) 合二为一,加大了对既有成遂渝铁路的运输负荷和压力。由于较多的利用既有铁路,新建线路地段大都交通不便,人烟稀少,地方客货运量少。新建线路经过地区人烟稀少,对沿线经济发展作用较小。该方案通过祁吕贺兰山褶皱带、秦岭—昆仑东西向褶皱带和松潘—甘孜褶皱带及龙门山褶皱带及四川地台成都拗陷,沿线构造十分复杂,断裂十分严重,松潘附近为 9 度以上地震区,同时线路通过若尔盖草原沼泽区,地表土具季节性冻土特点。因此,本方案工程地质条件差,且通过卧龙国家级自然保护区、若尔盖湿地省级自然保护区。

上述四大宏观走向方案的客货运量预测比较及主要技术经济指标比较见表 5-1、表 5-2 所示。

表 5-1 不同走向方案客货运量预测表

方 案	客车对数(对/日)		通过运量(万 t/年)		地方运量(万 t/年)	
	近期	远期	近期	远期	近期	远期
方案Ⅰ	17	26	950	1 350	145	200
方案Ⅱ	21	30	1 822	2 508	1 448	1 961
方案Ⅲ	20	30	1 650	2 350	780	1 000
方案Ⅳ	17	26	1 200	2 000	650	950

表 5-2 线路走向方案主要技术经济指标比较表

项 目	单位	方案Ⅰ	方案Ⅱ	方案Ⅲ	方案Ⅳ
运营长度	km	1 029.47	869.65	1 009.66	1 305.41
建筑长度	km	636.27	788.22	819.39	804.91
桥隧比重	%	60.7	61.1	63.3	63.1
估算投资	亿元	318.56	382.26	413.12	411.83

经综合研究比较,推荐符合区域路网布局、有利带动沿线经济发展、地形地质条件相对较好、线路走向顺直的兰州—广元—南充—重庆方案,即方案Ⅱ。该方案有利于国土资源开发、环境保护及提高运输质量与效益。

影响线路走向选定的因素甚多,主要应考虑:

(1)设计线的意义及与行经地区其他建设的配合。干线铁路的线路走向应力求顺直,以缩短直通客货运输距离和时间。地方意义的铁路,则宜于靠近城镇和工矿区,以满足当地客货运输的需要。走向的选择还应与路网规划及行经地区其他建设项目协调配合;要根据客货流向选好接轨站,力争减少折角运输。要有利于规划的干线或支线引入。要考虑与地区其他交通体系的合理衔接,并应满足国防要求。

(2)设计线的经济效益和运量要求。选择线路走向应尽可能为更多的工矿基地和经济中心服务,既加速地区国民经济的发展,又使铁路扩大运量,增加运输收入,争取较高的经济效益。

(3)自然条件。地形、地质、水文、气象等自然条件决定线路的工程难易和运营质量,对选择线路走向有直接的影响。对于严重不良地质地区、缺水地区、高烈度地震区以及高大山岭、困难峡谷等自然障碍地区,选线时宜考虑绕避。

(4)设计线主要技术标准和施工条件。设计线的主要技术标准在一定程度上影响线路走向的选择,同样的运输任务,采用大功率机车,则可以采用较大的最大坡度值,使线路有可能更靠近短直方向。

施工期限、施工技术水平等,对困难山区的线路方向选择具有重大影响,有时甚至成为决定性的因素。上述各项因素互为影响,应整体考虑才能得到较理想的线路走向。

二、接轨方案的选择

设计线与既有线的接轨方案是影响线路局部走向的重要因素,选线设计中接轨站的选择主要是解决接轨点的选择和接轨方向的选择两个问题,分述如下。

(一)接轨点的选择

影响接轨点选择的主要因素是:

(1)路网规划。通常,国家重要干线的接轨点已在路网规划中确定,选线设计时应充分考虑;一般干线和次要线路的接轨点,也应征求并尽量考虑各级规划部门的意见,合理确定。

(2)线路走向。接轨方案与线路走向相互影响,设计时应综合考虑。

(3)主要客货流方向。接轨站应选择使主要客货流方向顺直,运程尽量缩短的车站。

(4)既有区段站的分布及当地的接轨条件。接轨站应力求选在既有线的区段站上,这样既可减少列车编组作业设备和机务设备的投资,又可改善运营管理条件。

例如宜万铁路在东端有宜昌花艳接轨、枝江接轨和枝城接轨三大方案,如图 5-3 所示。从运输角度看,枝城接轨和枝江接轨东至武汉,出现运输径路折角,不利于路网结构,而宜昌花艳接轨虽然增加过江工程,改造鸦宜线,工程投资较大,但焦柳线荆门方向是本线客货运的主要流向,线路顺畅,运营里程短,较枝江接轨方案短 20.63 km,较枝城接轨方案短 41.89 km,远期运营费较少,此外还缓解了枝城铁路长江大桥远期能力不足的矛盾。因此,推荐宜昌花艳接轨方案。

(二)接轨方向的选择

在接轨点选定后,就要解决从接轨站的哪一端引入的问题。主要考虑两点:

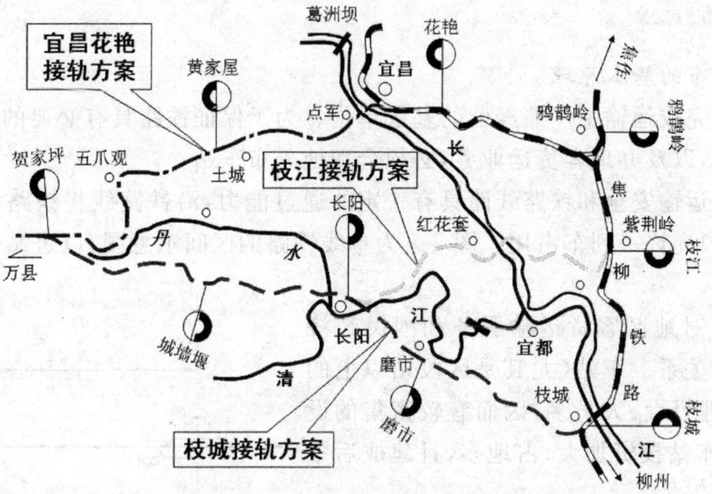

图 5-3　宜万铁路东端接轨方案

(1)主要客货流方向，应力求减少客货流的折角运输。

(2)城市规划与新线引入的条件。一般城市居民密集，应力求减少拆迁工程量。

新线引入枢纽时，不宜直接接轨于编组站，一般应在枢纽前方站或枢纽内适当车站上接轨。

如石长铁路引入长沙枢纽，原设计在长沙站南边的黑石铺站接轨，并于 20 世纪 60 年代修建了湘江大桥的两座桥墩，后来考虑主要客货流方向是向南通和广州，同时根据城市规划，长沙市北面为经济开发区，长沙站北面的捞刀河站新线引入条件好，拆迁工程量比由黑石铺站引入要小得多，故选定由捞刀河站引入方案，如图 5-4 所示。

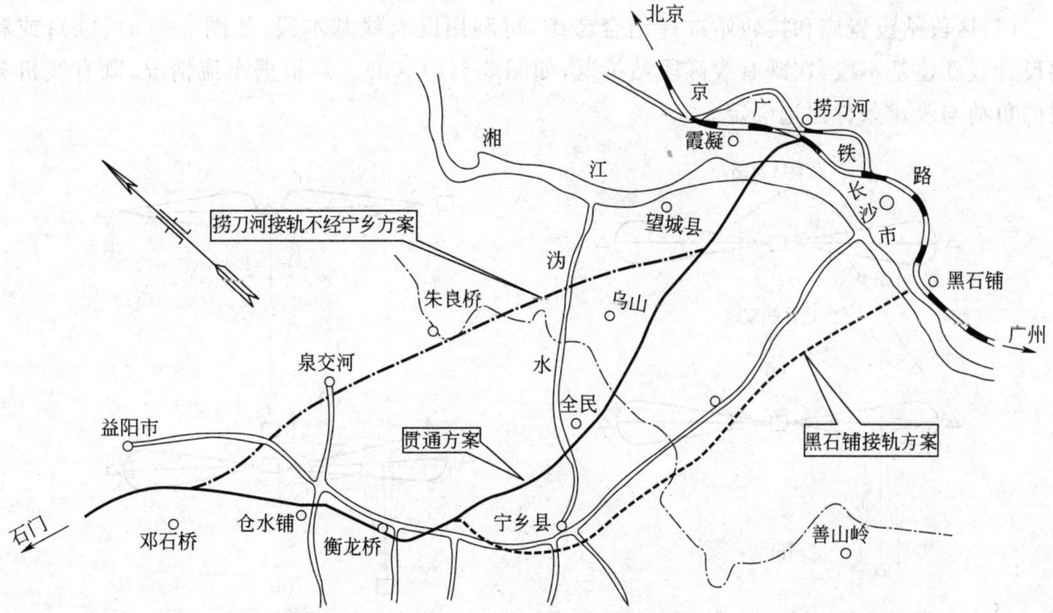

图 5-4　石长线引入长沙接轨方案图

三、车站分布

(一)车站分布的基本原理

铁路车站是完成运输生产兼经营的基层单位。为了保证铁路具有必要的通过能力并进行必要的技术作业,以及办理客货运业务,必须合理地分布车站。

为保证铁路运输安全和铁路线路具有一定的通过能力,沿铁路线将铁路划分为若干个区间,每一区间内只允许一列车占用。图 5-5 为单线铁路的区间示意图,以进站信号机作为区间的分界。

车站的分布对地区客货运输服务和国民经济的发展有密切的关系。车站(尤其是区段站以上的大型车站)的作业量大、人员多,因而有较密集的设备与建筑物,使车站投资加大,占地多,且建成后难以迁移。

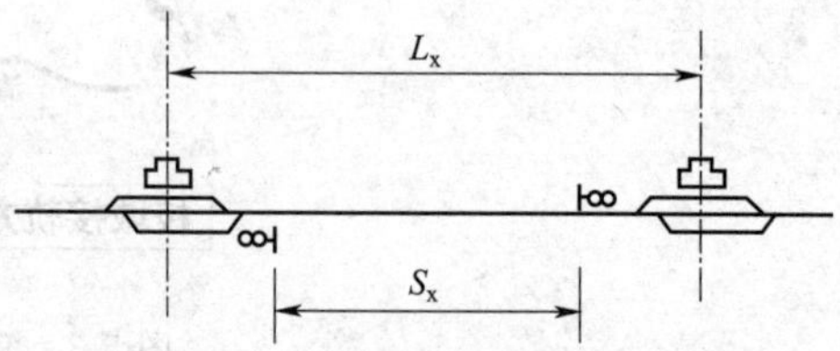

图 5-5 站间区间示意图

由上述可知,车站分布是铁路选线的重点问题之一,应将车站分布与铁路定线有机地结合起来。一般过程是:先结合机车交路的设计分布区段站,然后结合纸上定线,并保证需要的通过能力,分布一般的中间站、会让站或越行站。总之,要点线结合,才能得到总体上较为理想的线路位置和适当的车站分布。

(二)影响区段站分布的因素

区段站分布对线路的方向选择和工程、运营条件,特别是对机车的运用效率有很大的影响。因此,必须结合交路布置拟定若干个分布方案,认真进行技术经济比较,从中选出经济合理、运营方便的方案。

影响区段站分布的因素较多,主要有以下几个方面:

(1)区段站设置应和接轨站选择结合考虑,可利用既有线基本段,如图 5-6(a)、(b);或利用设计线新建基本段,在既有线区段站折返,如图 5-6(c)、(d)。需根据车流情况、既有线机务段的负荷与改建条件比选确定。

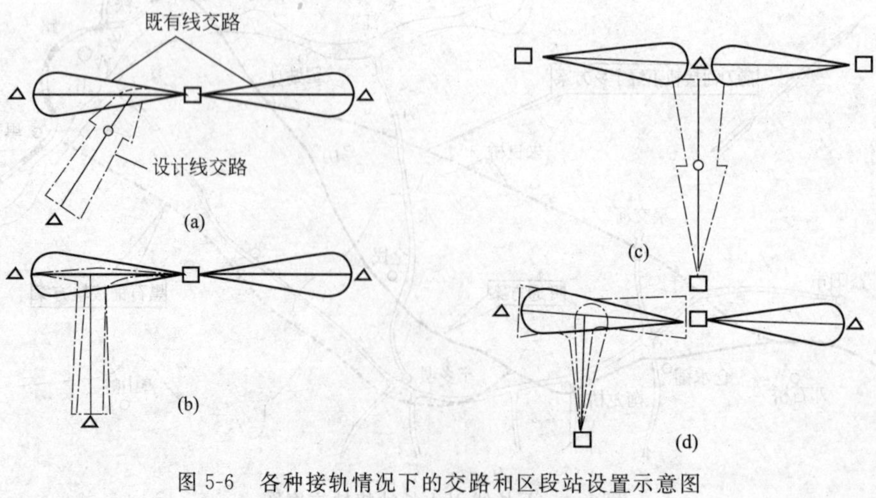

图 5-6 各种接轨情况下的交路和区段站设置示意图

□—基本段;△—折返段;○—中途换班段

(2)尽量靠近较大城镇和工矿企业所在地，以满足客货流集散的需要，并可改善铁路员工的生产、生活条件。站址位置应和城镇发展规划相配合。

(3)区段站应设在地形平坦、地质条件较好、少占农田、便于“三废”(废气、废水、废渣)处理和水源、电源较为方便的地点。

(4)为减少列车改编设备和补机整备设备的投资，宜在列车换重点、补机摘挂点设置区段站。

(三)中间站、会让站或越行站分布

设置会让站、越行站和中间站的目的是为了保证铁路必要的通过能力，并为沿线城乡客货运输服务。这类车站的规模不大，但数量多，应考虑地区规划及沿线地形、地质等自然条件，尽可能均衡地分布车站。

1.站间时分要求

(1)单线铁路

单线铁路站间最大往返运行时分(通过牵引计算获得)直接决定区间通过能力。设计线通过能力 N 必须大于需要的通过能力 N_{xy}，车站须按货物列车往返走行时分所确定的站间距离分布，以满足要求的通过能力。

对于单线铁路，分布车站时应使相邻车站之间的列车往返走行时分之和 t_W+t_F 不大于按 N_{xy} 计算出的最大区间走行时分。

通过能力：

$$N=\frac{1\,440-T_T}{t_W+t_F+t_B+t_H}\quad(对/d) \tag{5-1}$$

需要的通过能力：

$$N_{xy}=(1+\alpha)\left[\frac{C\times10^6\beta}{365G_j}+N_K\cdot\varepsilon+(\varepsilon_{KH}-\mu_{KH})N_{KH}+(\varepsilon_L-\mu_L)N_L+(\varepsilon_Z-\mu_Z)N_Z\right] \tag{5-2}$$

式中：C 为设计线年客货运量(Mt/a)，其他符号意义同前。

分布车站时，必须保证 $N\geqslant N_{xy}$，即：

$$t_W+t_F\leqslant\frac{1\,440-T_T}{N_{xy}}-(t_B+t_H)\quad(\text{min}) \tag{5-3}$$

单线铁路有技术作业的中间站(指除办理列车会车、越行等作业外，还办理列车其他技术作业的车站)，因技术作业占用了时间，为了不影响区间的通过能力，其相邻区间的列车往返走行时分应比站间最大往返走行时分减少：①区段站相邻站间各减少 4 min；②其他技术作业站如因技术作业时分影响站间通过能力，且将来不易消除其影响时，可根据需要减少相邻站间走行时分。

(2)双线铁路

双线铁路一般采用自动闭塞，车站分布与该线平行运行图的通过能力无直接关系，但因客货列车速度不同，当车站间距较大时，会导致以下问题：货物列车等待越行列车时分延长，旅客列车扣除系数增加，通过货物列车数减少。

为平衡上述问题，提高双线铁路的通过能力、输送能力，新建双线铁路的车站分布应根据牵引种类、客车对数、客车设计速度采用不同的标准，其单方向走行时分的最大允许值见表5-3。其中站间货物列车单方向的运行时分不宜大于表 5-3 所列数值，困难条件下，个别站间的货物列车运行时分可比表中规定的数值增大 1～2 min。

表 5-3 新建双线铁路站间货物列车单方向运行时分

路段旅客列车设计行车速度(km/h)		160	140		≤120		
旅客列车对数(对/d)		—	≤30	>30	≤20	21~40	>40
站间货物列车单方向运行时分(min)	电力	20	25	20	30	25	20
	内燃	25	40	35	45	40	—

双线铁路可以明显提高通过能力，新建单线铁路的个别地段，设站引起巨大工程时，为减少工程将局部地段设计为双线区段以延长站间距离，但必须经技术经济比较。

2. 合理的站间距

(1)车站分布要应根据地形地质水文等条件并满足上述的站间时分要求。一般来说，车站的站间距离越短，车站的数量越多，区间的通过能力越大，地方客货运输越方便，但车站个数过多一是增加站内设备的工程投资；二是在地形困难情况下需展长线路，增加区间线路的工程投资；三是增加列车起停次数，造成旅速降低，机车、车辆周转时间长，运营费增加。因此《线规》规定：新建铁路最小站间距离：单线不宜小于 8 km，双线不宜小于 15 km，枢纽内站间距离不得小于 5 km。

(2)与城市或地区规划相协调，满足地方运输的需要。办理客货运业务的中间站，应根据调查的客货运量，结合该地区其他运输方式的发展情况合理分布。

(3)适当考虑站间通过能力的均衡性，以减少车站数目。若机械地按站间最大往返时分分布车站，导致车站设在地形困难或地质不良地段以引起巨大工程。困难条件下个别区间站间距离，允许单、双线分别略短于 8 km、15 km。

(4)远期为双线、近期为单线的新建铁路，宜按双线标准分布车站。按双线分布，车站站间距离长，使得近期单线不能满足通过能力需要，此时可采用增加会让站、双插、局部双线等措施过渡；如确有技术经济依据，也可按满足近期单线运量要求分布车站，远期双线后再关闭部分车站。过渡工程设计应远近结合，尽量减少废弃工程。

(5)改建既有线或增建二线时，可关闭作业量较小的车站。前提是不影响通过能力和提高铁路运输效率和经济效益。

四、高速线通过高速车站的选线方案

中间站分布广泛，吸引沿线大量客流，是高速铁路的重要组成部分，也是高速铁路直接为旅客服务、方便旅客、为当地经济发展而做贡献的“窗口”。

高速中间站分布约 30～50 km 一个。由于高速铁路是客运专线，线路必然要沿城市分布且沿有利于吸引客流的方向分布，舍此则失去建设高速铁路的意义。因此，一般情况下都是先有站址方案，再选择站间线路的具体走向，而且随站址方案数量产生相应数量的线路方案。站址影响线路走向甚至影响线路采用的标准，如靠常州既有站的高速站址方案，车站以东的正线曲线半径受到限制，设计为 2 000 m 半径的曲线。

由于高速线技术标准高，一个中间站址方案多半都影响 30～50 km 的线路方案，致使线路勘测设计工作量大增。高速铁路选线必须十分注重经济选线，同时谋求经济选线与工程选线的最佳结合。中间站是沿线的经济据点，成为高速铁路选线的控制点。但中间站的具体位置一般都需经过多方案比选，考虑吸引客流情况、工程条件、城市发展等诸多方面因素，线路需随站址方案参与比选。

图 5-7 为镇江高速站站址方案示意图。镇江市位于长江南岸沿江地区，既有宁沪铁路绕道在市区(建站之初在市区边缘)内设有镇江站。高速铁路为了照顾镇江、扬州地区客流，欲使高速站址尽量靠近市区(即既有站)，又欲尽量减少高速线的绕行长度，减少投资。为此先后做了五个站址方案，各方案的线路长度为：

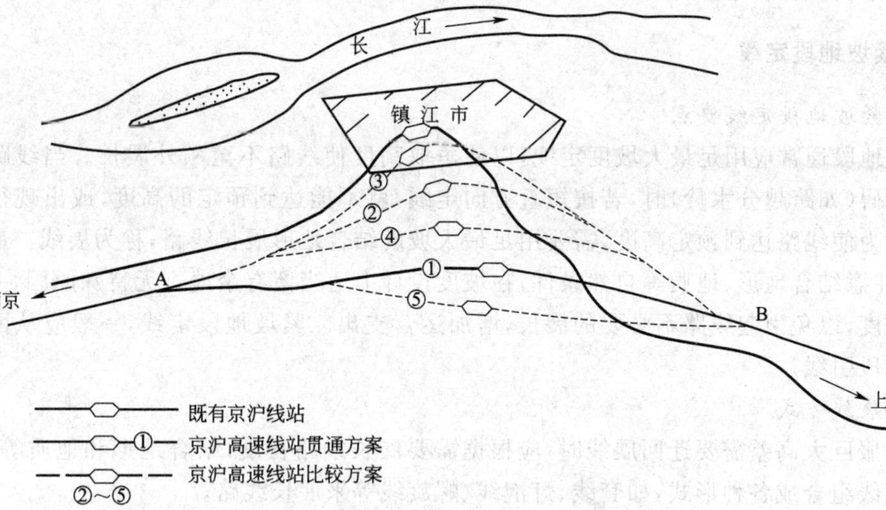

图 5-7 镇江高速站址方案示意图

图 5-7 中③与既有站并列设高速站方案为 55.5 km；

图 5-7 中②距既有站 1.6 km 设高速站方案 53.6 km；

图 5-7 中④距既有站 5.0 km 设高速站方案 53.2 km；

图 5-7 中①距既有站 7 km 设高速站方案 52.2 km；

图 5-7 中⑤距既有站 12 km 设高速站方案 49.7 km。

除了推荐方案(图 5-7 中①)外，4 个站址比较方案共研究线路方案 212 km。这说明高速铁路线路设计与高速车站的分布和站址的关系非常密切，站址因素除了影响工程投资外还影响使用功能和吸引客流的大小。

第二节 定线的基本方法

定线工作政策性强、涉及面广，不同的设计阶段都有定线工作。从大的走向确定后线路方案的研究到定测后线路的修改设计都需要进行定线，只是在研究的范围和定线的精细程度上有所不同。确定了线路的走向及主要技术标准后，就可以具体地选定线路中心线的空间位置，即确定线路的平面位置，同时确定线路的纵断面，并在定线的同时，合理地分布车站和设计车站的平面及纵断面。

地形条件、特别是地面平均自然坡度的大小，对线路位置和定线方法影响很大。定线时应分两种情况区别对待：

(1)采用的最大设计坡度大于地面平均自然坡度($i_{max}>i_{pz}$)，线路不受高程障碍的限制。这时，主要困难在平面设计中，只要注意绕避平面障碍，按短直方向定线，即可得到合理的线路位置。这样的地段，称为缓坡地段。

(2)采用的最大坡度小于或等于地面平均自然坡度($i_{max} \leqslant i_{pz}$)时,则线路不仅受平面障碍的限制,更要受高程障碍的控制。这样的地段,称为紧坡地段。这时,主要困难在纵断面设计中,需要根据地形变化情况,选择地面平均自然坡度与最大坡度基本吻合的地面定线,有意识地将线路展长,使之能达到预定的高程。

由于紧坡和缓坡地段的条件不相同,因此它们的定线方法也不相同。

一、紧坡地段定线

(一)紧坡地段定线要点

紧坡地段通常应用足最大坡度定线,以便争取高度使线路不至额外展长。当线路遇到巨大高程障碍(如跨越分水岭)时,若按短直方向定线,就不能达到预定的高度,或出现很长的越岭隧道。为使线路达到预定高度,需要用足最大坡度结合地形展长线路,称为展线。展线地段定线,应注意结合地形、地质等自然条件,在坡度设计上适当留有余地。无特殊原因,一般不采用反向坡度,以免引起线路不必要的展长,增加运营支出。紧坡地段定线,一般应从困难地段向平易地段引线。

(二)展线方式

为克服巨大高差需要迂回展线时,应根据需要展长线路长度,结合地形和地质等条件,用直线和曲线组合成各种形式,如套线、灯泡线、螺旋线等来展长线路。

(1)套线。当沿河谷定线时,遇到主河谷自然坡度大于最大坡度、而侧谷又比较开阔时,常常在侧谷内采用套线式的展线;简单套线由三个曲线组成,每一曲线的偏角均不大于180°,如图5-8所示。

(2)灯泡线。在谷口狭窄的侧谷内,采用套线展线时,在谷口往往需要修建隧道或深路堑引起较大工程;为了更好地适应谷口狭窄地形,可以采用灯泡形展线。它由三个或三个以上的曲线组成(若为三个曲线则中间一个曲线的偏角大于180°而小于360°),从图5-9所示的平面

图5-8 套线

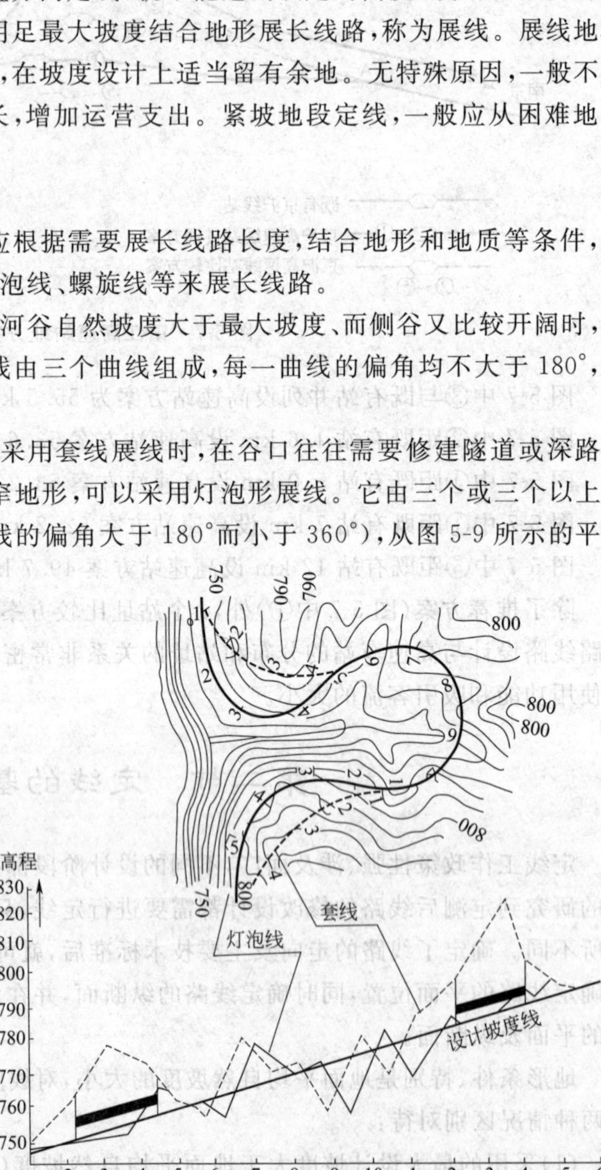

图5-9 灯泡线

和纵断面中可以看出，采用灯泡形展线（实线方案）比采用套线展线（虚线方案）可节省两座隧道和部分土石方工程。

（3）螺旋线。在地形特别困难的地段，线路可以迂回 360°成环状，称为螺旋线。在上、下两线交叉处，可以用跨线桥或隧道通过（图 5-10）。

图 5-10　螺旋线

展线没有标准图式，应根据地形变化的实际情况，因地制宜地组合各种展线方式，并使之相互配合。

（三）导向线定线法

在紧坡地段，线路的概略位置与局部走向可借助于导向线来拟定。导向线就是既用足最大坡度，又在导向线与等高线交点处填挖为零的一条折线。因此，它是用足最大坡度而又适合地形、填挖最小的线路概略平面。

导向线是利用两脚规在小比例尺地形图上定出来的，其定线步骤如下：

（1）根据地形图上等高距 Δh（m），计算出线路上升 Δh 需要引线的距离——定线步距 Δl（km），即：

$$\Delta l=\frac{\Delta h}{i_d} \quad (\text{km}) \tag{5-4}$$

式中，i_d 为定线坡度，$i_d=i_{max}-\Delta i$（‰）。Δi 为曲线和隧道坡度折减平均值，视地形、地质困难情况可取 $0.05i_{max}\sim0.15i_{max}$。

（2）在地形图上选择合适的车站位置，从紧坡地段的车站中心开始，向前进方向绘出半个站坪长度（$L_z/2$）作为导向线起点（或由预定的其他控制点开始）。

（3）按地形图比例尺，取两脚规开度为 Δl，将两脚规的一只脚，定在起点或附近地面标高与设计路肩标高相近的等高线上，再用另一脚截取相邻的等高线。如此依次前进，在等高线上截取很多点，将这些点连成折线，即为导向线（如图 5-11 中 a、b、c、d、e…）。在同一起讫点间，有时可定出若干条导向线，如图中虚线为另一导向线，因偏离短直方向较细实线远，线路增长，故可以放弃。

绘制导向线时，应注意以下几点：

（1）导向线应绕避不良地质地段，并使导向线趋向前方的控制点（或车站）。

（2）如果两脚规开度（定线步距）Δl 小于等高线平距，表示定线坡度大于局部地面自然坡度，线路不受高程控制，即可根据线路短直方向引线。遇到等高线平距小于 Δl 的地段，再继续绘制下一地段的导向线。

（3）线路跨越沟谷需要设置桥涵，故导向线不必降至沟底，可直接向对岸引线（图 5-11 中 i 至 j 点）。线路穿过山嘴，要开挖路堑或设置隧道，导向线也不必升至山脊，可直接跳过山嘴。跨越沟谷或山嘴时，应根据引线距离是 Δl 的几倍（即表示线路要下降或上升几个 Δh），以便决定在沟谷或山咀对侧的哪条等高线开始绘制导向线。

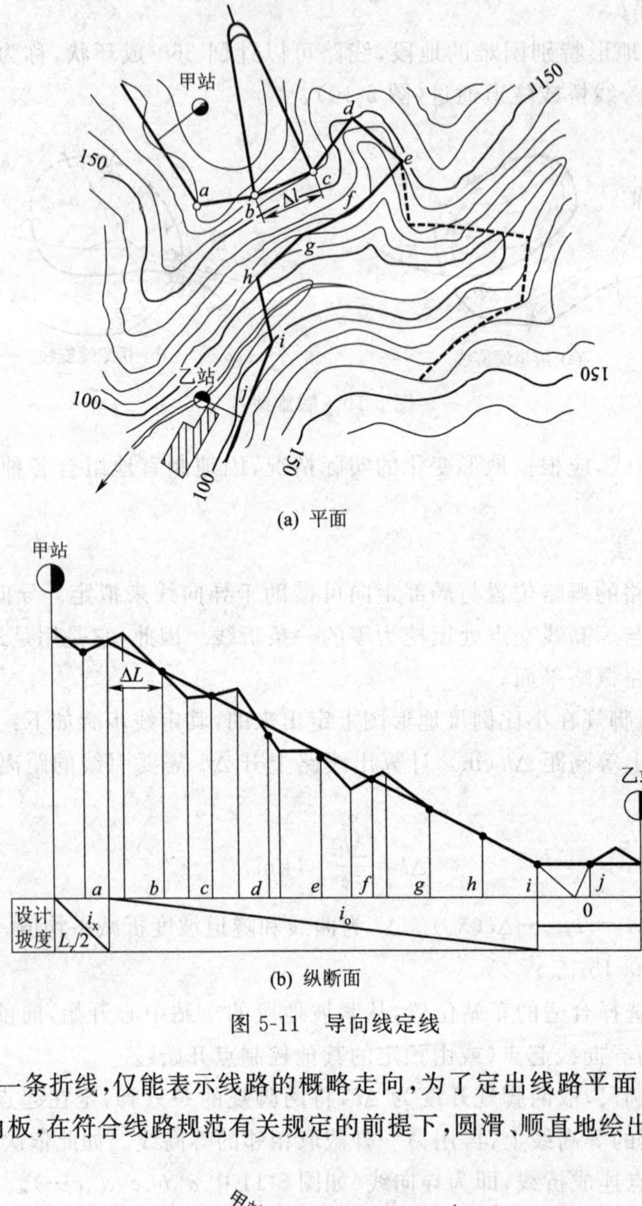

(a) 平面

(b) 纵断面

图 5-11　导向线定线

（4）导向线是一条折线，仅能表示线路的概略走向，为了定出线路平面，须以导向线为基础，借助曲线板和三角板，在符合线路规范有关规定的前提下，圆滑、顺直地绘出线路平面（图 5-12）。

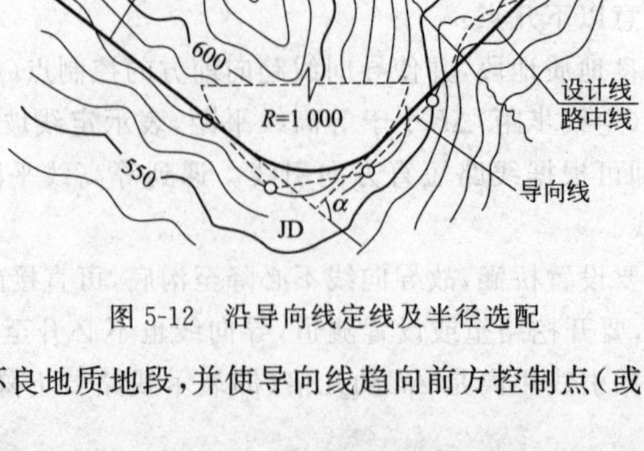

图 5-12　沿导向线定线及半径选配

（5）导向线应绕避不良地质地段，并使导向线趋向前方控制点（或车站）。

二、缓坡地段定线

在缓坡地段，地形平易时，定线可以航空线为主导方向，既要力争线路顺直，又要节省工程投资。为此，应注意以下几点：

(1)为了绕避障碍而使线路偏离短直方向时，必须尽早绕避前方障碍，力求减小偏角。图5-13表示两种绕避湖泊的方法，虚线方案在全长范围内很少偏离短直方向，但将使曲线数目、总偏角和线路长度均较实线方案有所增加。所以，绕避障碍时，定线应从一个障碍尽早引向另一障碍。

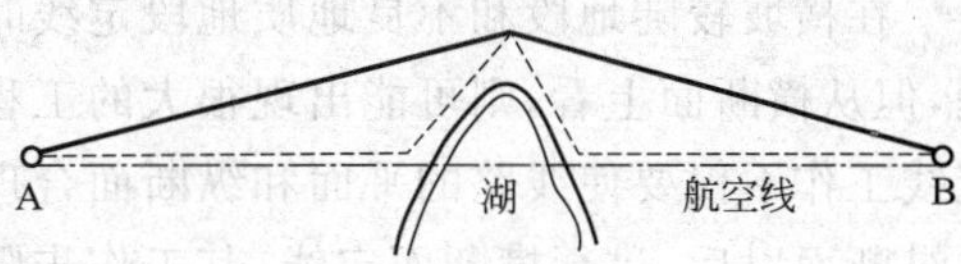

图 5-13　绕避障碍

(2)线路绕避山嘴、跨越沟谷或其他障碍时，必须使曲线交点正对主要障碍物，使障碍物在曲线的内侧并使其偏角最小。从图5-14中可见，曲线正对障碍物的实线方案比未正对障碍物的虚线方案的土石方数量少。

(3)设置曲线必须是确有障碍存在。曲线半径应结合地形尽量采用大半径。

在缓坡地段，线路展长的程度取决于线路的意义、运量大小、地形、地质条件、路网线等因素，应力求顺直；地方铁路则力求降低造价并靠近城镇。一般的展线系数是：平原地区约为1.1，丘陵地区约为1.2～1.3。

(4)坡段长度最好不小于列车长度，应尽量采用下坡无需制动的坡度——无害坡度。

(5)力争减少总的拔起高度，但绕避高程障碍而导致线路延长时，则应认真比选。

(6)车站的设置应不偏离线路的短直方向，并争取把车站设在凸形地段。地形应平坦开阔，以减少工程量。

如图5-15所示，甲站的设计标高为600 m，在前方约9.3 km的地方需设乙站，其合理的设计标高约为608 m。两站之间为平缓坡地。此时，两车站间的线路纵断面可设计成三种形式。

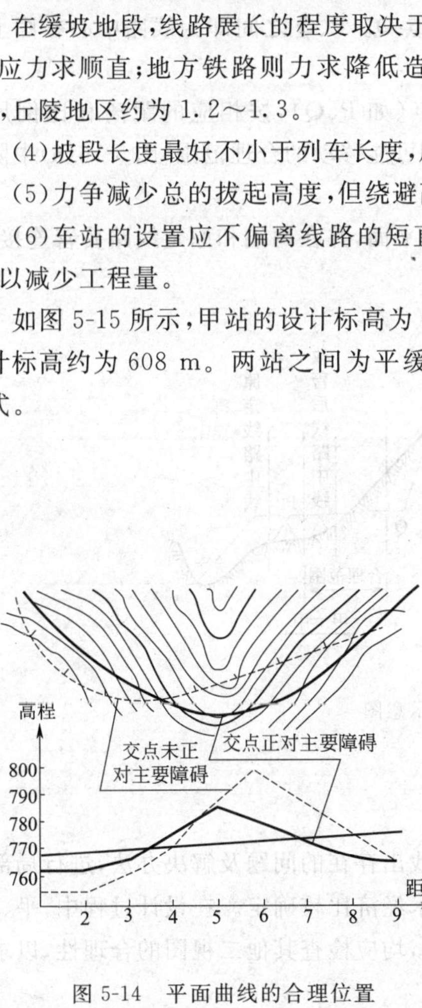

图 5-14　平面曲线的合理位置

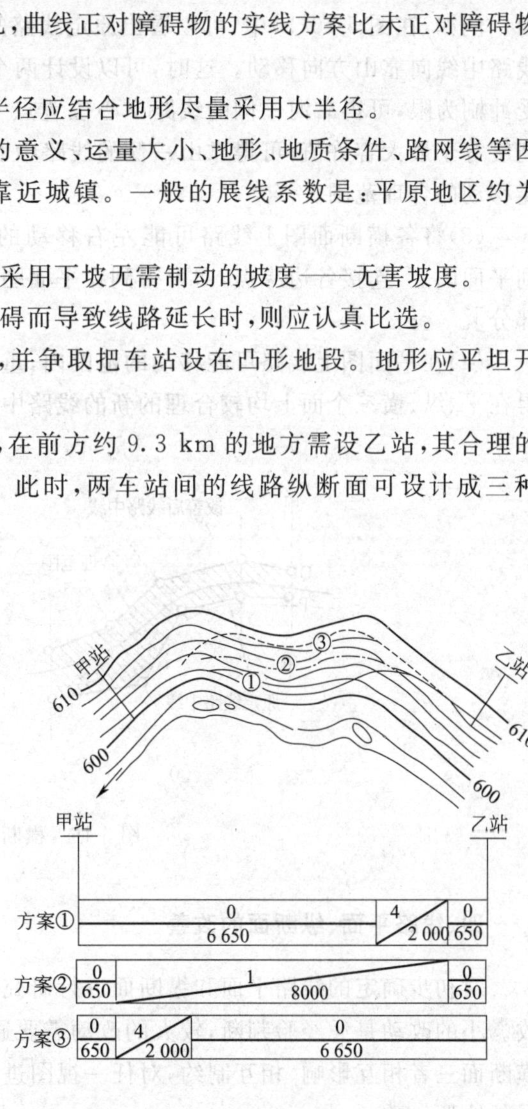

图 5-15　缓坡地段的站间纵断面设计

这三个方案的线路长度和工程量都很接近，但就列车出站加速和进站减速的条件而言，不论甲站或乙站,均以方案①最有利。所以,应按方案①的纵断面来考虑线路的平面位置,这样定线可以改善列车运行条件。

三、横断面定线

在横坡较陡地段和不良地质地段定线时,有时从纵断面上看,填挖高度并不大,平面也合理,但从横断面上看,则可能出现很大的工程,或者线路处于地质条件十分不利的位置。因此,定线工作不仅要使线路的平面和纵断面合理,同时还要使横断面也合理。这就需要在初步定出纵断面以后,进行横断面定线,其工作步骤如下:

(1)首先找出控制线路位置的横断面。在横坡较陡地段、不良地质地段、河岸冲刷严重地段以及有代表性的百米标处,测绘其横断面图。

(2)根据各控制断面原设计的路肩标高,确定线路中心在横断面上可以左右移动的合理范围。例如,在图 5-16(b)中,可以看出原定线路的路堤坡脚已伸入河流中,显然不合理,需要将线路中线向靠山方向移动。这时,可以设计两个路基横断面:一个是路堤坡脚伸到岸边,以不受冲刷为限,可得靠河一侧的线路中心位置点 P;另一个是尽量向靠山一侧移动,使路堑边坡高度等于最大容许值,可得靠山一侧的线路中心位置点 Q。P、Q 之间即为线路中心在图上可能移动的合理范围。

(3)将各横断面图上线路可能左右移动的边缘点(如 P、Q),按相应的距离和比例尺移到平面图上,连接各边缘点,即可得到在平面图上线路可能移动的合理范围[图 5-16(a)中阴影部分]。

(4)在平面图上线路可能移动的范围内,重新设计平面,并在两端和原定线路妥善连接,即得在平、纵、横三个面上均较合理的新的线路中线位置。

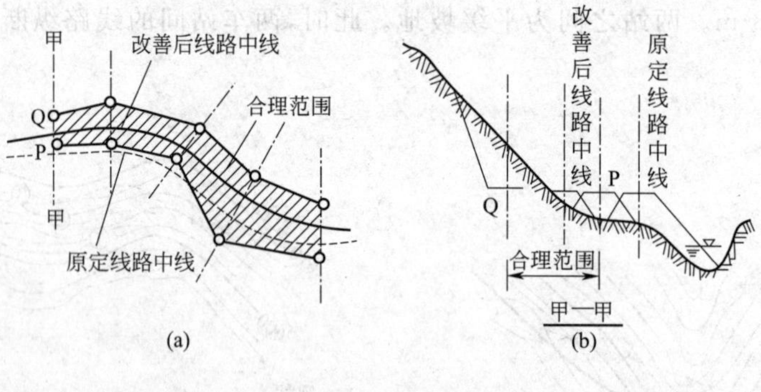

图 5-16 横断面定线示意图

四、线路平面、纵断面的改善

对初步确定的线路平面和纵断面进行研究分析,找出存在的问题及解决办法,进行局部修改。小的改动是凭经验判断,较大的改动需要通过技术经济比较确定。在设计过程中,平、纵、横断面三者相互影响、相互制约,对任一视图进行修改,均应检查其他二视图的合理性,以求设计的协调一致。

需要进行平、纵断面改善的问题通常有:

(1)线路局部方案的比选;

(2)减少填挖方及桥梁、隧道的工程数量；

(3)绕避不良地质；

(4)车站及桥涵分布的调整；

(5)改善某些工点的施工条件；

(6)改善局部地段的运营条件；

(7)改善采用规范容许最低标准的局部地段的设计；

现以常见的修改平、纵断面以减少填挖方数量的几种情况为例，说明如下：

(1)原坡度设计不当，局部地段出现填挖方过大时，可改变坡段组合或设计标高以减少填挖方数量，如图 5-17 所示。

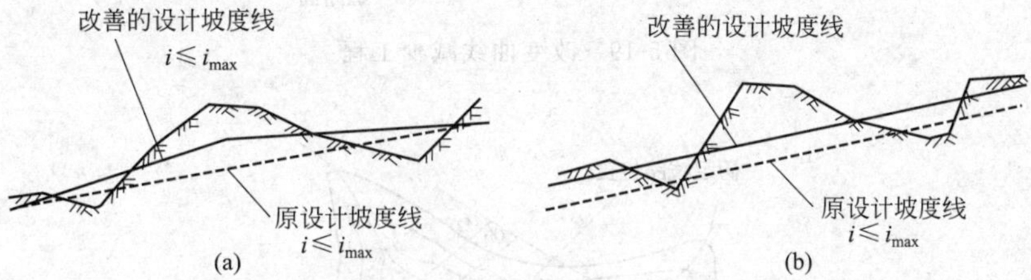

图 5-17 改变设计坡度减少工程

(2)原设计坡度不宜改动(如已用足最大坡度)，但在纵断面图上填挖高度由一端向另一端逐渐增大到不合理的程度时，则可根据具体情况改变线路平面位置，如将线路扭转一个角度(图 5-18)。

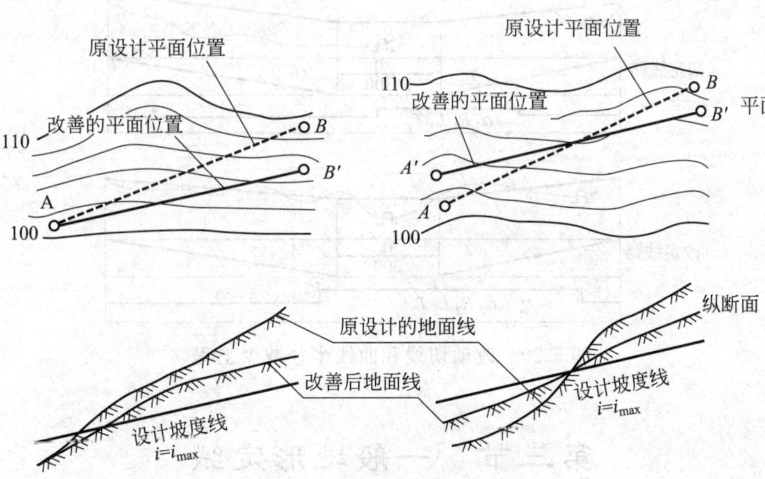

图 5-18 扭转切线减少工程

(3)原坡度设计合理，而在纵断面图上填挖高度由两端向中间逐渐增大到不合理的程度时，则可增设曲线或改变曲线半径以减少中间的填挖高度(图 5-19)。

(4)当平面曲线和切线配合不当而引起工程量增加时，应重新调整偏角和配置曲线，以减小工程量。如在图 5-20 所示原定线路的纵断面图上，两涵洞间一段挖方和右侧一段填方都很大，经在平面图上研究发现，在挖方处将线路往低处横向移动一点，在填方地段往高处横向移动一些，即可减少挖方和填方。为此，改变了曲线半径和右侧的切线方向。

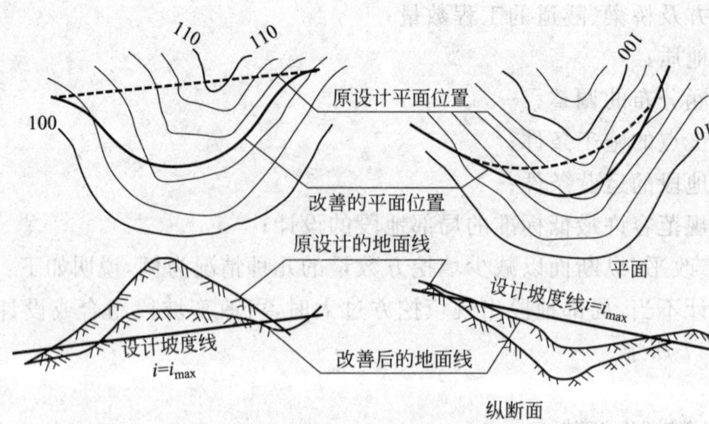

图 5-19 改变曲线减少工程

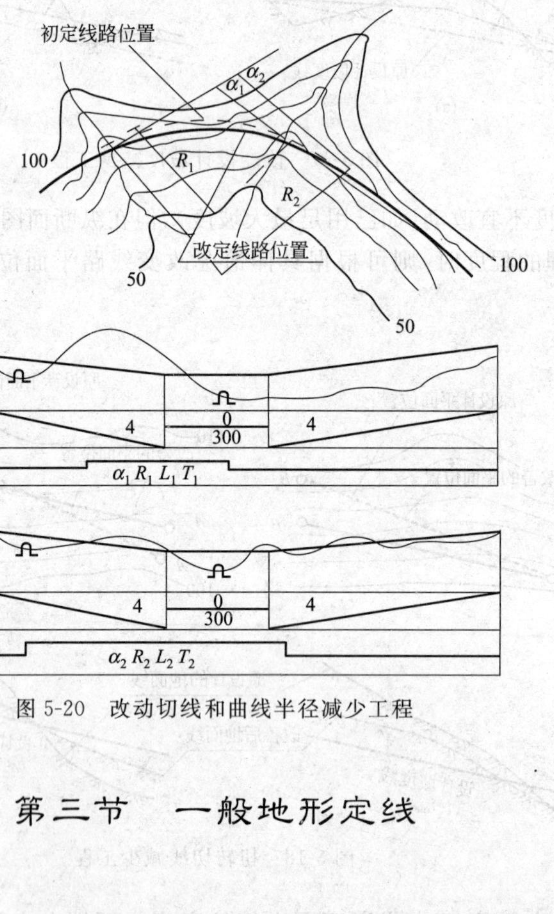

图 5-20 改动切线和曲线半径减少工程

第三节 一般地形定线

一、河谷地段定线

沿河而行的路线称为河谷线。在路网中,河谷线路占有较大的比重。沿河谷定线具有下列优点:

(1)河谷纵坡为单向坡,可避免线路出现逆坡,且可利用支流侧谷展线。

(2)多数城镇位于河谷阶地,在阶地设站,可更好地为地方服务。

(3)多数河谷具有开阔阶地,铁路通过阶地,可更好地为地方服务,既可提高铁路的效益,又方便了铁路员工的物质、文化生活。

沿河谷定线要着重解决好以下三个问题。

(一)河谷选择

在大面积选线时，为了选出合理的线路走向，要认真研究水系的分布，优先考虑接近线路短直方向的越岭垭口和垭口两侧的河谷，尽量利用与线路走向基本一致的河谷。

在选择河谷时，还要注意寻找两岸开阔、地质条件较好、纵坡及岸坡较平缓的河谷。

河谷纵坡的大小，对最大坡度(i_{max})的选定有较大影响。各种河流的纵坡变化较大，一般情况下，上游河段比下游河段纵坡陡。因此，对于平缓河段，选用的限制坡度宜接近或略大于河谷纵坡；而对于个别纵坡较陡的河段，则可采用展线或加力坡度解决。

(二)岸侧选择

河谷两岸条件常有差别，应结合地形、地质、水文、农田及城镇分布情况，选择有利岸侧定线。但有利的岸侧，不会始终局限于一岸，应注意选择有利的地点跨河改变岸侧。例如图5-21所示，朔黄铁路定测中发现北峪口村附近滹沱河右岸有约 6 万 m^3 的错落体，为避开错落体，对该段线路又研究了两跨河绕避北峪口村(简称跨河绕村方案)、两跨河中穿北峪口村(简称跨河拆村方案)和不跨河长隧道(简称长隧道方案)3 个方案。长隧道方案线路虽然顺直，但工程投资较其他两个方案多 4 000 多万元；跨河绕村方案线路展长 300 m；跨河拆村方案线路较顺直，且工程投资最省，故推荐跨河拆村方案。

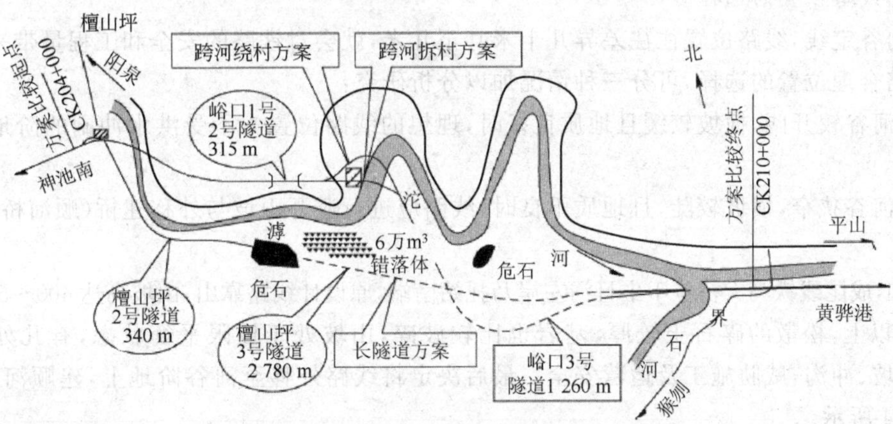

图 5-21　北峪口河岸选择方案示意

影响岸侧选择的主要因素有：

1. 地质条件

河流两岸的地质条件常为岸侧选择的决定因素。沿河线路如遇不良地质，应通过跨河绕避与整治措施的比较确定岸侧。

在山区河谷中，如山体为单斜构造，应注意岩层的倾向。如图 5-22 所示，虽然左岸地面横坡较缓，但因岩层倾向河谷，容易产生顺层滑坡，反不如将线路设在横坡较陡，但山体稳固的右岸为好。

2. 地形条件

当河谷两岸地质条件较好或差异不大时，线路应选在地形平坦顶直、支沟较少和不受水流冲刷一岸的阶地上，如图 5-23 所示。当需要展线时，应选择在支沟较开阔，利于展线的一岸。一般地说，河谷两岸的地形条件易于识别，但地质条件则较为隐蔽，若对地质条件疏忽，则可能造成不良后果。

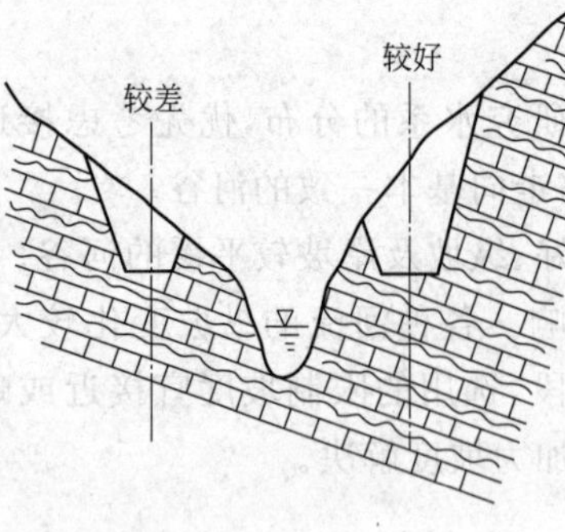

图 5-22 岩层倾向对线路的影响

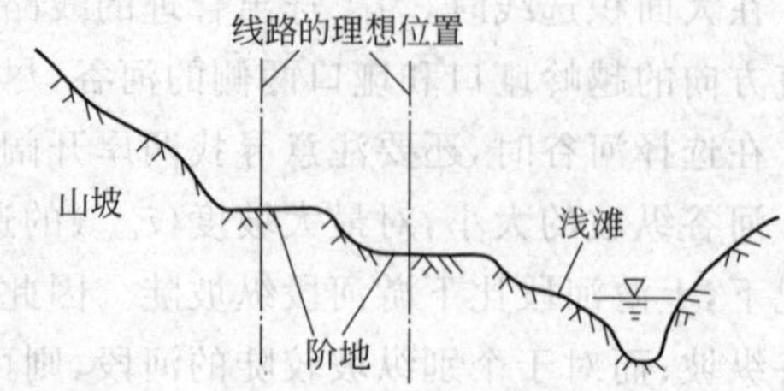

图 5-23 河岸上线路位置的选择

3. 农田及城镇分布条件

线路一般应选择在居民点和工矿企业较多、经济较发达的一岸,使铁路便于为地方服务。但为避免大量拆迁民房和不妨碍城镇发展等原因,也可能需要绕避。应根据具体情况,征求地方意见,慎重取舍。河谷中遇有引灌渠道与线路平行时,若两岸地形、地质条件差不多,宜各走一岸,避免干扰。当必须选在同一岸时,线路位置最好设于灌渠上方。若铁路与公路频繁干扰时,可改移公路或分设两岸。

(三)线路位置的选择

沿河谷定线,线路位置往往差异几十米甚至几米,就会对铁路的安全和工程量带来很大影响。线路合理位置的选择,可分三种情况加以分析研究:

(1)河谷较开阔,横坡较缓且地质良好时,理想的线路位置为不受洪水冲刷的阶地。如图 5-23 所示。

(2)河谷狭窄,横坡较陡,且地质不良时,线路应进行避开山坡与外移建桥(顺河桥)的方案比选。

例如,成昆线铁马大桥位于牛日河左岸乃托站南端,原设计线路靠山,山坡高达 400～500 m,横坡达 30°以上,松散的碎石土较厚,基岩也比较破碎,山坡处于极限平衡状态,有几处表土坍塌、古滑坡、冲沟,威胁施工及运营安全。最后决定将线路外移至河谷阶地上,建顺河桥通过,如图 5-24 所示。

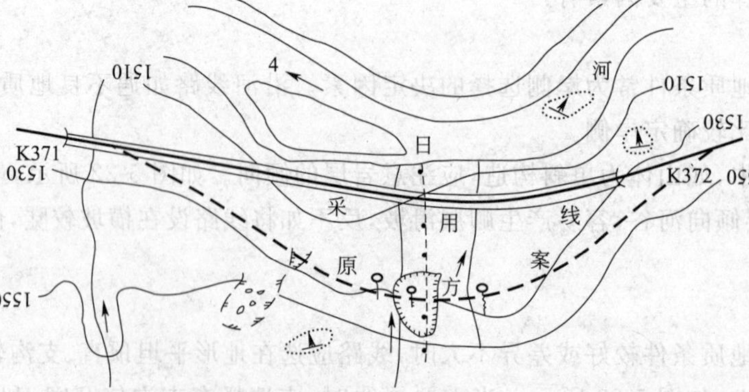

图 5-24 牛日河修建顺河桥方案

(3)河谷十分弯曲时,可根据山咀或河湾的实际情况,采取沿河绕行或取直方案。

①线路遇到山嘴时有两种定线方案：沿山嘴绕行，线路较长，在紧坡地段有利于争取高度，但易受不良地质危害和河流冲刷的威胁，线路安全条件差；以隧道取直通过，线路短直，安全条件好，对运营有利，但工程投资较大。两者应比选决定，如图 5-25 所示。

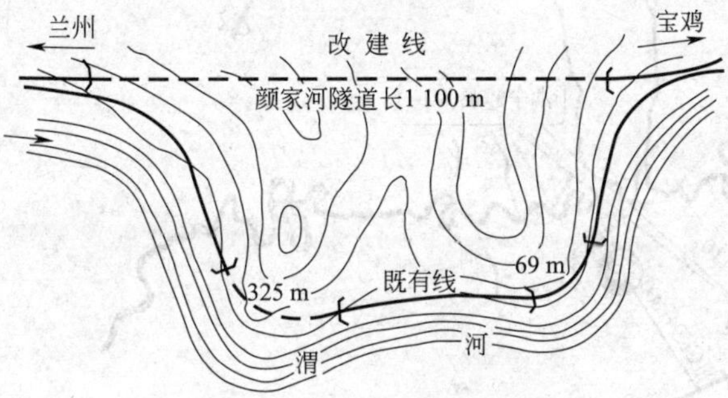

图 5-25 线路绕行与裁弯取直

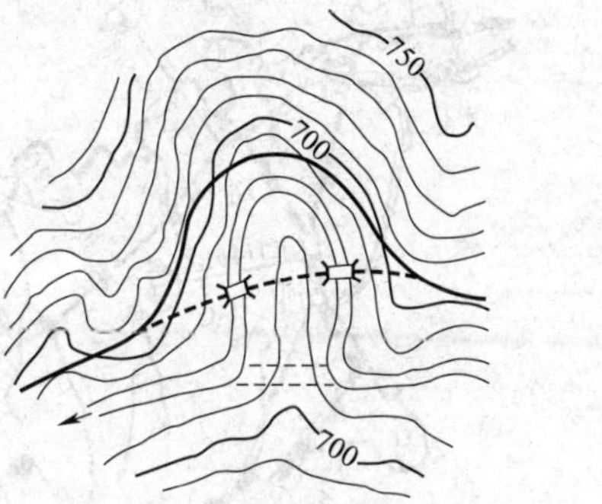

图 5-26 河湾地段定线方案

②当线路遇到河湾时，有沿河绕行、建桥跨河及改移河道三种方案(图 5-26)。沿河绕行方案，线路迂回较长，岸坡一般陡峭，水流冲刷严重，路基防护工程大，线路安全条件差；跨河建桥方案比较顺直，线路短，安全条件好，但两座桥的工程量较大；改河方案也可使线路短直，但改变了天然河槽，仅在地形条件好，能控制洪水流向，且土石方工程量不太大时才有利。方案的取舍应通过技术经济比较确定。

二、越岭地段

分水岭是分隔相邻两个流域的山岭，河水从分水岭流向两个相反的方向。当线路需要从某一水系转入另一水系时，必须穿越分水岭。越岭地区高程障碍大，一般需要展线，地质复杂，工程集中，对线路的走向、主要技术标准(特别是限制坡度和最小曲线半径)、工程数量和运营条件等影响极大，如图 5-27 所示。

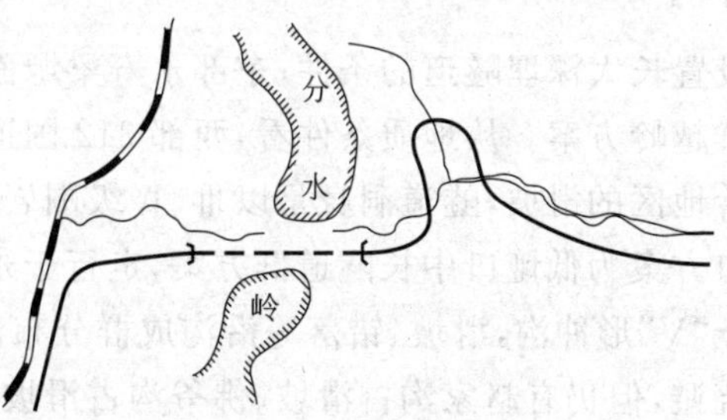

图 5-27 越岭线路选择

越岭隧道穿越地段，一般山峦起伏、地质陡峻、地质复杂，自然条件变化很大，其中分水岭垭口的高低、山梁的厚薄、山坡的陡缓以及垭口两面的沟台地势、主支沟台地分布情况等，对越岭方案的越岭位置、隧道长度、展线条件等的影响较大。

越岭线路应解决的主要问题为越岭口选择、越岭高程选择和越岭引线定线三个问题。

(一)越岭垭口选择

垭口是越岭线路的控制点，一般宜选择下列越岭垭口：

(1)具有两侧开阔、平缓的山体的低高程垭口，有利于缩短线路长度；

(2)山体较薄、地质条件以及引线条件好的垭口。

同一垭口并非同时具备上述各条件，此时，应精心比选，找出最合理的越岭垭口。

例如西平线永寿梁地区(为西平线的分水岭)有两大越岭垭口可供选择：一是常宁垭口，二是 312 国道垭口(见图 5-28)。两大越岭垭口方案比选范围达 600 km^2。

地质勘察结果表明：永寿梁西高东低，西部永寿梁塬面相对完整宽缓，深切冲沟较少，具备

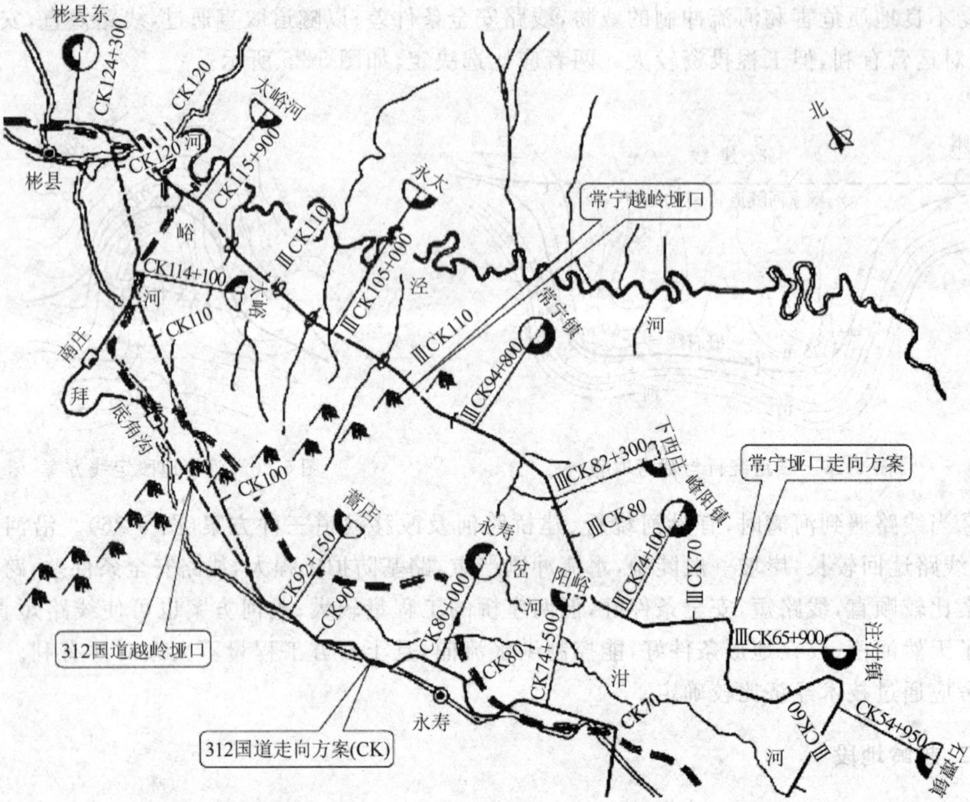

图 5-28　永寿梁越岭垭口方案比选

设置长大深埋隧道的条件;东部永寿梁塬面零乱破碎,大型深切冲沟发育,只能采用中长隧道群越岭方案。从地质条件看,西部 312 国道垭口方案为高垭口特长深埋隧道方案,避开了分水岭地区的滑坡,隧道洞身是以Ⅲ、Ⅳ级围岩为主的石质隧道,工程地质条件较好。东部常宁垭口方案为低垭口中长隧道群方案,走行于永寿梁梁体尾部及泾河峡谷冲沟区,横切泾河南岸黄土"V"形冲沟,滑坡、错落等沿沟成群分布。在选线过程中虽最大限度地对不良地质体予以了绕避,但仍有赵家沟古滑坡、佛爷沟古滑坡等多处重大不良地质体难以绕避。因此,采用西部 312 国道垭口方案比较有利。

(二)越岭高程选择

越岭垭口一般都用隧道通过,越岭高程选择,就是越岭隧道位置、高程和长度的选择。

高程愈高隧道愈短,但两端引线愈长。对工程而言,理想的越岭高程应使引线和隧道总的建筑费用最小;就运营而言,越岭高程愈低、引线愈短愈有利。垭口两侧的地面坡度多为上陡下缓,故选择隧道高程多以地面坡度陡缓过渡部分作为研究的基础。

越岭高程选择,除取决于垭口的高程、地面自然坡度、地质条件外,还与设计线的运量、限制坡度(或加力坡度)以及隧道施工技术水平有关。在选择越岭高程时,应结合上述条件,拟定不同位置、高程及长度的隧道方案,经技术经济比较确定。

隧道施工的技术水平是越岭高程选择的重要因素。以前由于受隧道施工技术水平的限制,越岭隧道一般长度控制在 2 km 左右;随着施工技术水平的提高,隧道长度记录也不断刷新,对今后在越岭地区选线时合理选用高程低、坡度缓、运营条件好的长隧道方案提供了范例。

(三)越岭引线定线

越岭引线因克服高程大,地形、地质条件复杂,桥隧集中,工程一般都较大,应注意下列几点:

(1)不同限坡的综合比选。越岭引线采用的限制坡度对引线长度、工程投资、运营指标有直接影响,应考虑配合越岭高程、越岭隧道长度和全线不同限坡的综合比选。

(2)加力牵引的比选。越岭地区高差大,为避免大量人工展线,除应研究低高程的长隧道越岭方案外,还应与采用较陡坡度(采用多机牵引或大功率机车)的方案进行技术经济比较。

(3)应从垭口往两侧(从高处往低处)定线。越岭隧道位置确定以后,应用限制坡度,从垭口往两侧,从高处往低处定线,以控制展线的方向和展线长度。垭口两侧自然坡度一般是上陡下缓,在上游应尽量利用支沟侧谷合理展线,使线路尽早降落到工程简易的河谷或平原地区。一般经验是:晚展不如早展,早展不如巧展。

三、平原、丘陵地区

平原地区地形平坦,丘陵地区丘岗连绵,相对高差不大,一般工农业都比较发达,占地及拆迁问题比较突出,地质条件比较简单,但水文条件可能复杂。因此,在平原、丘陵地区定线,应着重注意解决好下列问题。

(一)线路尽量顺直

平原、丘陵地区定线,一般不受高程障碍控制,应循航空折线把线路尽量定得顺直。绕避障碍物及设置曲线时,必须有充分理由。在不致引起工程量显著增加的前提下,尽量采用较小偏角、较大半径,以便缩短线路并取得较好的运营条件。

(二)正确处理铁路与行经地区的关系

(1)平原、丘陵地区城镇密布,工农业发达,城镇内外的道路、沟渠、电力线路等纵横交错。选定线路位置时,应尽量减少拆迁和占地;在地形有利时铁路宜靠近山坡;并应尽可能减少现有道路、沟渠、电力及通讯线路和管道系统的改移。

(2)车站(尤其大型客、货站)分布应结合城镇规划,既要方便地方客货运输,也要充分发挥铁路运营效率,设站不应过密,也不宜为靠近城镇而过分迂回线路。

(3)为方便沿线交通并确保铁路行车安全,要认真布置好沿线的道口和立交桥涵,并以交通量为依据确定其修建标准。有条件时,可加大排洪桥涵孔径,并修建路面兼作立交桥涵使用。

(三)注意适应水文条件的要求

平原和低缓丘陵地区易受洪水泛滥的危害,选线时应调查沿线的历史洪水线,尽可能沿地势较高处布线。当线路遇到大面积的软土分布地段时,一般应绕避,否则,应对基底进行处理,解决地基承载力不足的问题。平原地区路基填筑高度一般考虑取土困难,不希望太高,但应考虑满足内涝水位要求,一般应控制在 1.5 m 左右(若路基高度更低,则应付出更多的基底处理费用)。在经济发达及土地资源宝贵地区,以桥代路往往也是不错的选择。跨河桥梁孔径不宜压缩,路基应有足够的高度,并做好导流建筑物与路基防护工程。

第四节　桥涵、隧道及道口地段的定线问题

线路与桥隧建筑物是互相依存的整体与局部的关系,必须总体设计,综合考虑。一般说来,特大桥和长隧道的工程量大、技术复杂,常常影响线路局部走向,数量众多的一般桥涵、隧

道,则随所定线路而布置。为了保证这些建筑物的安全和经济合理,根据地形、地质和水文情况,有时也需将线路作局部移动。

一、桥梁地段

(一)桥涵分布

大、中桥一般按线路走向确定桥位,可做局部改动;特大桥及水文地质条件较复杂的桥位应与线路走向并重,既考虑线路走向,也考虑桥位条件;特别复杂的桥位方案,定线应服从桥位引线。

必须保证一定数量的横向排水结构。在平坦地区,如果长距离没有明显的水道,相隔一定距离也必须设置桥涵以排除地表水。在漫流地区,有时还应采用一河多桥的方案,并配合相应的导流建筑物。

天然河道不应轻易改移。如确能改善桥涵工作状况或有显著经济效益时,方可改移河道或截弯取直,但应考虑由此而产生的河流水力条件变化的影响。桥址中线宜与洪水流向正交,应避免在桥头形成水袋而产生三角回流,影响线桥安全。通航河流上,桥址中线应与航线正交。当不能避免斜交时,应适当加大通航孔径。

(二)选择合适的跨越地点

由于跨越地点不同,其地质情况、水文特征与两岸引线条件可能不同,定线时应选择合适的跨越地点,以便节省桥涵造价并使线路与桥涵建筑物获得最佳的配合。在不改变线路走向前提下,尽量做到:

(1)地质条件好。理想的条件是:基岩埋藏浅,岩性坚硬,整体性好,倾斜度不大。如基础不能置于基岩上时,则应当选择承压力大、抗冲性强的地段作为桥址,应尽量避免在断层、岩溶等不良地质地段建桥。

(2)水文条件好。跨河桥位应在河床稳定,河道顺直、河面较窄之处跨越。同时,应使线路与水流向正交,必须斜交时,也应尽量使桥梁轴线与水流方向的交角大些(斜交角不小于45°)。对于通航河流,则应选在航道稳定的顺直地段,避免在浅水或可能淤积的地方设桥。

(3)桥头引线条件好。在桥隧毗连地段,采用架桥机架设桥梁时,线路平、纵断面设计和隧道洞门的位置应考虑架桥机架梁时施工的便利。纵断面设计高程时,除应满足桥下净空要求外,还应注意隧道施工弃渣的影响。特大桥桥头引线的曲线尽量不伸入桥上,不可避免时,其长度要尽量缩短。

(4)控制与既有桥的间距。相邻桥太近,河道水流发生变化,使得通航复杂,增加航行的难度。两座相邻桥轴线间距:Ⅰ～Ⅴ级航道应大于代表船队长度与代表船队下行 5 min 航程之和,Ⅵ级和Ⅶ级航道应大于代表船队长度与代表船队下行 3 min 航程之和。不能满足此要求,且其所处通航水域无碍航水流时,两桥可靠近布置,但两桥间相邻边缘距离应控制在 50 m 以内,且通航孔必须相互对应。水流平缓的河网地区,两相邻桥的边缘距离经论证可适当加大。

(三)合理选用大跨高桥以改善线路

大跨、高墩桥梁施工技术的发展,有利于在地形、地质复杂地区选择较理想的桥位。线路穿越峡谷地区的较大河流时,由于山高谷深,桥梁往往位于纵断面凹形地段,桥高则线路顺直,桥低则需展长线路。采用大跨度桥可减少墩数、降低墩高或避开深基础和不良地质地段。

(四)涵洞设计要求

涵洞是位于路堤填土内孔径不大于 6.0 m 的排洪、灌溉或交通用的建筑物。涵洞的数量很多,每公里约 1～3 座。

1. 涵洞的分布

涵洞的分布一般应根据现场勘察来确定，尤其是影响农田灌溉和人畜交通的涵渠，必须与当地政府有关部门协商确定。凡线路跨越的水沟，一般都应设置涵洞或小桥。

天然沟谷的平面和纵坡一般不宜轻易改动。只有当沟谷洪水流量较小，改沟工程量不大且不致产生淤塞或冲刷时，才允许将水流引向邻近的桥涵排出。

平坦地区沿线很长的地段没有明显河沟时，可考虑在有利排洪的地点设置涵洞，使桥涵的距离适当，排洪通畅，确保路基安全。

2. 涵洞类型和孔径的选择

涵洞类型及孔径大小一般按标准设计图进行选择。为施工方便，同一段线路涵洞类型不宜太多。为便于维修、养护、清淤，排洪涵洞的最小孔径不应小于 1.25 m，泄水隧洞的孔径不宜小于 2.0 m。涵洞宜采用框架涵。涵洞可设单孔或双孔，如技术上和经济上均可行，涵洞可多于两孔，如仍不能满足流量要求时，宜采用小桥。

各式涵洞的长度应视其净高（或内径）h 按下列要求选定：

当孔径为 0.75 m，且 $h<1.0$ m 时，长度不宜超过 10 m；当 $h\geqslant 1.0$ m 时，长度不宜超过 15 m；

$h=1.25$ m，长度不宜超过 25 m；

$h\geqslant 1.5$ m，长度不受限制。

位于城市或车站范围内有污水流入或易淤积的涵洞，可根据需要加大孔径。为路基或站场排水而设的无天然沟槽的涵洞孔径，可视具体情况而定。

涵洞顶至轨底的填方厚度不应小于 1.2 m。

3. 对路堤高度的要求

在选择排洪涵洞类型时，涵洞孔径主要根据规定的洪水频率（各级铁路为 1/50）流量选用，并验算路肩设计高程。

涵洞附近路肩设计高程应比规定洪水频率（Ⅰ、Ⅱ级铁路为 1%，Ⅲ级铁路为 2%）的设计水位连同壅水高度至少高出 0.5 m，即要求路堤填土高度（$h_{\min}$）高出涵前积水高度（h_p）至少 0.5 m，即

$$h_{\min}>h_p+0.5 \quad (\mathrm{m}) \tag{5-5}$$

当纵断面设计的路堤填土高度不能同时满足要求时，可采取如下措施：

(1)在满足设计流量的要求下，改用需要填土高度较小的涵管类型。

(2)加大孔径、降低积水高度，改单孔为双孔以至多孔，但拱涵不得用三孔。

(3)适当挖低沟底，适用于出口有较深或纵坡较陡的沟床。

(4)改变纵断面坡度，提高路肩设计高程；或者改动线路平面，降低涵洞处地面高程。

二、隧道地段

铁路选线中，采用隧道是克服高程障碍、降低越岭高程、缩短线路长度和绕避不良地质的重要措施。合理设置隧道，是提高选线设计质量的重要环节。铁路定线时，遇到下述情况常用隧道通过：线路翻越分水岭时，在垭口修建隧道，即越岭隧道；沿河傍山定线，或要求裁弯取直或绕避不良地质而修隧道，即傍山隧道。

（一）隧道位置的选择

关于越岭隧道已在上节介绍，对于傍山隧道的位置选择应注意以下问题：

(1)埋藏较浅时,线路宜向内移,以避免隧道偏压过大。

(2)应避开岩堆、滑坡等不良地质以及河岸冲刷、水库坍岸范围。

(3)可结合当地的地形、地质情况和工程大小,进行裁弯取直的长隧道方案和沿河绕行方案的比较。

(4)地形曲折、地质复杂时,河谷线常出现隧道群。在决定线路平面位置与高程时,要充分注意隧道施工期间的弃渣、排水和便道运输之间的相互干扰,并尽量减少对现有的水利、道路等设施的影响。

(二)隧道洞口位置的选择

洞口是隧道的薄弱环节,洞口工程处理不当,易产生病害,危及行车安全。隧道地段定线,应考虑下列因素,通过技术经济比较,认真选择洞口位置。

(1)选择洞口位置宜贯彻"早进洞,晚出洞"的原则;避免片面追求缩短隧道长度,忽视洞口边坡稳定的做法。不宜用深路堑压缩隧道长度,以免洞口边坡、仰坡开挖过高。在一般情况下,边坡、仰坡开挖高度不宜超过 15～20 m,围岩较差时不宜超过 10～15 m,围岩较好时也不宜超过 20～25 m。

(2)洞口应尽可能设在山体稳定、地质条件较好之处,以保证洞口安全;否则应修建挡护工程或延伸洞口,增建明洞。不应将洞口设在沟心,否则,不但工程地质条件差,且施工时排水和弃渣也较困难。

(3)洞口宜设在线路与等高线正交或接近正交处,如图 5-29 所示;如采用斜交,则要修建斜交洞门或修建明洞。

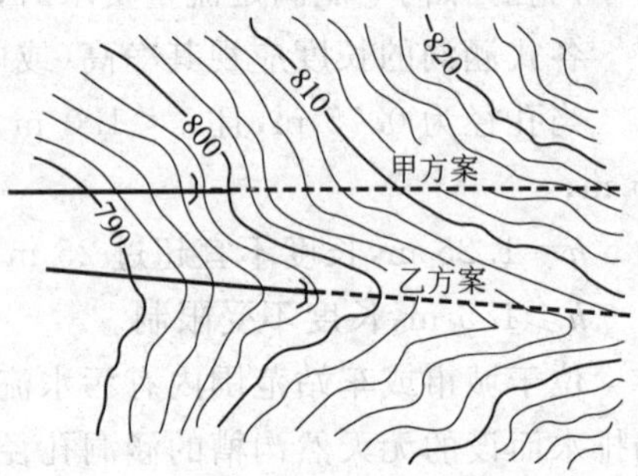

图 5-29 沟谷洞口位置比较

三、铁路与道路交叉

结合铁路运量逐年增加,行车速度逐渐提高的特点,为减少意外人身事故发生及行车安全,新建、改建铁路原则上不设置平面交叉(既有铁路与道路的平面交叉应逐步改为立体交叉)。

(一)立体交叉的设置条件

(1)铁路与高速公路、一级公路和城市道路中的快速路交叉,必须设置立体交叉。

(2)铁路与其他道路交叉,符合下列条件之二者应设置立体交叉:

①Ⅰ级铁路与其他道路交叉;

②铁路与二级公路交叉;

③设计行车速度≥120 km/h 地段的铁路与道路交叉;

④铁路与道路交叉,交付运营第 5 年的道口折算交通量大于或等于表 5-4 中规定的数值者。

⑤结合地形或桥涵构筑物情况,有设置立体交叉条件者;

⑥确有特殊需要者。

表 5-4 设置立体交叉的道口折算交通量

(万辆次/年平均昼夜)

瞭望条件	路段旅客列车设计行车速度(km/h)		
	120	100	≤80
良好	6	12	16
不良	3	6	8

（二）铁路与道路立体交叉的建筑限界

（1）铁路的建筑限界应符合《标准轨距铁路建筑限界》（GB 146.2）规定。

（2）道路应符合《公路工程技术标准》（JTG B01—2014）、《城市道路设计规范》（CJJ 37—2012）等建筑限界的规定。

（3）铁路立交桥下的乡村道路净空不得小于表 5-5 规定。

表 5-5 立交桥下乡村道路净空（m）

通道种类	汽车	机耕车和畜力车	人力车、人行道
净宽	5.0①	4.0	2.0
净高	4.5②	3.0	2.5

注：①通行汽车及大型农机的乡村道路，特殊困难条件下，净宽可减至 4.5 m，净高可减至3.5 m；

②特殊困难条件下仅供人行的道路，净高可按不小于 2.2 m 设计。

（三）平交道口设置条件

因特殊情况需要设置平交道口时，应经铁路局同意并满足以下条件：

（1）道口宜放在瞭望视野不小于表 5-6 规定的处所。线间距小于或等于 5.0 m 的双线铁路道口，机动车驾驶员侧向最小瞭望视距应另加 50 m，多线铁路道口按计算确定。

表 5-6 最小瞭望视距（m）

铁路路段速度（km/h）	火车司机最小瞭望视距	机动车司机侧向最小瞭望视距①
140	1 200	470
120	900	400
100	850	340
80	850	270

注：机动车驾驶员侧向最小瞭望视距为机动车在距道口相当于该级道路停车视距并不小于 50 m 处，能看见两侧铁路上火车的范围。

（2）线路不通过动车组列车；线路允许通过的旅客列车运行速度 120 km/h 以下、货物列车运行速度 80 km/h 以下且货物列车牵引质量 5 000 t 以下。

（3）Ⅱ、Ⅲ级铁路与道路交叉。

（4）道口之间距离大于 2 km，并且无绕行条件。

（5）铁路与道路平面交叉宜设计为正交，斜交时交叉角应大于 45°。

（6）道路平面线形应为直线且从最外侧钢轨算起的道路最小直线长度一般不应小于 50 m。

（7）铁路道口设置位置应在铁路车站以外，桥梁、隧道两端及进站信号机 100 m 以外，区间或专用线道岔两端 50 m 以外。

（8）符合当地城市规划及土地使用要求。

四、铁路与高压输电线路

与高压输电线路的交叉干扰是铁路选线不可忽视的问题。通常称 35～220 kV 的线路为高压输电线路，330～500 kV 的线路为超高压输电线路。

高压输电线路由于自然灾害等原因，如风灾、水灾引起的倒杆（塔）脱线等会严重地危及铁路行车安全。选线时在不改变线路走向及增加线路不长的情况下应尽量绕避，绕避不了时可交叉通过，但交叉点要选在电线较高、杆（塔）间无接头和距杆（塔）较远的地方。交叉角宜正交，无条件时不宜小于 45°。交叉时，应注意线路与杆或塔的平面距离及轨顶与高压线的竖向距离，并且不能在出站信号机以内交叉。铁路与高压输电线路(10 kV 除外)平行时，从杆(塔)外缘至铁路中心最小水平距离为杆(塔)高加 3 m；交叉时为 30 m。10 kV 输电线路不管平行或交叉，其杆距均应不小于 3 m。高压输电导线在最大弛度时距轨顶或承力索的最小高度见表 5-7(弛度或弧垂是指导线上任一点到悬挂点连线之间在铅直方向的距离)。

表 5-7 高压输电导线距轨顶最小高度表

电压(kV)	非电气化铁路(m)	电气化铁路(m)
110	7.5	11.5
220	8.5	12.5
330	9.5	13.5
500	14.0	16.0
750	19.5	21.5

第五节 不良地质条件下的定线

线路行经地区的工程地质条件对铁路建筑物的稳定性和经济合理性有决定性的影响，在线路方案选择、设计中，必须重视地质条件并且尊重地质规律。选线时应考虑以下原则：

(1)避让的原则

条件允许时，对不良地质进行避让是最为经济、最为安全的方法，符合国家对自然灾害“防治结合、以防为主”的总体指导原则及防灾减灾总体精神的要求，是地质选线必须遵循的首要原则，只有在无法避让时，方可考虑进行工程处治。

(2)可行性原则

山区铁路由于受地形条件限制，很多情况下可能无法避让不良地质，因此选线时，应在明确不良地质基本要素的基础上选择有利地质区域通过，保证实施方案具有技术上的可行性。

(3)安全性原则

施工阶段的安全和后期营运阶段的行车安全及工程构筑物安全是铁路设计必须考虑的因素之一。

(4)经济性原则

选线应结合具体处治方案进行经济比较，使总的造价最低。

一、滑坡地区定线

滑坡是指斜坡上的土体或岩体受河流冲刷、地下水活动、地震及人工切坡等因素影响，在重力作用下，沿着一定的软弱面或软弱带，整体地或分散地顺坡向下滑动的自然现象。

滑坡地区定线时，应及早发现滑坡并尽量绕避。无法绕避时，应先查明滑动层的位置和形状，确定滑坡产生的根源，判明滑坡的稳定性，然后采取以下措施通过滑坡地段：

(1)在滑坡上方以浅路堑通过；

(2)在滑坡下方以低路堤通过；

(3)在滑动面下以隧道通过；

(4)当滑动层不太厚时可采用大跨高架桥通过；

(5)当滑动量不大时，可清除全部滑动土体后通过。

当采用以上方式通过滑坡地段时，尚应当结合边坡失稳的因素和滑坡形成的内外部条件，采取上锚下挡、设置天沟、整治地表水等治理措施以保证铁路的安全。

二、泥石流地区定线

泥石流是指在山区或者其他沟谷深壑、地形险峻的地区，因为暴雨暴雪或其他自然灾害引发的山体滑坡并携带有大量泥沙以及石块的特殊洪流。泥石流具有突然性以及流速快、流量大、物质容量大和破坏力强等特点。

定线时，在条件允许的情况下应当提前绕避不良地质地区。若实在无法绕避时，先确定泥石流的范围和流量，查明泥石流发生的原因，再采取以下措施通过泥石流地区：

(1)采用大跨高架桥通过；

(2)采用隧道从泥石流沟底下通过；

(3)修建渡槽、明洞引导泥石流排往铁路桥下方；

(4)在铁路桥两岸修建导流堤；

(5)修建谷坊坝和沟底铺砌，拦截和减轻泥石流的冲刷危害。

三、沼泽地区定线

沼泽是指地表过湿或有薄层的常年或季节性积水，土壤水分接近饱和，生长有喜湿性和喜水性沼生植物的地段。

沼泽地区定线时，应首先判断沼泽地的范围和淤泥厚度，当范围广、淤泥厚时可提前绕避该区域；当淤泥厚度不大时，可选择沼泽最窄最浅的地点通过，并选择沼泽底没有横向坡度或坡度较小的地段通过。

四、水库地区定线

水库地区定线时，其线路高程必须保证至少高出水库最高水位(加波浪侵袭高)0.5 m，水库坍岸、水库淤积和地下水壅升是影响水库地段铁路选线的三个主要因素。

1. 水库坍岸

新建水库蓄水后，因风浪冲击、水流侵蚀和水位涨落等原因会引起库岸坍塌。定线前应判明可能产生坍岸的地段及影响范围，将线路设在坍岸范围之外，如图 5-30 所示。当不能绕避时，则应对可能发生坍岸的岸坡采取防护和加固措施，确保铁路安全。

2. 水库淤积

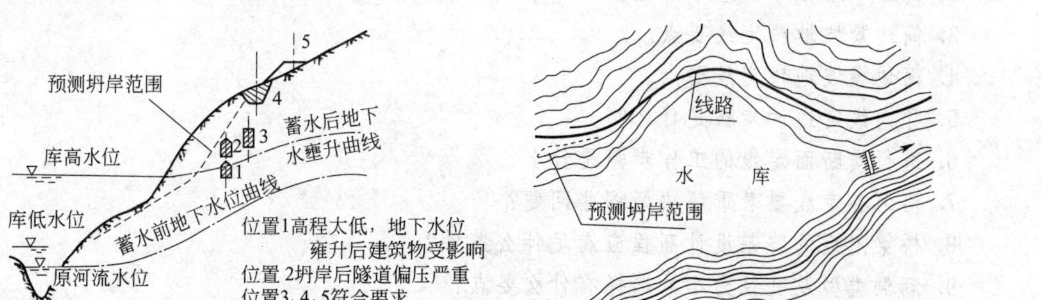

图 5-30　水库坍岸对线路的影响

水库回水范围内,因流速变缓,导致大量泥沙淤积,使回水区内的水位抬高。因此,跨越水库回水区的线路,也要相应提高设计高程,以保证必要的路肩高度和桥下净空。

然而,水库岸边某些地段因水流由急变缓形成的淤积对库岸有防护作用,线路在这样的岸边通过对安全是有利的。

3. 地下水壅升

水库蓄水后,地下水位壅升,造成湿陷、翻浆、沼泽化或诱发滑坡、崩坍等不良地质产生,也有可能使建筑物基底承载力降低,从而使建筑物产生变形而遭到破坏。因此在水库区选线,应考虑地下水位壅升后的影响,如图 5-30 所示。

水库地段定线应注意以下问题:

(1)线路走向与水库平行。线路位置有条件时宜在水库左右两侧选择彻底避开水库坍岸影响的方案,如图 5-30 所示。

①线路位置应选在最终坍岸线以外,并留有适当安全距离;

②在无坍岸地段(基岩或宽阔浅滩),线路位置应选在洪水泛滥线以外;

③若必须通过水库淹没区时,路基最低路肩设计高程应高出设计水位+波浪侵袭高度+壅水高度(含水库回水及边岸壅水)+安全高度 0.5 m;

④个别地段能保证线路稳定且能节省工程投资时,可考虑局部线路以最短的线路长度通过坍岸范围。

(2)线路走向与水库垂直。

①线路位置(或桥位)应选在水库上游回水曲线以上,或水库下游集中冲刷范围以外,或水坝上下游最大水位差 20 倍以远河段通过;

②线路必须跨越水库时,桥位应选在水库最窄、库岸稳定(无坍岸)、地质条件良好、泥沙淤积较少和水深适度地段。

(3)线路宜选在坍岸线和洪水泛滥线外适当距离并尽量躲开地质不良地段;线路宜选在基岩出露较多、河岸平缓、边坡相对稳定及地质条件较好的一岸;为避免或减缓风浪对岸坡的冲刷,线路宜选在背离主导风向库岸一侧或顺风向的库岸两侧。

复习思考题

1. 影响接轨点选择的主要因素有哪些?
2. 简述车站分布的基本原理。
3. 简述紧坡地段定线要点。
4. 简述缓坡地段定线要点。
5. 导向线定线的步骤是什么?
6. 进行横断面定线的工作步骤是什么?
7. 沿河谷定线要着重解决好哪些问题?
8. 桥梁附近的路基设计高程应满足什么条件?
9. 涵洞类型及孔径大小的选择有什么要点?
10. 隧道洞口位置的选择要点有哪些?

第六章 轨道结构

第一节 概 述

轨道是铁路、城市轨道交通的主要技术装备之一，是行车的基础，它的作用主要是引导机车车辆平稳安全运行，直接承受由车轮传来的荷载，并把它传布给路基或桥隧建筑物。轨道结构应保证机车车辆在规定的最大载重和最高速度运行时，具有足够的强度、稳定性、平顺性和合理的养护维修周期。

一、普通轨道结构

传统的有砟轨道结构由钢轨、轨枕、道床、道岔、联结零件及轨道加强设备组成。轨道各部件的主要作用为：

(1)钢轨直接承受列车的荷载，依靠钢轨头部内侧面和机车车辆轮缘的相互作用，引导列车运行，依靠它本身的刚度和弹性把机车车辆荷载分布开来，传递给轨枕。

(2)轨枕的作用一方面是承受钢轨传下来的机车车辆的各种力，并把它分布给道床，另一方面是通过扣件把钢轨固定在规定的正确位置上，以保持轨距、轨底坡、曲线超高等，防止钢轨产生位移和爬行。轨枕主要有木枕和混凝土枕两类。

(3)道床是轨枕的基础，在其上以规定的间隔布置一定数量的轨枕，用以增加轨道的弹性和纵、横向移动的阻力，并便于排水和校正轨道的平面和纵断面。道床的作用还有固定轨枕的位置，防止轨枕纵、横向位移并把轨枕所承受的压力传递给路基，同时道床还起到排水的作用，可防止路基翻浆冒泥和木枕腐朽。主要材料有碎石和筛选卵石等。

(4)道岔是机车车辆从一股轨道转入或越过另一股轨道时必不可少的线路设备，在铁路站场布置中应用极为广泛。它是轨道结构的重要组成部分。

(5)联结零件是联结钢轨或联结钢轨和轨枕的部件。前者称接头联结零件，其作用是有效地保证钢轨与钢轨或钢轨与轨枕间的可靠联结，尽可能地保持钢轨的连续性与整体性，后者称中间联结零件(或扣件)，其作用是阻止钢轨相对于轨枕的纵横向移动，确保轨距正常，并在机车车辆的动力作用下，充分发挥缓冲减振性能，延缓线路残余变形的积累。

(6)防爬设备能有效地防止钢轨与轨枕之间发生纵向相对移动的部件，它能制止钢轨爬行。

二、无砟轨道结构

无砟轨道是指采用混凝土、沥青混合料等整体基础取代散粒碎石道床的轨道结构。无砟轨道累积变形小，可持久保持轨道的几何形位，具有平顺性好，稳定性好，使用寿命长，耐久性好，维修工作少等优点，同时还具于降低粉尘、美化环境等特点，适应高速列车和城市轨道交通使用，本章主要介绍传统的有砟轨道结构。

图 6-1 为铁路轨道结构。

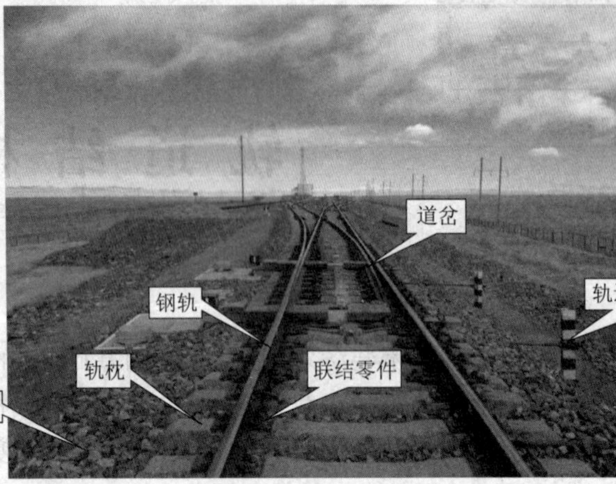

图 6-1 铁路轨道结构

第二节 钢 轨

一、钢轨的功用及基本要求

(一)钢轨的功用

钢轨是铁路轨道的主要组成部件。它的功用在于引导机车车辆的车轮前进,承受车轮的巨大压力,并传递到轨枕上。钢轨必须为车轮提供连续、平顺和阻力最小的滚动表面。在电气化铁道或自动闭塞区段,钢轨还可兼做轨道电路之用。

(二)钢轨的基本要求

1. 具有足够的强度、韧性和耐磨性

钢轨的工作条件十分复杂。车轮施加于钢轨上的作用力,其大小、方向和位置都具有很大的随机性。这些都和机车车辆与轨道的相互作用有关。除轮载外,无缝线路地段的钢轨随气温变化也会产生较大的温度力。

钢轨是作为一根支承在连续弹性基础或点支承上的无限长梁进行工作的。它主要承受轮载作用下的弯曲应力,但是也必须有能力承担轮轨接触点上的接触应力,以及轨腰与轨头或轨底连接处可能产生的局部应力和温度变化作用下的温度应力。在轮载和温度力的作用下,钢轨产生复杂的变形,如压缩、伸长、弯曲、扭转、压溃、磨耗等。

车轮与钢轨之间接触面积很小,而来自车轮的压力却十分巨大,为使钢轨不致被压陷或磨耗太快,钢轨应具有足够的硬度。但硬度太高,钢轨又容易受冲击而折损,因此,要求钢轨具有一定的韧性。

为使列车能够安全、平稳和不间断地运行,钢轨除必须充分发挥上述诸功能外,还应保证在轮载和轨温变化作用下,应力和变形均不超过规定的限值。这就要求钢轨具有足够的强度、韧性和耐磨性能。

2. 具有一定的弹性

钢轨依靠本身的刚度抵抗轮载作用下的弹性弯曲,但是为了减轻车轮对钢轨的动力冲击作用,防止机车车辆走行部分及钢轨的折损,又要求钢轨具有一定的弹性。

3. 足够光滑的表面

机车依靠其动轮与钢轨顶面之间的摩擦作用牵引列车前进，这就要求钢轨顶面粗糙，使车轮与钢轨之间产生足够的摩擦力。但对车辆来说，摩阻力太大会使行车阻力增加，这就又要求钢轨有一个光滑的滚动表面。从这一矛盾的主要方面出发，钢轨仍应维持其光滑的表面，必要时，可用向轨面撒砂的方法提高机车动轮与钢轨之间的黏着力。

4. 良好的可焊性

随着我国铁路主要干线全面采用无缝线路以及高速铁路一次性铺设跨区间无缝线路的要求，钢轨应具有良好的可焊性。

5. 高平直性

钢轨的平直性要求对轨道平顺性有决定性的影响，同时轨端平直性、对称性对钢轨焊接也有很大影响，高速铁路要求钢轨具有高平直性。

二、钢轨断面设计原则

作用于直线轨道钢轨上的力主要是竖直力，其结果是使钢轨挠曲。因为钢轨被视为支承在连续弹性基础上的无限长梁，而梁抵抗挠曲的最佳断面形状为工字形。因此，钢轨采用工字形断面，由轨头、轨腰和轨底三部分组成。钢轨断面设计应满足下面要求。

钢轨头部是直接和车轮接触的部分，应具有抵抗压溃和耐磨的能力，故轨头宜大而厚，并应具有和车轮踏面相适应的外形。钢轨头部顶面应有足够的宽度，使在其上面滚动的车轮踏面和轨头顶面磨耗均匀。钢轨头部顶面应轧制成隆起的圆弧形，使由车轮传来的压力更能集中于轨轴。钢轨被车轮长期滚压以后，顶面近似于 200～300 mm 半径的圆弧。因此，在我国铁路上，较轻型钢轨的顶面，常轧制成一个半径为 300 mm 的圆弧，而较重型钢轨的顶面，则用三个半径分别为 80 mm、300 mm、80 mm 或 80 mm、500 mm、80 mm 的复合圆弧组成，如图 6-2 所示。

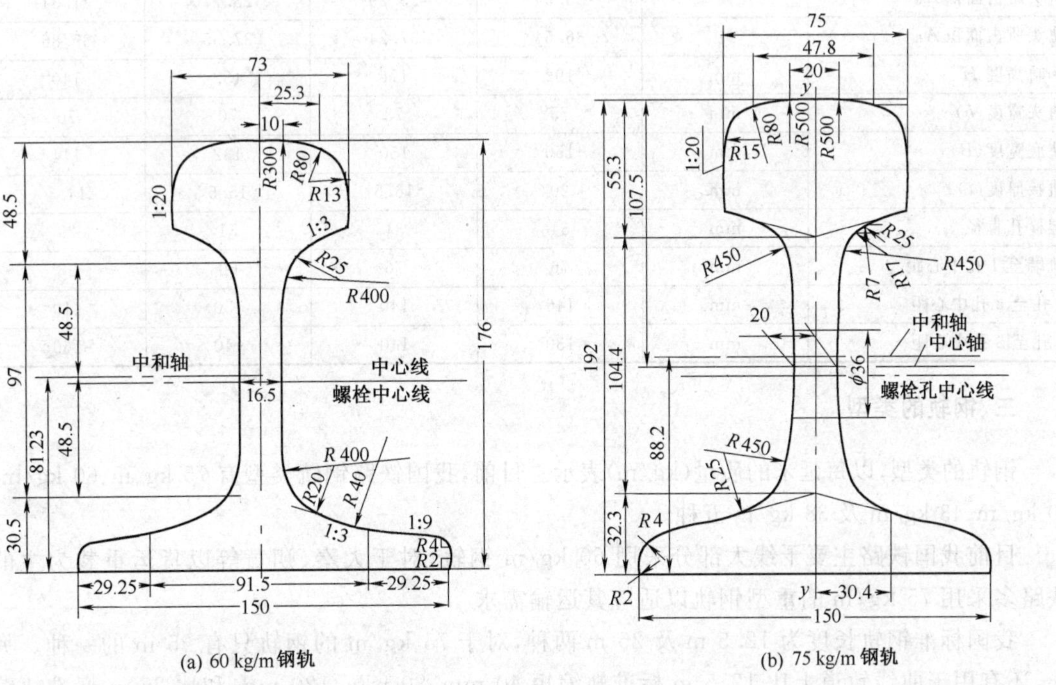

(a) 60 kg/m 钢轨　　(b) 75 kg/m 钢轨

图 6-2　钢轨断面图（单位：mm）

为使钢轨有较大的承载能力和抗弯能力,钢轨腰部必须有足够的厚度和高度。轨腰的两侧为曲线。轨腰与钢轨头部及底部的连接,必须保证夹板能有足够的支承面。

钢轨底部直接支承在轨枕顶面上。为保持钢轨稳定,轨底应有足够的宽度和厚度,并具有必要的刚度和抵抗锈蚀的能力。

钢轨的头部顶面宽(b)、轨腰厚(t)、轨身高(H)及轨底宽(B)是钢轨断面的四个主要参数。钢轨高度应尽可能大一些,以保证有足够的惯性矩及断面系数来承受竖直轮载的动力作用。但钢轨愈高,其在横向水平力作用下的稳定性愈差。轨身高与轨底宽之间应有一个适当的比例,一般要求轨高与轨底宽之比为 1.15～1.20。为使钢轨轧制冷却均匀,要求轨头、轨腰及轨底的面积分配,有一个较合适的比例。根据上述要求,我国 60、75 kg/m 钢轨断面尺寸如图 6-2 所示,主要钢轨类型的断面尺寸及特征见表 6-1。

表 6-1 钢轨断面尺寸及特性

项 目	单 位	类 型(kg/m)			
		75	60	50	43
每米实际质量(M)	kg/m	74.414	60.640	51.514	44.653
断面积(F)	cm^2	95.037	77.45	65.8	57.0
重心距轨底面距离(y_1)	mm	88	81	71	69
对水平轴惯性距(I_x)	cm^4	4 489	3 217	2 037	1 489
对竖直轴惯性距(I_y)	cm^4	665	524	377	260
上部断面系数(W_1)	cm^3	432	339	251	208
下部断面系数(W_2)	cm^3	509	396	287	217
轨底横向挠曲断面系数(W_y)	cm^3	89	70	57	46
轨头所占面积 A_h	%	37.42	37.47	38.68	42.83
轨头所占面积 A_w	%	26.54	25.29	23.77	21.31
轨头所占面积 A_b	%	36.54	37.24	37.55	35.86
钢轨高度 H	mm	192	176	152	140
轨头宽度(b)	mm	75	73	70	70
轨底宽度(B)	mm	150	150	132	114
轨腰厚度(t)	mm	20	16.5	15.5	14.5
螺栓孔直径	mm	31	31	31	29
轨端至 1 孔中心距	mm	76	76	60	56
1 孔至 2 孔中心距	mm	140	140	150	110
2 孔至 3 孔中心距	mm	130	140	140	160

三、钢轨的类型

钢轨的类型,以每延米的质量(kg/m)表示。目前,我国铁路钢轨类型有 75 kg/m、60 kg/m、50 kg/m、43 kg/m 及 38 kg/m 五种。

目前我国铁路主要干线大部分采用 60 kg/m 钢轨,对于大秦、朔黄等以货运重载为主的铁路多采用 75 kg/m 的重型钢轨以适应其运输需求。

我国标准钢轨长度为 12.5 m 及 25 m 两种,对于 75 kg/m 的钢轨只有 25 m 的一种。另外,还有用于曲线轨道上比 12.5 m 标准轨缩短 40 mm、80 mm、120 mm 和比 25 m 标准轨缩短 40 mm、80 mm、160 mm的六种标准缩短轨。为减少无缝线路的焊接接头数量,生产有

50 m 和100 m 的长定尺钢轨。

四、钢轨的材质和机械性能

钢轨的材质和机械性能主要取决于钢轨的化学成分、物理力学性能、金属组织及热处理工艺。

钢轨钢的化学成分除含铁(Fe)外，还含有碳(C)、锰(Mn)、硅(Si)及磷(P)、硫(S)等元素。碳对钢的性质影响最大，提高钢的含碳量，其抗拉强度、耐磨性及硬度均迅速增加。例如，当含碳量从 0.35%增加为 0.65%时，可使平炉钢轨的耐磨性能提高 60%。但含碳量过高，也会使钢轨的伸长率、断面收缩率和冲击韧性显著下降。因此，一般含碳量不超过 0.82%。

锰可以提高钢的强度和韧性，去除有害的氧化铁和硫夹杂物，其含量一般为 0.6%～1.0%。锰含量超过 1.2%者称中锰钢，其抗磨性能很高。

硅易与氧化合，故能去除钢中气泡，增加密度，使钢质密实细致。在碳素钢中，硅含量一般为 0.15%～0.30%。提高钢的含硅量，也能提高钢轨的耐磨性能。

磷与硫在钢中均属有害成分。磷过多(超过 0.1%)，使钢轨具有冷脆性，在冬季严寒地区，易突然断裂。硫不溶于铁，不论含量多少均生成硫化铁，在 985 ℃时，呈晶态结晶析出。这种晶体性脆易溶，使金属在 800～1 200 ℃时发脆，在钢轨轧制或热加工过程中容易出现大量废品。所以磷、硫的含量必须严格加以控制。

我国用于轧制钢轨的主要钢种的化学成分及主要力学性能见表 6-2。

表 6-2 钢轨钢的化学成分及力学性能

钢号	化学成分(%)						力学性能		应用范围(钢轨类型)
	w(C)	w(Si)	w(Mn)	w(Cu)	w(P)	w(S)	抗拉强度(N/mm^2)	延伸率(%)	
					不大于				
U71	0.64～0.77	0.13～0.28	0.60～0.90		0.04	0.05	785	10	50
U74	0.67～0.80	0.13～0.28	0.70～1.00		0.04	0.05	785	9	50,60,75
U71Cu	0.65～0.77	0.15～0.30	0.70～1.00	0.10～0.40	0.04	0.05	785	9	50
U71Mn	0.65～0.77	0.15～0.35	1.10～1.50		0.04	0.04	883	8	50,60,75
U71MnSi	0.65～0.75	0.85～1.15	0.85～1.15		0.04	0.04	883	8	50
U71MnSiCu	0.65～0.77	0.70～1.10	0.80～1.20	0.10～0.40	0.04	0.04	883	8	50
PD_2	0.74～0.82	0.15～0.35	0.70～1.00		0.04	0.04	1175*	11	50,60,75
PD_3	0.70～0.78	0.50～0.70	0.75～1.05	0.04～0.08**	0.04	0.04	980	10	50,60,75

注：* 为 PD_2 全长淬火钢轨；** 为 PD_3 中微钒的含量。

表中除 U71、U74 为碳素钢外，其他均为提高锰、硅含量或增加铜含量中的中锰、高硅或含铜合金钢。

钢轨钢的物理力学性能包括强度极限 σ_b、屈服极限 σ_s、伸长率 σ_s、断面收缩率 ϕ、冲击韧性(落锤试验)α_h 及硬度等。这些指标对钢轨的承载能力、磨损、压溃、断裂和其他伤损有很大影响。

钢轨接头处轮轨冲击力很大，为加强接头处钢轨的抗磨能力，在钢轨两端 30～70 mm 范围内进行轨顶淬火，淬火深度达 8～12 mm。

为提高钢轨耐磨和抗压性能，还应对钢轨进行全长淬火处理。它是采用电感应加热的方法，以局部改变轨头钢的组织，从而提高钢轨的强度和韧性。

如前所述,为适应高速、重载的需要,钢轨要重型化,但钢轨重型化后,若不采用强化技术,又会带来其他的问题。由于重型钢轨的刚度大,相应弯曲变形较小,列车车轮对钢轨的动力作用大部分作用在轮轨接触区,同时由于重型钢轨扭转中心接近轨底,轨头产生的纵向正应力远远大于轨底的纵向正应力,从而加速了重型钢轨轨头病害的发展。一般来讲,钢轨愈重,钢轨的伤损数量减少,但接触疲劳伤损占钢轨伤损总数的比例却提高。如前苏联实现钢轨重型化后,钢轨伤损总数量大量减少,但 50 kg/m、60 kg/m、75 kg/m 钢轨的轨头伤损却分别占伤损总数的 75%、80%、94%。重型钢轨的强化有两种技术路线:一是钢轨合金化,它生产工艺简单,投资少,能源消耗少,钢轨整体强化,表层硬度均匀,可焊性好;二是碳素钢热处理,这种方法也可获得同样的高强度和表面硬度,同时韧性好,节省合金,适于大批量生产。冶金学原理及冶金工业生产实践认为:如不改变钢种,单凭碳素钢热处理,很难再大幅度地提高强度,唯有微合金与热处理相结合,二者相辅相成,才可得到既有更高强度,又有相应韧性、硬度和可焊性的优质钢轨。

目前我国使用的钢轨,抗拉强度约为 900 MPa,还有部分 PD_2 全长淬火轨、PD_3 高碳微钒轨,抗拉强度在 1 000 MPa 以上(表 6-2)。PD_3 全长淬火轨强度高、性能好,抗拉强度可达到 1 300 MPa,可延长钢轨使用寿命 50%以上。

淬火轨对材质纯净度的要求比普通钢轨更高,如果不提高钢轨的纯净度,钢轨重型化及强韧化的优势也不能更好地发挥,因此材质纯净化是重型化和强韧化的基础。例如钢轨中非金属夹杂、钢轨金属薄弱区的存在等,都是钢轨产生疲劳伤损的根源,以这些疲劳源为中心形成核伤,对行车安全构成威胁。钢轨重型化、强韧化和纯净化应当有机地统一,才能获得最佳综合技术经济效益。

五、高速铁路对钢轨质量的要求

高速铁路对钢轨的质量要求主要反映在钢质的纯净度、钢轨的表面质量、内部质量、几何尺寸精度的外观平直度等几个方面。由于各国的设计参数不同,线路的工作环境不同,在质量的标准上有所区别。高速铁路对钢轨质量的要求见表 6-3～表 6-6。

表 6-3 关于钢轨表面质量要求(mm)

缺陷名称	法国 TGV	日本 JISE1101	欧洲 UIC860	欧洲 EN
热伤	<0.35	<0.4	<0.35	<0.35
冷伤	<0.3	<0.4	<0.3	<0.3

表 6-4 对钢轨断面尺寸公差的要求(mm)

项 目	我国高速技术条件	法国 TGV	日本 JISE1101	欧洲 UIC860	欧洲 EN
轨头宽度	±0.5	±0.5	+0.8 −0.5	±0.5	±0.5
轨底宽度	±1.0	±0.8	±0.8	+1.0 −0.5	±1.0
钢轨高度	±0.6	±0.5	+1.0 −0.5	±0.6	±0.5
轨低平整度	凹陷≤0.3	凹陷≤0.3	凹陷≤0.4		凹陷≤0.3
轨腰厚度	+1.0 −0.5	+1.0 −0.5	+1.0 −0.5	+1.0 −0.5	+1.0 −0.5

表 6-5　对钢轨外观平直度的要求(mm/m)

部位要求	我国高速技术条件	法国 TGV	日本 JISE1101	欧洲 UIC860	欧洲 EN
轨端上翘	0.4/2	0.4/2	07/1.5	0.7/1.5	0.4/2;0.3/1
轨端下扎	0.2/2	0.2/2	0	0	0.2
轨端水平	0.6/2	0.5/2	1.5/1	0.7/1.5	0.6/2;0.4/1
本体垂直弯	0.3/2				0.3/2
本体水平弯	0.6/2				0.6/2

表 6-6　对钢轨钢的钢质纯净度的要求

项　目	法国 TGV	日本 JISE1101	欧洲 UIC860	欧洲 EN
w(P)%	<0.035	<0.030	<0.040	<0.030
w(S)%	<0.030	<0.025	<0.040	<0.030
w(Al)%	<0.04			<0.040
w(H)%	2.5×10^{-4}			2.5×10^{-4}
w(O)%	10×10^{-4}		10×10^{-4}	

可以看出，为了提高钢轨材质的纯净度，在化学成分上对 P、S、AL、H、O 等有害元素进行了更严格的限制，并对残留元素含量做出了规定。我国调整铁路技术条件中的化学成分主要是参考了法国 TGV 及德国 ICE 使用 UIC900 钢种的经验及 TGV 和 EN 标准 UIC900A 标准的部分补充和修订，并考虑到提高焊接性能的需要对 C 的含量作了适量调整之后而成的，它综合了国外高速铁路钢轨的经验，因而将具有更优良的性能。我国的高速铁路采用的钢轨型号为 60 kg/m。

六、钢轨接头和轨缝

轨道上钢轨与钢轨之间用夹板和螺栓连接，称为钢轨接头。接头处轮轨动力作用大，养护维修工作量大，是轨道结构的薄弱环节之一。

(一)接头连接形式

我国钢轨接头的形式，从基本结构来分：有普通接头和尖轨接头两种。

1. 钢轨接头的类型

(1)按钢轨接头相对于轨枕的位置，可分为悬空式、单枕承垫式和双枕承垫式，如图 6-3 所示。

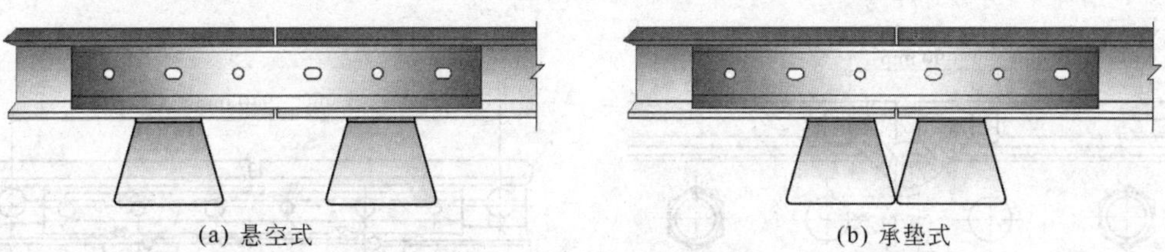

(a) 悬空式　　(b) 承垫式

图 6-3　悬空式和承垫式

(2)按左右两股钢轨接头相互位置可分为相对式和相错式两种，如图 6-4 所示。

我国一般采用相对悬空式，即两股钢轨接头左右对齐，同时位于两接头轨枕间。

(3)按接头连接的用途及工作性能来分，有普通接头、异型接头、绝缘接头、导电接头、胶结绝缘接头、冻结接头、伸缩接头等。

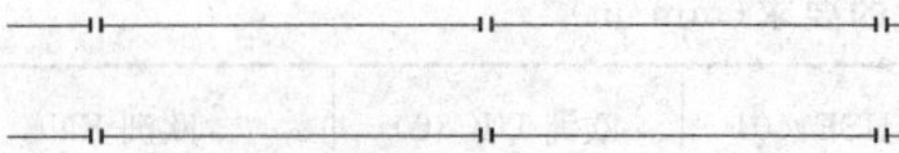

(a) 相对式

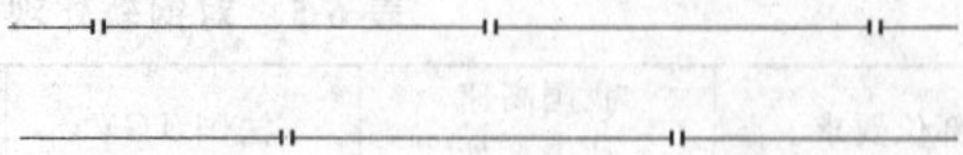

(b) 相错式

图 6-4　相对式和相错式

①普通接头:用于前后同类型钢轨的正常连接。

②异型接头:用于连接前后不同类型的钢轨。由于异型接头较易损坏,现多用异型钢轨代替异型接头,如图 6-5 所示,正线钢轨异型接头必须使用异型钢轨。

(a) 异型接头

(b) 异型钢轨

图 6-5　异型接头

③绝缘接头:在钢轨、夹板与螺栓之间,螺栓孔四周以及轨端之间均使用尼龙绝缘套管和尼龙绝缘垫片,使电流不能从一个闭塞分区传到另一个闭塞分区,如图 6-6 所示。用于自动闭塞区段闭塞分区两端的钢轨接头。

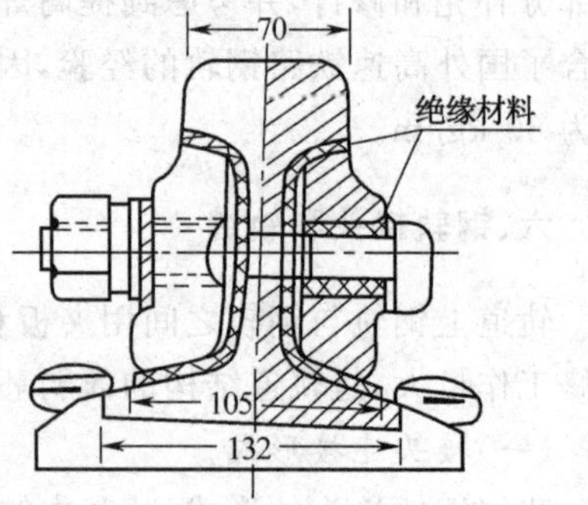

图 6-6　绝缘接头(单位:mm)

④导电接头:用于自动闭塞区段及电力牵引地段,供传导轨道电流或作为牵引电流回路之用。为了确保和加强导电性,要在接头处铆上或焊上一根导线,如图 6-7 所示。

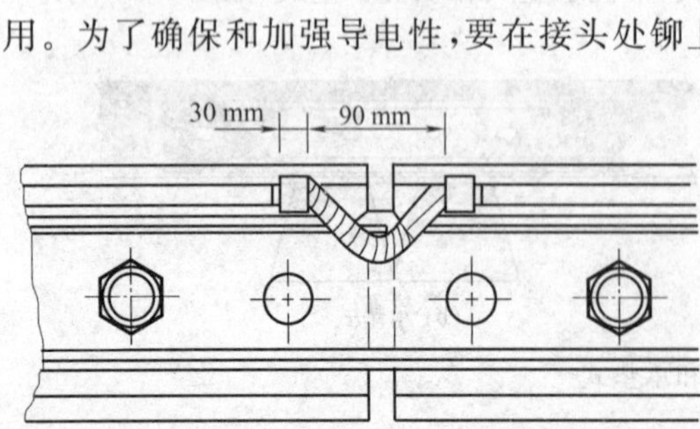

(a) 焊接式轨端接续线示意图

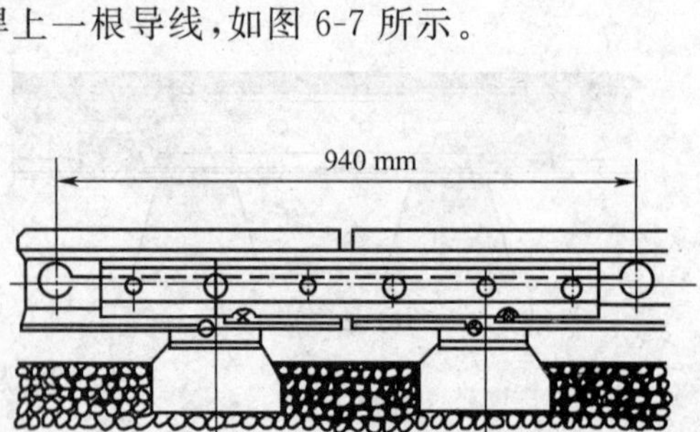

(b) 塞钉式导电连接装置

图 6-7　导电接头

⑤胶结绝缘接头：是用高强度胶黏剂，将钢轨和夹板胶合成一整体的接头。胶合层由胶黏剂与玻璃布组成，具有黏结和绝缘性能。一般用于无缝线路，它可以改善钢轨接头的平顺性，减轻列车对钢轨接头的附加动力作用，并且限制轨端的伸缩，如图 6-8 所示。

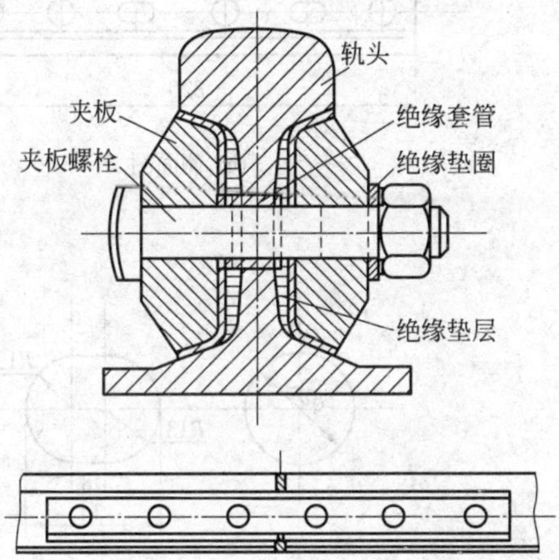

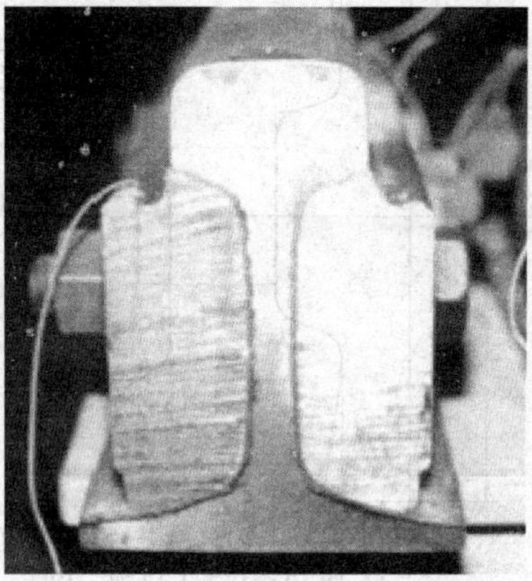

图 6-8　胶接绝缘接头

⑥冻结接头：阻止钢轨自由伸缩的接头，如图 6-9 所示，一般用于道口中和明面小桥等不适应设钢轨接头的处所。最早的冻结接头是用一块月牙形垫片垫在钢轨螺栓孔各螺栓之间，以阻止钢轨的热胀冷缩。但这种结构在列车振动作用下，月牙形垫片容易损坏或脱落起不到冻结作用。目前多用高分子化学胶黏剂来胶接夹板与钢轨的接触面，再用高强度螺栓拧紧。

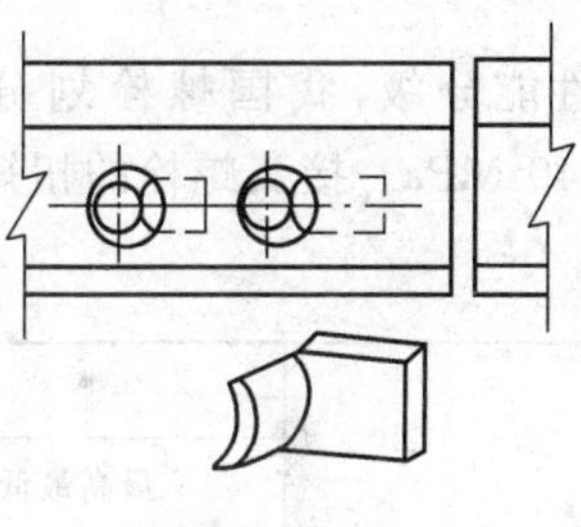

图 6-9　冻结接头

(二)钢轨接头联结零件

钢轨接头联结零件由夹板、螺栓、弹簧垫圈等组成。其作用是在接头处把钢轨连接起来，使钢轨接头部分具有与钢轨一样的整体性，以抵抗弯曲和位移。接头处还要满足钢轨伸缩的要求。

1. 接头夹板

夹板是承受弯矩、传递纵向力、阻止钢轨伸缩的重要部件，要求有一定的垂直和水平刚度及足够的强度。夹板的形式很多，我国采用斜坡支承双头对称型夹板，简称双头式夹板。图 6-10 为 60 kg/m 钢轨的夹板图。

双头式夹板的优点是在竖直荷载作用下，具有较大的抵抗挠曲和横向位移的能力。夹板的上下两面均有斜坡，能楔入轨腰空间，但不贴住轨腰。这样，当夹板稍有磨耗，以致连接松弛时，仍可重新旋紧螺栓，保持接头联结的牢固。每块夹板上有螺栓孔 6 个，圆形孔与长圆形孔相间。圆形螺栓孔的直径较螺栓直径略大，长圆形螺栓孔的长径较螺栓头下突出部分的长径略大。依靠钢轨圆形螺栓孔直径与螺栓直径之差，以及夹板圆形螺栓孔直径与螺栓直径之差，就可以得到所需要的预留轨缝值。

普通夹板用于连接同类型的钢轨。而连接两个不同断面的钢轨，则要用异型夹板。

2. 接头螺栓、螺母及弹簧垫圈

接头螺栓、螺母是用来夹紧夹板和钢轨的配件，垫圈是为了防止螺栓松动。螺栓根据其机

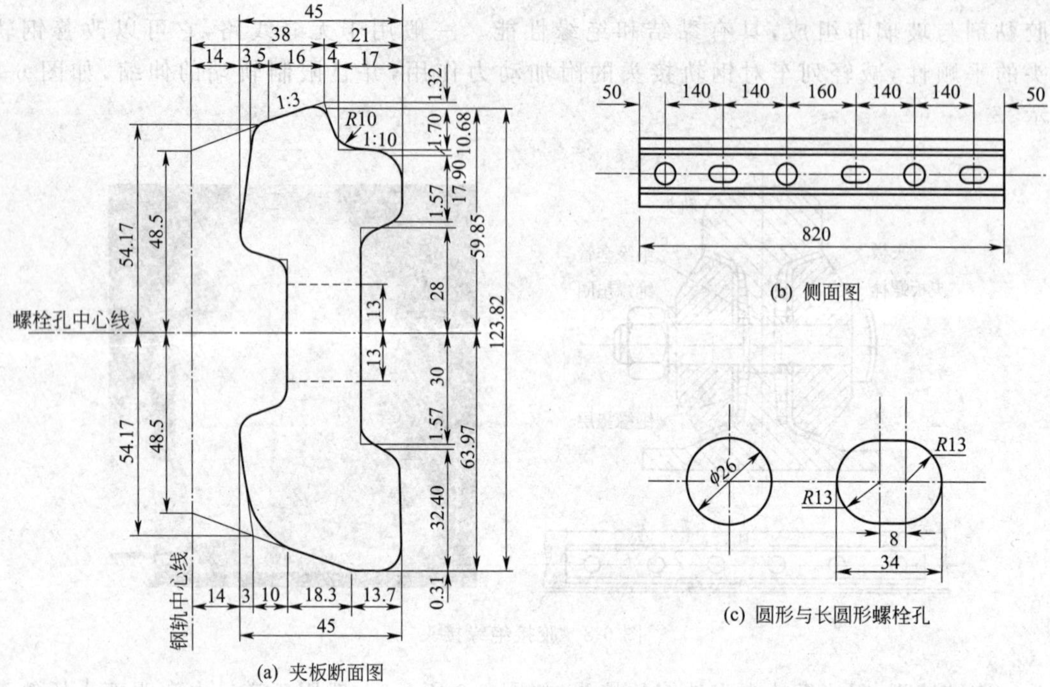

图 6-10　60 kg/m 钢轨用夹板图(专线 3161)(单位:mm)

械性能分级,我国螺栓划分为 8.8 和 10.9 级两个等级,其抗拉强度相应为830 MPa和 1 040 MPa。接头螺栓的扭矩应达到表 6-7 的规定,扭矩不得低于规定值 100 N·m以上。

表 6-7　接头螺栓扭矩表

项　　目	25 m 钢轨						12.5 m 钢轨	
	最高最低轨温差>85 ℃			最高最低轨温差≤85 ℃				
轨重(kg/m)	60	50	43	60	50	43	50	43
螺栓等级	10.9	10.9	8.8	10.9	8.8	8.8	8.8	8.8
扭矩(N·m)	700	600	600	500	400	400	400	400
C 值(mm)	6			4			2	

注:①C 值为接头阻力及道床阻力限制钢轨自由伸缩的数值。

②小于 43 kg/m 钢轨比照 43 kg/m 钢轨办理。

③高强度绝缘接头螺栓扭矩不小于 700 N·m。

3. 接头联结零件使用的条件

(1)接头夹板伤损达到下列标准时应及时更换:

①折断。

②中间两螺栓孔范围内裂纹;正线、到发线有裂纹;其他站线平直及异型夹板超过5 mm,双头及鱼尾型夹板超过 15 mm。

③其他部位裂纹发展到螺栓孔。

(2)接头螺栓及垫圈伤损达到下列标准时应及时更换:

①螺栓折断,严重锈蚀、丝扣损坏或杆径磨耗超过 3 mm 不能保持规定的扭矩。

②垫圈折断或失去弹性。

(三)轨缝计算

为适应钢轨热胀冷缩的需要,在钢轨接头处要预留轨缝。

1. 当轨温达到当地最高轨温时,轨缝应大于或等于零,使轨端不受挤压力,以防温度压力太大而胀轨跑道;

2. 当轨温达到当地最低轨温时,轨缝应小于或等于构造轨缝,使接头螺栓不受剪力,以防接头螺栓拉弯或拉断。构造轨缝是指受钢轨、接头夹板及螺栓尺寸限制,在构造上能实现的轨端最大缝隙值。

《铁路线路修理规则》规定普通线路预留轨缝计算公式为

$$a_0=\alpha L(t_z-t_0)+\frac{1}{2}a_g \tag{6-1}$$

式中 a_0——换轨或调整轨缝时的预留轨缝(mm);

α——钢轨钢线膨胀系数,$\alpha=0.011\,8$(mm/m℃);

L——钢轨长度(m);

t_0——换轨或调整轨缝时的轨温(℃);

a_g——构造轨缝,采用 $a_g=18$ mm;

t_z——当地中间轨温(℃),其值为

$$t_z=\frac{1}{2}(T_{max}+T_{min}) \tag{6-2}$$

其中 T_{max}——当地历史最高轨温(℃),为当地有气象资料以来最高气温加 20 ℃,

T_{min}——最低轨温(℃),为当地有气象资料以来最低气温。

在最高、最低轨温差小于 85 ℃地区,在按上式计算以后,可根据具体情况将轨缝值减小 1～2 mm。

当 25 m 钢轨铺设在当地历史最高、最低轨温差大于 100 ℃的地区时,应进行个别设计。

在 12.5 m 钢轨地段,更换钢轨或调整轨缝时的轨温不受限制。在 25 m 钢轨地段,更换钢轨或调整轨缝时的轨温限制范围为(t_z+30 ℃)～(t_z−30 ℃);最高、最低轨温差小于 85 ℃地区,如将轨缝值减小 1～2 mm,则轨温限制范围相应的降低 3～7 ℃。

【例 6-1】 兰州地区最高轨温为 59.1 ℃,最低轨温为−23.3 ℃,若铺设 25 m 长的60 kg/m 钢轨,采用 10.9 级螺栓,试计算在 20 ℃铺设时的预留轨缝。

【解】 根据公式(6-2)及(6-1)有

$$t_z=\frac{1}{2}(T_{max}+T_{min})=\frac{1}{2}(59.1-23.3)=17.9(℃)$$

$$a_0=\alpha L(t_z-t_0)+\frac{1}{2}a_g=0.011\,8\times25\times(17.9-20)+\frac{1}{2}\times18=8.4(\text{mm})$$

取预留轨缝 $a_0=8$ mm。

第三节 轨 枕

轨枕承受来自钢轨的各向压力,并弹性地传布于道床,同时,有效地保持轨道的几何形位,特别是轨距和方向。轨枕应具有必要的坚固性、弹性和耐久性,并能便于固定钢轨,有抵抗纵向和横向位移的能力。

轨枕依其构造及铺设方法分为横向轨枕、纵向轨枕及短枕等。横向轨枕与钢轨垂直间隔铺设,是一种最常用的轨枕。纵向轨枕一般仅用于特殊需要的地段。短枕是在左右两股钢轨下分开铺设的轨枕,常用于混凝土整体道床。轨枕按其使用目的分为用于一般区间的普通轨枕,用于道岔上的岔枕,用于无砟桥梁上的桥枕。轨枕按其材料分主要有木枕、混凝土枕和钢枕。

一、木　　枕

木枕又称枕木,是铁路最早采用而且仍然被继续使用的一种轨枕。主要优点是弹性好,可缓和列车的动力冲击作用;易加工,运输、铺设、养护维修方便;与钢轨连接比较简单;有较好的绝缘性能等。但木枕要消耗大量优质木材,由于资源有限,其价格较贵。木枕的主要缺点是易腐朽、磨损,使用寿命短;其次是由于木材种类和部位的不同,其强度、弹性不完全一致,在机车车辆作用下会形成轨道不平顺,增大了轮轨动力作用。

木枕的失效原因很多,主要是腐朽、机械磨损和开裂。木枕腐朽是生物作用的过程,而机械磨损和开裂则是列车反复作用和时干时湿的结果。这三者是互为因果的。木枕一旦腐朽,强度就要降低,同时又会促进机械磨损和开裂的加剧发展。相反,木枕一旦出现机械磨损和开裂,木质受到损伤,就为加速腐朽提供了有利条件。为延长木枕使用寿命,应对这三者进行综合治理。

木枕的防腐处理是延长其使用寿命的最有效措施。木枕常用的防腐剂有水溶性防腐剂和油类防腐剂两类,其中以油类防腐剂为主要类型。木枕防腐处理按规定的工艺流程,在一个密封蒸制罐中进行。

木枕除进行防腐处理外,还应采取措施防止机械磨损及开裂的出现。为了减少机械磨损,木枕上必须铺设垫板,并预钻道钉孔。为防止木枕开裂,必须严格控制木枕的含水率,并改善其干燥工艺。一旦出现裂缝,应根据裂缝大小,分别采取补救措施,或用防腐浆膏掺以麻筋填塞,或加钉 C 形钉、S 形钉、组钉板及用铁丝捆扎,使裂缝愈合。

二、混凝土枕

(一)混凝土枕类型

随着铁路高速、重载发展的需要,用混凝土枕代替木枕已成为发展方向。混凝土枕材源较多,并能保证尺寸精度,使轨道弹性均匀,提高轨道的稳定性。混凝土枕不受气候、腐朽、虫蛀及火灾的影响,使用寿命长。此外,混凝土枕还具有较高的道床阻力,这对提高无缝线路的横向稳定性是十分有利的。

混凝土枕的特点是自重大、刚度大,与木枕线路相比其轨底挠度较平顺,故轨道动力坡度小。但在列车通过不平顺的混凝土枕线路时,轨道附加动力增大。故对轨下部件的弹性提出了更高的要求,以提高线路减振性能。

混凝土枕按使用部位的不同,可分为普通混凝土枕、混凝土岔枕及混凝土桥枕三种。

按结构形式分有整体式、组合式和半枕三种。整体式混凝土枕整体性强,稳定性好,制作简便,是目前各国使用最多的一种类型。

组合式混凝土枕由两个钢筋混凝土块体用一根钢杆连接而成。这种轨枕整体性不如整体式混凝土枕,但由于它用混凝土和钢材组合而成,能充分发挥各自的力学性能优势。图 6-11 为法国铁路上采用的双块式混凝土枕。

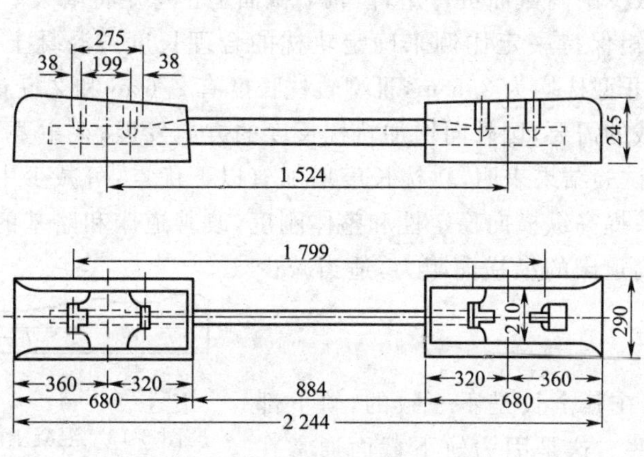

图 6-11 法国双块混凝土枕(单位:mm)

半枕用两块普通钢筋混凝土块体分别支承左右两股钢轨,彼此间无直接联系。一般用于整体道床上。

按配筋方式,可分为普通钢筋混凝土枕和预应力混凝土枕两大类。普通钢筋混凝土枕抗弯能力较差,容易开裂失效,已被淘汰。预应力混凝土枕具有抗裂性能好,用钢量少的优点。我国主要采用整体式、预应力混凝土枕,简称混凝土枕(PC枕)。

(二)混凝土枕外形及尺寸

混凝土枕结构设计主要取决于其受力状况。轨枕为支承在弹性基础上的短梁,在钢轨传来的荷载作用下,轨枕底面对轨枕产生反力,轨枕各截面则产生弯矩。设计中规定:轨枕截面上部受压为"－",下部受拉为"＋"。

混凝土枕受力状况与道床支承条件有密切关系,支承条件有中间不支承、中间部分支承和全支承三种情况,如图 6-12 所示。在不同支承情况下,轨枕承受弯矩的情况是不同的。由图中可以看出,轨下截面正弯矩以中间部分不支承时为最大,而枕中截面负弯矩则以全支承时为最大。

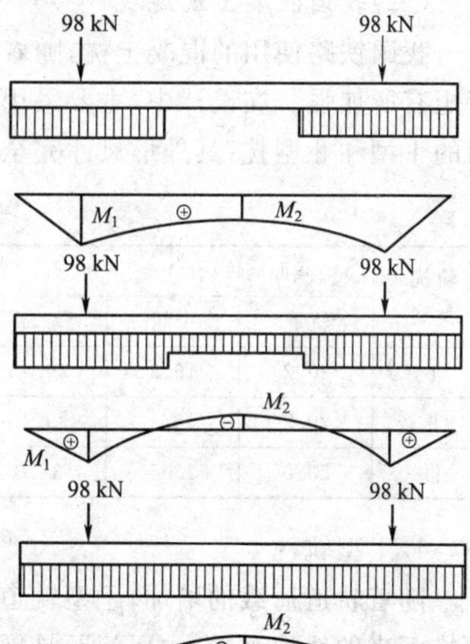

图 6-12 枕中弯矩与道床支承的关系

1. 轨枕形状

混凝土枕截面为梯形,上窄下宽。梯形截面可以节省混凝土用量,减少自重,也便于脱模。

轨枕顶面宽度应结合轨枕抗弯强度、钢轨支承面积、轨下衬垫宽度、中间扣件尺寸等因素进行综合考虑加以确定。轨枕顶面支承钢轨的部分称为承轨槽,做成 1∶40 的斜面,以适应轨底坡的要求。轨枕底面在其纵向采用两侧为梯形、中间为矩形的形状,两端有较大的道床支承面积,以提高轨枕在道床上的横向阻力。当中间部分不支承时,能使钢轨压力 R 与道床反力 q 的合力尽量靠拢,有利于防止中间断面上出现过大的负弯矩。轨枕底面宽度应同时满足减少道床压力和便于捣固两方面的要求。底面上一般还做出各种花纹或凹槽,以增加轨枕与道床间的摩阻力。

2. 轨枕长度

轨枕长度与轨枕受力状态有关。根据图 6-12 三种不同支承情况,对不同轨长进行计算表明,长轨枕虽然可以减少中间截面负弯矩,但轨下截面上正弯矩将增大。一般应以轨下截面正弯矩与枕中截面负弯矩保持一定比例来确定轨枕的合理长度。混凝土枕长度一般在 2.3～2.7 m 之间,我国Ⅰ、Ⅱ型枕均为 2.5 m,Ⅲ型轨枕长度有 2.6 m 和 2.5 m 两种。

为适应高速、重载的需要,国外向增加轨枕长度的方向发展,在主要干线上普遍采用长度 2.6 m 的轨枕。有关试验结果表明,轨枕长度增加有以下优点:可减少中间截面外荷载弯矩,以提高轨枕结构强度;提高纵横向稳定性和整体刚度,改善道床和路基的工况,对无缝线路的铺设极为有利;可提高道床的纵横向阻力,适当减少轨枕配置根数。

3. 轨枕高度

混凝土枕的高度在其全长是不一致的,轨下部分高些,中间部分矮些。这是因为轨下截面通常在荷载作用下产生正弯矩,而中间截面则在荷载作用下产生负弯矩。混凝土枕采用直线配筋,且各截面上的配筋均相同,所以配筋的重心线在轨下部分应在截面形心之下,而在中间部分则应在截面形心之上,如图 6-13 所示。这样对混凝土施加的预压应力形成有利的偏心距,使混凝土的拉应力不超过允许限度,防止裂缝的形成和扩展。

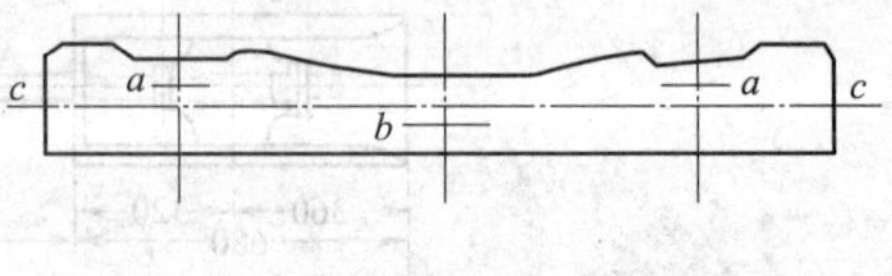

图 6-13 混凝土配筋重心线示意图

a—轨下截面形心;b—中间截面形心;c—应力筋重心线

(三)我国混凝土枕现状

我国铁路使用的混凝土枕,随着轨道荷载(轴重、速度、通过总重)的增加,轨枕截面的承载弯矩有所加强。在设计中,主要采用提高混凝土等级,增加预应力和截面高度等措施。目前使用的Ⅰ型和Ⅱ型枕,其外形尺寸完全相同,Ⅲ型轨枕截面则有所增强,主要尺寸见表 6-8 所示。

表 6-8 混凝土枕主要尺寸

轨枕类型	截面高度(cm)		截面宽度(cm)			底面积(cm²)	质量(kg)	长度(cm)
	轨下	中间	端部	轨下	中间			
Ⅰ	20.2	16.5	29.45	28	25	6.588	251	250
Ⅱ	20.2	16.5	29.45	28	25	6.588	251	250
Ⅲ	23.0	18.5	32.0	30.0	28.0	7 220	320	260

1. Ⅰ型轨枕

随着轨道荷载的增加,Ⅰ型轨道已不适应铁路运输的发展,正逐步被淘汰下道。从线路上更换下来的轨枕来看,主要问题是螺栓孔间的纵裂及轨下正弯矩裂缝。

2. Ⅱ型轨枕

Ⅱ型轨枕的设计是根据重载线路承受荷载大,重复次数多的特点,采用疲劳可靠性进行设计的。设计标准是按韶山型机车,年运量 60 Mt,机车轴重 25 t、货车 23 t,最高行车速度 120 km/h,铺设 60 kg/m 钢轨。与Ⅰ型轨枕相比,轨下截面正弯矩的计算承载能力提高 13%～25%,中间截面正弯矩提高约 8.8%,中间截面负弯矩提高 14%～41%。

Ⅱ型轨枕基本上适用于次重型、重型轨道。Ⅱ型轨枕的不足是安全储备还不够大,对提高轨道的整体稳定性能力还不足。现场使用情况调查表明,在重型、次重型轨道上使用的轨枕,在某些区段出现轨中顶面横向裂缝、沿螺栓孔纵向裂缝、枕端龟裂、侧面纵向水平裂缝、挡肩斜裂等,轨枕年失效下道率平均约 1.2%。由此可知,Ⅱ型轨枕难以适应重型和特重型轨道的承载条件。图 6-14 为Ⅱ型轨枕轨端开裂病害。

图 6-14 Ⅱ型轨枕轨端开裂病害

3. Ⅲ型轨枕

Ⅲ型轨枕分有挡肩和无挡肩两种形式，如图 6-15 所示。Ⅲ型轨枕适用范围为：标准轨距铁路，有挡肩轨枕适用于直线或 $R \geqslant 300$ m 的曲线轨道；无挡肩轨枕适用于直线或 $R \geqslant 350$ m 的曲线轨道。Ⅲ型轨枕使用条件见表 6-9。

(a) 有挡肩　　(b) 无挡肩

图 6-15 有挡肩和无挡肩两种形式的Ⅲ型轨枕

表 6-9 Ⅲ型混凝土枕使用条件

机车类型	轴重(t)	年通过总量密度(Mt·km/km)	最高客车速度(km/h)	最高货车速度(km/h)	钢轨类型(kg/m)	铺枕根数(根/km)	道床厚度(mm)		
							非渗水土路基		岩石、渗水土路基
							面层	垫层	
内燃电力	23	＞30	200	90	60、75	1 680	30	20	35

Ⅲ型枕的主要特点：

(1)结构合理，强化了轨道结构。由于轨枕长度增加到 2.6 m，并适当加宽了枕底，使枕下支承面积增加 17%，端侧面积增加约 20%，轨枕质量增加 31%，因此，可有效提高道床的纵、横向阻力，减缓重载运输所产生的道床累积变形，提高线路的稳定性。

(2)轨下和中间截面的设计承载力，较Ⅱ型轨枕分别提高了 43%和 65%，提高了轨枕的强度。

(3)采用无螺栓扣件的扣压力能保持线路稳定。无纵、横向移动,有利于保持轨道的几何尺寸,减少养护维修工作量。

三、轨枕间距

轨枕间距与每公里配置的轨枕根数有关。轨枕根数应根据运量、行车速度及线路设备条件确定,并和钢轨及道床等综合考虑,合理配套,以求在最经济的条件下,保证轨道具有足够的强度和稳定性。轨枕密一些,道床、路基面、钢轨以及轨枕本身受力都可小一些。同时,使轨距、方向易于保持,对行车速度高的地段尤为重要。但也不能太密,太密则不经济,而且净距过小,也会在一定程度上影响捣固质量。

我国铁路规定,对木枕轨道,每公里最多为 1 920 根,混凝土枕为 1 840 根;每公里最少均为 1 440 根。轨枕的级差为每公里 80 根。每公里铺设数量由线路等级决定,线路上的轨枕类型及配置根数,应根据运量、线路允许速度及线路设备条件等确定。允许速度大于 120 km/h 的线路应铺设Ⅲ型混凝土枕,既有Ⅱ型混凝土枕应逐步更换为Ⅲ型混凝土枕。普通线路换轨大修及铺设无缝线路前期工程时,除应将失效的轨枕和严重伤损的混凝土枕更换掉外,还应根据运输发展的需要,按表 6-10 所列标准,更换为与运营条件相适应的轨枕并补足配置根数。

表 6-10 轨枕类型和配置根数标准

五年内年计划通过总重(Mt)			$W_年\geqslant 25$	$25>W_年\geqslant 15$	$W_年<15$
轨枕配置数量(根/km)	木 枕		1 840	1 840～1 760	1 760～1 680
	Ⅱ型混凝土枕		1 840	1 760	1 760～1 680
	Ⅲ型混土枕	无缝线路	1 667		
		普通线路	1 680		
	混凝土宽枕		1 760	1 760	1 760

符合下列条件之一的正线木枕或Ⅱ型混凝土枕地段,线路设备大修时应增加轨枕配置数量,Ⅱ型混凝土枕每千米增加 80 根,木枕每千米增加 160 根,条件重合时只增加一次,但不能超过前述允许最大铺设数量。

(1)半径为小于等于 800 m 的曲线地段。

(2)坡度大于 12‰的下坡制动地段。

(3)长度大于等于 300 m 的隧道内。

普通轨道上,钢轨接头处车轮的冲击动荷载大,接头处轨枕的间距 c 应当比中间间距 a 小一些,且从接头间距向中间间距过渡时,应有一个过渡间距 b,以适应荷载的变化,如图 6-16 所示。

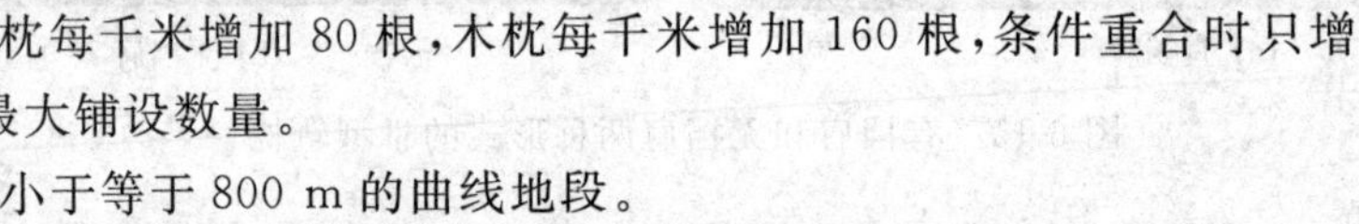

图 6-16 轨枕间距计算图

每节钢轨下轨枕间距应当满足:$a>b>c$。接头轨枕间距一般是给定的:对于 50 kg/m 及以上钢轨,木枕接头间距为 440 mm,混凝土枕接头间距为 540 mm。由图 6-16 可知:

$$a=\frac{L-c-2b}{n-3} \tag{6-3a}$$

设 $b=\frac{a+c}{2}$ 代入上式，得

$$a=\frac{L-2c}{n-2} \tag{6-3b}$$

将式(6-3b)代入式(6-3a)中，求得 b 值：

$$b=\frac{L-c-(n-3)a}{2} \tag{6-4}$$

式中 L——标准轨长(含一个轨缝宽度，轨缝一般取 8 mm)；

n——一节钢轨下轨枕的根数；

a——中间轨枕间距；

c——接头轨枕间距；

b——过渡轨枕间距。

根据式(6-3b)算出的轨枕间距 a 取整为 5 mm 的倍数，然后代入式(6-4)求得 b 应有的值。普通线路的轨枕间距如表 6-11 所示；对于无缝线路，轨枕间距应均匀布置。

表 6-11　普通线路的轨枕间距表

轨型	钢轨长度(m)	每千米配置根数	每节钢轨配置根数	木枕(mm)			混凝土枕(mm)		
				c	b	a	c	b	a
75 kg/m 60 kg/m 50 kg/m	12.5	1 600	20	440	594	640	540	587	635
		1 680	21	440	544	610	540	584	600
		1 760	22	440	524	580	540	569	570
		1 840	23	440	534	550	540	544	544
		1 920	24	440	469	530			
	25.0	1 600	40	440	537	635	540	579	630
		1 680	42	440	487	605	540	573	598
		1 760	44	440	497	575	540	549	570
		1 840	46	440	459	550	540	538	544
		1 920	48	440	472	525			

四、混凝土宽枕

(一)混凝土宽枕的特点

混凝土宽枕是一块预制的混凝土板，与混凝土枕外形相似，又称轨枕板。其制造工艺与混凝土枕基本相同。宽枕长度与普通混凝土枕长度相同，均为 2.5 m，而宽度约为后者的两倍。宽枕由于宽度较大，直接铺设在预先压实的道床面上，在制造中对其厚度的控制要求较严格。

混凝土宽枕在道床上密排铺设，每公里铺 1 760 块，每块枕上安装一对扣件，由钢轨传来

的力处于宽枕轴线的对称位置,可避免荷载的偏心。宽枕由于宽度较大,在纵横两个方向上都有弯矩作用,是一块支承在弹性基础上的板。图 6-17 为混凝土宽枕轨道平面示意图。

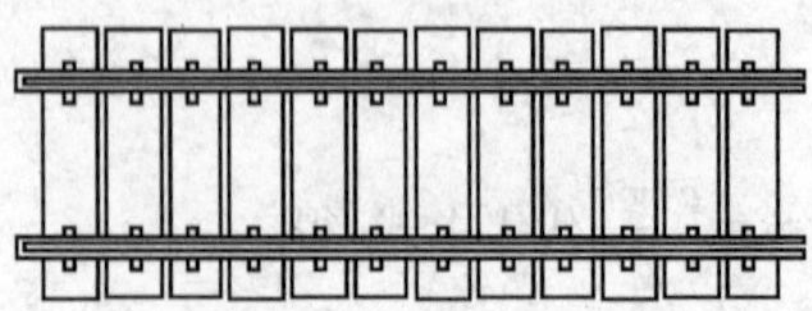

图 6-17 混凝土宽枕轨道平面示意图

混凝土宽枕与普通枕比较有以下优点:

(1)宽轨枕宽 55 cm,支承面积较混凝土枕大一倍,使道床的应力大为减少。同时,每块宽枕的质量为 500 kg 左右,可以减小道床的振动加速度,使道床的变形减小,残余变形积累过程延缓,轨道几何形位易于保持,整个轨道结构得到加强。

(2)轨枕与道床接触面上的摩阻力增大,提高了轨道的横向稳定性,道床阻力增加约 80%,有利于铺设无缝线路。

(3)宽轨枕密排铺设,枕间空隙用沥青混凝土封塞,防止雨水等侵入道床内部,从而有效地保持道床的整洁,延长道床的清筛周期。

(4)宽轨枕轨道的维修养护工作量较小,仅为混凝土枕轨道的 1/4~1/2,从而可减轻和改善养护工作条件,减少作业次数,节省养护费用。此外,由于养护维修作业基本上可在轨道两旁进行,对行车干扰较少,比较适合在运输繁忙的铁路上使用。

(5)宽轨枕轨道外观整洁美观。综上所述,混凝土宽枕轨道是一种很有发展前景的轨道结构形式。它可适用于运输繁忙、行车密度大的线路;线路维修条件差的长大隧道,以及大型客货站场。

(二)混凝土宽枕类型及铺设要求

目前我国铁路上使用的混凝土宽枕主要为弦 76、筋 76、弦 82、筋 82 几种型号,也有少量的弦 65A、筋 65A、筋 65B、弦 72 等。混凝土宽枕的铺设应按照“宽枕铺设养护维修技术条件”进行。

(1)要求路基坚实稳定,排水畅通,没有翻浆冒泥等病害,采用碎石道床,由底、面两层组成,道砟材料要求坚硬耐磨,道床要分层夯实整平;混凝土宽枕端部埋入道床深度为 8~10 cm,其中部 60 cm 范围内,道床顶面应低于枕底 5~10 cm。

(2)混凝土宽枕轨道的弹性、道床断面尺寸、排水方式等方面与其他结构形式的轨道不同,因此,与其他轨道连接时必须设置过渡段:与木枕轨道连接时,应用长度不短于 25 m 的混凝土枕轨道过渡;与混凝土枕连接时,要求有 5 块混凝土宽枕伸入混凝土枕轨排内;混凝土宽枕轨道通过明桥面时,宽枕可直接铺到明桥面桥头双枕前。

第四节 扣 件

钢轨联结零件包括接头联结零件和中间联结零件。

钢轨与轨枕间的联结是通过中间联结零件实现的。中间联结零件也称扣件,要求具有足够的强度、耐久性和一定的弹性,能长期有效地保持钢轨与轨枕的可靠连接,阻止钢轨相对于轨枕的移动,并能在动力作用下充分发挥其缓冲减震性能,延缓轨道残余变形积累。此外,还应构造简单,便于安装及拆卸。

一、木枕扣件

木枕扣件主要有分开式和混合式两种。

分开式扣件如图 6-18 所示。它是将钢轨和垫板、垫板和木枕分别连接起来。由图可见，它是用 4 个螺纹道钉连接垫板与木枕，两个底脚螺栓扣压钢轨与垫板，其道钉和底脚螺栓构成“K”形，故又称“K”式扣件。分开式扣件扣压力大，可有效防止钢轨爬行。其缺点是零件多，用钢量大，更换钢轨麻烦。分开式扣件主要用在桥上线路。

混合式扣件如图 6-19 所示，零件有道钉和五孔双肩铁垫板。混合式扣件是我国铁路木枕轨道上使用最广泛的一种扣件。它除用道钉将钢轨、垫板和木枕一起扣紧外，还另用道钉将垫板与木枕单独扣紧。这种扣紧方式可减轻垫板的振动，且零件少，安装方便，其缺点是钢轨受荷载后向上挠曲时，易将道钉拔起，降低扣压力。

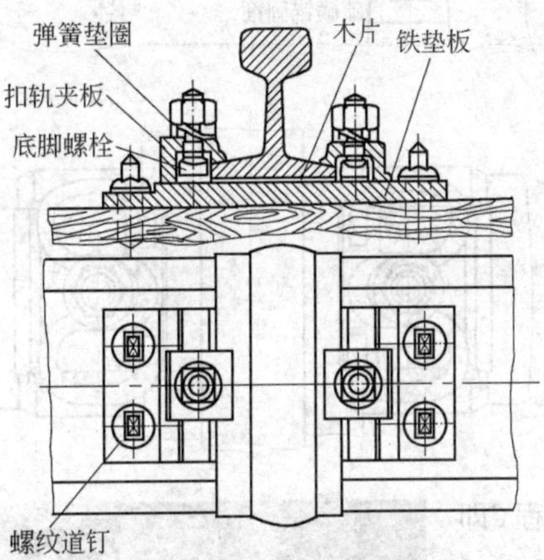

图 6-18 “K”式扣件

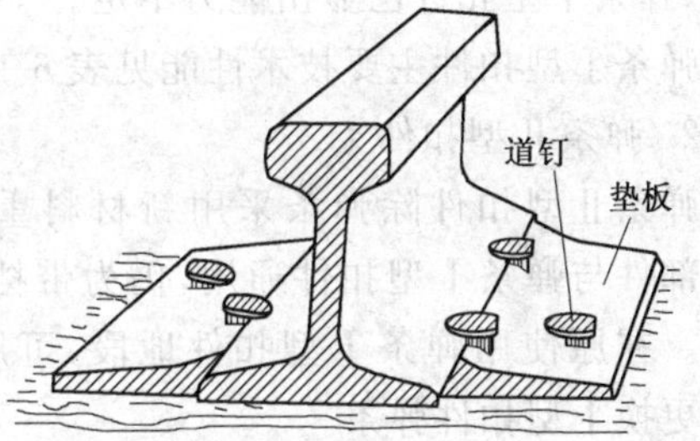

图 6-19 木枕扣件

二、混凝土枕扣件

混凝土枕具有质量大、刚度大的特点，对扣件性能要求较高，对其扣压力、弹性和可调性均有较严格要求。混凝土枕扣件应具备如下性能：

(1)足够的扣压力。这是钢轨和轨枕连接的重要保证。足够的扣压力是指当钢轨弯曲和转动时，不致使轨底沿垫板发生纵向位移，即要求扣件的纵向阻力大于道床的纵向阻力。我国每根轨枕的纵向阻力约为 10 kN，一组扣件的纵向阻力以 15～25 kN 为宜，与之相应的扣压力约为 10 kN。当然扣压力也不宜太大，否则会使扣件弹性急剧下降，影响扣件使用寿命。

(2)适当的弹性。混凝土枕线路的弹性较木枕差许多，因而混凝土枕线路在垂直和水平方向的弹性主要由扣件提供。适当的弹性可减小荷载对道床的压力，减小簧下振动加速度，延长部件使用寿命。扣件弹性主要由橡胶垫板和弹条等部件提供。

(3)具有一定的轨距和水平调整量。混凝土枕的螺栓孔间距和承轨槽宽度都是一定的，当曲线轨距需要加宽或因钢轨磨耗使轨距扩大时，都需要通过扣件对轨距进行调整。维修中也需要通过扣件来调整两股钢轨的水平。

(4)混凝土枕扣件还要求具有绝缘性能。

我国铁路扣件经历了扣板式扣件、拱形弹片式扣件、弹条Ⅰ型扣件、弹条Ⅱ型扣件和弹条Ⅲ型扣件的发展阶段。随着运量和速度的提高，扣板式扣件和拱形弹片式扣件已不能满足使用要求，正在逐渐被淘汰。

1. 弹性Ⅰ型扣件

弹条Ⅰ型扣件主要由ω形弹条、螺旋道钉、轨距挡板、挡板座及弹性橡胶垫板等组成。图 6-20 为 60 kg/m 钢轨弹条Ⅰ型扣件。图中轨距挡板的作用是调整轨距,传递钢轨的横向水平推力。挡板座是为支撑轨距挡板,后背斜面支承在轨枕挡肩上,要求挡板座有一定强度来承受和传递横向水平力,有足够的绝缘性能以防止漏电。挡板座两斜面的厚度不同,可调换使用,也可起到调整轨距的作用,使用时应按规定选择。

随着高速、重载运输的发展,对于重型和特重型轨道,弹条Ⅰ型扣件已显出能力不足。

弹条Ⅰ型扣件主要技术性能见表 6-12。

2. 弹条Ⅱ型扣件

弹条Ⅱ型扣件除弹条采用新材料重新设计外,其余部件与弹条Ⅰ型扣件通用,仍为带挡肩、有螺栓扣件。在原使用弹条Ⅰ型扣件地段,可用Ⅱ型扣件弹条更换Ⅰ型扣件弹条。

弹条Ⅱ型扣件单个弹条扣压力不小于 10 kN,弹程(即弹性变形量)不小于 10 mm,分别比Ⅰ型扣件提高约 30%;组装扣件承受横向疲劳荷载为 70 kN,在荷载循环 200 万次后,各部件不得损坏。主要技术性能见表 6-12。轨距的调整仍用轨距挡板和挡板座的不同号码相互调配。

弹条Ⅱ型扣件具有扣压力大、强度安全储备大、残余变形小等优点。适用于Ⅱ或Ⅲ型混凝土枕的60 kg/m钢轨线路。

3. 弹条Ⅲ型扣件

弹条Ⅲ型扣件是无螺栓无挡肩扣件。无螺栓无挡肩扣件是世界各国轨枕扣件发展的趋势,特别适用于重载、大运量、高密度的运输条件。

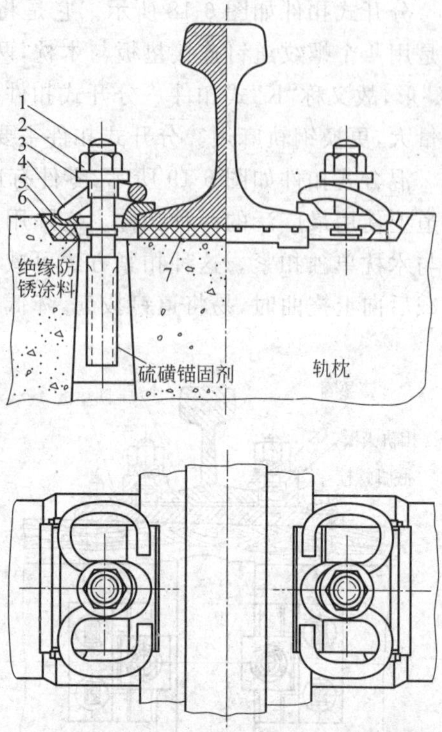

图 6-20 弹条Ⅰ型扣件

1—螺纹道钉;2—螺母;3—平垫圈;4—弹条;5—轨距挡板;6—挡板座;7—橡胶垫板

表 6-12 我国各类轨枕扣件的技术性能

扣件名称 / 扣件性能	弹条Ⅰ型	弹条Ⅰ型调高	大秦线分开式	弹条Ⅱ型	弹条Ⅲ型
每个弹条的初始扣压力(kN)	8.9	8.2	8.9	≥10	≥11
弹条变形量(mm)	8	9	8	10	11
纵向防爬阻力(kN)	14.3	13.1	14.3	16	17.6
扣压节点垂直静刚度(kN/mm)	90～120	90～120	60～80	60～80	60～80
调轨距量(mm)	−4～+8	−4～+8	−12～+8	−8～+12	−3～+4
调高量(mm)	≤10	≤20	≤15	≤10	≤0
备注	B型弹条	A型弹条	B型弹条	Ⅱ型弹条	Ⅲ型弹条

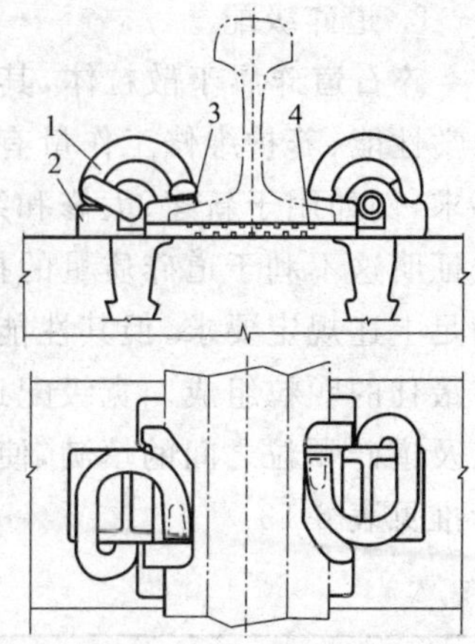

图 6-21　弹条Ⅲ型扣件
1—弹条；2—预埋铁座；3—绝缘轨距块；4—橡胶垫板

图 6-21 为弹条Ⅲ型扣件，它由弹条、预埋铁座，绝缘轨距块和橡胶垫板组成。弹条Ⅲ型扣件适用于标准轨距铁路直线或半径 $R \geqslant 350$ m 的曲线，铺设 60 kg/m 钢轨和Ⅲ型无挡肩混凝土枕的无缝线路轨道。

弹条Ⅲ型扣件的主要技术性能指标见表 6-12。扣件抗横向水平力的能力，对于静态为 100 kN，对于动态为 70 kN(荷载循环 200×10^6 次)；预埋铁座抗拔力不小于 60 kN。

弹条Ⅲ型扣件具有扣压力大、弹性好等优点，特别是取消了混凝土挡肩，从而消除了轨底在横向力作用下发生横移导致轨距扩大的可能性，因此保持轨距的能力很强，又由于取消了螺栓连接的方式，大大减小了扣件养护工作量。

由于Ⅲ型扣件无螺栓故无须进行涂油作业，这些性能都十分适合于高速行车和大型养路机械作业。《高速铁路设计规范》规定：有砟轨道采用与轨枕配套的弹性扣件，其弹性垫层静刚度宜为 50～70 kN/mm。

第五节　碎石道床

一、碎石道床的功能及对材质的要求

(一)碎石道床的功能

道床是有砟轨道的重要组成部分，是轨道框架的基础，具有以下功能：

(1)承受来自轨枕的压力并均匀地传递到路基面上；

(2)提供轨道的纵横向阻力，保持轨道的稳定；

(3)提供轨道弹性，减缓和吸收轮轨的冲击和振动；

(4)提供良好的排水性能，以提高路基的承载能力及减少基床病害；

(5)便于轨道养护维修作业，校正线路的平纵断面。

(二)对碎石道床材料的要求

为适应上述道床功能，道砟应具有以下性能：质地坚韧，有弹性，不易压碎和捣碎；排水性能好，吸水性差；不易风化，不易被风吹动或被水冲走。

用作道砟的材料有：碎石、天然级配卵石、筛选卵石、粗砂、中砂及熔炉矿渣等。在具体选用道砟材料时，应根据铁路运量、机车车辆轴重、行车速度，结合成本和就地取材等条件来决定。我国铁路干线上均采用碎石道砟，在次要线路上才使用卵石道砟、炉渣道砟。对于碎石道砟，相应的技术要求主要包含了三个方面的内容。

1. 道砟的分级

根据材料性能及参数指标，碎石道砟分为一级和二级。碎石道砟的技术参数有：反映道砟材质的参数，如：抗磨耗、抗冲击、抗压碎、渗水、抗风化、抗大气腐蚀等材料指标参数，为道砟材质的分级提供了法定依据；反映道砟加工质量的参数，如：道砟粒径、级配、颗粒形状、表面状态、清洁度等加工指标。对于特重型轨道、隧道内轨道及宽轨枕轨道，应使用一级道砟，重型轨道力求使用一级道砟，其他轨道使用二级道砟。

2. 道砟级配

碎石道砟属于散粒体,其级配是指道砟中颗粒的分布。道砟粒径的级配对道床的物理力学性能、养护维修工作量有重要影响。在1959年的旧标准中,对道砟粒径只有一个范围要求,例如用于新建、大修和维修的道砟标准为20～70 mm,其中没有粒径比例的要求,实践证明这不利于道砟质量的控制。粒径全在20～30 mm或60～70 mm的两种碎石,均可满足上述规定要求,但其性能完全不同。现行标准是按级配要求确定的,可保证道砟产品有最佳的颗粒组成。宽级配道砟的标准由于道砟平均粒径的减小,大、小颗粒的相互配合以及道砟颗粒之间的填满,使得道砟有更好的强度和稳定性,也有利于道床作业,现行级配标准见表6-13。

表6-13 道砟级配标准

道砟级别 / 项目	一级道砟						特级道砟				
方孔筛孔边长(mm)	16	25	35.5	45	56	63	22.4	31.5	40	50	63
过筛质量百分率(%)	0～5	0～5	25～40	55～75	92～97	97～100	0～3	1～25	30～65	70～99	100

3. 道砟颗粒形状及清洁度

道砟的形状及表面状态对道床的性能有重要影响。一般而言,棱角分明、表面粗糙的颗粒,对集料具有较高的强度和稳定性。近于立方体的颗粒比扁平颗粒有较高的抗破碎、抗变形、抗粉化能力。一般用针状指数和片状指数来控制长条形和扁平颗粒的含量。凡长度大于该颗粒平均粒径1.8倍的称为针状颗粒;厚度小于平均粒径0.6倍的称为片状颗粒。我国道砟标准规定针状指数和片状指数均不大于50%。

道砟中的土团、粉末或其他杂质对道床的承载能力是有害的,须控制其数量。土团是指泡水后出现软化,丧失其强度的颗粒,粉末会脏污道床,加速道床的板结,影响道床的排水。标准规定黏土团及其他杂质含量的质量百分率不大于0.5%;粒径0.1 mm以下的粉末含量的质量百分率不大于1%。

二、碎石道床断面

碎石道床断面包括道床厚度、顶面宽度及边坡坡度三个主要特征。图6-22为直线地段碎石道床断面。

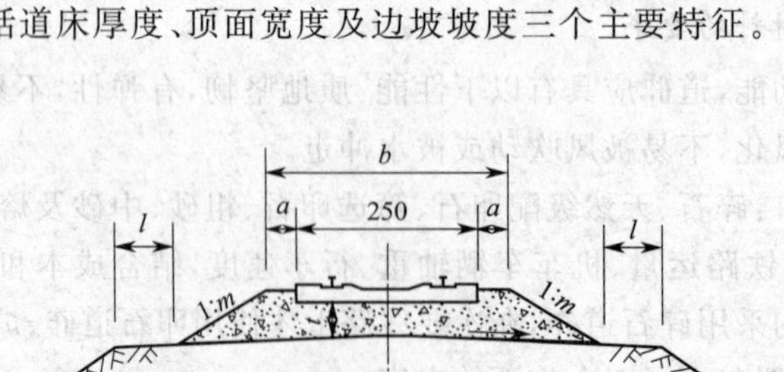

图6-22 直线地段碎石道床断面(单位:cm)

1. 道床厚度

道床的厚度是指直线上钢轨或曲线上内轨中轴线下轨枕底面至路基顶面的距离。

道床的厚度与以下因素有关:道床弹性、道床脏污增长率、垫砟层的承载能力、路基面的承载能力。道床弹性是由相互接触的道砟颗粒之间的弹性变形所引起的,通常情况下道床弹性与道床厚度成正比，并随道砟颗粒粒径的增大、道床空隙比的增加而增加。但是松散状态下的道床，在荷载作用下所产生的变形主要是结构变形，卸载后结构变形不能恢复，故新铺、清筛或作业后尚未密实的道床，尽管在列车荷载作用下变形很大，也并不能说明这种道砟有较好的弹性。道床厚度减薄，导致道床弹性变差，其减振吸振的性能变差，在运营条件相同的情况下，道床粉碎、脏污加速，导致日常维修工作量加大、清筛周期缩短。因而足够的道床厚度是控制道床脏污增长率，维持一定的维修工作量和道床清筛周期所必需的。当道床厚度较小时，会在碎石与砂垫层的接触面上形成类似枕底的凹形滞水槽，这是由于碎石层太薄，轨枕荷载没有得到充分扩散，致使分布到垫砟层表面的压应力超过了垫砟层的承载能力，枕下部分的垫砟层表面的应力最大，因而逐渐下沉，并形成排水能力差的滞水层。路基面的工作应力主要取决于道床厚度，增加道床厚度是降低路基面应力的主要手段。道床厚度根据运营条件、轨道类型、路基土质选用。

2. 道床顶面宽度

道床顶面宽度与轨枕长度和道床肩宽有关。轨枕长度基本上是固定的，因此道床顶面宽度主要取决于道床肩宽。道床宽出轨枕两端的部分称为道床肩宽。适当的肩宽可保持道床的稳定，并提供一定的横向阻力。一般情况肩宽在 450～500 mm 已能满足要求，再宽则作用不大。表 6-14 规定了不同线路对道床顶面宽度及边坡坡度的要求。

3. 道床边坡坡度

坡度大小对保证道床的坚固稳定有十分重要的意义。道床边坡的稳定取决于道砟材料的内摩擦角与黏聚力，也与道床肩宽有一定的联系。理论计算及实践结果表明，道砟材料的内摩擦角愈大，黏聚力愈高，边坡的稳定性就愈大。同样地，增大肩宽可以容许采用较陡的边坡；而减小肩宽则必须采用较缓的边坡。例如，肩宽 20 cm，边坡坡度 1∶2在保证边坡稳定性方面，与肩宽 35 cm，坡度 1∶1.75 和肩宽 45 cm，坡度 1∶1.5 具有相同的效果。

在肩部承载能力相同的情况下，一般趋于采用较大的肩宽和较陡的边坡，因为这样可以减小路基面的宽度。但过陡的边坡也是不适宜的，因为边坡坡角受到散粒体自然坡角的限制和列车振动的影响。国内外的运营实践表明，边坡坡度 1∶1.5 不能长期保持稳定，因此我国铁路规定正线区间边坡坡度均为 1∶1.75（表 6-14）。碎石道床顶面宽度及边坡坡度见表 6-14。

表 6-14 碎石道床断面宽度及边坡坡度

<table>
<tr><th colspan="3" rowspan="2">线路类别</th><th rowspan="2">顶面宽度
(m)</th><th colspan="2">曲线外侧道床加宽</th><th rowspan="2">砟肩堆高
(m)</th><th rowspan="2">边坡坡度</th></tr>
<tr><th>半径(m)</th><th>加宽(m)</th></tr>
<tr><td rowspan="4">正线</td><td rowspan="2">无缝线路</td><td>v_{max}>160 km/h</td><td>3.5</td><td></td><td></td><td>0.15</td><td>1∶1.75</td></tr>
<tr><td>v_{max}≤160 km/h</td><td>3.4</td><td>≤600</td><td>0.10</td><td>0.15</td><td>1∶1.75</td></tr>
<tr><td rowspan="2">普通线路</td><td>年通过总重不小于 8 Mt</td><td>3.1</td><td>≤800</td><td>0.10</td><td></td><td>1∶1.75</td></tr>
<tr><td>年通过总重小于 8 Mt</td><td>3.0</td><td>≤600</td><td>0.10</td><td></td><td>1∶1.75</td></tr>
<tr><td colspan="3">站线</td><td>2.9</td><td></td><td></td><td></td><td>1∶1.50</td></tr>
</table>

三、碎石道床的变形

道床作为散粒体结构，在外荷载作用下将产生弹、塑性变形。荷载消失后，弹性变形部分得以恢复,而塑性变形部分则不可恢复,成为永久变形或称残余变形。道床的残余变形主要有两方面的原因,一是在荷载作用下道砟颗粒的相互错位和重新排列所引起的结构变形;二是由于颗粒破碎、粉化所形成的颗粒变形。在列车重复荷载作用下,每一次荷载作用所产生的微小残余变形会逐渐积累,最终导致整个轨道下沉。研究和实践表明,在路基稳定和无水害的情况下,轨面的残余下沉和不均匀下沉主要取决于道床,道床下沉占轨道总下沉的 90%以上,因此道床变形是轨道变形的主要来源。

道床下沉是道床塑性变形随荷载作用而逐渐累积的过程。对下沉的规律,各国铁路都进行了许多研究,如美国、日本、前苏联等。各国研究的资料显示下沉与通过总重的关系曲线基本相似,如图 6-23 所示。

道床的下沉大体可分为初期急剧下沉和后期缓慢下沉两个阶段。初期急剧下沉阶段是道床密实阶段,道床在列车荷载的作用下,道砟首先产生压实,道床碎石大小颗粒相互交错,重新排列其位置,孔隙率减小。也有一些道砟棱角被磨碎,使道床纵、横断面发生变化。这个阶段道床下沉量的大小和持续时间与道砟材质、粒径、级配、捣固和夯拍的密实状况、轴重等有关,一般在数百万吨通过总重之内即可完成。后期缓慢下沉阶段是道床正常工作阶段,这时道床仍有少量缓慢下沉,主要是由于枕底道砟在重复荷载作用下道砟颗粒间克服摩擦力向轨枕两侧流动,道砟磨损及破碎,边坡溜塌等造成的,这个阶段的下沉量与运量之间有直接关系。这一阶段时间的长短是衡量道床稳定性高低的指标,也是确定道床养护维修的重要依据。

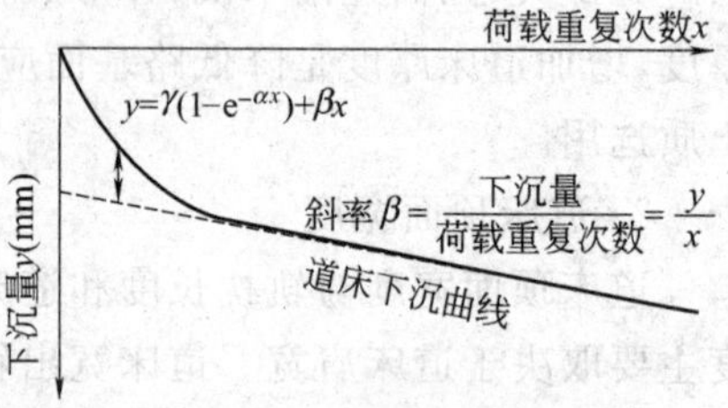

图 6-23 道床下沉曲线

道床下沉量与各种影响因素之间的关系可以用道床下沉曲线来表示。日本试验的道床下沉曲线数学表达式为

$$y=\gamma(1-e^{-ax})+\beta x \tag{6-5}$$

式中 y——道床下沉量(mm);

x——荷载重复作用次数,$x=M\cdot t$,M 为年运量(百万 t),t 为时间(年);

a——系数,$a=0.006\ 8M$;

β——系数,$\beta=0.000\ 45M'$,$M'=0.487e^{0.72M}$;

γ——初期下沉当量,它是后期下沉部分的延长线与纵坐标的交点,一般为 2.5~5 mm。

式(6-5)可分为前后两项。其中第一项 $\gamma(1-e^{-ax})$ 表示道床初期急剧下沉阶段,即压实过程,其中 γ 表示初期下沉当量,也就是初始密实状态,γ 值愈小,表示道床捣固和夯实质量愈好,对线路下沉显然是有利的。a 表示道床的压实性能,a 值愈大,表示完成第一阶段的过程愈短。第二项 βx 表示道床后期缓慢下沉阶段,即道床压实终结后道床的稳固性。β 表示压实终结之后的道床稳定性能的下沉系数,在运营过程中,道床残余变形的积累主要取决于 β 值的大小,β 值愈小,道床愈稳定,下沉发展愈慢,β 值的大小与道床压力、道床振动加速度和道床脏污程度有关。

四、高速铁路有砟轨道道床

根据《高速铁路设计规范》(TB 10621—2014),道床应符合以下规定:

(1)应采用特级道砟,道砟的物理力学性能应符合有关规定。道砟上道前应进行清洗,清洁度应符合有关要求。

(2)道砟顶面应低于轨枕承轨面 40 mm,且不应高于轨枕中部顶面。

(3)路基地段单线道床顶面宽度 3.6 m,道床厚度 0.35 m,道床边坡 1∶1.75,砟肩堆高 0.15 m。双线道床顶面宽度应分别按单线设计。

(4)桥梁及隧道地段的道床标准应与路基地段相同。砟肩至挡砟墙或边墙(高侧水沟)之间应以道砟填平。

(5)道床密度不应小于 1.75 g/cm^3,轨枕支撑刚度不应小于 120 kN/mm,纵向阻力不小于 140 kN/枕,横向阻力不应小于 12 kN/枕。

第六节 轨道结构的合理配套

一、运营条件与轨道结构的关系

轨道结构的承载能力与机车车辆有密切关系。机车主要有内燃机车和电力机车;内燃、电力机车一般有两台转向架,每台转向架上有两对或三对车轮。

为确保列车的安全、平稳和不间断运行,轨道的设备和状态必须与机车车辆的运营条件相适应。运营条件主要由行车速度、轴重和运量等三个参数来描述。了解轨道结构与运营条件之间的内在联系,就可以为选择轨道结构类型提供必要的理论依据。

(一)行车速度与轨道的关系

列车在轨道上行驶时,由于动力作用,车轮的竖直压力要比静止时的重力大,其增长幅度随具体情况而异。从理论上讲,当圆顺的车轮在平顺的轨道上行驶时,车轮对钢轨的动压力比静止时的车轮压力增加很少,速度的影响不大。实际试验也证实了这一点。如在平顺的轨面上,行车速度从 10 km/h 增大到 100 km/h,动压力只比静压力增加 7%,但是,当存在局部不平顺时,机车车辆的动力作用随行车速度的增加而增加。如轨面上有 60 mm 长、3 mm 深的不平顺时,动压力将增加 1.5 倍,如果车轮上出现扁疤时,甚至可增加 2~2.5 倍。车轮的偏心和扁疤以及钢轨接头及其他不平顺是无法避免的,只有通过经常维修把它们限制在容许的范围之内。

轨枕和道床的振动加速度也随行车速度的提高而增加。道床下沉与作用于轨道上的压力成正比,且因道床振动使道砟颗粒间的摩擦系数减少,故也与道床的振动加速度成正比。一般说来,道床的振动加速度随机车车辆行驶速度的增加而增加,但振动频率不变。在钢轨接头和其他轨道不平顺处,道床振动加速度与机车车辆行驶速度的平方成正比,振动频率则与机车车辆行驶速度成正比。因此,提高行车速度,将促使轨道状态变化,增加养护维修工作量,特别是在轴重较大和路基不良的情况下,更为严重。

试验与理论分析结果还表明,提高行车速度,对横向水平力增加的影响也很大,特别是高速行车时有可能出现车轮的瞬时减载,导致车轮脱轨、轨道框架产生横向位移,甚至失稳等严重事故。

此外,还必须考虑因提高行车速度而引起的速度和加速度改变对乘客旅行舒适度的影响。试验证明,人体可以适应较大的速度变化,但对加速度的变化却是非常敏感的。

(二)机车车辆轴重与轨道关系

增加轴重,会增加整个轨道及其各部件的损坏几率,特别是钢轨。随着轴重的增加,钢轨承受轮载而产生的轮轨接触应力、轨头内部剪应力、局部应力和弯曲应力等均将相应增加。同时,钢轨疲劳循环荷载作用下的应力水平也将随之提高,使钢轨所能承受的荷载循环次数大为减少,缩短钢轨的使用寿命。

研究结果表明,钢轨头部伤损几乎全是疲劳伤损,而且都是由超载所引起的。钢轨折损率随轴重的增加而增加。除钢轨外,其他轨道部件也同样出现这种情况。由于各种疲劳现象而导致的钢轨折损,以及轨道几何形位的破坏,都与轴重有关。各国钢轨疲劳损伤统计资料的分析结果,也充分说明了钢轨疲劳折损率和轴重之间的函数关系。例如,在法国,钢轨疲劳折损率与轴重的2.25次方成正比;在美国,则与轴重的3.8次方成正比;在前苏联,当轴重从206 kN增加到225 kN时,尽管轴重仅增加10%,但钢轨疲劳折损率却增加近一倍。如果轴重与行车速度同时增加,钢轨疲劳折损率的增长规律将更趋复杂。重载货物列车,即使运行速度不高,其对轨道的破坏也往往要比一般高速列车大。有些国家认为,轴重超过245 kN后,机车车辆对轨道的影响,将比行车速度提高到160 km/h更大。

接触理论表明,轮轨面上的接触应力和轨头内部的剪应力与轴重 P 成正比,与车轮直径 D 成反比,因此,常用比值 P/D 来衡量轮轨接触应力的水平。这个比值愈大,轮轨接触面上的接触应力也愈大。因此,为了降低接触应力,有必要把这个比值控制在一个适当的范围之内。由于各国的具体情况不同,这个比值出入很大。例如:英国为212～245 kN/m,法国为206～233 kN/m,联邦德国为216～225 kN/m,前苏联为216 kN/m,美国为270～290 kN/m,日本为183～205 kN/m,我国为245 kN/m。

(三)铁路运量与轨道的关系

行车速度和机车车辆轴重在很大程度上决定了列车对轨道结构的破坏程度,但是还需要考虑荷载的作用次数。铁路运量就是反映这一作用次数的指标。只有把这三者结合起来,才有可能全面决定轨道在列车作用下的工作条件及其永久变形积累的程度。

铁路运量与轨道结构的关系问题,指的是在列车荷载的重复作用下,整个轨道的永久变形积累及其部件的疲劳伤损问题。运量常用机车车辆的通过总重表示,它是机车车辆轴重及其通过次数的乘积。因为通过总质量随机车车辆轴重和行车密度的提高而提高,因而也常用作选择轨道结构类型的一项综合指标。

钢轨的使用寿命在很大程度上取决于它的磨耗,特别是在小半径曲线轨道上。通过运量愈大,钢轨磨耗愈快,使用寿命愈短。但在大半径曲线和直线轨道上,主要受疲劳伤损的控制,它也和累计通过总重有直接的关系。当累计通过运量达到一定数量之后,钢轨折损将显著增加。因此,铁路上规定的钢轨使用寿命或线路大修周期,常用累计通过总重表示。在其他条件相同的情况下,提高钢轨的每米质量,可以延长钢轨的使用寿命和线路大修的周期。

实践表明,混凝土轨枕的破坏也带有疲劳伤损的性质,说明它的使用寿命也与通过运量直接有关。

道床变形是轨道永久变形积累的主要来源。试验表明,道床沉陷正比于荷载循环次数的对数。道床永久变形积累与通过运量间的关系十分密切。在机车车辆荷载的压力与振动冲击作用下,引起道床不均匀下沉,逐渐形成不平顺的轨面,轨面不平顺反过来又加剧机车车辆对轨道的冲击,增加了轨道的养护工作量。还应指出,货车的运行对道床和路基的影响,要比大型机车和客车严重得多,因此,在货运量较大的线路上,必须采用强轨道结构。

二、轨道类型

轨道是由不同力学性能部件组成的工程结构物，为适应运营条件的需要，应有不同的轨道类型与之相适应。轨道类型应考虑以下因素：

(1)轨道各个部件要有足够的强度和稳定性，在荷载作用下，应力、应变不超过允许值。

钢轨是轨道结构中最重要的部件，先确定钢轨类型，然后从技术经济观点出发，确定与之配套的轨枕类型与铺设数量，以及道床的材料与断面尺寸，使之组成一个等强度的整体结构，充分发挥各部件的作用。

轨道类型与铁路等级有关，这实际上就是与运营条件相适应的问题；属于同一等级的铁路，近期运量与远期运量的发展也有很大差别，所以应采用由轻到重，逐步加强的原则。

(2)轨道类型的选择还应考虑经济性。轨道类型标准愈高，一次投资和大修费用愈大，但经常维修和养护费用较少，使用寿命较长，也就是说，分摊至每单位运量的运营费用愈低。因此，各种类型轨道的适应范围是以它的使用期限内大修投资成本和维修养护费用合计为最小作为依据加以确定。

我国铁路正线轨道类型分为特重型、重型、次重型、中型和轻型五种。正线轨道类型见表6-15。选型应按照由轻到重逐步加强的原则，根据近期调查的运量及旅客最高行车速度等运营条件按表中的规定采用。

表 6-15　正线轨道类型

条件	项目					单位	特重型	重型		次重型	中型	轻型
运营条件	年通过总重					Mt	＞50	25～50		15～25	8～15	＜8
	路段旅客列车设计行车速度					km/h	120～160	120～160	≤120	≤120	≤100	≤80
轨道结构	钢轨					kg/m	75	60	60	50	50	50
	轨枕	混凝土枕			型号	—	Ⅲ	Ⅲ	Ⅲ或Ⅱ	Ⅱ	Ⅱ	Ⅱ
					铺枕根数	根/km	1 667	1 667	1 667(Ⅲ) 1 760(Ⅱ)	1 667或 1 760	1 600或 1 680	1 520或 1 640
	碎石道床厚度	土质路基	非渗水土	双层	道砟	cm	30	30	30	25	20	20
					底砟	cm	20	20	20	20	20	15
			渗水土	单层	道砟	cm	35	35	35	30	30	25
		岩石路基										
		级配碎(砾)石基床		单层	道砟	cm	30	30	—	—	—	—
	无砟轨道	板式轨道			混凝土底板座厚度	cm	≥15					
		长枕埋入式										
		弹性支承块式					≥17					

注：(1)年通过总重包括净载、机车和车辆的质量。单线按往复总质量计算，双线按一条线的通过总质量计算。

(2)特殊情况下采用木枕时，铺设根数可根据设计确定。

(3)明桥面铺设木桥枕时，每公里铺设根数按《铁路桥涵设计基本规范》(TB 10002.1—2005)设计。

(4)弹性支承块式混凝土底座厚度是指支承块下混凝土厚度。

复习思考题

1. 轨道结构主要包括哪几部分,各有什么作用?

2. 钢轨断面由哪几部分组成?确定钢轨断面的主要因素是什么?

3. 钢轨类型怎样表示,目前我国铁路标准钢轨类型有哪几种?标准长度有几种?各是多少?标准缩短轨有几种,缩短量各是多少?

4. 钢轨的五种主要化学成分(碳、锰、硅、磷、硫)对钢轨材质有哪些影响?

5. 钢轨接头由哪些扣件组成?功用是什么?连接形式有哪几种?

6. 对钢轨接头螺栓有什么要求?螺栓扭矩的标准是多少?

7. 普通轨道为什么要预留轨缝?预留轨缝标准尺寸怎样计算?

8. 简述轨枕配置的原则及间距的计算方法。

9. 简述混凝土轨枕的优缺点及确定结构外形尺寸的原则。

10. 某轨道选用 25 m 长的 60 kg/m 钢轨,每公里铺设 1 760 根混凝土枕,已知接头间距为 540 mm,试计算其轨枕间距。

11. 简述木枕与混凝土枕中间扣件的组成及其作用。

12. 简述碎石道床横断面有哪三个主要特征及其确定原则。

13. 确定轨道结构类型时应考虑哪些主要因素?

14. 简述轨道与运量、轴重和行车速度的关系,怎样选择轨道类型与合理配套。

第七章

轨道几何形位

轨道几何形位是指轨道各部分的几何形状、相对位置和基本尺寸。从轨道平面位置来看，轨道由直线和曲线所组成，一般在直线与圆曲线之间有一条曲率渐变的缓和曲线相连接。轨道的方向必须正确，直线部分应保持笔直，曲线部分应具有与曲率相适应的圆顺度。从轨道横断面上来看，轨道的几何形位包括轨距、水平、外轨超高和轨底坡。直线地段轨道的两股钢轨之间应保持一定的距离，为保证机车车辆顺利通过小半径曲线，曲线轨距应考虑加宽。直线地段轨道两股钢轨的顶面应位于同一水平面。曲线上外轨顶面应高于内轨顶面，形成一定超高度，以使车体重力的向心分力得以抵消其曲线运行的离心力。轨道两股钢轨底面应设置一定的轨底坡，使钢轨向内倾斜，以保证锥形踏面车轮荷载作用于钢轨断面的对称轴。从轨道的纵断面上看，轨道的几何形位包括轨道的前后高低。钢轨顶面在纵向上应保持一定的平顺度，为行车平稳创造条件。

轨道是机车车辆运行的基础，直接支承机车车辆的车轮，并引导其前进，因而机车车辆走行部分的基本几何形位与轨道的几何形位之间应密切配合。轨道几何形位正确与否，对机车车辆的安全运行、乘客的旅行舒适度、设备的使用寿命和养护费用起着决定性的作用。影响安全性的因素有轨距、水平、轨向、外轨超高等，这些几何形位超限是产生机车车辆掉道、爬轨以及倾覆的直接因素。影响旅行舒适度的因素有轨距、轨向、外轨超高顺坡及其变化率、缓和曲线线形、前后高低等，这些几何形位因素直接影响机车车辆的横向及竖向的加速度，产生相应的惯性力，在高速铁路和快速铁路中，随着运行速度的提高，该影响特别显著。影响设备使用寿命和养护费用的几何形位因素包括轨距、轨向、水平、前后高低和外轨超高等，这些因素对钢轨的磨耗和轨道各部件的受力有较大影响，直接影响养护维修的工作量和费用。

曲线轨道的线形设置及标准选取已经在第四章作了介绍，本章主要介绍直线轨道的几何形位、曲线缩短轨配置及曲线整正问题。

第一节　机车车辆走行部分的构造

一、轮　　对

机车的走行部分由车架、轮对、轴箱、弹簧装置、转向架及其他部件组成。车辆的走行部分是转向架，由侧架、轴箱、弹性悬挂装置、制动装置、轮对以及其他部件组成。

轮对是机车车辆走行部分的基本部件，由一根车轴和两个相同的车轮组成。轮轴连接部位采用过盈配合，牢固地结合在一起，为保证安全，绝不允许有任何松动现象发生。

我国车辆上使用的车轮有整体轮和轮箍轮两种，但绝大多数是整体辗钢轮，它由踏面、轮缘、轮辐、辐板和轮毂等部分组成，如图 7-1 所示。车轮和钢轨接触的面称为踏面，如图 7-2 所示。内燃机车和电力机车动轮的踏面外形和尺寸，与车辆轮相同。轮毂是轮与轴互相配合的部分，辐板是连接轮辋与轮毂的部分。

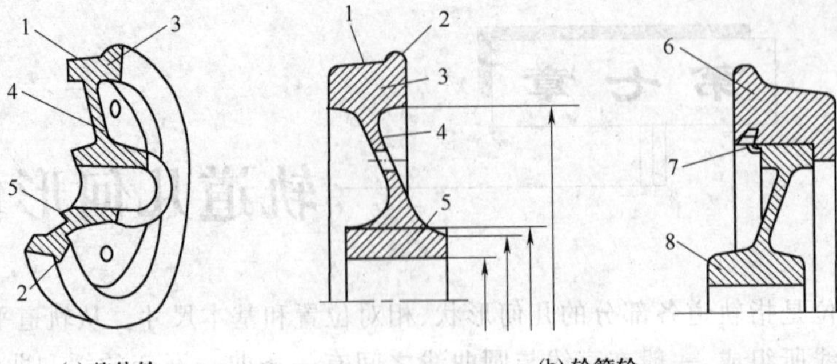

(a) 整体轮　　(b) 轮箍轮

图 7-1　车轮

1—踏面；2—轮缘；3—轮辋；4—辐板；5—轮毂；6—轮箍；7—扣环；8—轮心

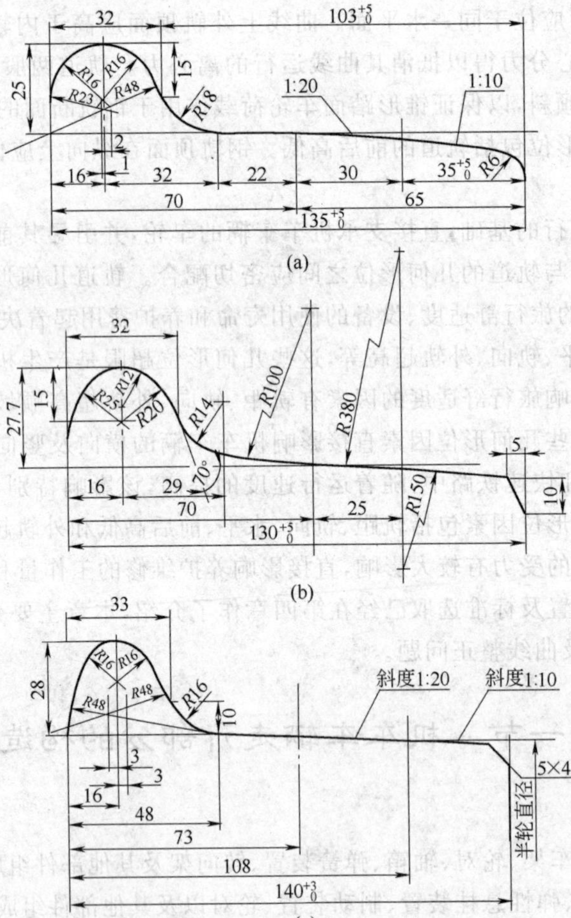

图 7-2　车轮踏面(单位:mm)

(a)车辆锥形踏面;(b)车辆磨耗型踏面;(c)机车锥形踏面

车轮踏面有锥形踏面和磨耗型踏面两种形式。锥形踏面的母线是直线，由 1∶20 和 1∶10 两段斜坡组成。其中 1∶20 的一段经常与钢轨顶面相接触，1∶10 的一段仅在小半径曲线上才与钢轨顶面相接触。车轮踏面形成圆锥面，可以减少车轮在钢轨上的纵、横向滑行，保证踏面磨耗沿宽度方向比较均匀。另外，直线地段上行驶的车辆，当其偏向轨道一侧时，由于左右车轮滚动半径的不同，可自动返回到轨道中线。这样，虽然车轮的轨迹成蛇行运动，但不会在车轮踏面上形成凹槽形磨损，从而避免车轮通过道岔辙叉时，发生剧烈的冲击和振动。磨耗型车轮踏面是曲线型踏面，将踏面制成与钢轨顶面基本吻合的曲线形状，增大了轮轨接触面积，可以减轻轮轨磨耗、降低轮轨接触应力并可改善通过曲线的转向性能。

为防止车轮脱轨，在踏面内侧制成凸缘，如图 7-2 的左侧突起部分，称为轮缘。

车轮位于两股钢轨内侧的竖直面，称为车轮内侧面，而车轮另一侧的竖直面称为车轮外侧面。车轮内侧面与外侧面之间的距离称为车轮宽度（轮幅宽）。

通过踏面上距车轮内侧面一定距离的一点，划一水平线，称为踏面的测量线。由测量线至轮缘顶点的距离称为轮缘高度。由测量线向下 10 mm 处量得的轮缘厚度，称为车轮的轮缘厚度(d)。

取踏面上距车轮内侧面一定距离的一点为基点，规定在基点上测量车轮直径及轮箍厚度。

轮对上左右两车轮内侧面之间的距离，称为轮对的轮背内侧距离(T)，这个距离再加上两个轮缘厚度称为轮对宽度(q)，如图 7-3 所示。

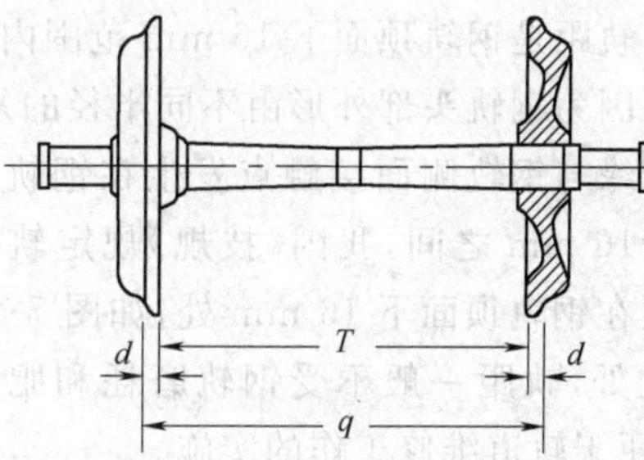

图 7-3　轮对

由图 7-3 可见

$$q = T + 2d$$

式中　T——轮对的轮背内侧距离(mm)；
d——轮缘厚度(mm)；
q——轮对宽度(mm)。

根据《铁路技术管理规程》(以下简称《技规》)，我国机车车辆轮对的主要尺寸见表 7-1（表中数据未计车轴承载后挠曲对于轮对宽度的影响）。

表 7-1　轮对几何尺寸(单位：mm)

车轮	轮缘高度	轮圆厚度 d		轮背内侧距离 T			轮对宽度 q		
		最大(正常)	最小	最大	正常	最小	最大	正常	最小
车辆轮	25	34	22	1 356	1 353	1 350	1 424	1 421	1 394
机车轮	28	33	23	1 356	1 353	1 350	1 422	1 419	1 396

内燃机车、电力机车和车辆的轴箱，装在车轮外侧轴颈上，车轴受荷后向上挠曲，轮对宽度因此略有缩小，蒸汽机车的轴箱装在车轮内侧的轴颈上，车轴承载后向下挠曲，轮对宽度略有增加，一般轮对宽度承载挠曲后的改变值 ε 可取为 ± 2 mm。

二、转 向 架

为使车体能顺利通过半径较小的曲线，可把全部车轴分别安装在几个车架上。为防止车轮由于轮对歪斜而陷落于轨道中间，通常将两个或三个轮对用一刚性构架安装在一起，称为转向架。车体放在转向架的心盘上。安装在同一个车架或转向架上的车轴，必须保持相互之间的平行位置。同一车体最前位和最后位的车轴中心间水平距离，称为全轴距。同一车架或转向架上始终保持平行的最前位和最后位车轴中心间水平距离，称为固定轴距。车辆前后两走行部分上车体支承间的距离称为车辆定距。应当注意,固定轴距和车辆定距是两个不同的概念,固定轴距是机车车辆能否顺利通过小半径曲线的控制因素,车辆定距是转向架中心间距,除长大车外,多在18 m之内。

第二节 直线轨道的几何形位

轨道的几何形位按照静态与动态两种状况进行管理。静态几何形位是轨道不行车时的状态,采用道尺等工具测量。动态几何形位是行车条件下的轨道状态,采用轨道检查车测量。本书仅介绍轨道几何形位的静态作业验收标准,其余内容可参见《铁路线路修理规则》。

一、轨 距

轨距是钢轨顶面下16 mm范围内两股钢轨作用边之间的最小距离。

因为钢轨头部外形由不同半径的复曲线所组成,钢轨底面设有轨底坡,钢轨向内倾斜,车轮轮缘与钢轨侧面接触点发生在钢轨顶面下10～16 mm之间,我国《技规》规定轨距测量部位在钢轨顶面下16 mm处,如图7-4所示,在此处,轨距一般不受钢轨磨耗和肥边的影响,便于轨道维修工作的实施。

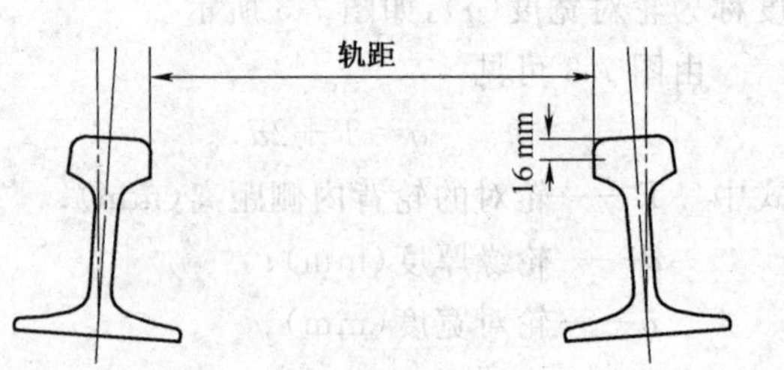

图 7-4 测量轨距示意图

目前世界上的铁路轨距,分为标准轨距、宽轨距和窄轨距三种。标准轨距尺寸为1 435 mm。大于标准轨距的称为宽轨距,如1 524 mm、1 600 mm、1 670 mm等,用于俄罗斯、印度及澳大利亚、蒙古等国家。小于标准轨距的称为窄轨距,如1 000 mm、1 067 mm、762 mm、610 mm等,日本既有线(非高速铁路)采用1 067 mm轨距。

我国铁路轨距绝大多数为标准轨距,仅在云南省境内尚保留有1 000 mm轨距。台湾省铁路采用1 067mm轨距。也有少数地方铁路和工矿企业铁路采用窄轨距。

轨距用道尺测量,轨距误差不应超表7-2中的规定。轨距变化应和缓平顺,其变化率不应超过规定值。

表 7-2 速度200 km/h以下线路轨道静态几何尺寸容许偏差值(mm)

项目	200 km/h≥v>160 km/h 正线			160 km/h≥v>120 km/h 正线			v≤120 km/h 正线及到发线		
	作业验收	经常保养	临时补修	作业验收	经常保养	临时补修	作业验收	经常保养	临时补修
轨距	+2 −2	+4 −2	+6 −2	+4 −2	+6 −4	+8 −4	+6 −2	+7 −4	+9 −4
水平	3	5	8	4	6	8	4	6	10
高低	3	5	8	4	6	8	4	6	10

续上表

项　目		200 km/h≥v>160 km/h 正线			160 km/h≥v>120 km/h 正线			v≤120 km/h 正线及到发线		
		作业验收	经常保养	临时补修	作业验收	经常保养	临时补修	作业验收	经常保养	临时补修
直线轨向		3	4	7	4	6	8	4	6	10
三角坑（扭曲）	缓和曲线	3	4	6	4	5	6	4	5	7
	直线圆曲线	3	4	6	4	6	8	4	6	9

为使机车车辆能在线路上两股钢轨刚顺利通过，机车车辆的轮对宽度应小于轨距。当轮对的一个车轮轮缘紧贴一股钢轨的作用边时，另一个车轮轮缘与另一股钢轨作用边之间便形成一定的间隙，这个间隙称为游间，如图 7-5 所示。图中：S 为轨距，q 为轮对宽度，δ 为游间，$\delta=S-q$。

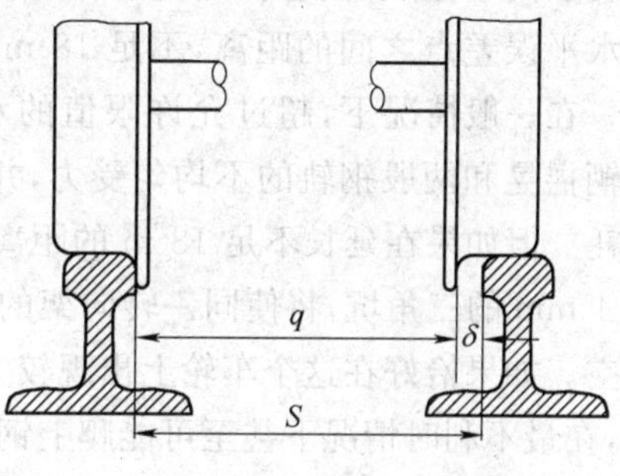

图 7-5　游间示意图

轨距和轮对宽度都规定有容许的最大值和最小值。若轨距最大值为 $S_{\max}$，最小值为 $S_{\min}$，轮对宽度最大值为 $q_{\max}$，最小值为 $q_{\min}$，则

游间最大值 $\delta_{\max}=S_{\max}-q_{\min}$

游间最小值 $\delta_{\min}=S_{\min}-q_{\max}$

我国机车车辆的轮对宽度 q 值见表 7-1，轮轨游间见表 7-3。

轮轨游间 δ 的大小，对列车运行的平稳性和轨道的稳定性有重要的影响。如 δ 太大，则列车运行的蛇行幅度增大，作用于钢轨上的横向力大，动能损失大，会加剧轮轨磨耗和轨道变形，严重时将引起列车脱轨，危及行车安全。如 δ 太小，则增加行车阻力和轮轨磨耗，严重时还可能楔住轮对、挤翻钢轨或导致爬轨事件，危及行车安全。

表 7-3　轮 轨 游 间 表

车轮名称	轮轨游间 δ 值(mm)		
	最大	正常	最小
机车轮	45	16	11
车辆轮	47	14	9

为了提高列车运行的平稳性和线路的稳定性，减少轮轨磨耗和动能损失，确保行车安全，需要把游间限制在一个合理的范围内。根据我国现场测试和养护维修经验，认为减小直线轨距有利。改道时轨距按 1 434 mm 或 1 433 mm 控制，尽管轨头有少量侧磨发生，但达到轨距超限的时间得以延长，有利于提高行车平稳性，延长维修周期。随着行车速度的日益提高，目前世界上一些国家正致力于通过试验研究的办法以寻求游间 δ 的合理取值。

二、水　平

水平是指线路左右两股钢轨顶面的相对高差。在直线地段，两股钢轨顶面应位于同一水平面上，使两股钢轨所受荷载均匀，以保持列车平稳运行。水平用道尺或其他工具测量。线路维修时，两股钢轨顶面水平误差不得超过规定值。

《铁路线路修理规则》规定:时速小于等于 120 km 时,轨顶面水平的容许偏差,正线及到发线不得大于 4 mm,其他站线不得大于 5 mm。

两股钢轨顶面的水平偏差值,沿线路方向的变化率不可太大。在 1 m 距离内,这个变化不可超过 1 mm,否则即使两股钢轨的水平偏差不超过允许范围,也将引起机车车辆的剧烈摇晃。

实践中有两种性质不同的钢轨水平偏差,对行车的危害程度也不相同。一种偏差称为水平差,这就是在一段规定的距离内,一股钢轨的顶面始终比另一股高,高差值超过容许偏差值。另一种称为三角坑,其含义是在一段规定的距离内,先是左股钢轨高于右股,后是右股高于左股,高差值超过容许偏差值,而且两个最大水平误差点之间的距离,不足 18 m(图 7-6)。

图 7-6 三角坑示意图

在一般情况下,超过允许限值的水平差,只是引起车辆摇晃和两股钢轨的不均匀受力,并导致钢轨不均匀磨耗。但如果在延长不足 18 m 的距离内出现水平差超过 4 mm 的三角坑,将使同一转向架的四个车轮中,只有三个正常压紧钢轨,另一个形成减载或悬空。如果恰好在这个车轮上出现较大的横向力,就可能使浮起的车轮只能以它的轮缘贴紧钢轨,在最不利时情况下甚至可能爬上钢轨,引起脱轨事故。因此,一旦发现必须立即消除。

三、轨　向

轨向是指轨道中心线在水平面上的平顺性。严格地说,经过运营的直线轨道并非直线,而是由许多波长 10～20 m 的曲线所组成,因其曲度很小,故通常不易察觉。若直线不直则必然引起列车的蛇行运动。在行驶快速列车的线路上,线路方向对行车的平稳性具有特别重要的影响。相对轨距来说,轨道方向往往是行车平稳性的控制性因素。只要方向偏差保持在容许范围以内,轨距变化对车辆振动的影响就处于从属地位。

在无缝线路地段,若轨道方向不良,还可能在高温季节引发胀轨跑道事件(轨道发生明显的不规则横向位移),严重威胁行车安全。

《铁路线路修理规则》规定:直线方向必须目视平顺,用 10 m 弦绳测量,不应超表 7-2 中的规定。

四、前后高低

轨道沿线路方向的竖向平顺性称为前后高低。新铺或经过大修后的线路,即使其轨面是平顺的,但是经过一段时间列车运行后,由于路基不均匀沉陷、道床捣固密实程度、扣件松紧、枕木腐朽和钢轨磨耗的不一致性,就会产生不均匀下沉,造成轨面前后高低不平,即在有些地段(往往在钢轨接头附近)下沉较多,出现坑洼,这种不平顺,称为静态不平顺;有些地段,从表面上看,轨面是平顺的,但实际上轨底与铁垫板或轨枕之间存在间隙(间隙超过 2 mm 时称为吊板),或轨枕底与道砟之间存在空隙(空隙超过 2 mm 时称为空板或暗坑),或轨道基础弹性的不均匀(路基填筑的不均匀,道床弹性的不均匀等),当列车通过时,这些地段的轨道下沉不一致,也会产生不平顺,这种不平顺称为动态不平顺,随着高速铁路的发展,动态不平顺已广泛受到关注。

轨道前后高低不平顺,危害甚大。列车通过这些地方时,冲击动力增加,加速道床变形,从而更进一步扩大不平顺,加剧机车车辆对轨道的破坏,形成一个恶性循环过程。

一般地说，前后高低不平顺的破坏作用同不平顺(坑洼)的长度成反比，而同它的深度成正比。

当车轮通过这些不平顺时，动压力增加。根据试验，连续三个空吊板可以使钢轨受力增加一倍以上。一般来说，长度在 4 m 以下的不平顺，将引起机车车辆对轨道产生较大的破坏作用，从而加速道床变形。因此，养路工区决不能允许这种不平顺存在，一旦发现，应在紧急补修中加以消除。

长度在 100～300 mm 范围内的不平顺，主要起因于钢轨波浪形磨耗，焊接接头低塌，或轨面擦伤等。通过该处的车轮，形成对轨道的冲击作用，行车速度愈高，冲击愈大。例如，根据沪宁线混凝土轨枕道床板结地段的一个试验，将钢轨人为地打磨成如图 7-7 所示的不平顺(模拟焊接接头打塌后的形状)。列车以 90 km/h 的速度通过时，一个动轮产生的冲击力达到 300 kN 左右，接近于 3 倍静轮重。但是，对这种不平顺，往往容易忽视，轨道检查车也不能完全反映出来。

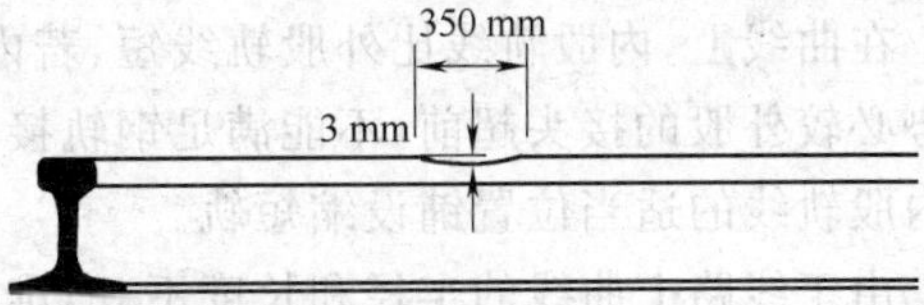

图 7-7 钢轨不平顺

《铁路线路修理规则》规定：前后高低偏差用 10 m 弦量测的最大矢度值不应超表 7-2 中的规定。

五、轨 底 坡

由于车轮踏面与钢轨顶面主要接触部分是 1∶20 的斜坡，为了使钢轨轴心受力，钢轨也应有一个向内的倾斜度，因此轨底与轨道平面之间应形成一个横向坡度，称之为轨底坡。

钢轨设置轨底坡，可使其轮轨接触集中于轨顶中部，提高钢轨的横向稳定能力，减轻轨头不均匀磨耗。分析研究指出，轨头中部塑性变形的积累比之两侧较为缓慢，故而设置轨底坡也有利于减小轨头塑性变形，延长使用寿命。

我国铁路在 1965 年以前，轨底坡定为 1∶20。但在机车车辆的动力作用下，轨道发生弹性挤开，轨枕产生挠曲和弹性压缩，加上垫板与轨枕不密贴，道钉的扣压力不足等因素，实际轨底坡与原设计轨底坡有较大的出入。另外车轮踏面经过一段时间的磨耗后，原来 1∶20 的斜面也接近 1∶40 的坡度。所以 1965 年以后，我国铁路的轨底坡统一改为 1∶40。

曲线地段的外轨设有超高，轨枕处于倾斜状态。当其倾斜到一定程度时，内股钢轨中心线将偏离垂直线而外倾，在车轮荷载作用下有可能推翻钢轨。因此，在曲线地段应视其外轨超高值而加大内轨的轨底坡。调整的范围见表 7-4。

表 7-4 内股钢轨轨底楔形垫板或枕木砍削倾斜度

外轨超高(mm)	轨面最大倾斜	铁垫板或承轨槽面倾斜度		
		0	1/20	1/40
0～75	1∶20	1∶20	0	1∶40
80～125	1∶12	1∶12	1∶30	1∶17

应当说明，以上所述轨底坡的大小是钢轨在不受列车荷载作用情况下的理论值。在复杂的列车动荷载作用下，轨道各部件将产生不同程度的弹性和塑性变形，静态条件下设置的 1/40 轨底坡在列车动荷载作用下不一定保持 1/40。轨底坡设置是否正确，可根据钢轨顶面上由车轮碾磨形成的光带位置来判定。如光带偏离轨顶中心向内，说明轨底坡不足；如光带偏离轨顶中心向外，说明轨底坡过大；如光带居中，说明轨底坡合适。线路养护工作中，可根据光带位置调整轨底坡的大小。

第三节　曲线缩短轨的配置

一、曲线铺设缩短轨的目的和要求

在曲线上,内股轨线比外股轨线短,若内外两股铺以同样长度的标准轨,则内股钢轨的接头势必较外股的接头超前,不能满足钢轨接头对接的要求。为了使内外股钢轨接头对接,必须在内股轨线的适当位置铺设缩短轨。

由于线路上曲线的半径和长度不一,难以使曲线上每个接头均正好相对,因此,允许内外两股钢轨接头有少量相错。在正线及到发线上,相错量不大于 40 mm 加所用缩短轨缩短量的一半;在其他站线、次要线和使用非标准长度钢轨的线路上,容许再增加 20 mm。如使用不同的缩短轨,则取其缩短量较大者作为计算标准。

我国铁路使用下列标准缩短轨:对于 12.5 m 的标准轨,配有缩短量为 40 mm、80 mm 和 120 mm三种缩短轨;对于 25 m 的标准轨,配有缩短量为 40 mm、80 mm 和 160 mm 三种缩短轨。

为了维修方便,同一曲线一般宜使用同一种标准缩短轨。

选用缩短轨道长度可参照下式计算:

$$L_0 < L\left(1-\frac{S_1}{R}\right) \tag{7-1}$$

式中　L_0——标准缩短轨长度(m),按计算结果选用缩短量较小的缩短轨;

L——标准钢轨长度,25 m 或 12.5 m;

S_1——两股钢轨中心距离,一般用 1.5 m;

R——曲线半径(m)。

另外,还可以根据半径 R,参照表 7-5 选用。

表 7-5　标准缩短轨选择参照表

曲线半径(m)	25 m 钢轨		12.5 m 钢轨	
	缩短轨长(m)	缩短量(mm)	缩短轨长(m)	缩短量(mm)
400～1 000	24.96	40	12.46	40
	24.92	80		
800～500	24.92	80	12.46	40
	24.84	160		
450～250	24.84	160	12.42	80
200	—	—	12.38	120
附　注	1. 按表列缩短量宜选用较小的一种。 2. 为了不影响直线接头的质量,允许在曲线尾按实际情况插入个别相应的缩短轨			

曲线上内外两股钢轨接头的相错量,在正线和到发线上,容许为 40 mm 加所用缩短轨缩短量的一半;在其他站线、次要线和使用非标准长度钢轨的线路上,容许再增加 20 mm。

二、缩短量计算

如图 7-8 所示,AB 和 $A'B'$分别为曲线轨道上外股轨线和内股轨线,内外轨线的长度差即为内轨的缩短量,即

$$\Delta L = \int_{\varphi_1}^{\varphi_2} (\rho_1 - \rho_2)\mathrm{d}\varphi = \int_{\varphi_1}^{\varphi_2} S_1 \mathrm{d}\varphi = S_1 \varphi \tag{7-2}$$

式中　φ_1、φ_2——分别为外轨线上 A、B 点的切线与曲线始切线的夹角；

ρ_1、ρ_2——分别为外轨线和内轨线的半径；

S_1——内外钢轨中心线间的距离，可取为1 500 mm。

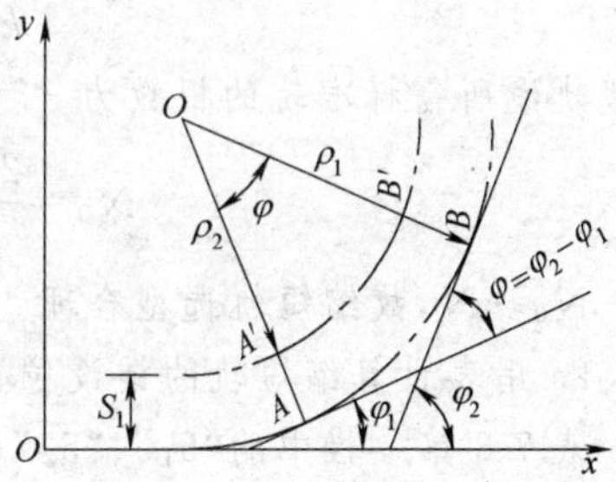

图 7-8　缩短量计算图

对于圆曲线，A、B 两点分别为圆曲线的始点和终点，由于 $\varphi=\dfrac{l_y}{R}$，则缩短量为

$$\Delta l_y=\frac{S_1 l_y}{R} \tag{7-3}$$

式中　l_y、R——分别为圆曲线的长度和半径。

对于常用缓和曲线，则有

$$\varphi_1=\frac{l_1^2}{2Rl_0}，\quad \varphi_2=\frac{l_2^2}{2Rl_0}$$

$$\Delta l_y=S_1(\varphi_2-\varphi_1)=\frac{S_1}{2Rl_0}(l_2^2-l_1^2) \tag{7-4}$$

式中　l_0——缓和曲线长度；

l_1、l_2——分别为缓和曲线起点至 A、B 点的距离。

当 A、B 两点分别为缓和曲线的始点和终点时，$l_1=0$，$l_2=l_0$，则整个缓和曲线内轨的缩短量为

$$\Delta l_0=\frac{S_1 l_0}{2R} \tag{7-5}$$

整个曲线(包括圆曲线和两端缓和曲线)的总缩短量为

$$\Delta l_z=2\Delta l_0+\Delta l_y=\frac{S_1 l_0}{R}+\frac{S_1 l_c}{R}=\frac{S_1}{R}(l_0+l_y) \tag{7-6}$$

三、缩短轨的数量及其配置原则

计算出缩短量后，选用缩短量为 k 的缩短轨，求出整个曲线上所需的缩短轨根数 N 为

$$N=\frac{\Delta l_z}{k} \tag{7-7}$$

显然 N 不能大于外轨线上铺设的标准轨根数，否则应改用缩短量更大的缩短轨。确定所采用的哪一种缩短轨并计算出缩短轨根数后，即可从曲线起点开始，计算每个接头对应的总缩短量。当实际缩短量小于总缩短量、且差值大于所用缩短轨缩短量的一半时，就应在该处布置一根缩短轨。

【例 7-1】　圆曲线半径 $R=600$ m，圆曲线长 $L_y=45$ m，缓和曲线长 $l_0=60$ m，直线上最末一节钢轨进入曲线的长度为 $L_z=4.8$ m，标准轨长 $l_{标}=12.5$ m，轨缝 $\delta=10$ mm，试确定缩短轨的铺设位置。

【解】　1. 计算缩短轨的所需数量

根据式(7-6)知，内股轨线的总缩短量为

$$\Delta l_z=S_1\,\frac{l_0+L_y}{R}=1\,500\times\frac{60+45}{600}=262.5(\text{mm})$$

因 $R>500$ m，故应选用缩短量 $k=40$ mm 的缩短轨。所需缩短轨的根数为

$$N=\frac{\Delta l_z}{k}=\frac{262.5}{40}=6.56(\text{根})\text{，采用 7 根}$$

外股轨线所需标准轨的根数为

$$N_0=\frac{2l_0+L_y}{l_{\text{标}}+\delta}=\frac{2\times60+45}{12.51}=13.2(\text{根})$$

$N_0 \geqslant N$，故缩短轨选型合理。

2. 用表计算缩短轨的铺设位置

表 7-6 第一栏中的"5_1"、"5_2"、"9_1"、"9_2""13_1"、"13_2"分别表示第 5 根钢轨被"HY"点所分的两段，第 9 根钢轨被"YH"点所分的两段和第 13 根钢轨被"HZ"点所分的两段轨的顺号。

第二栏填写外股轨线上所铺设的标准轨长或曲线标桩点至铺于标桩点处的那根钢轨两端的距离。

第三栏填写外股轨线上各接头或标桩点至曲线始点的距离。

第四栏填写各接头或标桩点在曲线上所处的位置。"H_1"代表第一缓和曲线，"HY"代表缓圆点，"Y"代表圆曲线，"YH"代表圆缓点，"H_2"代表第二缓和曲线，"HZ"代表缓直点，"Z"代表直线。

表 7-6 曲线缩短轨配置计算表

钢轨顺号	钢轨长度(含轨缝)(m)	曲线始点至计算点距离(m)	计算点位置	应有缩短量计算(mm)	判定是否铺缩短轨	钢轨类型	实际缩短量的累计(mm)	接头直角错距(mm)
一	二	三	四	五	六	七	八	九
0	4.80	4.80	H_1	$\varepsilon_0=\frac{1\,500}{2\times600\times60}\times4.8^2\approx0$	40/2>0		0	0
1	12.51	17.31	H_1	$\varepsilon_1=0.020\,8\times17.31^2\approx6$	20>6	B	0	+6
2	12.51	29.82	H_1	$\varepsilon_2=0.020\,8\times29.82^2\approx18$	18−0<20	B	0	+18
3	12.51	42.33	H_1	$\varepsilon_3=0.020\,8\times42.33^2\approx37$	37−0>20	S	40	−3
4	12.51	54.84	H_1	$\varepsilon_4=0.020\,8\times54.84^2\approx63$	63−40>20	S	80	−17
5_1	5.16	60.00	HY	$\varepsilon_{HY}=0.020\,8\times60\approx75$				
5_2	7.35	67.35	Y	$\varepsilon_5=75+(67.35-60)\times2.5\approx93$	93−80<20	B	80	+13
6	12.51	79.86	Y	$\varepsilon_6=75+(79.86-60)\times2.5\approx125$	125−80>20	S	120	+5
7	12.51	92.37	Y	$\varepsilon_7=75+(92.37-60)\times2.5\approx156$	156−120>20	S	160	−4
8	12.51	104.88	Y	$\varepsilon_8=75+(104.88-60)\times2.5\approx187$	187−160>20	S	200	−13
9_1	0.12	105.00	YH	$\varepsilon_{YH}=75+(105-60)\times2.5\approx187$				
9_2	12.39	117.39	H_2	$\varepsilon_9=262.5-0.020\,8\times(165-117.39)^2\approx215$	215−200<20	B	200	+15
10	12.51	129.90	H_2	$\varepsilon_{10}=262.5-0.020\,8\times(165-129.90)^2\approx237$	237−200>20	S	240	−3
11	12.51	142.41	H_2	$\varepsilon_{11}=262.5-0.020\,8\times(165-142.41)^2\approx252$	252−240<20	B	240	+12
12	12.51	154.92	H_2	$\varepsilon_{12}=262.5-0.020\,8\times(165-154.92)^2\approx260$	260−240=20	S	280	−20
13_1	10.08	165.00	HZ	$\varepsilon_{HZ}=\Delta l_z=263$				
13_2	2.43	167.43	Z	$\varepsilon_{13}=263$	263−280<20	B	280	−17

第五栏为各接头处应有缩短量的计算。

(1)在第一缓和曲线上共有五个接头，根据各接头至缓和曲线始点的距离，按式(7-4)计算。第 5 号钢轨有 5.16 m 在第一缓和曲线上，有 7.35 m 在圆曲线上，故第 5 号钢轨接头处的应有缩短量为第一缓和曲线总缩短量加 7.35 m 长的圆曲线缩短量。

(2)圆曲线范围内各接头处的应有缩短量，为第一缓和曲线总缩短量加圆曲线范围内各接头的缩短量。

第二缓和曲线各接头处的应有缩短量的计算，是采用整个曲线的总缩短量，再减去第二缓和曲线上各接头距第二缓和曲线始点(HZ)这段曲线长度范围内的应有缩短量来获得的。

这是因为缓和曲线应有缩短量的计算公式(7-4)的使用条件，是必须从缓和曲线头来计算缓和曲线上某点的应有缩短量。

第六栏是用以判定是否铺设缩短轨。当接头处应有缩短量减去此接头以前实际缩短量的累计值≥标准缩短轨缩短量的一半时，即需要铺设缩短轨。

第七栏中"B"表示标准轨，"S"表示缩短轨。

第八栏中填写的是布置缩短轨后实际缩短量的累计值。

第九栏是用以检查布置缩短轨后，接头的直角错距，它等于应有缩短量(第五栏)减去实际缩短量的累计值(第八栏)。正号表示里股钢轨接头超前，负号表示里股钢轨接头滞后。

第四节　曲 线 整 正

曲线轨道在列车的动力作用下，变形不断累积，易出现方向错乱。为确保行车平稳和安全，需对曲线方向定期检查，必要时进行曲线整正，将它恢复到原设计位置。

曲线整正计算的方法较多，主要采用的为偏角法和绳正法两种。在线路大修平面设计时常采用偏角法，而日常维修的曲线整正拨道计算则常采用绳正法。两种方法均应用渐伸线原理，计算现有曲线各点和设计曲线各对应点的渐伸线长度，依渐伸线长度差计算拨量。但偏角法和绳正法中渐伸线长度的计算方法有所不同。

一、渐伸线原理

渐绅线的几何意义如图 7-9 所示。曲线 AB 表示轨道中线，设有一柔软且无伸缩性的细线紧贴在曲线 AB 上，A 端固定，另一端 B 沿轨道中线的切线方向拉离原位，拉开的直线始终与曲线 AB 相切，则 B 点的移动轨迹 B_1、B_2…B'就是 B 点相对于曲线 AB 的渐伸线。BB'弧长就是 B 点相对于切线 AB'的渐伸线长。

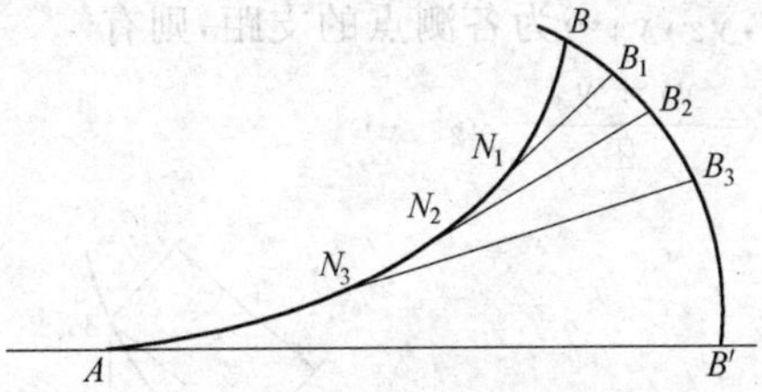

图 7-9　曲线的渐伸线

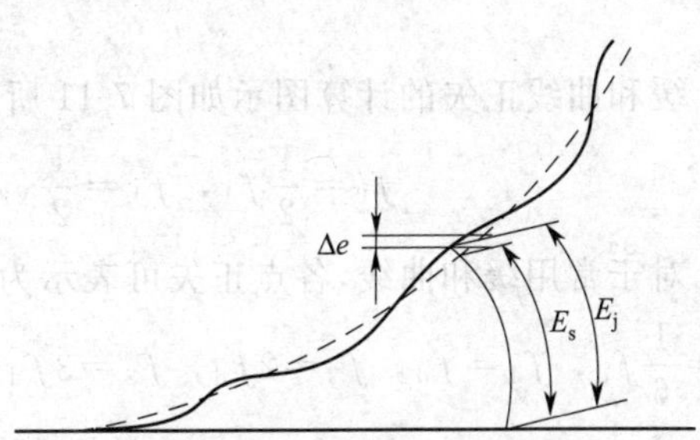

图 7-10　拨道前后的渐伸线

渐伸线的两个特性：

(1)渐伸线的法线 B_1N_1、B_2N_2…是对应点上原曲线的切线。

(2)渐伸线上任意两点曲率半径之差，等于对应点上原曲线弧长的增量。如渐伸线上 B_1 与 B_2 两点的曲率半径 N_1B_1 与 N_2B_2 之差，等于原曲线的弧长 N_1N_2。

根据渐伸线的定义和特性,曲线拨动时作两点假定:

(1)曲线上任一点拨动时都是沿渐伸线移动的;

(2)曲线拨动前后其长度不变。

第一点假定为拨距计算提供了依据,如图 7-10 所示,既有曲线 B 点的渐伸线长度为 E_j,设计曲线上与 B 点相对应的渐伸线长度为 E_s,则拨距即为两渐伸线长度之差为

$$\Delta e = E_j - E_s \tag{7-8}$$

$\Delta e>0$,曲线外挑,$\Delta e<0$,曲线内压。

第二点假定是对曲线拨动后长度变化的一种近似,因为在曲线拨动时有挑有压,长度变化不大,这种近似能满足拨量计算的精度要求。

二、曲线整正计算

用一根不易变形的 20 m 长的弦线,两端紧贴外轨内侧轨顶线下 16 mm 处,在弦的中点量出弦线与外轨侧面的距离,称为"实测正矢",并规定实测正矢与"计划正矢"之差、实测正矢连续差及实测正矢最大最小值之差的限值,如发现实测正矢超过容许偏差值(表 7-7),则曲线需要整正。

表 7-7 曲线正矢作业验收容许偏差(mm)

曲线半径 R (m)		缓和曲线的正矢与计算正矢差(mm)	圆曲线正矢连续差(mm)	圆曲线正矢最大最小值差(mm)
250 及以下		6	12	18
251~350		5	10	15
351~450		4	8	12
451~800		3	6	9
$R>800$	$v_{max}\leqslant 120$ km/h	3	6	9
	$v_{max}>120$ km/h	2	4	6

注:曲线正矢用 20 m 弦在钢轨踏面下 16 mm 处测量。

(一)计划正矢的计算

圆曲线上各点(始、终点除外)的正矢应相等。半径为 R 弧长为 L 时的圆曲线正矢为

$$f_y = \frac{L^2}{8R} \tag{7-9}$$

缓和曲线正矢的计算图示如图 7-11 所示。设 $y_1, y_2, y_3 \cdots$ 为各测点的支距,则有

$$f_0 = \frac{1}{2}f_1,\ f_1 = \frac{1}{2}y_2 - y_1,\ f_2 = \frac{y_1 + y_3}{2} - y_2\ \ \cdots$$

对于常用缓和曲线,各点正矢可表示为

$$f_0 = \frac{1}{6}f_d,\ f_1 = f_d,\ f_2 = 2f_d,\ f_3 = 3f_d\ \ \cdots \tag{7-10}$$

式中,f_d 为缓和曲线的正矢递增率,当 n 为缓和曲线分段数时,则有 $f_d = \frac{f_y}{n}$。

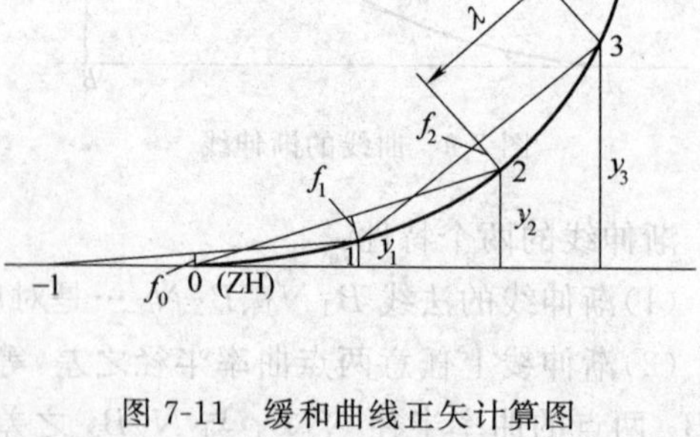

图 7-11 缓和曲线正矢计算图

当 HY 点正好落在测点上时,其正矢为 $f_y - f_0$,但由于圆曲线一般都不是 10 m 的整

数倍,因此 YH 或 HZ 点就不可能恰好落在测点上,其正矢要作为特殊情况进行计算。设 HZ 点左右测点分别为 b(缓和曲线上)、a(直线上),距 HZ 点的距离分别为 B、A,且 $\lambda=L/2$,则两测点的正矢为

$$f_a=\frac{1}{6}f_d\left(\frac{B}{\lambda}\right)^3=\alpha_a f_d,\quad f_b\left(\frac{B}{\lambda}+\frac{A^3}{6\lambda^3}\right)fd=\alpha_b f_d \tag{7-11}$$

同样,设 YH 点左右测点分别为 a(圆曲线上)、b(缓和曲线上),距 YH 点分别为 A、B,则有

$$f_a=f_y-\alpha_a f_d,\ f_b=f_y-\alpha_b f_d \tag{7-12}$$

第二缓和线上其他各测点的计划正矢,可根据各点至 HZ 点的距离按比例求得。

(二)拨量计算

曲线上各测点的渐伸线长度计算如图 7-12 所示,其中 $0,1\cdots k\cdots n$ 分别表示曲线上各个测点,相应的实测正矢为 $f_0,f_1,f_2\cdots f_k\cdots f_n$,相应的渐伸线长度为 $E_0,E_1\cdots E_k\cdots E_n$,则

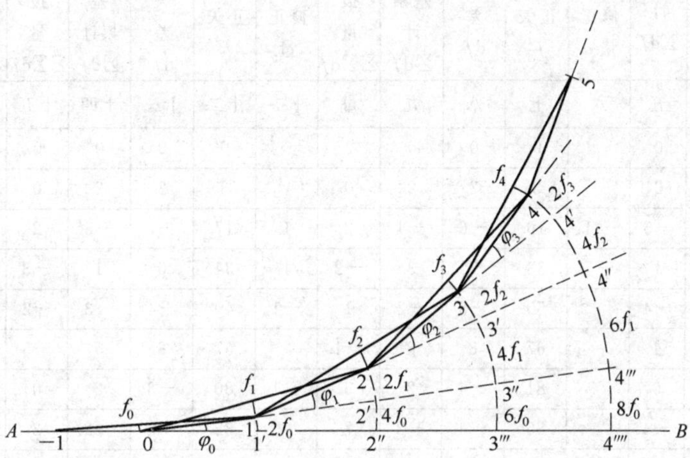

图 7-12 渐伸线长度计算图

$$E_k=2[kf_0+(k-1)f_1+(k-2)f_2+\cdots+f_{k-1}]=2\sum_{i=0}^{k-1}\sum_{j=0}^{i}f_j \tag{7-13}$$

也就是说,第 k 点的渐伸线长度 E_k,等于到其前一点$(k-1)$为止的正矢累积的合计数的两倍。同样,可求得正矢为计划正矢 f' 的设计曲线上 k' 的渐伸线长度为

$$E'_k=2\sum_{i=0}^{k-1}\sum_{j=0}^{i}f'_j$$

$$e_k=2\sum_{i=0}^{k-1}\sum_{j=0}^{i}(f_j-f'_j)=2\sum_{i=0}^{k-1}\sum_{j=0}^{i}\mathrm{d}f_j$$

由此可得到 k 点的拨量为

$$e_k=2\sum_{i=0}^{k-1}\sum_{j=0}^{i}\mathrm{d}f_j \tag{7-14}$$

拨道完成后,第 k 测点的实际正矢应为

$$f'_k=f_k+e_k-\frac{e_{k-1}+e_{k+1}}{2} \tag{7-15}$$

(三)拨道计算的限制条件

(1)保证曲线整正前后两端的切线方向不变。要求计划正矢的总和必须等于实测正矢的总和,即 $\sum_{i=0}^{n}f'_i=\sum_{i=0}^{n}f_i$

(2)保证曲线整正前后始终点位置不变。要求曲线终点拨量为零,即 $\sum_{i=0}^{n-1}\sum_{j=0}^{i}\mathrm{d}f_j=0$。

(3)保证曲线上某些控制点 k(如小桥、道口等)因受具体条件限制而不能拨动之处的拨量为零,即使得控制点上 $\sum_{i=0}^{k-1}\sum_{j=0}^{i}\mathrm{d}f_j=0$。

【例 7-2】 表 7-8 为一曲线整正计算的实例。其中曲线半径 $R=600$ m,两端缓和曲线长 $l_0=50$ m,第 9 点为小桥,不允许拨动曲线。计算过程详见表 7-8。

表 7-8 绳正法整正曲线计算表

测点号	实测正矢 f	计划正矢 f'	正矢差 $\mathrm{d}f$	差累计 $\sum\mathrm{d}f$	第一次修正 正矢修正量 a	计划正矢 f'	正矢差 $\mathrm{d}f$	正矢差累计 $\sum\mathrm{d}f$	半拨量 $\sum\sum\mathrm{d}f$	第二次修正 正矢修正量	计划正矢 f''	正矢差 $\mathrm{d}f$	正矢差累计 $\sum\mathrm{d}f$	半拨量 $\sum\sum\mathrm{d}f$	全拨量 e	拨后正矢	备注
一	二	三	四	五	六	七	八	九	量	十一	十二	十三	十四	十五	十六	十七	十八
1	0	0	0	0		0	0	0	0		0	0	0	0	0	0	
2	5	3	2	2		3	2	2	0		3	2	2	0	0	3	ZH
3	10	17	−7	−5	−1	16	−6	−4	2	1	17	−7	−5	2	4	17	
4	40	34	6	1	−1	33	7	3	−2	1	34	6	1	−3	−6	34	
5	45	50	−5	−4		50	−5	−2	1	−1	49	−4	−3	−2	−4	49	
6	75	67	8	4		67	8	6	−1		67	8	5	−5	−10	67	
7	77	81	−4	0		81	−4	2	5	−1	80	−3	2	0	0	80	HY
8	81	85	−4	−4		85	−4	−2	7		85	−4	−2	2	4	85	
9	101	85	16	12		85	16	14	5		85	16	14	0	0	85	小桥
10	71	85	−14	−2		85	−14	0	19		85	−14	0	14	28	85	
11	86	85	1	−1		85	1	1	19	−1	84	2	2	14	28	84	
12	90	85	5	4		85	5	6	20		85	5	7	16	32	85	
13	76	85	−9	−5		85	−9	−3	26		85	−9	−2	23	46	85	
14	97	85	12	7		85	12	9	23		85	12	10	21	42	85	
15	71	85	−14	−7		85	−14	−5	32		85	−14	−4	31	62	85	
16	73	81	−8	−15		81	−8	−13	27	1	82	−9	−13	27	54	82	YH
17	82	67	15	0	1	68	14	1	14		68	14	1	14	28	68	
18	43	50	−7	−7		50	−7	−6	15		50	−7	−6	15	30	50	
19	40	34	6	−1	1	35	5	−1	9		35	5	−1	9	18	35	
20	10	17	−7	−8		17	−7	−8	8		17	−7	−8	8	16	17	
21	11	3	8	0		3	8	0	0		3	8	0	0	0	3	HZ
22	0	0	0	0		0	0	0	0		0	0	0	0	0	0	
Σ	1 184	1 184	0	−29	0	1 184	0	0		0	1 184	0	0			1 184	

在曲线地段,目前已研制生产出了铁路曲线圆顺度检测仪。该检测仪集测量、计算、打印为一体,由 1 人操作,即可对曲线正矢进行检测,并完成拨道量的计算,可大幅度提高工作效率。

第五节　曲线轨道加强

机车车辆通过曲线轨道时，转向架上的轮对挤压外股钢轨，产生较大的横向力，此横向力可使外股钢轨在轨枕上产生横向位移，使轨距扩大，严重时能使混凝土枕挡肩破坏，甚至推动钢轨连同轨枕一起在道床中横移，使线路在平面上的位置失常。另外，由于轮缘与外轨轨头侧面的摩擦阻力增大，加剧了轨头的侧面磨耗。为了使曲线轨道保持正确位置和良好状态，并延长曲线钢轨的使用寿命，应对曲线轨道采取加强措施。

一、铺设耐磨合金轨或轻量型轨

根据我国铁路对小半径曲线轨道钢轨磨耗所进行的研究，当曲线半径小于 800 m 时，钢轨的磨耗迅速增加，大于 800 m 时，磨耗速度趋于缓和，半径为 400 m 的曲线轨道，其外轨磨耗可达半径为 800 m 的曲线轨道的 4 倍。我国小半径曲线轨道上的钢轨，有 98%是由于磨耗超限而报废。采用耐磨合金轨，可显著减少钢轨的磨耗，其使用寿命比普通碳素钢轨延长 3 倍左右，因此规定正线半径为 450 m 及以下的曲线地段，宜采用同级的耐磨合金轨。

在曲线上铺设较直线上为重的钢轨，能显著增加线路的强度和横向刚度，即可减少钢轨在轨枕上的横移，又能增加抵抗钢轨与轨枕在道床中横向位移的阻力。另外，由于重型钢轨的轨头截面较大，其侧面容许磨耗的面积也较大，因而可延长钢轨的使用寿命。

二、增铺轨枕和加强扣件

增加每节钢轨下的轨枕根数，可提高钢轨在轨枕上移动的阻力及轨枕在道床中横向移动的阻力。轨枕铺设密一些，轨距和方向都易于保持，但也不宜太密，否则即不经济，而且因枕间净距过小，在一定程度上会影响捣固质量。因此规定：半径为 800 m 及以下的曲线地段和电力牵引的曲线地段、按轨道类型每公里增铺混凝土枕 80 根，木枕 160 根。

对于木枕线路，半径为 800 m 及以下的曲线轨道，应将五孔铁垫板钉足五个道钉。对于混凝土枕地段，半径为 800 m 及以下的正线曲线轨道和半径为 450 m 及以下的站线曲线轨道，所使用的扣件，应在钢轨外侧配用加宽铁座加宽缓冲绝缘垫片。对于整体道床的线路，在曲线地段应采用效果较好的 TFY 型弹条扣件。

三、增大曲线外侧道床的肩宽

为增大道床抵抗轨枕向曲线外侧横移的阻力，半径为 800 m 及以下的正线曲线轨道，外侧道床肩宽应加宽 0.1 m。并应将轨枕盒内及轨枕两端的道砟夯实。

四、安设轨距杆和轨撑

列车通过曲线时对轨道的横向作用力，能发生钢轨横移和向外倾倒，使轨距扩大。为避免上述弊端，防止轨距扩大，保持曲线轨道的稳定，应安设轨距杆或轨撑。轨距杆能将左右两股钢轨连接固定以保持轨距。轨撑安设在钢轨外侧，能提高钢轨的抗倾覆力。

轨距杆分为普通轨距杆和绝缘轨距杆。按行业标准 TB 1780《普通轨距杆》的规定，对 43、50 kg/m 的钢轨，采用直径为 ϕ30 mm 的轨距杆；对 60、75 kg/m 钢轨，采用直径为 ϕ36 mm 的轨距杆。轨撑有与铁垫板连为一体的和铁垫板与轨撑分开的两种。

铺设木枕时,正线半径为 800 m 及以下和站线半径为 450 m 及以下的曲线,按表 7-9 的规定安设轨距杆或轨撑。图 7-13 和图 7-14 为轨撑和轨距杆安装图。

图 7-13 轨撑

图 7-14 轨距杆及地锚拉杆

铺设混凝土枕时,在行驶电力机车区段,半径为 600 m 及以下的曲线,其他区段半径为 350 m 及以下的曲线。可根据需要比照表 7-9 的规定安装轨距杆或轨撑。设有轨道电路的线路,应安装绝缘轨距杆。

表 7-9 轨距杆或轨撑的安装数量表

曲线半径(m)	轨距杆(根)		轨撑(对)	
	25 m 钢轨	12.5 m 钢轨	25 m 钢轨	12.5 m 钢轨
$R \leqslant 350$	10	5	14	7
$350 < R \leqslant 450$	10	5	10	5
$450 < R \leqslant 600$	6~10	3~5	6~10	3~5
$600 < R \leqslant 800$	根据需要安装			

复习思考题

1. 为何要了解机车车辆的走行部分?试举例说明。什么是固定轴距与全轴距?
2. 何谓直线轨道的轨距、水平、高低、轨向、轨底坡?它们标准及允许误差各是多少?
3. 何谓三角坑?有何危害?
4. 为何要对轨道高低、轨向进行检查?怎样检查?
5. 怎样判断轨底坡是否设置适当?如何进行调整?
6. 为什么要设置轨底坡?如何设置?
7. 简述缩短轨配置的基本方法?
8. 简述绳正法整正曲线的基本过程?

第八章　道　岔

第一节　道岔的类型

道岔是机车车辆从一股轨道转入或越过另一股轨道时必不可少的线路设备，是铁路轨道的一个重要组成部分。由于道岔具有数量多、构造复杂、使用寿命短、限制列车速度、行车安全性低、养护维修投入大等特点，与曲线、接头并称为轨道的三大薄弱环节。它的基本形式有三种，即线路的连接、交叉、连接与交叉的组合。常用的线路连接有各种类型的单式道岔和复式道岔；交叉有直交叉和菱形交叉；连接与交叉的组合有交分道岔和交叉渡线等，如图 8-1 所示。

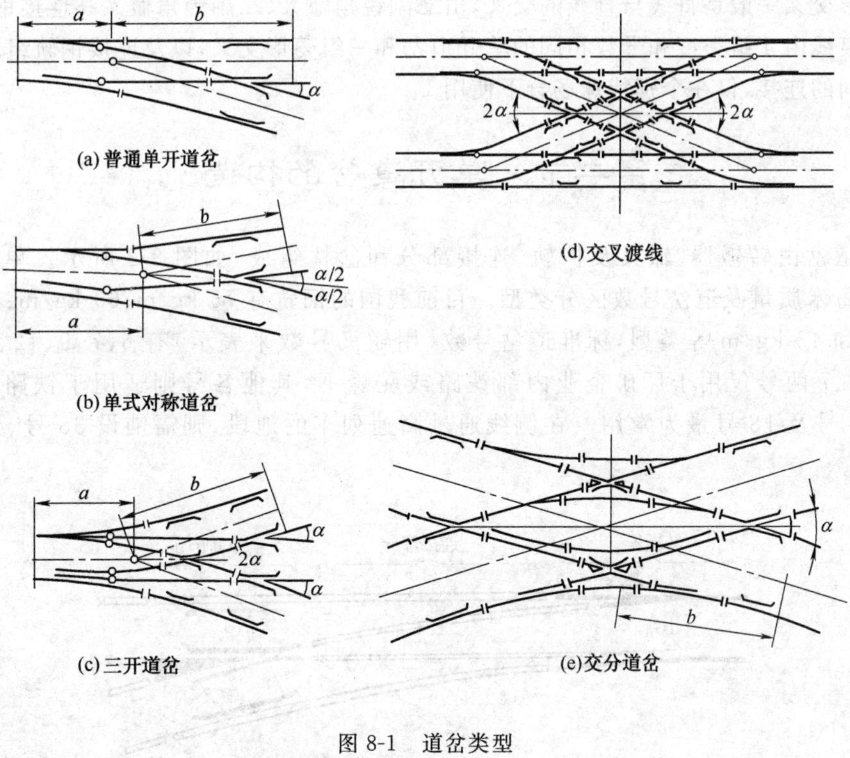

图 8-1　道岔类型

a—道岔前长；b—道岔后长；α—辙叉角

我国最常见的道岔类型是普通单开道岔，简称单开道岔，其主线为直线，侧线由主线向左侧（称左开道岔）或右侧（称右开道岔）岔出，其数量占各类道岔总数的 90％以上。单开道岔构造相对简单，具有一定代表性，了解和掌握这种道岔的基本特征，对各类道岔的设计、制造、铺设、养护均有十分重要的意义。

对称道岔是单开道岔的一种特殊形式,整个道岔对称于主线的中线或辙叉角的中分线,列车通过时无直向及侧向之分。尖轨长度相同时,尖轨作用边和主线方向所成的交角约为单开道岔之半;导曲线半径相等时,对称道岔的长度要比单开道岔短,其他条件相同时,导曲线半径约为单开道岔的两倍;在曲线半径和长度保持不变时,可采用比单开道岔更小号数的辙叉。因此在道岔长度固定的条件下,使用对称道岔可获得较大的导曲线半径,能提高过岔速度;在保持相同的过岔速度的条件下,对称道岔能缩短道岔长度,从而能缩短站坪长度,增加股道的有效长度。对称道岔的这些特点使得它在驼峰下、三角线上获得应用,并被使用于工业铁路线和城市轻轨线上。

三开道岔又称复式异侧对称道岔,是复式道岔中较常用的一种形式。它相当于两组异侧顺接的单开道岔,但其长度却远比两组单开道岔的长度之和为短。因此,常用于铁路轮渡桥头引线、驼峰编组场以及地形狭窄又有特殊需要的地段。三开道岔由一组转辙器、一组中间辙叉和二组同号数的后端辙叉所组成。该道岔构造比较复杂,维修较困难,运行条件较差,非十分困难时,不宜采用。

交分道岔有单式、复式之分。复式交分道岔相当于两组对向铺设的单开道岔,实现不平行股道的交叉,但具有道岔长度短,开通进路多及两个主要行车方向均为直线等优点,因而能节约用地,提高调车能力并改善列车运行条件。交分道岔由菱形交叉、转辙器和连接曲线等部分组成。菱形交叉一般是直线与直线的交叉,由二副锐角辙叉、二副钝角辙叉和连接钢轨组成。

交叉渡线由 4 组类型和号数相同的单开道岔和一组菱形交叉,以及连接钢轨组成,用于平行股道之间的连接,仅在个别特殊场合下使用。

第二节 单开道岔的构造

单开道岔由转辙器、辙叉及护轨、连接部分和岔枕组成,如图 8-2 所示。单开道岔以它的钢轨每米质量及道岔号数区分类型。目前我国的钢轨有 75 kg/m、60 kg/m、50 kg/m、45 kg/m 和 43 kg/m 等类型,标准道岔号数(用辙叉号数来表示)有 6、7、9、12、18、24 号等,其中 6、7 两号仅用于厂矿企业内部铁路或驼峰下,其他各号则适用于铁路正线和站线,并以 9 号及 18 号最为常用。在侧线通过高速列车的地段,则需铺设 38 号、42 号等大号码道岔。

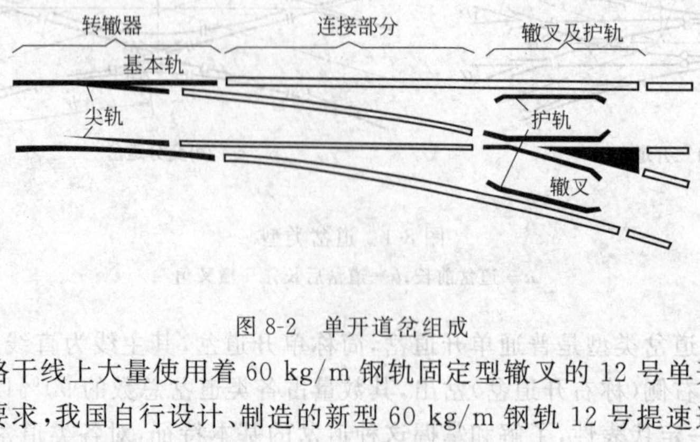

图 8-2 单开道岔组成

目前我国铁路干线上大量使用着 60 kg/m 钢轨固定型辙叉的 12 号单开道岔。为适应既有线提速改造的要求,我国自行设计、制造的新型 60 kg/m 钢轨 12 号提速道岔已基本达到了国际先进水平,是我国高速道岔的雏形。

一、转 辙 器

单开道岔的转辙器，是引导机车车辆沿主线方向或侧线方向行驶的线路设备，由两根基本轨、两根尖轨、各种联结零件及道岔转换设备组成。

(一)基 本 轨

基本轨是用一根 12.5 m 或 25 m 标准断面的普通钢轨制成，主股为直线，侧股按转辙器各部分的轨距在工厂事先弯折成规定的折线或采用曲线型。通常，道岔中不设轨底坡，为改善钢轨的受力条件，提速道岔中基本轨设有 1∶40 轨底坡。基本轨除承受车轮的垂直压力外，还与尖轨共同承受车轮的横向水平力。为防止基本轨的横向移动，可在其外侧设置轨撑。为了增加钢轨表面硬度，提高耐磨性并保持与尖轨良好的密贴状态，基本轨头顶面一般还进行淬火处理。

(二)尖　　轨

尖轨是转辙器中的重要部件，依靠尖轨的扳动，将列车引入正线或侧线方向。尖轨在平面上可分为直线型和曲线型。我国铁路的大部分 12 号及 12 号以下的道岔，均采用直线型尖轨。直线型尖轨制造简单，便于更换，尖轨前端的刨切较少，横向刚度大，尖轨的摆度和跟端轮缘槽较小，可用于左开或右开，但这种尖轨的转辙角较大，列车对尖轨的冲击力大，尖轨尖端易于磨耗和损伤。我国新设计的 12、18 号道岔直向尖轨为直线型，侧向尖轨为曲线型。这种尖轨冲击角较小，导曲线半径大，列车进出侧线比较平稳，有利于机车车辆的高速通过。但曲线型尖轨制造比较复杂，前端刨切较多，并且左右开不能通用。曲线型尖轨又分为切线型、半切线型、割线型、半割线型四种，我国铁路主要采用半切线型和半割线型曲线尖轨。

尖轨可用普通断面钢轨或特种断面钢轨制成。用普通断面钢轨制成的尖轨，一般在尖轨前端加补强板以增加其横向刚度。用特种断面钢轨制成的尖轨，其断面粗壮、整体性强、刚度大，稳定性比普通断面钢轨好。与基本轨高度相同的称为高型特种断面，较矮者称为矮型特种断面，如图 8-3 所示。特种断面尖轨还有对称与不对称、设轨顶坡和不设轨顶坡之分。为便于在跟端与连接部分联结，特种断面尖轨跟部要加工成普通钢轨断面。我国已广泛推广使用矮型特种断面钢轨(简称 AT 轨)，取消了普通钢轨尖轨 6 mm 抬高量，减小了列车过岔时的垂直不平顺，有利于提高过岔速度，同时可采用高滑床台扣住基本轨轨底，增加基本轨的稳定性和道岔整体性。

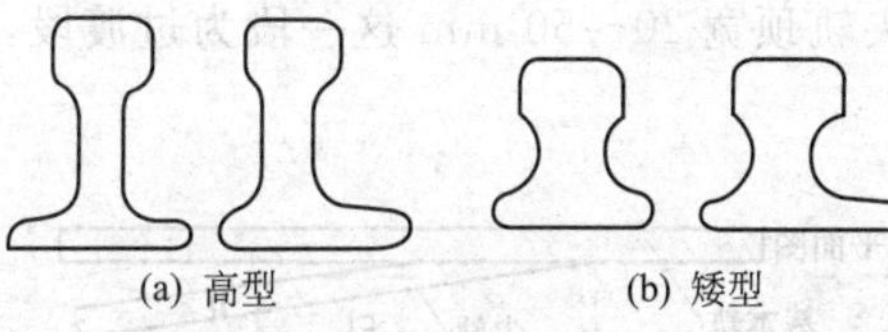
(a) 高型　　(b) 矮型

图 8-3　特种断面钢轨

尖轨的长度随道岔号数和尖轨的形式不同而异。在我国铁路上，9 号道岔的尖轨长度为 6.25 m，12 号道岔直线型尖轨长度为 7.7 m，曲线型尖轨长度为 11.3～11.5 m，18 号道岔的尖轨长度为 12.5 m。

为使转辙器正确引导列车的行驶方向，尖轨尖端必须细薄，且与基本轨紧密贴合。从尖轨尖端开始，尖轨断面逐渐加宽，其非作用边一侧与基本轨作用边一侧应紧密贴合，保证直向尖轨作用边为一直线，侧向尖轨作用边与导曲线作用边为一圆曲线。尖轨与基本轨的贴靠方式通常有两种，即贴尖式与藏尖式。当采用普通钢轨刨切时，为避免对基本轨和尖轨刨切过多，一般将头部经过刨切的尖轨置于较基本轨高出 6 mm 的滑床板上，使尖轨叠盖在基本轨的轨底，形成贴尖式尖轨，如图 8-4 所示。基本轨轨颚不刨切，加工简单，备品方便。

当采用矮型特种断面钢轨加工尖轨时，一般在轨头下颚轨距线以下作 1∶3 的斜切，使尖轨尖端藏于基本轨的轨距线之下，形成藏尖式结构。这样就保护了尖轨尖端不被车轮扎伤，并使尖轨在动荷载作用下保持良好的竖向稳定性，如图 8-5 所示。因基本轨轨颚需要刨切，要求基本轨与尖轨的刨切接触面良好，加工要求严格，并需备用曲、直基本轨。

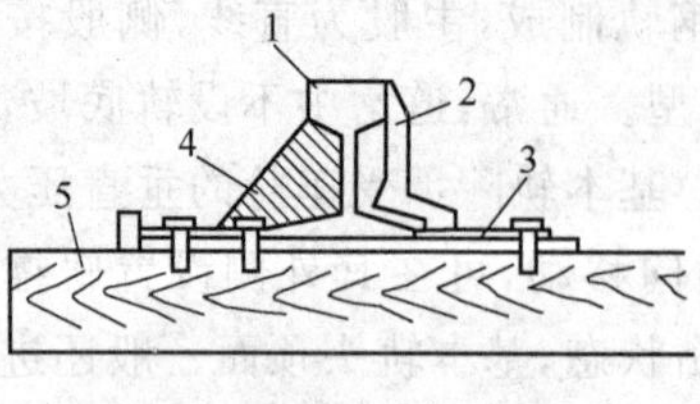

图 8-4 贴尖式尖轨

1—基本轨；2—尖轨；3—滑床板；

4—轨撑；5—轨枕

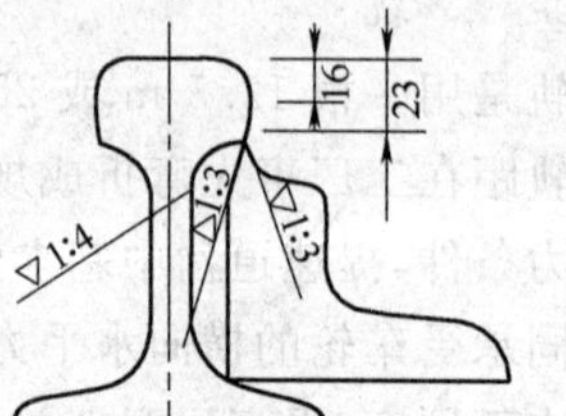

图 8-5 藏尖式尖轨(单位：mm)

为保证尖轨具有承受车轮压力的足够强度，规定尖轨顶宽大于 50 mm 时方能完全受力，而在尖轨顶宽 20 mm 以下部分，则应完全由基本轨受力。尖轨顶宽 20～50 mm 的部分为车轮轮载转移的过渡段。为此，尖轨与基本轨之间应保持必要的轨顶面相对高差，对尖轨各个断面的高度都有具体的规定。

当用普通断面钢轨制作尖轨时，为了减少尖轨轨底的刨切量，将尖轨较基本轨抬高 6 mm，如图 8-6 所示。这时尖轨尖端较基本轨顶面低 23 mm，可以避免具有最大垂直磨耗的车轮轮缘爬上尖轨。尖轨顶宽 20 mm 以下部分完全由基本轨受力。在尖轨整断面往后的垂直刨切终点处，尖轨顶面高出基本轨顶面 6 mm，尖轨顶宽 50 mm 以上部分完全由尖轨受力。

当采用高型或矮型特种断面钢轨加工尖轨时，尖轨顶宽 50 mm 以后部分与基本轨是等高的，尖轨顶宽 20～50 mm 这一段为过渡段，如图 8-7 所示。

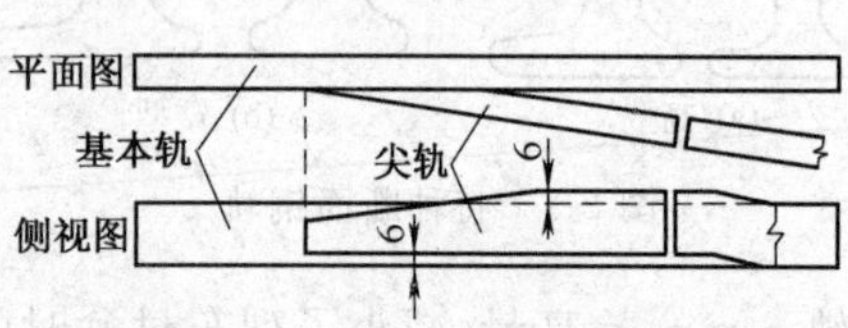

图 8-6 顶面高出基本轨的尖轨

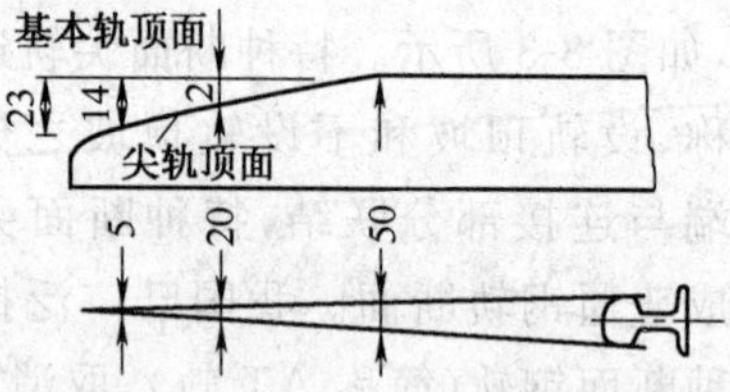

图 8-7 顶面与基本轨等高的尖轨(单位：mm)

尖轨与导曲线钢轨连接的一端称尖轨跟端。尖轨的跟部结构必须保证尖轨既能根据不同的转辙要求在平面上左右摆动，同时坚固稳定，制造简单，维修方便。我国的道岔主要采用间隔铁鱼尾板式和弹性可弯式跟端结构。

间隔铁鱼尾板式结构主要由间隔铁、跟端夹板及联结螺栓等组成，如图 8-8 所示。这种结构零件较少，尖轨扳动灵活，但稳定性较差，容易出现病害。

在新设计的 60 kg/m 钢轨 12 号道岔及大号码道岔上采用了弹性可弯式尖轨跟部结构。弹性可弯式尖轨在跟端前 2～3 根轨枕处，将轨底削去一部分，使与轨头同宽，形成柔性部位，使尖轨具有能从一个位置扳动到另一位置足够的弹性。提速道岔中未对尖轨跟端轨底作刨切，虽增加了尖轨的扳动力，但有利于保持尖轨跟端强度。

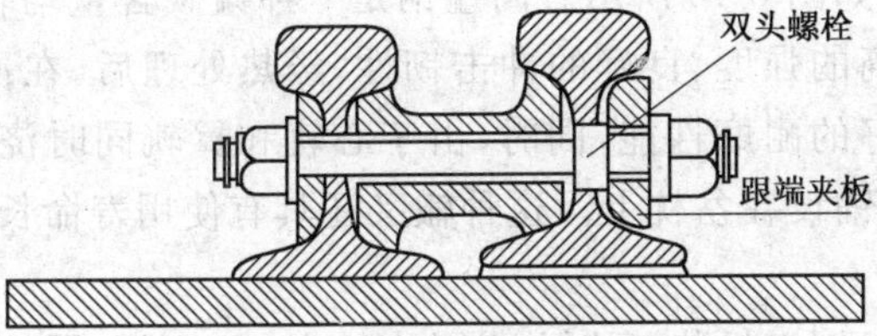

图 8-8　间隔铁鱼尾板式跟端结构

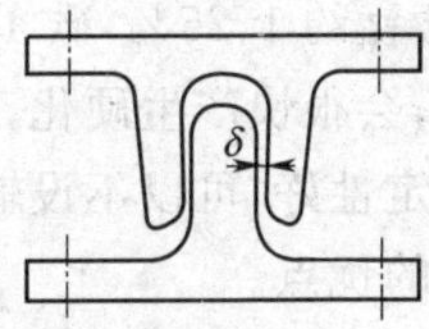

图 8-9　限位器结构

在跨区间无缝线路中，为限制尖轨尖端的伸缩位移，在尖轨跟部的基本轨和尖轨轨腰上可安装如图 8-9 所示的限位器结构，将尖轨中过大的温度力传递给外侧基本轨。

(三)转辙器上的零、配件

1. 滑床板

在整个尖轨长度范围内的岔枕面上，有承托尖轨和基本轨的滑床板。滑床板有分开式和不分开式两类。不分开式用道钉将轨撑、滑床板直接与岔枕连接；分开式是轨撑由垂直螺栓先与滑床板连接，再用螺纹道钉将垫板与岔枕连接。尖轨放置于滑床板上，与滑床板间无扣件连接。

2. 轨撑

轨撑可以防止基本轨倾覆、扭转和纵横向移动，安装在基本轨的外侧。它用螺栓与基本轨相连，并用两个螺栓与滑床板连接。轨撑有双墙式和单墙式之分。提速道岔中由于扣件扣压力足够大，未设轨撑。

3. 顶铁

尖轨刨切部位紧贴基本轨，而在其他部位则依靠安装在尖轨外侧腹部的顶铁，将尖轨承受的横向水平力传递给基本轨，以防止尖轨受力时弯曲，并保持尖轨与基本轨的正确位置。

4. 各种特殊形式的垫板

如铺设在尖轨之前的辙前垫板和之后的辙后垫板；铺设在尖轨尖端和尖轨跟端的通长垫板；为保持导曲线的正确位置而设置的支距垫板等。

5. 道岔拉杆和连接杆

道岔拉杆连接两根尖轨，并与转辙设备相连，以实现尖轨的摆动，故又称为转辙杆。连接杆为连接两根尖轨的杆件，其作用是加强尖轨间的联系，提高尖轨的稳定性。

6. 转辙机械

最常用的道岔转换设备的种类有机械式和电动式。若按操纵方式分类，则有集中式和非集中式两类。机械式转换设备可为集中式或非集中式，电动式转换设备则为集中式。道岔转换设备必须具备转换(改变道岔开向)、锁闭(锁闭道岔，在转辙杆中心处尖轨与基本轨之间不允许有 4 mm 以上的间隙)和显示(显示道岔的正位或反位)三种功能。

二、辙叉及护轨

辙叉是使车轮由一股钢轨越过另一股钢轨的设备。辙叉由叉心、翼轨和联结零件组成。按平面形式分，辙叉有直线辙叉和曲线辙叉两类；按构造类型分，有固定辙叉和活动辙叉两类。单开道岔上，以直线式固定辙叉最为常用。

(一)固定辙叉

直线式固定辙叉分两种，即整铸辙叉和钢轨组合式辙叉。

整铸辙叉是用高锰钢浇铸的整体辙叉,如图 8-10 所示。高锰钢是一种锰碳含量均较高的合金钢(含锰约 1.25%,碳 1.2%),具有较高的强度、良好的冲击韧性,经热处理后,在冲击荷载作用下,会很快产生硬化,使表面具有良好的耐磨性能,同时,由于心轨和翼轨同时浇铸,整体性和稳定性好,可以不设辙叉垫板而直接铺设在岔枕上。这种辙叉还具有使用寿命长,养护维修方便的优点。

钢轨组合式辙叉是用钢轨及其他零件经刨切拼装而成的,它由长心轨、短心轨、翼轨、间隔铁、辙叉垫板及其他零件组成,如图 8-11 所示。辙叉由长、短心轨拼装而成,长心轨应铺设在正线或运量较大的线路方向上。为尽可能保持长心轨断面的完整,而将短心轨刨去一部分,使短心轨轨底叠盖在长心轨轨底上,以保持叉心的坚固稳定。这种结构取材容易,加工制造方便。但这种结构零件多,养护工作量大,目前我国正线上已很少使用。

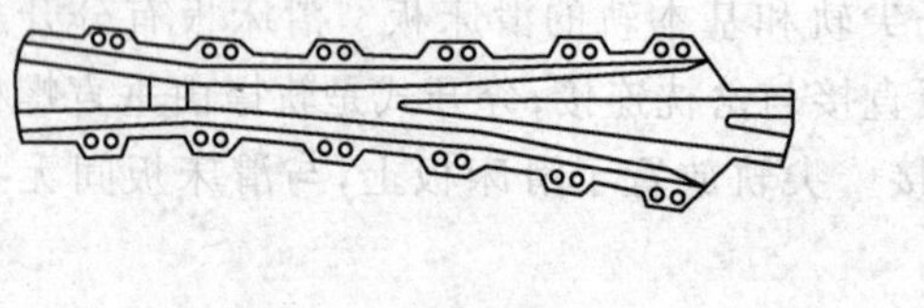

图 8-10 整铸辙叉

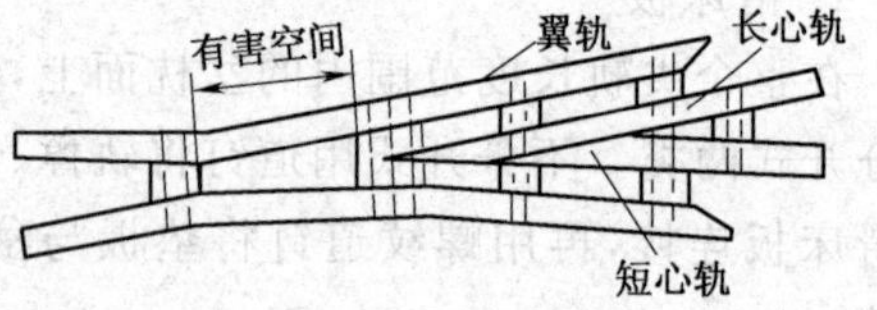

图 8-11 组合辙叉

叉心两侧作用边之间的夹角称辙叉角 α,其交点称辙叉理论中心(理论尖端)。由于制造工艺原因,实际上辙叉尖端有 6~10 mm 宽度,称辙叉实际尖端。

辙叉角 α 愈小,道岔号数 N 愈大,两者之间的关系为

$$N=\cot\alpha \tag{8-1}$$

我国道岔号数与辙叉角的对应值见表 8-1。

表 8-1 道岔号数与辙叉角的关系

道岔号数	6	7	9	12	18	24
辙叉角	9°27′44″	8°07′48″	6°20′25″	4°45′49″	3°10′47″	2°23′09″

翼轨由普通钢轨弯折刨切而成,用间隔铁及螺栓和叉心连接在一起,与辙叉间形成必要的轮缘槽,引导车轮行驶。翼轨作用边开始弯折处称为辙叉咽喉,是两翼轨作用边之间的距离最窄处。从辙叉咽喉至心轨实际尖端之间,有一段轨线中断的空隙,称为道岔的“有害空间”,如图 8-12 所示。道岔号数愈大,辙叉角愈小,有害空间愈大。车轮通过较大的有害空间时,叉心容易受到撞击。为保证车轮安全通过有害空间,必须在辙叉相对位置的两侧连接钢轨内侧设置护轨,借以引导车轮的正确行驶方向。

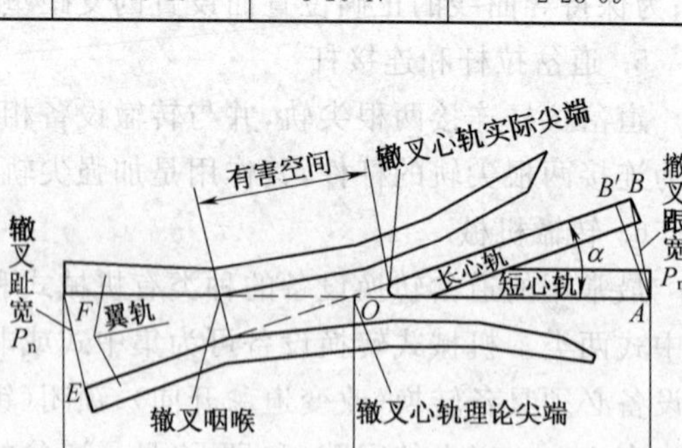

图 8-12 辙叉组成

单开道岔中,辙叉角小于 90°,所以将这类辙叉称为锐角辙叉。

单开道岔辙叉从其趾端到跟端的长度 FA 或 EB,称辙叉全长。从辙叉趾端到理论中心的距离 FO 或 EO,称辙叉趾距,用 n 表示。从辙叉跟端到理论中心的距离 AO 或 BO,称辙叉

跟距，用 m 表示。辙叉趾端翼轨作用边间的距离 EF 和辙叉跟端叉心作用边间距 AB，分别称辙叉前开口 P_n 及辙叉后开口 P_m。我国常用的标准道岔的辙叉尺寸见表 8-2。

表 8-2　标准辙叉尺寸(mm)

钢轨类型(kg/m)	道岔号数	辙叉全长	n	m	P_n	P_m
75、60	18	12 600	2 851	9 749	258	441
75、60	12	5 927	2 127	3 800	177	317
50	12	4 557	1 849	2 708	154	225
60	9	4 309	1 538	2 771	171	308
50	9	3 588	1 538	2 050	171	228

当车轮沿翼轨向叉心方向滚动时，由于车轮踏面是锥形的，车轮逐渐下降，当车轮离开翼轨完全滚到心轨后，又恢复到原来的高度，因此，产生了垂直不平顺。为了消除垂直不平顺，并防止心轨在其前端断面过分削弱部分承受车轮荷载，采用了提高翼轨顶面和降低心轨前端顶面的做法，将翼轨顶面做成 1∶20 的横坡，使翼轨和心轨顶面之间保持必要的相对高差。

对高锰钢整铸辙叉，规定叉心顶面 35 mm 及其以上部分承受全部车轮压力，而在 20 mm 及其以下部分则完全不受压力。因此，将翼轨顶面从辙叉咽喉到叉心顶宽 35 mm 一段以堆焊法加高。为防止车轮撞击心轨尖端，应使该处叉心顶面低于翼轨顶面 35 mm，如图 8-13 所示。

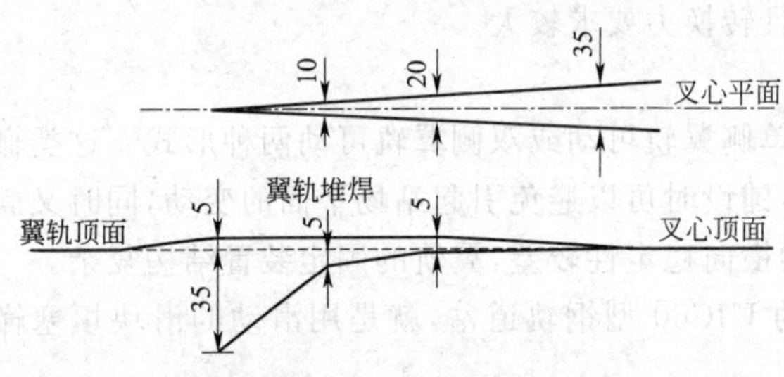

图 8-13　整铸辙叉顶面(单位：mm)

对钢轨组合式辙叉，规定叉心顶面 40 mm 及其以上部分承受全部车轮压力，而在 30 mm 及其以下部分则完全不受压力。由于在工厂制作时堆焊翼轨有困难，因此，采用降低心轨顶面，如图 8-14 所示的办法，保持必要的相对高差。

护轨设于固定辙叉的两侧，用于引导车轮轮缘，使之进入适当的轮缘槽，防止与叉心碰撞。目前我国道岔的护轨类型主要有钢轨间隔铁型、H 型和槽型三种。护轨的防护范围，应包括辙叉咽喉至叉心顶宽 50 mm 的一段长度，并要求有适当的余裕。辙叉护轨由中间平直段、两端缓冲段和开口段组成，如图 8-15 所示。护轨平直段是实际起着防护作用的部分，缓冲段及开口段起着将车轮平顺地引入护轨平直段的作用。缓冲段的冲击角应与列车允许的通过速度相配合。

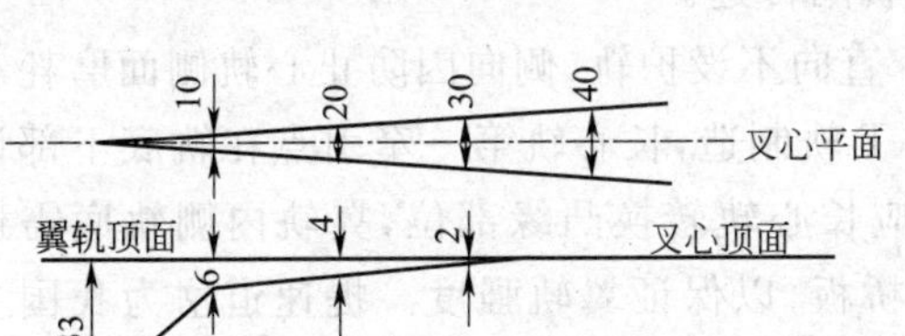

图 8-14　组合辙叉顶面(单位：mm)

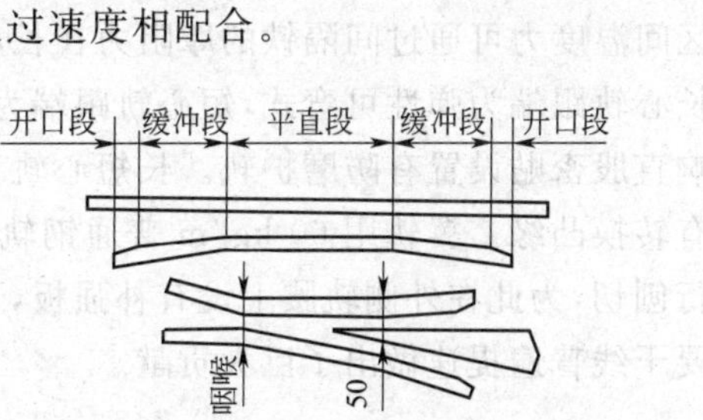

图 8-15　护轨

(二)可动辙叉

可动辙叉是指辙叉个别部件可以移动，以保证列车过岔时轨线的连续，消除固定辙叉上存在的有害空间,并可取消护轨,同时辙叉在纵断面上的几何不平顺也可以大大减少,从而显著地降低辙叉部位的轮轨相互作用,提高运行的平稳性,延长辙叉的使用寿命。长期的运营实践表明,可动心轨辙叉的使用寿命为同型号高锰钢整铸辙叉的6~9倍,养护维修工作量减少40%,大大减少了机车车辆通过时的冲击力,提高了过岔容许速度及旅行舒适度。可动辙有以下三种形式。

1. 可动心轨式辙叉

可动心轨式辙叉即心轨可动,翼轨固定。这种辙叉结构的优点是列车作用于心轨的横向力能直接传递给翼轨,保证了辙叉的横向稳定性。由于心轨的转换与转辙器同步,不会产生因误认进路而发生脱轨事故,故能保证行车安全。缺点是制造比较复杂,并较固定式辙叉长。

可动心轨辙叉包括两根翼轨、长心轨、短心轨、转换设备及各种联结零件。包括钢轨组合型可动心轨辙叉及锰钢型可动心轨辙叉两大类。

心轨跟端有铰接式和弹性可弯式两种。铰接式心轨跟端通过用高强螺栓固定在翼轨上的间隔铁可保证心轨与翼轨的相对位置,并传递水平力。这种辙叉便于铸造,转换力较小,可以保持原有固定式辙叉的长度。铺设这种可动心轨辙叉时不致引起车站平面的变动,因此,尤其适用于既有线站场的技术改造。但是在辙叉范围内出现活接头,不如弹性可弯式结构稳妥可靠。

弹性可弯式跟部结构有两种形式,即心轨的一肢跟端为弹性可弯式,另一端为活动铰接式;或是心轨的两肢均为弹性可弯式。前一种结构不仅连接可靠,而且构造简单,辙叉转换力也较小,我国研制的可动心轨辙叉选用的就是这种形式。后一种结构在转换时长短心轨接合面上将产生少量的相对滑动,这种心轨较长,且转换力要求较大。

2. 可动翼轨式辙叉

这类结构心轨固定,翼轨可动,又可分为单侧翼轨可动或双侧翼轨可动两种形式。这类辙叉可以设计成与既有固定式辙叉互换的尺寸,铺设时可以避免引起站场平面的变动,同时又满足了消灭有害空间的要求,缺点是可动翼轨的横向稳定性较差,翼轨的固定装置结构复杂。

其他消灭有害空间的辙叉形式,如德国的UIC60型钢轨道岔,就是用滑动的滑块填塞辙叉轮缘槽。

我国从1972年开始,先后在一些主要干线上试铺了12号弹性可弯式心轨活动辙叉道岔,其中技术含量最高的为可动心轨式提速道岔,如图8-16所示,其直向通过速度可达到160 km/h,并可用于跨区间无缝线路中。该道岔采用长翼轨结构,心轨末端与翼轨间采用间隔铁及高强度螺栓联结,区间温度力可通过间隔铁的摩阻力在长心轨与翼轨间传递。长心轨跟端为弹性可弯式,短心轨跟端为滑动端。直向不设护轨,侧向因防止心轨侧面磨耗影响直股密贴设置有防磨护轨。长短心轨均用60 AT轨制造,长心轨第一牵引点在轨底下部设有转换凸缘。翼轨用60 kg/m普通钢轨制造,对应长心轨转换凸缘部位,翼轨内侧轨底需进行刨切,为此在外侧轨腰上设有补强板,下部设有桥板,以保证翼轨强度。提速道岔为我国主要干线普遍提速做出了巨大贡献。

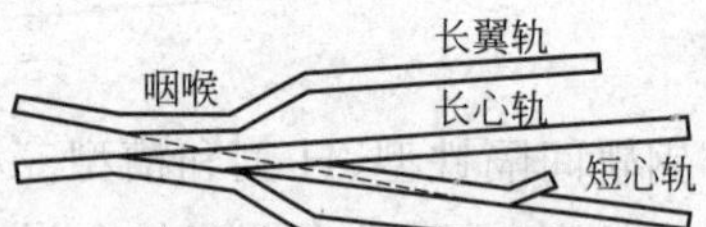

图8-16 可动心轨式提速道岔辙叉结构

三、连接部分

连接部分是转辙器和辙叉之间的连接线路,包括直股连接线和曲股连接线(亦称为导曲线)。直股连接线与区间线路构造基本相同。导曲线的平面形式可以是圆曲线、缓和曲线或变曲率曲线。我国目前铁路上铺设的道岔导曲线均为圆曲线，当转辙器尖轨或辙叉为曲线型时，尖轨或辙叉本身就是导曲线的一部分，确定导曲线平面形式时应将尖轨或辙叉平面一并考虑。圆曲线两端一般不设缓和曲线。导曲线由于长度及限界的限制，一般不设超高和轨底坡。

为防止导曲线钢轨在动荷载作用下的外倾及轨距扩大，可设置一定数量的轨撑或轨距拉杆。还可同区间线路一样设置一定数量的防爬器及防爬木撑，以减少钢轨的爬行。

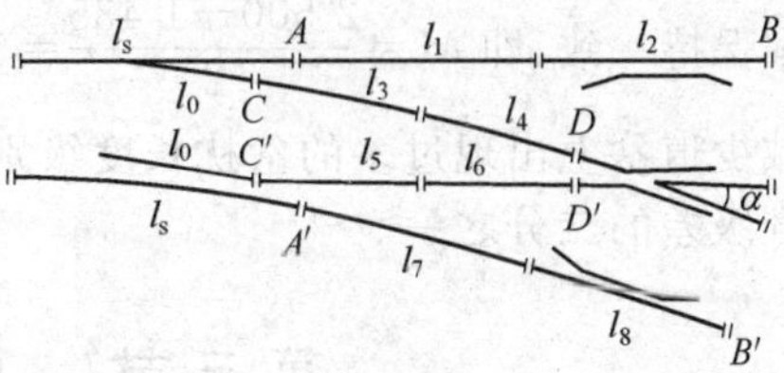

图 8-17 道岔连接部分

连接部分一般配置 8 根钢轨，直股连接线 4 根，曲股连接线 4 根。配轨时要考虑轨道电路绝缘接头的位置和满足对接接头的要求，并尽量采用 12.5 m 或 25 m 长的标准钢轨。连接部分使用的短轨，一般不短于 6.25 m，在困难的情况下，不短于 4.5 m。

我国标准的 9、12 及 18 号道岔连接部分的配轨如图 8-17 所示，尺寸见表 8-3。

表 8-3 标准道岔的配轨尺寸(mm)

N	9	12	18	N	9	12	18
l_1	5 324	11 791	10 226	l_5	6 836	12 500	16 574
l_2	11 000	12 500	18 750	l_6	9 500	9 385	12 500
l_3	6 894	12 500	16 903	l_7	5 216	11 708	10 173
l_4	9 500	9 426	12 500	l_8	11 000	12 500	18 750

四、岔 枕

在我国铁路上，岔枕以使用木枕为主，近年来还设计和试铺了混凝土岔枕及钢岔枕。

木岔枕断面和普通木枕基本相同，长度分为 12 级，其中最短的为 2.60 m，最长的为 4.80 m，级差为 0.20 m，采用螺纹道钉与垫板连接。

钢筋混凝土岔枕最长者为 4.90 m，级差为 0.10 m。混凝土岔枕与Ⅲ型混凝土枕具有相当的有效支承面积，采用无挡肩形式，岔枕顶面平直，岔枕中还预埋有塑料套管，依靠扣件摩擦及旋入套管中的道钉承受横向荷载，按 ϕ7 mm 配筋。

为了不让转换设备占用枕木空间，适应大型养路机械设备的需要，提速道岔中还设计并采用了钢岔枕。钢岔枕内腔应满足电务转换设备的安装要求，同时考虑允许尖轨或心轨 ±15 mm 的伸缩量。钢岔枕外宽要控制，以保证与相邻岔枕间形成足够的捣固空间。钢岔枕自身还应有足够的刚度，在轮载作用下尽可能减小挠度，保证为上部构件及转换设备提供良好的支承条件。钢岔枕与垫板、外锁闭设备间设有绝缘部件。钢岔枕底部焊有不规则条块，增大与道床间的摩擦系数。

为使道岔的轨下基础具有均匀的刚性，岔枕的间距应尽可能保持一致。转辙器和辙叉范围内的岔枕间距，通常采用 1～0.9 倍区间线路的枕木间距。设置转辙杆的一孔，其间距应适当增大。道岔钢轨接头处的岔枕间距应与区间线路同类型钢轨接头处轨枕间距保持一致，并使轨缝位于间距的中心。

铺设在单开道岔转辙器及连接部分的岔枕，均应与道岔的直股方向垂直。辙叉部分的岔枕,应与辙叉角的角平分线垂直,从辙叉趾前第二根岔枕开始,逐渐由垂直角平分线方向转到垂直于直股的方向。岔枕的间距,在转辙器部分按直线上股计量,在导曲线及转向过渡段按直线下股计量,在辙叉部分按角平分线计量。为改善列车直向过岔时的运行条件,提速道岔中所有的岔枕均按垂直于直股方向布置,间距均匀一致,均为600 mm。

岔枕长度在道岔各个部位差别很大。岔枕端部伸出钢轨工作边的距离 M 应与区间线路基本保持一致,即 $M=\frac{2\ 500-1\ 435}{2}=532.5$ mm。按 M 值要求计算出的岔枕长度各不相等,为减少道岔上出现过多的岔枕长度级别,需要集中若干长度相近者为一组,误差不应超过岔枕标准级差的二分之一。

第三节 单开道岔的几何尺寸

一、道岔各部分轨距

直线轨道的轨距为1 435 mm,曲线轨道应根据曲线半径、运行速度及机车车辆的通过条件等因素来决定。

单开道岔中,需要考虑的轨距加宽部位有:基本轨前接头处轨距 S_1、尖轨尖端轨距 S_0、尖轨跟端直股及侧股轨距 S_h、导曲线中部轨距 S_c、导曲线终点轨距 S。

道岔各部位的轨距,按机车车辆以正常强制内接条件加一定的余量,计算公式为

$$S=q_{max}+(f_0-f_i)+\frac{1}{2}\delta_{min}-\sum\eta \tag{8-2}$$

式中 q_{max}——最大轮对宽度;

f_0——外轨与外轨线形成的矢距;

f_i——内轨与内轨线形成的矢距;

δ_{min}——轮轨间的最小游间;

$\sum\eta$——机车车辆轮轴可能的横动量之和。

根据对我国铁路上使用的各种机车车辆的检算,我国铁路标准道岔上各部位的轨距值见表8-4。

表8-4 标准道岔部分轨距尺寸(mm)

N	9	12		18
		直线尖轨	曲线尖轨	
S_1	1 435	1 435	1 435	1 435
S_0	1 450	1 445	1 437	1 438
S_h	1 439	1 439	1 435	1 435
S_c	1 450	1 445	1 435	1 435

道岔各部分的轨距加宽,应有适当的递减距离,以保证行车的平稳性。尖轨尖端的轨距加宽,应按不大于6‰的递减率向尖轨外方递减。S_0 与 S_h 的差数,应在尖轨范围内均匀递减。导曲线中部轨距加宽的递减距离,至导曲线起点为3 m,至导曲线终点为4 m。尖轨跟端直股轨距 S_h 的递减距离为1.5 m。

我国新设计的道岔中,如提速道岔,除尖轨尖端宽2 mm处因刨切引起的轨距构造加宽外,其余部分轨距均为标准1 435 mm。

道岔各部分的轨距应符合标准规定,如有误差,不论是正线、到发线、站线或专用线,一律

不得超过+3 mm或−2 mm，有控制锁的尖轨尖端不超过±1 mm，较一般轨道有更严格的要求。同时还需要考虑道岔轨距在列车作用下将有2 mm的弹性扩张，由此可以计算出道岔各部分的最小、正常和最大轨距值。

二、转辙器几何尺寸

道岔转辙器上需要确定的几何尺寸主要有最小轮缘槽t_{min}和尖轨动程d_0。

(一)尖轨的最小轮缘槽t_{min}

当使用曲线尖轨直向过岔时，应保证在最不利条件下，即具有最小宽度的轮对一侧车轮轮缘紧贴直股尖轨时，另一侧车轮轮缘能顺利通过而不冲击尖轨的非工作边，如图8-18所示。此时，曲线尖轨在其最突出处的轮缘槽，较其他任何一点的轮缘槽为小，称曲线尖轨的最小轮缘槽t_{min}。要保证轮对顺利通过该轮缘槽，而不以轮对的轮缘撞击尖轨的非工作边，轮缘槽的宽度应取以下最不利组合时的数值：

$$t_{min} \geqslant S_{max} - (T+d)_{min} \tag{8-3}$$

式中，S_{max}为曲尖轨突出处直向线路轨距的最大值，计算时还应考虑轨道的弹性扩张和轨道公差。以提速道岔为例，采用车辆轮，代入具体值，求得

$$t_{min} \geqslant 1\,435+3-(1\,350+22-2)=68 \text{ mm}$$

我国实际采用的$t_{min} \geqslant 68$ mm。同时t_{min}也是控制曲线尖轨长度的因素之一，为缩短尖轨长度，不宜规定得过宽，根据经验，t_{min}可减少至65 mm。

对于直线尖轨来说，t_{min}发生在尖轨跟端。尖轨跟端轮缘槽t_0应不小于74 mm。这时跟端支距$y_g=t_0+b$，如图8-19所示。b为尖轨跟端钢轨头部的宽度。取$b=70$ mm，代入有关数据，可得$y_g=144$ mm。

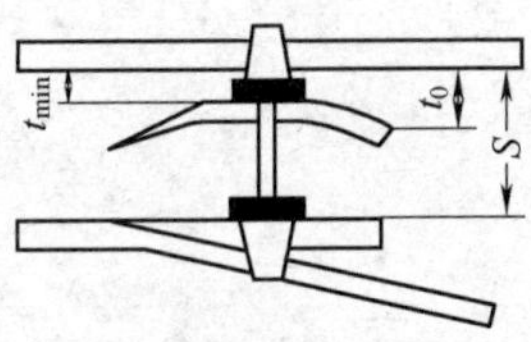

图8-18 曲线尖轨轮缘槽

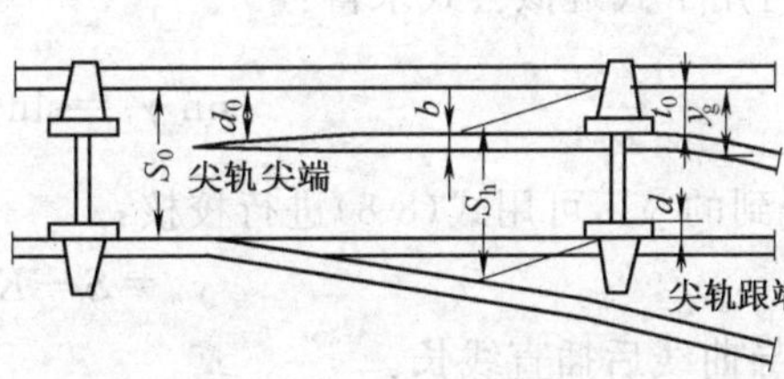

图8-19 直线尖轨与根端

(二)尖轨动程d_0

尖轨动程为尖轨尖端非作用边与基本轨作用边之间的拉开距离，规定在距尖轨尖端380 mm的第一根连接杆中心处量取。尖轨动程应保证尖轨扳开后，具有最小宽度的轮对对尖轨非作用边不产生侧向挤压。曲线尖轨的动程由t_{min}、曲线尖轨最突出处的钢轨顶宽、曲线半径R等因素确定。对直线尖轨要求尖轨尖端开口不小于($y_g+S_0-S_h$)。由于目前各种转辙机的动程已定型，故尖轨的动程应与转辙机的动程配合。目前大多数转辙机的标准动程为152 mm，因此《铁路线路修理规则》规定：尖轨在第一连杆处的最小动程，直尖轨为142 mm，曲尖轨为152 mm；AT型弹性可弯尖轨12号普通道岔为180 mm，12号提速道岔为160 mm；18号道岔允许速度大于160 km/h时为160 mm，允许速度不大于160 km/h时为160 mm或180 mm(具体按标准图或设计图规定办理)；其他型号道岔按标准图或设计图办理。

三、导曲线几何尺寸

导曲线部分需要确定的几何尺寸，主要是导曲线外轨工作边上各点以直向基本轨作用边为横坐标轴的垂直距离，也称导曲线支距。它对正确设置导曲线并经常保持其圆顺度起着十分重要的作用。

计算导曲线支距的方法有多种，下面以曲线尖轨、圆曲线型导曲线为例，进行计算。取直股基本轨上正对尖轨跟端的 0 点为坐标原点，如图 8-20 所示。这时，导曲线始点的横坐标 x_0 和支距 y_0 分别为

$$x_0=0,\quad y_0=y_g \tag{8-4}$$

在导曲线的终点，其横坐标 x_n 和支距 y_n 则分别为

$$x_n=R(\sin\gamma_n-\sin\beta)$$

$$y_n=y_g+R(\cos\beta-\cos\gamma_n) \tag{8-5}$$

式中 R——导曲线外轨半径；

β——尖轨跟端处曲线尖轨作用边与基本轨作用边之间形成的转辙角；

γ_n——导曲线终点 n 所对应的偏角，$\gamma_n=\alpha$。

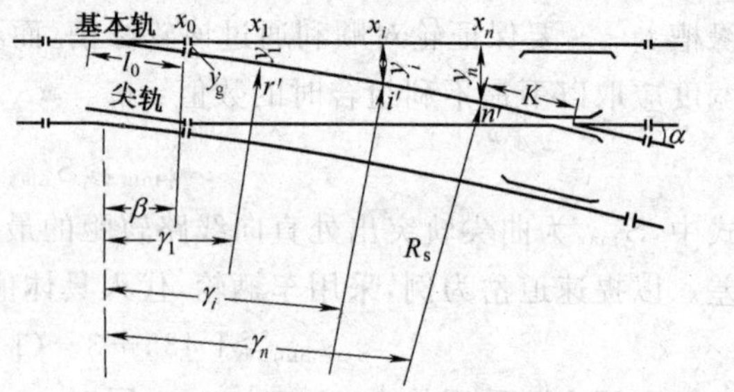

图 8-20 导曲线支距

令导曲线上各支距测点 i 的横坐标为 x_i（依次为 2 m 的整数倍），则其相应的支距 y_i 为

$$y_i=y_g+R(\cos\beta-\cos\gamma_i) \tag{8-6}$$

式中的 γ_i 可用下式近似公式求得：

$$\sin\gamma_i=\sin\beta+\frac{x_i}{R} \tag{8-7}$$

最后计算得到的 y_n，可用式(8-8)进行校核：

$$y_n=S-K\sin\alpha \tag{8-8}$$

式中，K 为导曲线后插直线长。

四、辙叉及护轨几何尺寸

(一)固定辙叉及护轨

固定辙叉及护轨需要确定的几何形位主要是辙叉咽喉轮缘槽 t_1、查照间隔 D_1 及 D_2、护轨轮缘槽 t_g、翼轨轮缘槽 t_w 和有害空间 l_h。

1. 辙叉咽喉轮缘槽 t_1

辙叉咽喉轮缘槽确定的原则是保证具有最小宽度的轮对一侧车轮轮缘紧贴基本轨时，另一侧车轮轮缘不撞击辙叉的翼轨，如图 8-21 所示。这时最不利的组合为

$$t_1\geqslant S_{max}-(T+d)_{min} \tag{8-9}$$

考虑到道岔轨距允许的最大误差为 3 mm，轮对车轴弯曲后，内侧距减小 2 mm，取车辆轮为计算标准，则

$$t_1\geqslant(1\,435+3)-(1\,350-2)-22=68\text{ mm}$$

t_1 不宜规定过宽，否则将不必要地增大有害空间。

2. 查照间隔 D_1 及 D_2

护轨作用边至心轨作用边的查照间隔 D_1 确定的原则是具有最大宽度的轮对通过辙叉时，一侧轮缘受护轨的引导，而另一侧轮缘不冲击叉心或滚入另一线。这时最不利的组合为

$$D_1 \geqslant (T+d)_{\max} \tag{8-10}$$

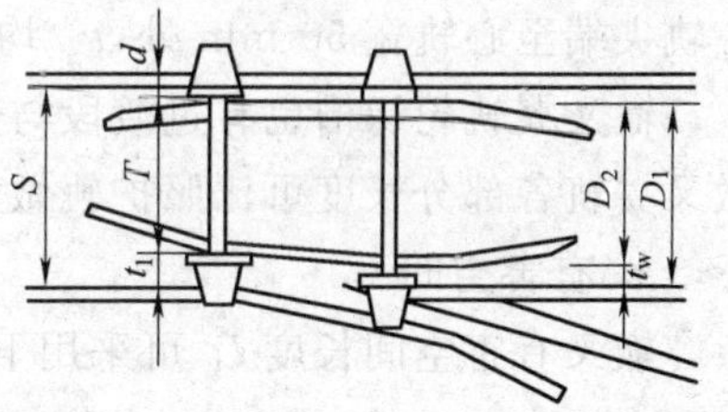

图 8-21　查照间隔

考虑到车轴弯曲使轮背内侧距增大 2 mm，代入具体值，取 $(T+d)$ 较车辆轮更大的机车轮为计算标准，求得

$$D_1 \geqslant (1\ 356+2)+33=1\ 391\ \text{mm}$$

护轨作用边至翼轨作用边的查照间隔 D_2 确定的原则是具有最小宽度的轮对直向通过时不被卡住，必须有

$$D_2 \leqslant T_{\min} \tag{8-11}$$

代入具体值，取 T 较机车轮更小的车辆轮为计算标准，并考虑车辆轴上弯后轮对内侧距的减小值 2 mm，则

$$D_2 \leqslant 1\ 350-2=1\ 348\ \text{mm}$$

显然，D_1 只能有正误差，不能有负误差，容许变化范围为 1 391～1 394 mm。同样，D_2 只能有负误差，不能有正误差，容许变化范围为 1 346～1 348 mm。

3. 护轨中间平直段轮缘槽 t_{g1}

如图 8-22 所示，护轨中间平直段轮缘槽 t_{g1} 应确保 D_1 不超出规定的容许范围，计算公式为

$$t_{g1}=S-D_1-2 \tag{8-12}$$

式中，2 mm 为护轨侧面磨耗限度。

取 $S=1\ 435$ mm，$D_1=1\ 391$～$1\ 394$ mm，得 $t_{g1}=39$～42 mm。

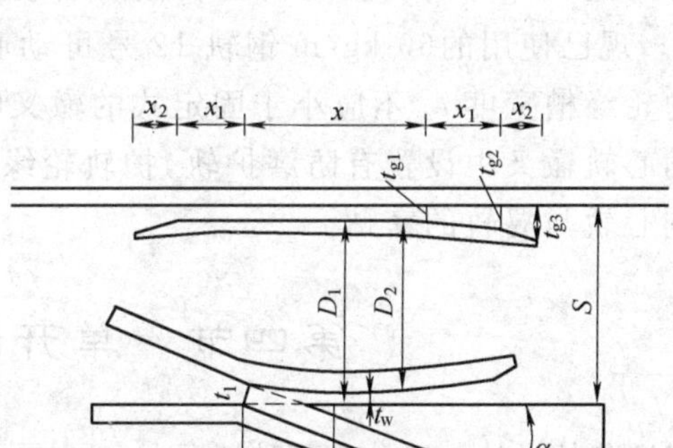

图 8-22　护轨尺寸

为使车轮轮缘能顺利进入护轨轮缘槽内，护轨平直段两端应分别设置缓冲段及开口段。终端轮缘槽 t_{g2} 应保证有和辙叉咽喉轮缘槽相同的通过条件，即 $t_{g2}=t_1=68$ mm。在缓冲段的外端，再各设开口段，开口段终端轮缘槽 t_{g3} 应能保证线路轨距为最大允许值时，具有最小宽度的轮对能顺利通过，而不撞击护轨的终端开口，由此得

$$t_{g3}=1\ 455-(1\ 350+22-2)=86\ \text{mm}$$

实际采用 $t_{g3}=90$ mm，用把钢轨头部向上斜切的方法而得到。

护轨平直部分长 x，相当于辙叉咽喉起至叉心顶宽 50 mm 处止，外加两侧各 100～300 mm。缓冲段长 x_1 按两端轮缘槽宽计算确定，开口段长 $x_2=150$ mm。

4. 辙叉翼轨平直段轮缘槽 t_w

根据图 8-22，辙叉翼轨平直段轮缘槽 t_w 应保证两查照间距不超出规定的容许范围，计算公式为

$$t_W=D_1-D_2 \tag{8-13}$$

采用不同的 D_1、D_2 组合,得到 t_w 的变化范围为 43～48 mm。我国规定采用 46 mm,从辙叉心轨尖端至心轨宽 50 mm 处,t_w 均应保持此宽度。

辙叉翼轨轮缘槽也有过渡段与开口段,其终端轮缘槽宽度、缓冲段的转折角与护轨相同。辙叉翼轨各部分长度可比照护轨做相应的计算。

5. 有害空间 l_h

辙叉有害空间长度 l_h 可采用下式计算:

$$l_h=\frac{t_1+b_1}{\sin\alpha} \tag{8-14}$$

式中,b_1 为叉心实际尖端宽度,通常可取为 10 mm。因 α 很小,可近似地取 $1/\sin\alpha\approx1/\tan\alpha=\cot\alpha=N$,所以,式(8-14)可改写成

$$l_h\approx(t_1+b_1)N \tag{8-15}$$

取 $t_1=68$ mm,$b_1=10$ mm,则 9 号、12 号及 18 号道岔的有害空间分别为 702 mm、936 mm 及 1 404 mm。

(二)可动心轨辙叉及护轨

可动心轨辙叉的主要几何形位有辙叉咽喉轮缘槽与翼轨端部轮缘槽。可动心轨辙叉与固定式辙叉不同,其咽喉宽度不能用最小轮背距和最小轮缘厚度进行计算,而应根据转辙机参数来决定。现有电动转辙机的动程为 152 mm,调整密贴的调整杆的轴套摆度最小可达 90 mm,因此,可动心轨辙叉咽喉的理论宽度 t_1 不应小于 90 mm,并不大于 152 mm。现已使用的60 kg/m 钢轨 12 号可动心轨辙叉中,这个数值采用 120 mm。翼轨端部的轮缘槽宽度 t_2 不应小于固定式的辙叉咽喉宽度(68 mm),一般采用 $t_2>90$ mm。若可动心轨辙叉中设置有防磨护轨,护轨轮缘槽确定的原则为确保心轨不发生侧面磨耗而影响心轨与翼轨的密贴。

第四节　单开道岔的总布置图

道岔的设计一般分为两种情况。

第一种情况是给出钢轨类型、侧向容许通过速度、机车类型等条件进行道岔设计。这时必须按规定的容许离心加速度、加速度时变率及撞击动能损失的容许值来确定所需要的道岔号数、导曲线半径、各部分轨距,并进行整个道岔的设计。

第二种情况是在生产实际中大量遇到的情况,已知钢轨的类型和道岔号数、导曲线半径、转辙器类型、辙叉类型及长度,来计算道岔布置总图。本节将对这一情况进行介绍。

单开道岔总图计算,包括以下几项主要内容:道岔主要尺寸计算、配轨计算、导曲线支距的计算、各部分轨距的计算、岔枕布置、绘制道岔布置总图、提出材料数量表。

一、曲线尖轨、直线辙叉单开道岔的计算

(一)转辙器计算

曲线尖轨大多采用圆曲线型。半切线型尖轨如图 8-23 所示。

半切线型尖轨曲线的理论起点与基本轨相切,在尖轨顶宽为 b_1 处(通常为 20～40 mm)开始,将曲线改为切线,为避免尖轨尖端过于薄弱,在顶宽 3～5 mm 处再作一斜边。这种形式

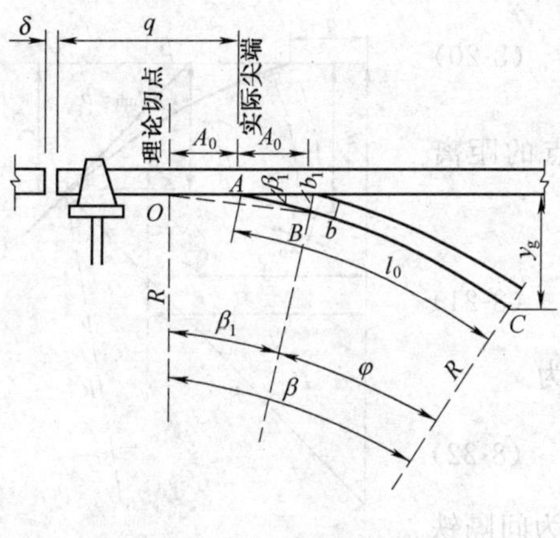

图 8-23 半切线型尖轨

的曲线尖轨的侧向行车条件较直线尖轨好，且尖轨比较牢固，加工也比较简单，是我国目前大号码道岔的标准尖轨形式。

曲线尖轨转辙器中的主要尺寸包括：曲线尖轨长度 l_0、直向尖轨长度 l'_0、基本轨前端长 q、基本轨后端长 q'、尖轨曲线半径 R、尖轨尖端角 β_1、尖轨转辙角 β 和尖轨跟端支距 y_g。

尖轨曲线半径通常与导曲线半径相同，以保持转辙器与导曲线的容许通过速度一致，并使道岔全长较短。设侧股轨道中心线的半径为 R_0，则尖轨工作边的曲率半径为 R，$R=R_0+717.5$ mm。

尖轨尖端角为导曲线实际起点的半径与垂直线的夹角，又叫始转辙角。由图 8-23 可得

$$\beta_1=\arccos\frac{R-b_1}{R} \tag{8-16}$$

图 8-23 中 AB 线为 B 点的切线，在理论切点 O 与 A、B 点所形成的三角形中，有 $OA=AB$，由于始转辙角极小，可近似认为尖轨实际尖端至理论起点的距离与尖轨实际尖端至尖轨顶宽 b_1 处的距离相等，则 A_0 可采用下式计算：

$$A_0=\tan\frac{\beta_1}{2} \tag{8-17}$$

基本轨前端长是道岔与连接线路或另一组道岔之间的过渡段。为使两组道岔对接时，道岔侧线的理论顶点能设置在道岔前端接头处，尖轨尖端前部基本轨的长度 q 应不小于 $A_0-\delta/2$（δ 为基本轨端部轨缝）。同时，q 值还应满足轨距递变的限值，即 $q\geqslant(S_0-S)/i$，S_0 为尖轨尖端轨距值，S 为正常轨距值，i 为容许的轨距递变率，i 不应大于 6‰，q 值的长短还应考虑到岔枕的布置。我国在 9 号和 12 号标准道岔上，在满足岔枕合理布置的前提下，统一采用$q=2\ 646$ mm。

然后计算曲线尖轨的长度。尖轨跟部所对的圆心角为 β，称转辙角。

$$\beta=\arccos\frac{R-y_g}{R} \tag{8-18}$$

由图 8-23 可知，曲线尖轨的长度为

$$l_0=AB+BC=A_0+\frac{\pi}{180}R(\beta-\beta_1) \tag{8-19}$$

曲线尖轨扳开后，与基本轨之间所形成的最小轮缘槽的位置在尖轨中部的某个位置上，如图 8-24 所示，这个宽度应满足最小轮缘槽的要求。因此，所算得的尖轨长度还应根据该尖轨扳开时所形成的轮缘槽的宽度来进行调整。这时可变更尖轨跟端支距 y_g，重新计算 l_0，并校核轮缘槽宽度，直至符合要求。最小轮缘槽的计算公式见式(8-3)。

设尖轨跟端支距为 y_g，尖轨转辙杆安装在离尖轨尖端 x_0 处，尖轨的动程为 d_0。尖轨扳开后，尖轨突出处距尖轨理论起点的距离为 x，这时该处尖轨工作边与基本轨工作边之间的距

离为 T,根据图 8-24,利用曲边三角形的关系,有公式

$$T\approx\frac{x^2}{2R}+\frac{d_0(l_0+q-x)}{l_0-x_0}+b \tag{8-20}$$

令 $\frac{\mathrm{d}T}{\mathrm{d}x}=0$,则可得到尖轨最突出处距尖轨理论起点的距离 x_t 为

$$x_t=\frac{d_0R}{l_0-x_0} \tag{8-21}$$

因此尖轨非工作边与基本轨工作边之间的轮缘槽宽为

$$t_{\min}=\frac{x_t^2}{2R}+\frac{d_0(l_0+q+x_t)}{l_0-x_0} \tag{8-22}$$

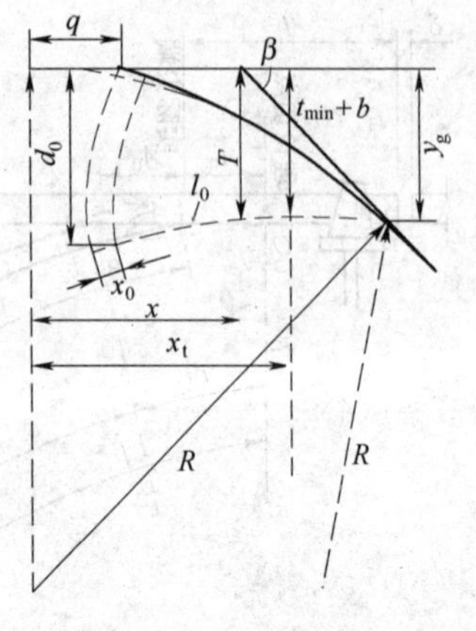

图 8-24 曲线尖轨轮缘槽

尖轨的长度还与跟部的构造有关。如尖轨跟部为间隔铁式,则 l_0 可按式(8-19)计算。如果是弹性可弯式跟部结构,则按公式求得的尖轨长度还需要增加 1.0～2.0 m,作为尖轨跟部的固定部分。

转辙器的另一根尖轨为直尖轨。直尖轨以曲线尖轨实际尖端与跟端在水平方向的投影长作为其长度,这样可保持两尖轨的尖端及跟端对齐。直尖轨长 l_0' 为

$$l_0'=A_0+R(\sin\beta-\sin\beta_1) \tag{8-23}$$

基本轨后端长 q' 主要决定于尖轨跟端连接结构、岔枕布置及配轨要求。

新设计的 60 kg/m 钢轨 12 号提速单开道岔转辙器中采用的是切线型尖轨,仅在尖轨尖端轨头宽 2 mm 处作补充刨切,使尖端藏于基本轨轨线以内。其主要尺寸的计算原理与半切线尖轨是一致的,基本参数如下:

$R=350\ 717.5$ mm,$q=2\ 916$ mm,$b_2=2$ mm,$y_g=311$ mm,$l_0=13\ 880$ mm,$l'_0=13\ 880$ mm,尖轨尖端轨距加宽值为 2 mm,导曲线理论起点离尖轨实际尖端为 886 mm,导曲线实际起点离尖轨实际尖端为 298 mm。

(二)锐角辙叉主要几何尺寸

锐角辙叉的主要尺寸包括趾距、跟距及辙叉全长。趾距影响道岔连接部分及配轨的长度,跟距决定道岔后端接头的位置,直接影响道岔的全长。

直线锐角辙叉的长度,应根据给定的钢轨类型、辙叉角或辙叉号数进行计算。首先,根据辙叉的构造要求,即根据我国夹板的孔型布置,能使各个夹板螺栓顺利穿入为控制条件,计算辙叉的容许最小长度,再按岔枕布置及护轨长度等条件进行调整,最后确定其采用值。我国铁路标准 9、12 及 18 号道岔直线辙叉的长度已列入表 8-2 中。新设计的 60 kg/m 钢轨 12 号提速道岔中锰钢固定式辙叉的长度是 $n=2\ 038$ mm,$m=3\ 954$ mm。

(三)道岔主要尺寸

半切线型尖轨、直线辙叉单开道岔中主要尺寸如图 8-25 所示,图中各项符号的意义如下:

道岔号数 N 或辙叉角 α,轨距 S,轨缝 δ,转辙角 β,尖轨长 l_0、l'_0,尖轨跟端支距 y_g,基本轨前端长 q,辙叉趾距 n,辙叉跟距 m,导曲线外轨半径 R,导曲线后插直线长 K。

O 点为道岔直股中心线与侧线辙叉部分中心线的交点,又称道岔中心。

需要计算的尺寸如下:

道岔前长 a(道岔前轨缝中心到道岔中心的距离),道岔后长 b(道岔中心到道岔后轨缝中

心的距离)；

道岔理论全长 L_t(尖轨理论尖端至辙叉理论尖端的距离)；

道岔实际全长 L_Q(道岔前后轨缝中心之间的距离)；

导曲线后插直线长 K(当 R 为已知时)或导曲线外轨半径 R(当 K 已知时)。

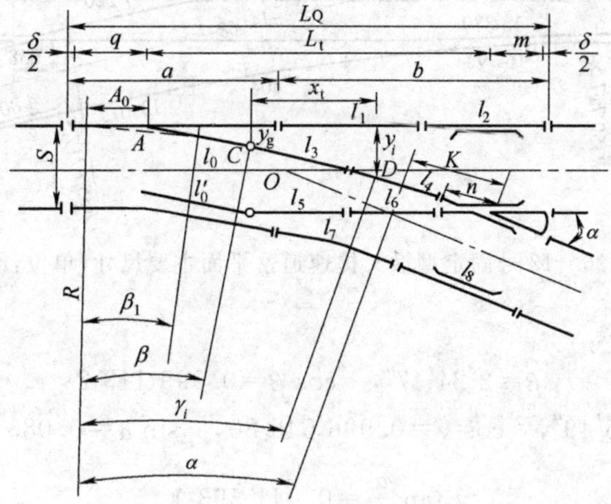

图 8-25 单开道岔总图

导曲线后插直线段是为了减少车辆对辙叉的冲击作用，避免车轮与辙叉前接头相撞，而使辙叉两侧的护轨完全铺设在直线上，一般要求 K 有 2～4 m 的长度，最短不得小于辙叉趾距 n 加上夹板长度 l_H 的半数，即 $K_{min} \geqslant n+\frac{l_H}{2}$。

为求得道岔的有关数据，把导曲线外股作用边 $ACDEF$ 投影到直股中线上，得

$$L_t = R\sin\alpha + K\cos\alpha - A_0 \tag{8-24}$$

再把它投影到直股中线的垂直线上，得

$$S = y_g + R(\cos\beta - \cos\alpha) + K\sin\alpha \tag{8-25}$$

由此得道岔各主要尺寸的计算公式为

$$K = \frac{S - R(\cos\beta - \cos\alpha) - y_g}{\sin\alpha} \tag{8-26}$$

或者

$$R = \frac{S - K\sin\alpha - y_g}{\cos\beta - \cos\alpha} \tag{8-27}$$

$$L_Q = q + L_t + m + \delta \tag{8-28}$$

$$b = \frac{S}{2\tan\frac{\alpha}{2}} + m + \frac{\delta}{2} \tag{8-29}$$

$$a = L_Q - b \tag{8-30}$$

【例 8-1】 图 8-26 所示为 60 kg/m 钢轨 12 号提速道岔，采用曲线尖轨、固定型直线辙叉。$N=12$，$R=350\ 717.5$ mm，$n=2\ 038$ mm，$m=3\ 954$ mm，曲线尖轨长 $l_0=13\ 880$ mm，直线尖轨长 $l'_0=13\ 880$ mm，基本轨前端长 $q=2\ 916$ mm，$S=1\ 435$ mm，跟端支距 $y_g=311$ mm，$\delta=8$ mm，导曲线理论起点离尖轨实际尖端 886 mm，导曲线实际起点离尖轨实际尖端 298 mm。试计算该道岔导曲线后插直线长、道岔理论全长、实际全长及道岔前长和后长。

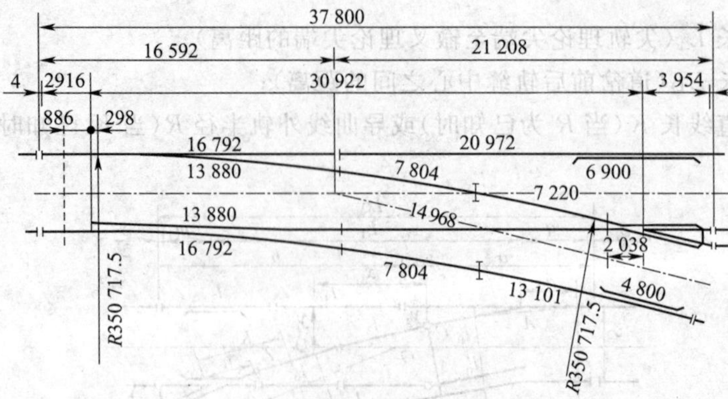

图 8-26 12 号固定型辙叉提速道岔平面主要尺寸(单位:mm)

有关计算结果如下:

$$\beta=2°24'47'',\quad \cos\beta=0.999\ 113\ 2$$

$$\alpha=4°45'49'',\quad \cos\alpha=0.996\ 545\ 80,\quad \sin\alpha=0.083\ 044\ 95$$

$$\tan\frac{\alpha}{2}=0.041\ 593\ 1$$

$$K=\frac{S-R(\cos\beta-\cos\alpha)-y_g}{\sin\alpha}$$

$$=\frac{1\ 435-350\ 717.5\times(0.999\ 113\ 2-0.996\ 545\ 80)-311}{0.083\ 044\ 95}=2\ 692\ \text{mm}$$

$$L_t=R\sin\alpha-A_0+K\cos\alpha$$

$$=350\ 717.5\times0.083\ 044\ 95-886+2\ 692\times0.996\ 545\ 80=30\ 922\ \text{mm}$$

$$L_Q=q+L_t+m+\delta=2\ 916+30\ 922+3\ 954+8=37\ 800\ \text{mm}$$

$$b=\frac{S}{2\tan\frac{\alpha}{2}}+m+\frac{\delta}{2}=\frac{1\ 435}{2\times0.041\ 594\ 31}+3\ 954+4=21\ 208\ \text{mm}$$

$$a=L_Q-b=37\ 800-21\ 208=16\ 592\ \text{mm}$$

(四)配轨计算

一组单开道岔,除转辙器、辙叉及护轨外,一般有 8 根连接轨,分 4 股,每股 2 根。所谓配轨就是计算这 8 根钢轨的长度并确定其接头的位置。

配轨时应考虑如下一些原则:

(1)转辙器及辙叉的左右基本轨长度,应尽可能一致,以减少基本轨备件的数量,并有利于左右开道岔的互换;

(2)连接部分的钢轨不宜过短,小号码道岔一般不小于 4.5 m,大号码道岔不小于6.25 m;

(3)配轨时应保证对接接头,并尽量使岔枕布置不发生困难,同时要考虑安装轨道电路绝缘接头的可能性;

(4)充分利用整轨、缩短轨、整轨的整分数倍的短轨,做到少锯切,少废弃,选用钢轨利用率高的方案。

单开道岔配轨计算公式为(参见图 8-25)

$$l_1+l_2=L_Q-l_s-3\delta$$

$$l_3+l_4=\left(R+\frac{b_0}{2}\right)(\alpha-\beta)\frac{\pi}{180}+K-n-3\delta$$

$$l_5+l_6=L_t-l'_0-n-3\delta$$

$$l_7+l_8=q+A_0-S_0\tan\beta_1+\left(R-S-\frac{b_0}{2}\right)(\alpha-\beta_1)\frac{\pi}{180}+K+m-2\delta-l_s$$

式中 S_0——尖轨尖端处的轨距；

$S_0\tan\beta_1$——曲线尖轨外轨起点超前内轨起点的距离；

l_s——基本轨的长度；

α、β 以(°)计。

仍对 60 kg/m 钢轨 12 号提速单开道岔进行计算，基本轨长 l_j＝16 584 mm，其他数据采用以上的计算结果。

$$l_1+l_2=37\ 800-16\ 584-3\times 8=21\ 192\ \text{mm}$$

取 $$l_1=7\ 770\ \text{mm},\quad l_2=13\ 422\ \text{mm}$$

$$l_3+l_4=(350\ 717.5+35)\times 2.350\ 555^\circ\times 0.017\ 453\ 29+2\ 692$$
$$-2\ 038-3\times 8=15\ 024\ \text{mm}$$

取 $$l_3=7\ 804\ \text{mm},\quad l_4=7\ 220\ \text{mm}$$

$$l_5+l_6=30\ 922-13\ 880-2\ 038-3\times 8=14\ 980\ \text{mm}$$

取 $$l_5=7\ 770\ \text{mm},\quad l_6=7\ 210\ \text{mm}$$

$$l_7+l_8=2\ 916+298-1\ 437\times 0.000\ 337\ 7+(350\ 717.5-1\ 435-35)\times 4.760\ 234^\circ$$
$$\times 0.017\ 543\ 29+2\ 692+3\ 954-2\times 8-16\ 584=22\ 271\ \text{mm}$$

取 $$l_7=7\ 804\ \text{mm},\quad l_8=14\ 467\ \text{mm}$$

(五)导曲线支距计算

导曲线支距计算已在前边作了介绍。现仍对 60 kg/m 钢轨 12 号提速单开道岔进行计算。已知的参数为：$\beta=2°24'47''$，$\alpha=4°45'49''$，$y_g=311$ mm。

支距计算起始点为 $x_0=0$ mm，$y_0=y_g=311$ mm。

支距计算终点坐标为

$$x_n=R(\sin\alpha-\sin\beta)=350\ 717.5\times(0.083\ 044\ 95-0.042\ 104\ 7)=14\ 358\ \text{mm}$$

$$y_n=S-K\sin\alpha=1\ 435-2\ 692\times 0.083\ 044\ 95=1\ 211\ \text{mm}$$

其余各点支距可按公式(8-6)进行计算。

二、直线尖轨转辙器的计算

直线尖轨、直线辙叉与上述的曲线尖轨、直线辙叉单开道岔的计算方法和步骤基本上一致。在计算时需要考虑如下一些特点：

(1)两根尖轨都是直线型的，因此冲击角、始转辙角和转辙角都是一样的，同时尖轨也比较短；

(2)尖轨的跟部结构通常采用间隔铁鱼尾板式，尖轨非工作边与基本轨工作边之间的最小距离发生在尖轨跟端；

(3)一般在导曲线前设置前插直线 K，以减少车轮对尖轨辙跟的冲击；

(4)侧股线路的轨距加宽要比曲线尖轨的大。

三、可动心轨辙叉的计算

1. 主要参数

可动心轨的主要参数有：心轨转换过程中不发生弯折的长度 l_1，弹性肢长 l_2，转辙机必须的扳动力 P，心轨角 β，第一、第二转辙杆处的心轨动程 t_1 和 t_2 等，如图 8-27 所示。

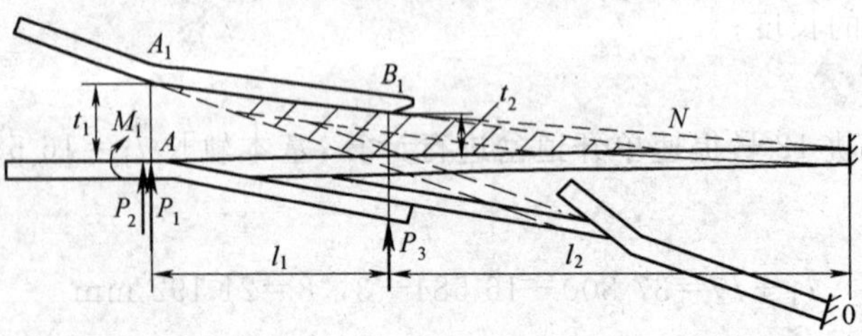

图 8-27 可动心轨辙叉

在计算这些参数时，心轨 l_1 段为绝对刚体，l_2 段为弹性可弯的一端固定的梁，在第一、第二转辙杆处作用有 P_1 和 P_3 力。根据这样的力学模型便可得到这些参数的一系列计算公式。但是上述参数都是互相关联的未知量，无法直接计算出来。实用的工程方法是先假定某几个值，计算其他的量，从而得到一系列曲线。在此曲线上查找合适的数据，同时考虑构造上的要求及岔枕布置，最后定出合理的参数。

如果可动心轨只设一根转辙杆，其参数的选择主要取决于转辙设备的动程、功率的大小、心轨截面及可弯部分在心轨转换时的弯曲应力值。通常可根据经验，参照转辙器部分尖轨的转换条件进行选定。

2. 心轨摆动部分的长度

心轨实际尖端至弹性可弯中心的一段(图 8-27 中的 AN)为心轨摆动部分。心轨摆动部分的长短与转辙机的扳动力及摆度、心轨危险截面的弯曲应力等因素有关。心轨摆动部分的长度加长，对上述各项指标有利。

3. 辙叉趾距 n

可动心轨辙叉的最小趾距，不能采用固定式辙叉趾端接头，即按构造计算的方法，而应根据趾端的稳定性来决定，并要与道岔配轨，岔枕布置等一并考虑。

4. 辙叉跟距 m

辙叉跟距是指辙叉轨距线交点至辙叉跟端的距离。当叉跟不设置伸缩接头时，辙叉跟距指轨距线交点至心轨跟端间的距离，这时

$$m_{\min} \geqslant L + l_1 - \frac{t_1}{2\sin\dfrac{\alpha}{2}} \tag{8-31}$$

式中 L——长心轨的尖端到可弯中心的距离；

l_1——心轨可弯中心到辙叉跟端的距离，此值不应小于 2 m；

t_1——心轨尖端处的咽喉宽。

复习思考题

1. 道岔有什么功能？有哪些种类？
2. 我国常用的道岔类型主要有哪几种？
3. 什么是道岔号数？
4. 单开道岔主要有哪几部分组成，各有什么作用？
5. 画图表示单开道岔的构造，并标出道岔主要尺寸。
6. 辙叉有哪几种类型？
7. 单开道岔中需要考虑轨距加宽的部位有哪些？
8. 何为辙叉咽喉、有害空间、查照间隔？

第九章 高速铁路无砟轨道

第一节 概　述

一、国内外无砟轨道发展历程

无砟轨道具有轨道稳定性高、刚度均匀性好、结构耐久性强、维修工作量显著减少和技术相对成熟的突出优点。20 世纪 60 年代，世界各国开始研究使用无砟轨道，从室内试验，现场试铺到在高速铁路上的普遍推广，历经 50 余年，形成了具有各国特色的系列化、标准化产品。无砟轨道在铁路线路上的使用，从根本上改善了列车走行的基础条件，实现了旅客列车运行平稳性、安全性、舒适性的要求，并且大大缩短了线路维修时间，降低了维护成本。

由于无砟轨道具有的明显优势，世界各国研究开发了多种结构形式的无砟轨道。如日本新干线的板式、德国高速铁路的雷达(Rheda)型、博格(Bögl)型、旭普林(Züblin)型、英国的 PACT 型、英吉利海峡隧道的弹性支承块(LVT)式、法国的 STEDEF 型等。高速铁路采用无砟轨道结构形式已被很多国家所接受。其中德国和日本在无砟轨道的研发及应用方面处于领先地位，技术相对更成熟。

1. 日本无砟轨道

从 20 世纪 60 年代中期开始日本就针对板式无砟轨道结构开展了系统的理论研究与试验，提出了多种板式轨道结构设计方案。1971 年，日本“板式轨道研究会”为适应高速行车的需要及解决无砟轨道维修中的困难，提出了板式轨道必须满足的四个基本条件：

(1)建筑费在普通有砟轨道的两倍以内；

(2)具有与普通有砟轨道同样的弹性和足够的强度；

(3)施工方法比较简便，铺板施工日进度能达到 200 m 以上；

(4)一旦轨道出现病害，可以进行修整。

经过一系列理论研究及现场试验，目前定型的板式轨道有普通 A 型、框架型及在特殊减振区段使用的减振 G 型。为配合板式轨道的应用，日本还专门研制了直结型系列无砟轨道专用扣件。

新干线板式无砟轨道主要采用普通 A 型板式轨道和框架型板式轨道板，这两种板式轨道由钢轨＋直结 4 型或 8 型扣件＋整体轨道板或框架式轨道板＋乳化沥青水泥砂浆层(CA 砂浆层)＋凸形挡台＋底座组成。普通 A 型板式无砟轨道如图 9-1 所示，框架型板式无砟轨道如图 9-2 所示。

2. 德国无砟轨道

德国自 1959 年开始研究、试铺无砟轨道，是世界上研究开发无砟轨道较早的国家。首先在希尔赛德车站试铺了 3 种结构，随后又在雷达车站和奥尔德车站试铺 2 种结构，1977 年又在慕尼黑试验线试铺 6 种。1959～1988 年德国无砟轨道共铺设无砟轨道 36 处，累计

21.6 km。在此期间先后在土质路基、高架桥上及隧道内试铺了各种混凝土道床和沥青混凝土道床的无砟轨道。经过不断改进、优化和完善，不仅形成了德国铁路的无砟轨道系列，而且还形成了比较成熟的技术规范和管理体系，研制了成套的施工机械设备和工程质量检测设备，为无砟轨道在德国铁路的推广应用创造了条件。其主要结构形式有雷达传统型（Rheda Classic）、雷达 Berlin 型（Rheda-Berlin）、雷达 2000（Rheda 2000）型、旭普林（Züblin）型、博格（Bögl）型、ATD 型、Getrac 型等。

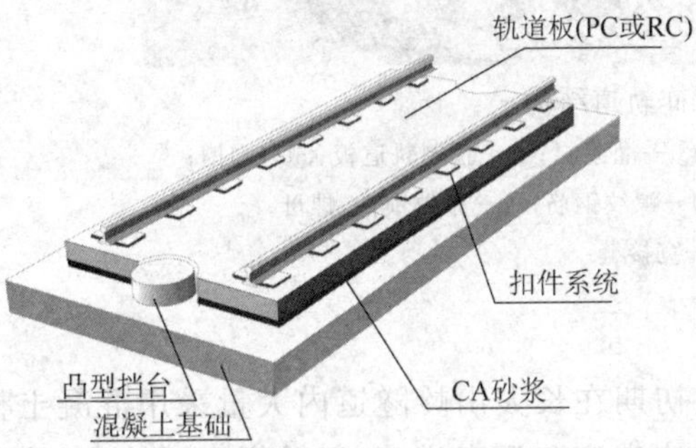

图 9-1 普通 A 型板式无砟轨道

图 9-2 框架型板式无砟轨道

图 9-3 为雷达 2000 型双块式无砟轨道，图 9-4 为旭普林型双块式无砟轨道，二者的道床结构形式基本相似，主要区别在于施工工艺方面。雷达 2000 型双块式无砟轨道主要采用“钢轨支撑架法”，先架设工具轨轨排，绑扎好钢筋后浇注道床板混凝土，而旭普林型双块式无砟轨道则是先浇注道床板混凝土，然后采用专用机械用“振动法”将双块式轨枕振动嵌入到密实的混凝土道床中。

图 9-3 雷达 2000 型双块式无砟轨道

图 9-4 旭普林型双块式无砟轨道

图 9-5 为博格板式无砟轨道结构，系统构成层次为：级配碎石构成的防冻层（FSS）、30 cm 厚的水硬性混凝土支承层（HGT）、3 cm 厚的沥青水泥砂浆层、20 cm 厚的轨道板，在轨道板上安装 Vossloh300 扣件。博格板式轨道系统轨顶至水硬性混凝土顶面的距离为 474 mm。

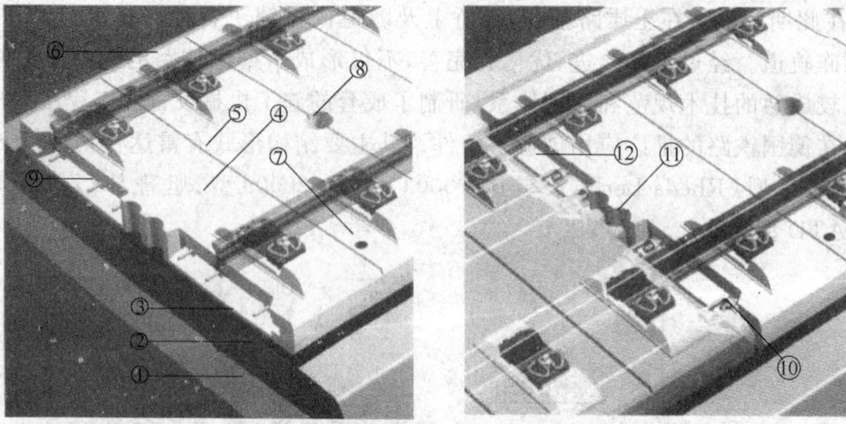

图 9-5 博格板式无砟轨道结构

①—防冻层(级配碎石);②—水硬性材料支承层;③—灌浆层;④—预制轨道板;⑤—沟槽;⑥—承轨台;⑦—调高装置;⑧—灌浆孔;⑨—螺纹钢筋;⑩—张拉锁件、螺母;⑪—窄接缝;⑫—宽接缝

3. 我国无砟轨道的研究与应用

国内对无砟轨道的研究始于 20 世纪 60 年代,初期在长大山岭隧道内大量采用混凝土整体道床,主要有支承块式、短木枕式、整体灌注式整体道床和沥青道床,以及桥上无砟、无枕轨道结构等。20 世纪 90 年代开始,为适应我国铁路高速行车和发展高速铁路的需要,针对高速铁路无砟轨道技术进行试验研究,提出了几种高速铁路无砟轨道结构形式(板式、支承块式、轨枕埋入式等)。先后在秦岭隧道铺设了弹性支承块式无砟轨道(图 9-6),在秦沈客运专线沙河、狗河、双河桥上(图 9-7～图 9-9)及渝怀线鱼嘴 2 号隧道、赣龙线枫树排隧道内分别试验铺设了长枕埋入式和板式无砟轨道,取得了成功的经验。

图 9-6 弹性支承块式无砟轨道

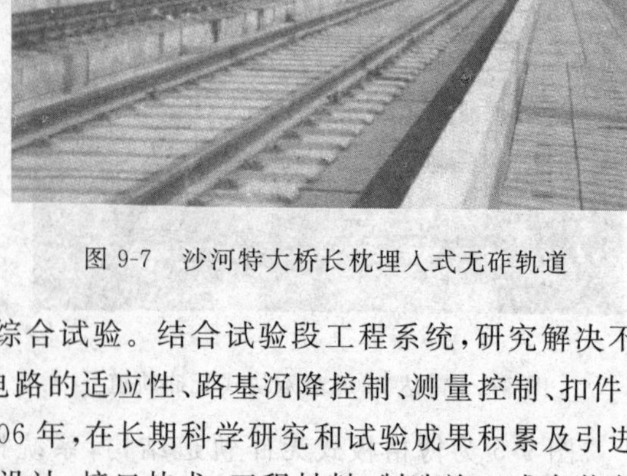

图 9-7 沙河特大桥长枕埋入式无砟轨道

2004 年,在遂渝线开展了成区段无砟轨道综合试验。结合试验段工程系统,研究解决不同类型无砟轨道结构、无砟轨道与谐振式轨道电路的适应性、路基沉降控制、测量控制、扣件、道岔、施工工艺、施工装备等关键技术问题。2006 年,在长期科学研究和试验成果积累及引进技术的基础上,从无砟轨道设计理论体系、结构设计、接口技术、工程材料、制造施工成套装备及工艺、质量控制、实车试验、长期观测和维修与养护技术等方面开展系统技术再创新,通过武广高铁武汉综合试验段和哈大客运专线成高子严寒试验段的工程验证,形成了拥有自主知识

产权并具有世界一流水平的无砟轨道成套技术。

图 9-8 狗河特大桥板式无砟轨道(直线上)

图 9-9 双河特大桥板式无砟轨道(曲线上)

通过对科研成果和试验工作的总结与分析，无砟轨道设计、精密测量、沉降变形评估、施工指南、扣件和道岔预制部件的技术条件，以及工程质量验收标准等成套技术标准规范相继出台，为无砟轨道工程提供技术支撑，满足了我国高速铁路无砟轨道大规模、高标准建设的需要。

目前，我国正式确定了用于高速铁路的五种类型无砟轨道，即 CRTSⅠ型、Ⅱ型和Ⅲ型板式无砟轨道、CRTSⅠ型和Ⅱ型双块式无砟轨道，并在高速铁路建设过程中推广应用。

二、无砟轨道主要技术特点

无砟轨道结构的出现是为了解决传统有砟轨道结构稳定性差、维修工作量大的缺点，为高速度、高密度的铁路运输提供一种少维修或免维修的轨道结构形式，因此，稳定性好、少维修是无砟轨道结构相对于有砟轨道结构最突出的优点。

但是，铁路运输的目的是安全、服务和效益，效益是铁路建设和运营不可或缺的关键因素。从综合效益的角度来说，无砟轨道结构也存在一些问题。

(一)无砟轨道结构优点

(1)轨道稳定性好，几何形位能持久保持，线路养护维修工作量显著减少。

无砟轨道维修工作量大大减小，被称为“省维修”轨道，为延长线路的维修周期以及客运专线列车的高密度、准点正常运行提供重要保证。

无砟轨道采用整体式轨下基础，与采用散粒体结构的有砟道床基础相比，在列车荷载作用下不会产生道砟颗粒磨耗、粉化、相对错位所引起的道床结构变形；在列车荷载反复作用下不会产生变形积累，使轨道几何尺寸的变化基本控制在轨下胶垫、扣件及钢轨的松动和磨损等因素之内，从而大大降低轨道几何状态变化的速率，减少养护维修工作量，延长维修周期和轨道使用寿命。

(2)长波不平顺性好，轨道弹性均衡稳定，可提高乘坐舒适度。

有砟轨道采用均一性较差的天然道砟材料，在列车荷载作用下其道床肩宽、砟肩堆高、道床边坡、轨枕间距及轨枕在道床中的支承状态相对易于变化，并导致轨道几何形变。

无砟轨道的下部基础、底座、道床板(或 CA 砂浆调整层)均为现场工业化浇注；双块式轨枕、轨道板、微孔橡胶垫层、轨下胶垫、扣件、钢轨等均为工厂预制件或标准产品，可以保证其性能有较好的均一性。由此组成的轨道整体结构与有砟轨道相比具有更好的结构连续性和弹性均匀性,为提高轨道的平顺性,改善乘车质量提供了有利条件。

(3)耐久性好,轨道使用寿命长(60 年以上)。

无砟轨道结构中,作为无缝线路稳定性计算参数的轨道横向阻力、轨道纵向阻力不再依赖于材质和状态多变的有砟道床,其整体式轨下基础可为无缝线路提供更高和更恒定的轨道纵、横向阻力,具有更好的耐久性和更长的使用寿命。

(4)横向阻力提高(有砟轨道为 12 kN/枕,无砟轨道为 25 kN/枕),可获得高运营安全性。

(5)结构高度低,自重轻,可降低隧道净空,减少桥梁二期恒载。

(6)通过少维修,提高线路使用率,减少对运输的干扰,从而减少事故隐患。

(7)道床整洁美观,无道砟飞散带来的一系列问题。

我国秦沈客运专线在线路开通之前进行的行车试验表明:行车速度达到 250 km/h 时,道心道砟出现飞溅现象,造成车辆转向架部分的车轴、制动缸等被道砟打击的现象(这种飞砟现象与线路开通前道砟表面细砟、粉尘较多也有一定关系)。根据法国 TGV 铁路的运营经验,有砟轨道在列车速度达到 350 km/h 时,出现较严重的道砟飞溅现象。后将速度降低到 320 km/h时,飞溅现象才有所改善。此外,在严寒冬季,冻结在车体下部的冰块融化时,冰块打在道砟上,溅起的道砟会打坏钢轨踏面。另外,在进行道床维修施工作业后,由于表层道砟松散,粉粒较多,也会产生飞砟,此时要求限速 170 km/h 行车。法国 TGV 铁路在严寒多雪地区,为了防止下雪天因道砟表面裹雪被列车风吹起,曾采用过在道床表面喷撒乳胶和雪天降速运行等措施。

采用无砟轨道后,就可以完全免除道砟飞溅的顾虑。

(二)无砟轨道结构存在的问题

1. 初期投资和综合效益问题

初期投资大。无砟轨道初期投资与有砟轨道初期投资的比例,日本一般在 1.3～1.5 之间;德国 Rheda 型无砟轨道一般在 1.5～1.7 之间。

无砟轨道相对于有砟轨道的经济效益仅能从有砟轨道需要增加的维修费用计算得到。如果按无砟轨道结构生命周期 60 年计算,一般在 10～12 年内可以实现收支平衡。

但是,影响无砟轨道初期投资和经济效益的因素比较多。由于无砟轨道建设和修理都没有达到自动化程度,无砟轨道质量需要高水平的施工技术及养护措施提供保障。另外,在路基上铺设时,路基处理深度也比有砟轨道大。

此外,现在有砟轨道结构的维修在很大程度上已实现了大型养路机械化和自动化。无砟轨道同样也需要维修,如钢轨打磨等。尤其是结构一旦损坏将可能引起线路关闭,其修复工作比较复杂,同时需要大量费用和时间,同时还应考虑无砟轨道达到寿命周期后高昂的再建费用。

所以,无砟轨道初期投资与经济效益是一个复杂的问题,必须结合工程实际进行分析。但是,可以肯定的是,隧道内的无砟轨道相对于有砟轨道具有良好的经济效益,桥上和路基上的无砟轨道经济效益往往要差。

2. 噪声问题

在高速铁路上,相对于有砟轨道来说,无砟轨道噪声水平要高 5 dB,传播范围比较大。一般来说,结构噪声在 250～1 000 Hz 频率范围内显著增加,空气噪声在无砟轨道表面未采取吸声措施时增大 5 dB。因此,必须采取有效降噪措施。

3. 轨道弹性问题

有砟轨道的弹性主要由道床提供，无砟轨道的弹性主要由扣件提供。由于有砟轨道道床的散粒体特点，保持纵向轨道弹性均匀性非常困难，而无砟轨道可以在扣件结构设计、材料选用和技术标准上严格要求，实现轨道弹性的均衡稳定，从而对扣件设计提出了更高的要求。

各类过渡段是影响纵向轨道弹性均匀性的重要因素。过渡段轨道弹性的差异将造成轨道变形的差异，形成较大的不平顺，对行车舒适性和轨道稳定性都会带来显著影响，需要采取相应措施予以解决。

4. 与信号系统匹配问题

如果采用谐振式轨道电路，道床泄漏电阻以及无砟轨道钢筋网与轨道电路间的电磁作用对信号系统影响比较大，需要采取措施增大扣件绝缘电阻，减少钢筋网与轨道电路感应电阻。

5. 修理与修复问题

无砟轨道作为刚性结构，在后期运营阶段仅允许进行少量的改善，如调整轨道几何状态，一般只能靠扣件来实现，当发生较大的变化时，调整不仅十分困难，而且要付出高昂的代价。特别是采用混凝土层的无砟轨道，达到承载强度极限时将产生断裂，轨道几何尺寸将发生急剧和难以预见的恶化。

无砟轨道严重损坏修复代价也比较大。混凝土承载层无砟轨道由于混凝土的养生和硬化需要很长时间，修复时需要关闭线路时间比较长，对运输影响比较大。

三、无砟轨道的类型

无砟轨道的结构形式种类繁多，技术上也各有特点，目前国际上还没有统一的分类方法，但各种无砟轨道结构形式的主要区别在于：

(1)是否保留轨枕，若有轨枕，支承轨枕方式是埋入到道床中、支承在道床板上还是嵌入到道床板中。若无轨枕，道床板是预制还是现浇。

(2)扣件支承方式为离散还是连续。

(3)道床板材料是混凝土还是沥青。

(4)道床纵向是连续型或单元板式。

我国高速铁路主要采用的轨道结构形式分类如图 9-10 所示。

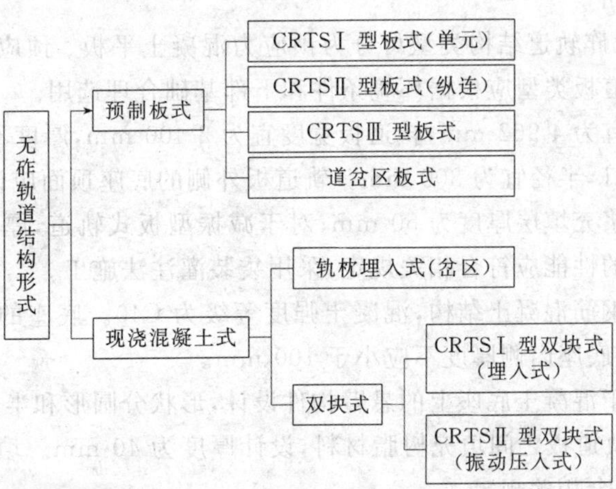

图 9-10　国产无砟轨道分类

第二节　板式无砟轨道结构

板式无砟轨道是一种由混凝土底座、CA 砂浆层、轨道板、扣件和钢轨等部分组成的新型轨道结构。我国目前采用的板式无砟轨道主要包括 CRTSⅠ型、CRTSⅡ型和 CRTSⅢ型三种结构形式。

一、CRTSⅠ型板式无砟轨道

1. CRTSⅠ型板式无砟轨道基本构造

CRTSⅠ型板式无砟轨道结构由钢轨、弹性扣件、轨道板、水泥乳化沥青砂浆充填层、底座、凸形挡台及其周围填充树脂等组成。预制轨道板通过水泥沥青砂浆调整层，铺设在现场浇注的钢筋混凝土底座上，由凸形挡台限位。具有板与板之间不纵连，不设横向挡块的特点。图 9-11 为 CRTSⅠ型板式无砟轨道横断面图。图 9-12 为哈齐客专采用的 CRTSⅠ型板式无砟轨道。

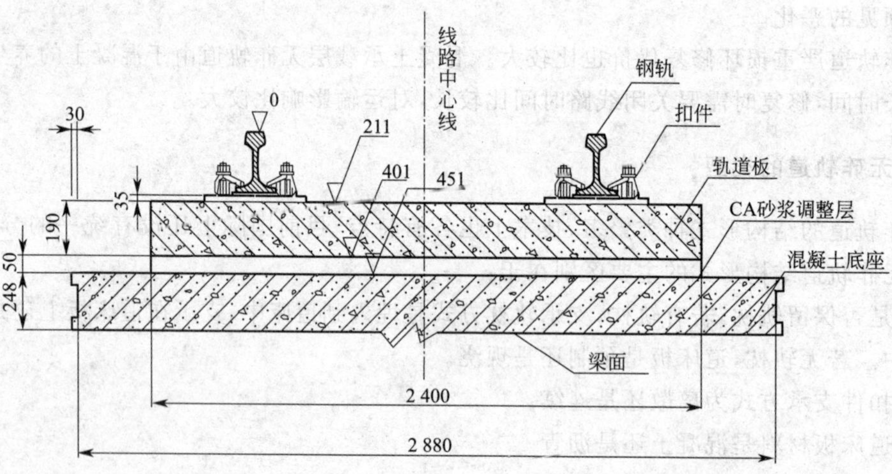

图 9-11　CRTSⅠ型板式无砟轨道横断面图(尺寸单位:mm)

2. 结构及形式尺寸

CRTSⅠ型板式无砟轨道结构类型可分为预应力混凝土平板、预应力混凝土框架板和钢筋混凝土框架板。轨道板类型应根据环境条件和下部基础合理选用。

标准轨道板长度宜为 4 962 mm，轨道板宽度宜为 2 400 mm，厚度不宜小于 190 mm。轨道板两端设半圆形缺口，半径宜为 300 mm。轨道板外侧的底座顶面应设置横向排水坡。

水泥乳化沥青砂浆充填层厚度为 50 mm；对于减振型板式轨道，厚度为 40 mm。水泥乳化沥青砂浆及原材料的性能应符合相关规定，采用袋装灌注法施工。

混凝土底座采用钢筋混凝土结构，混凝土强度等级为 C40。底座的外形尺寸根据设计荷载计算确定，曲线地段底座内侧厚度不应小于 100 mm。

凸形挡台按固定于混凝土底座上的悬臂构件设计，形状分圆形和半圆形，混凝土强度等级为 C40。凸形挡台和轨道板之间填充树脂材料，设计厚度为 40 mm。填充树脂应采用袋装灌注法施工，其性能应符合相关规定。

3. 路基地段 CRTSⅠ型板式无砟轨道

图 9-12　哈齐客专 CRTSⅠ型板式无砟轨道

路基地段 CRTSⅠ型板式无砟轨道如图 9-13 所示，其主要特点为：

(1)底座设置在路基基床表层上，每隔一定长度，对应凸形挡台中心位置，设置横向伸缩缝。

(2)线间排水结合线路纵坡、桥涵等线路条件和环境条件具体设计。采用集水井方式时，集水井设置间隔应根据汇水面积和当地气象条件计算确定。严寒地区线间排水设计应考虑防冻措施。线路两侧及线间路基面应进行防水处理。

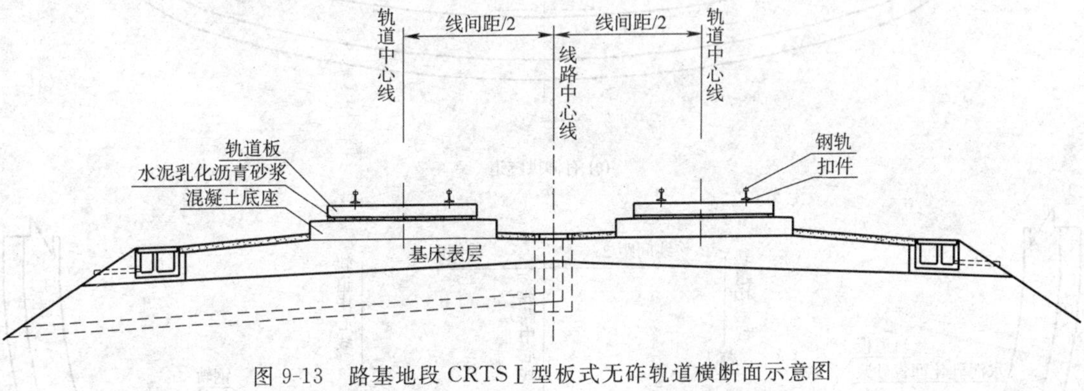

图 9-13　路基地段 CRTSⅠ型板式无砟轨道横断面示意图

4. 桥梁地段 CRTSⅠ型板式无砟轨道

桥梁地段 CRTSⅠ型板式无砟轨道如图 9-14 所示，主要特征为：

(1)底座在梁面上设置，通过梁体预埋套筒植筋或预埋钢筋方式与桥梁连接。轨道中心线 2.6 m 范围内，梁面应进行拉毛处理。

(2)底座对应每块轨道板，在凸形挡台中心位置设置横向伸缩缝。底座范围内，梁面不设防水层和保护层。

桥上扣件纵向阻力及梁端扣件结构形式应根据计算确定。

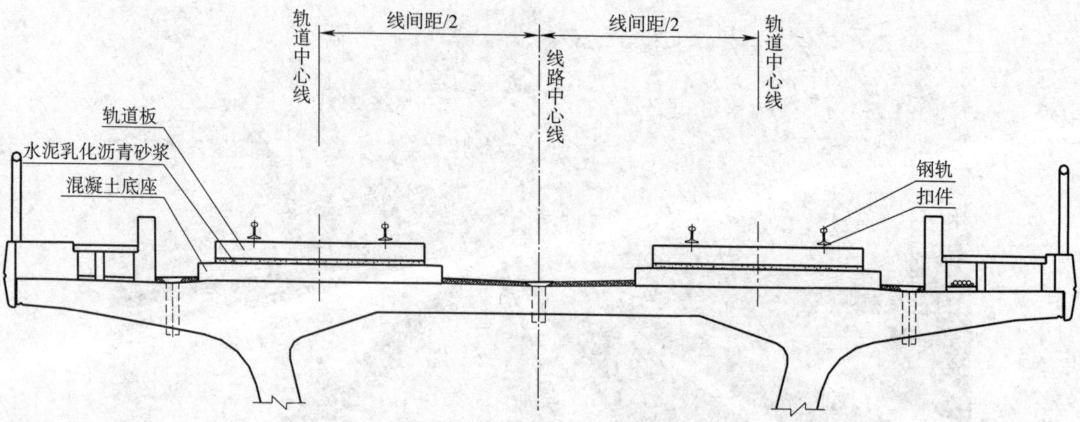

图 9-14　桥梁地段 CRTSⅠ型板式无砟轨道横断面示意图

5. 隧道地段 CRTSⅠ型板式无砟轨道

隧道地段 CRTSⅠ型板式无砟轨道如图 9-15 所示，其主要特征为：

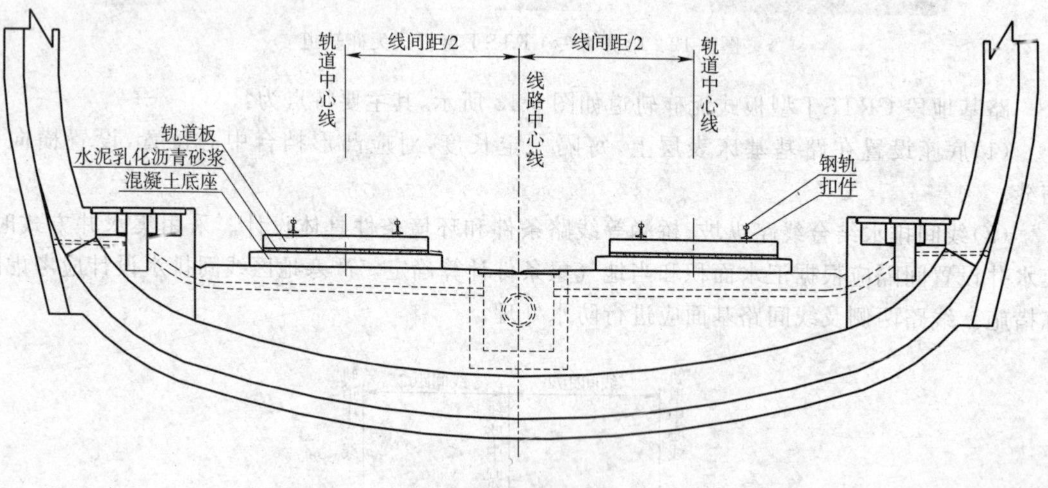

(a) 有仰拱隧道

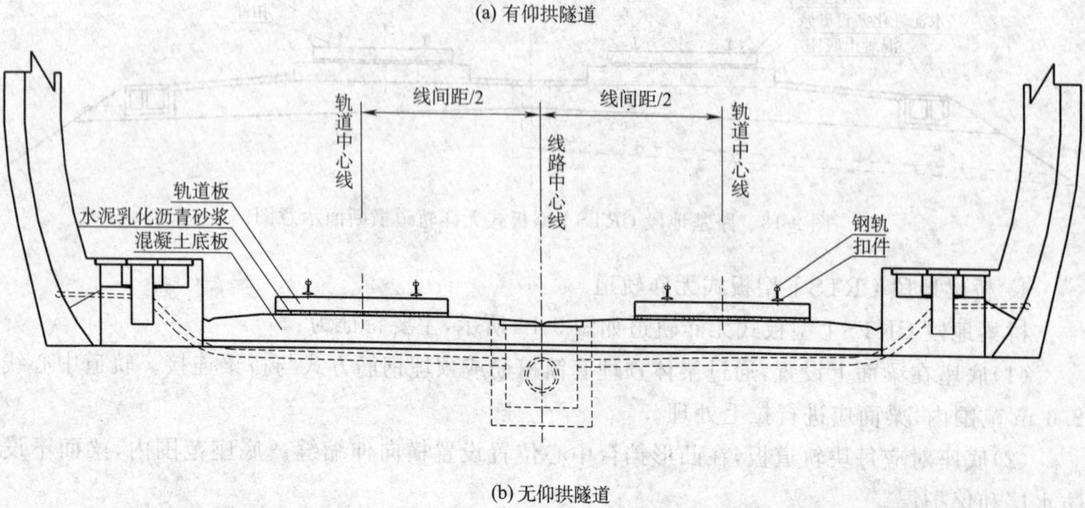

(b) 无仰拱隧道

图 9-15　隧道地段 CRTSⅠ型板式无砟轨道横断面示意图

(1)有仰拱隧道内,底座在仰拱回填层上构筑。沿线路纵向,底座每隔一定长度,对应凸形挡台中心位置,应设置横向伸缩缝。底座在隧道沉降缝位置,应设置伸缩缝。底座宽度范围内,仰拱回填层表面应进行拉毛处理。

(2)无仰拱隧道内,底座与隧道底板应合并设置并连续铺设。当位于曲线地段时,超高一般在底座面上设置。

距隧道洞口 100 m 范围内,仰拱回填层应设置钢筋与底座连接。

二、CRTSⅡ型板式无砟轨道

1. CRTSⅡ型板式无砟轨道基本构造

CRTSⅡ型板式无砟轨道是通过水泥乳化沥青砂浆调整层,将预制轨道板铺设在现场摊铺的混凝土支承层或现浇注的钢筋混凝土底座上,具有板与板之间纵连,且没有横向挡块的特点。

CRTSⅡ型板式无砟轨道由钢轨、Vossloh300 扣件、轨道板(6 450 mm×2 550 mm×200 mm)、乳化沥青水泥砂浆调整层及下部支承体系(混凝土底座或水硬性支承层)等组成。

轨道板采用预应力混凝土结构,混凝土强度等级为 C55。水泥乳化沥青砂浆与轨道板底部和支撑层或底座板密贴,砂浆充填层厚度为 30 mm。预应力轨道板铺设前,预裂缝处裂缝宽度应小于 0.2 mm,不得有竖向贯通裂缝,其他部位不得有裂缝。

轨道板间接缝处的混凝土裂缝不得大于 0.2 mm,现浇混凝土与轨道板间的离缝不得大于 0.3 mm。

桥梁地段连续底座板(含后浇带部位)混凝土裂缝不得大于 0.3 mm。侧向挡块不得有裂缝。路基和隧道地段支撑层不得有竖向贯通裂缝。轨道结构排水通道应保持通畅。

2. 路基地段 CRTSⅡ型板式无砟轨道

CRTSⅡ型板式无砟轨道在路基上的标准断面如图 9-16 所示。为了将工后沉降控制在允许范围内,必要时应对地基进行加固处理。

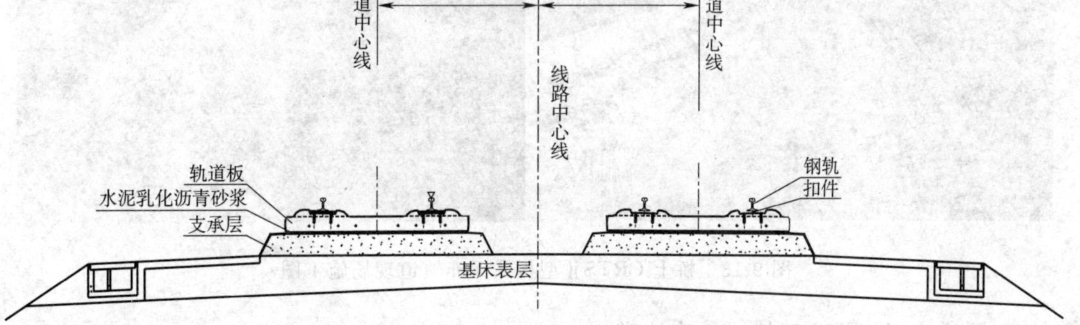

图 9-16　路基上 CRTS Ⅱ型板式无砟轨道横断面示意图

在路基上铺设预制轨道板(间隔为 50 mm),首先使用调高装置对轨道板进行调整和精确定位,再将轨道板与水硬性材料支承层之间的间隙进行密封处理,灌浆后密封灌浆孔。接下来进行轨道板的连接,先在窄缝处灌浆,然后用张拉锁件连接张拉预制轨道板两端露出的螺纹钢筋,使接缝处始终处于压应力状态下,最后在宽接缝处浇注混凝土,起到保护作用。

3. 桥上 CRTSⅡ型板式无砟轨道

桥上 CRTSⅡ型板式无砟轨道的标准断面如图 9-17 所示。轨道系统由钢轨、扣件、轨道板、砂浆调整层、底座板、滑动层、高强度挤塑板、侧向挡块等部分组成，台后设置摩擦板、端刺及过渡板。

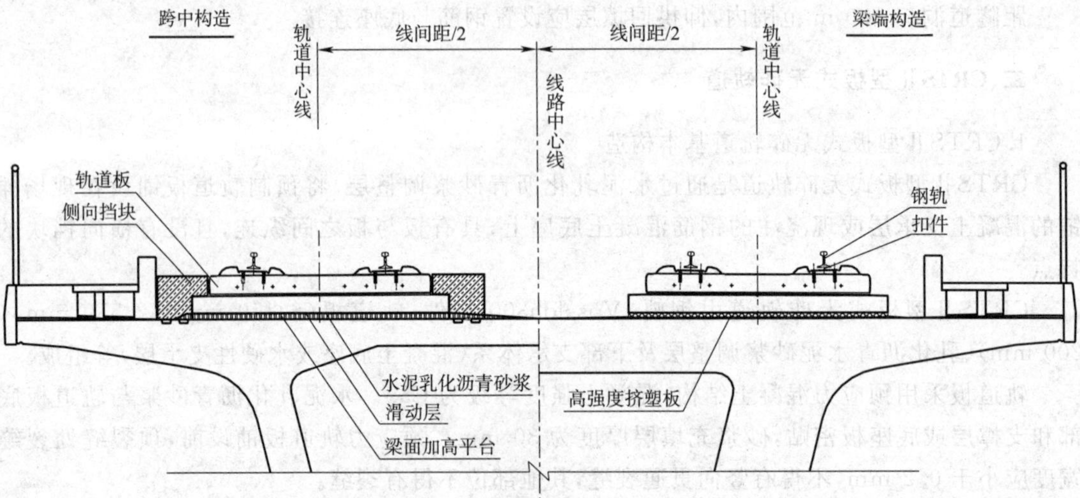

图 9-17 桥上 CRTSⅡ型板式无砟轨道横断面示意图

图 9-18 为桥上 CRTSⅡ型板式无砟轨道现场施工图。

图 9-18 桥上 CRTSⅡ型板式无砟轨道现场施工图

4. 隧道内 CRTSⅡ型板式无砟轨道

隧道内 CRTSⅡ型板式无砟轨道的标准断面如图 9-19 所示。轨道系统由钢轨、弹性扣件、预制轨道板、砂浆调整层及支承层等部分组成。

三、CRTSⅢ型板式无砟轨道

1. CRTSⅢ型板式无砟轨道基本构造

CRTSⅢ型板式无砟轨道是在现浇的钢筋混凝土底座或混凝土支撑层上铺装预留连接钢

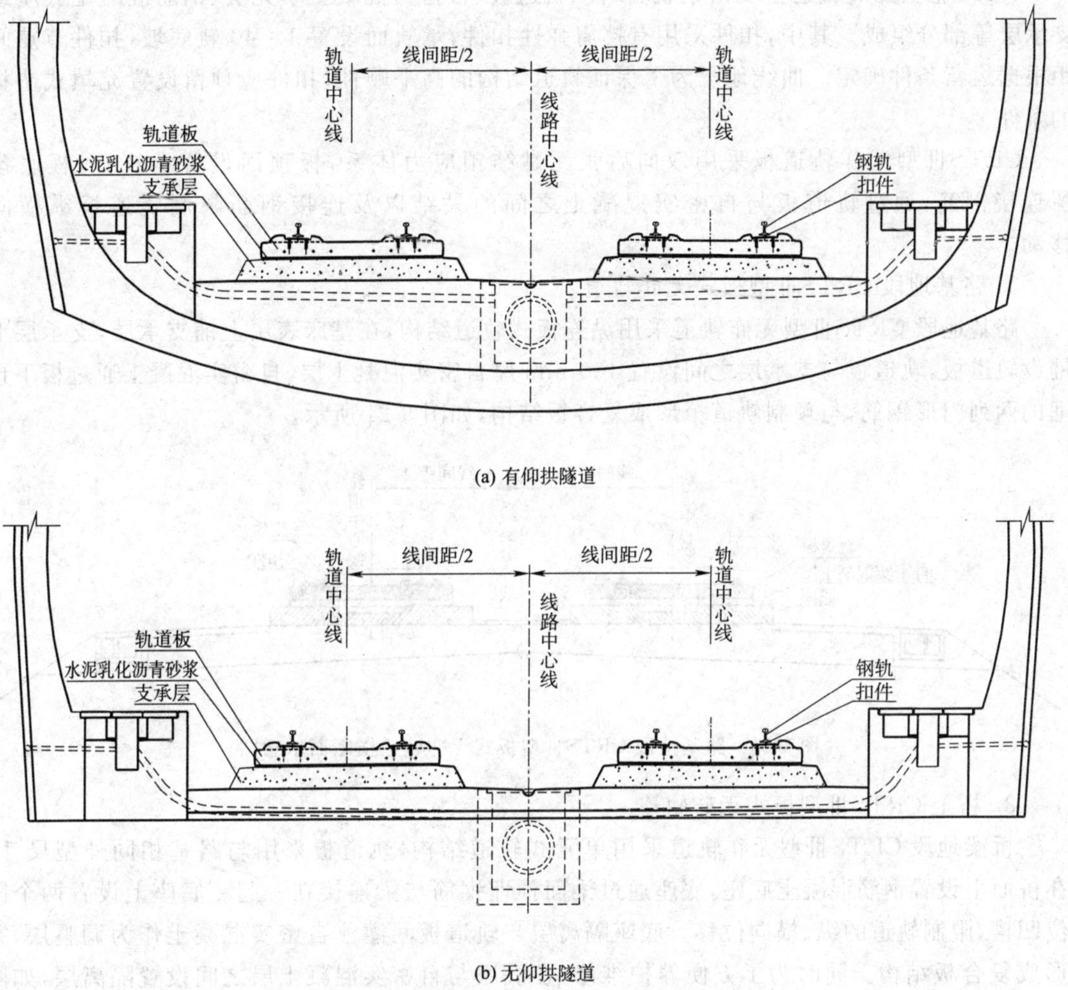

(b) 无仰拱隧道

图 9-19　隧道内 CRTSⅡ型板式无砟轨道横断面示意图

筋的预制混凝土轨道板，中间设置自密实混凝土层的无砟轨道结构形式。图 9-20 为 CRTSⅢ型板式无砟轨道结构。

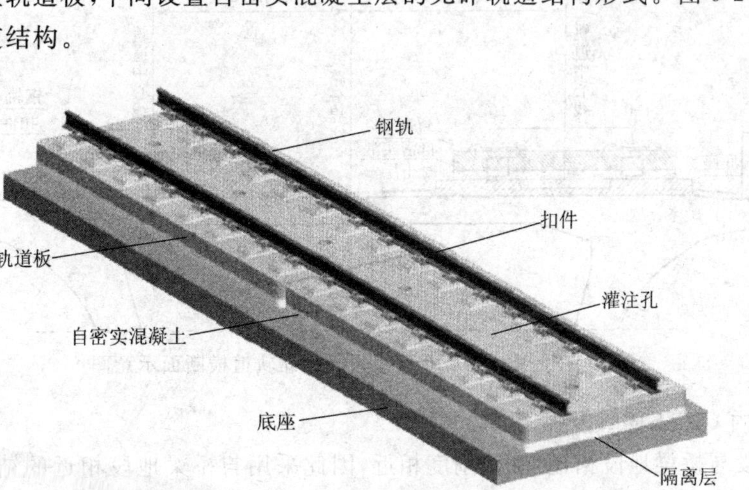

图 9-20　CRTSⅢ型板式无砟轨道结构

CRTSⅢ型无砟轨道主要由钢轨、扣件、轨道板、自密实混凝土填充层、钢筋混凝土底座或支承层等部分组成。其中,扣件采用有挡肩弹性扣件,承轨面设置 1∶40 轨底坡,扣件节点间距根据运营条件确定。曲线地段为了保证轨道结构的高平顺性,扣件应预留设置充填式垫板的条件。

CRTSⅢ型无砟轨道板采用双向后张无黏结预应力体系,板顶面设置承轨台,板底预留连接钢筋,通过轨道板与自密实混凝土之间的黏结以及连接钢筋限制轨道板纵横向移动。

2. 路基地段 CRTSⅢ型板式无砟轨道

路基地段 CRTSⅢ型无砟轨道采用纵连板式轨道结构,在基床表层上铺支承层,支承层上铺设轨道板,轨道板与支承层之间设置 100 mm 厚自密实混凝土层,自密实混凝土通过板下预埋的两列门形钢筋,与预制轨道板形成复合板结构,如图 9-21 所示。

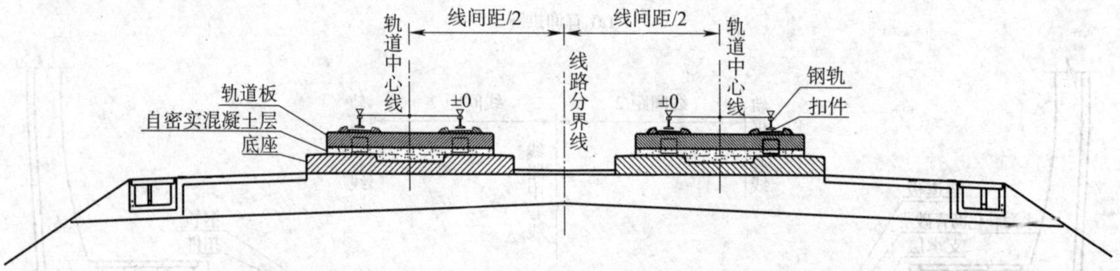

图 9-21 路基地段 CRTSⅢ型板式无砟轨道横断面示意图

3. 桥上 CRTSⅢ型板式无砟轨道

桥梁地段 CRTSⅢ型无砟轨道采用单元式轨道结构,轨道板采用与路基相同外型尺寸。在桥面上设置钢筋混凝土底座,底座通过梁面预埋钢筋与梁连接在一起。底座上设置两个限位凹槽,限制轨道的纵、横向位移。底座隔离层与轨道板间灌注自密实混凝土作为调整层,并形成复合板结构。同时为了方便养护维修,在底座与自密实混凝土层之间设置隔离层,如图 9-22 所示。

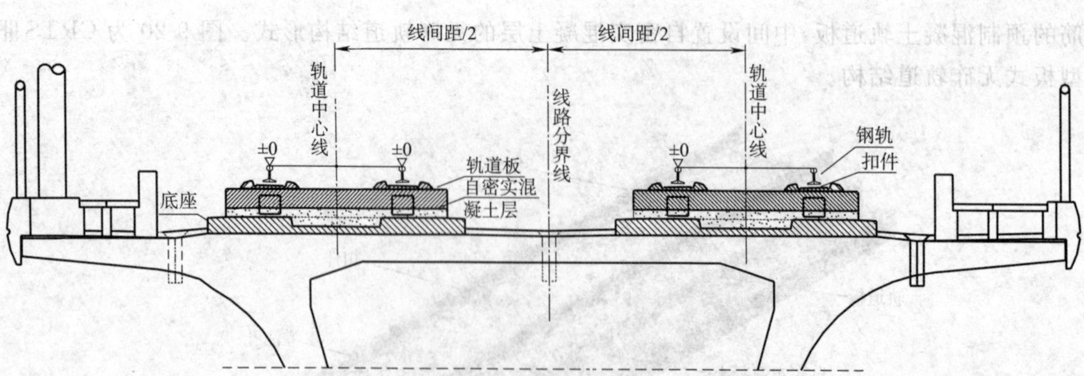

图 9-22 桥上 CRTSⅢ型板式无砟轨道横断面示意图

4. 隧道内 CRTSⅢ型板式无砟轨道

隧道地段与桥梁地段相比,基础刚度相近,因此采用与桥梁地段相近的结构(图 9-23),轨道结构高度、轨道部件布置、超高设置均相同。由于隧道内温差较小,因此除隧道洞口 200 m 范围内设置底座与隧道底部连接钢筋外,隧道内其余地段不设预埋钢筋。

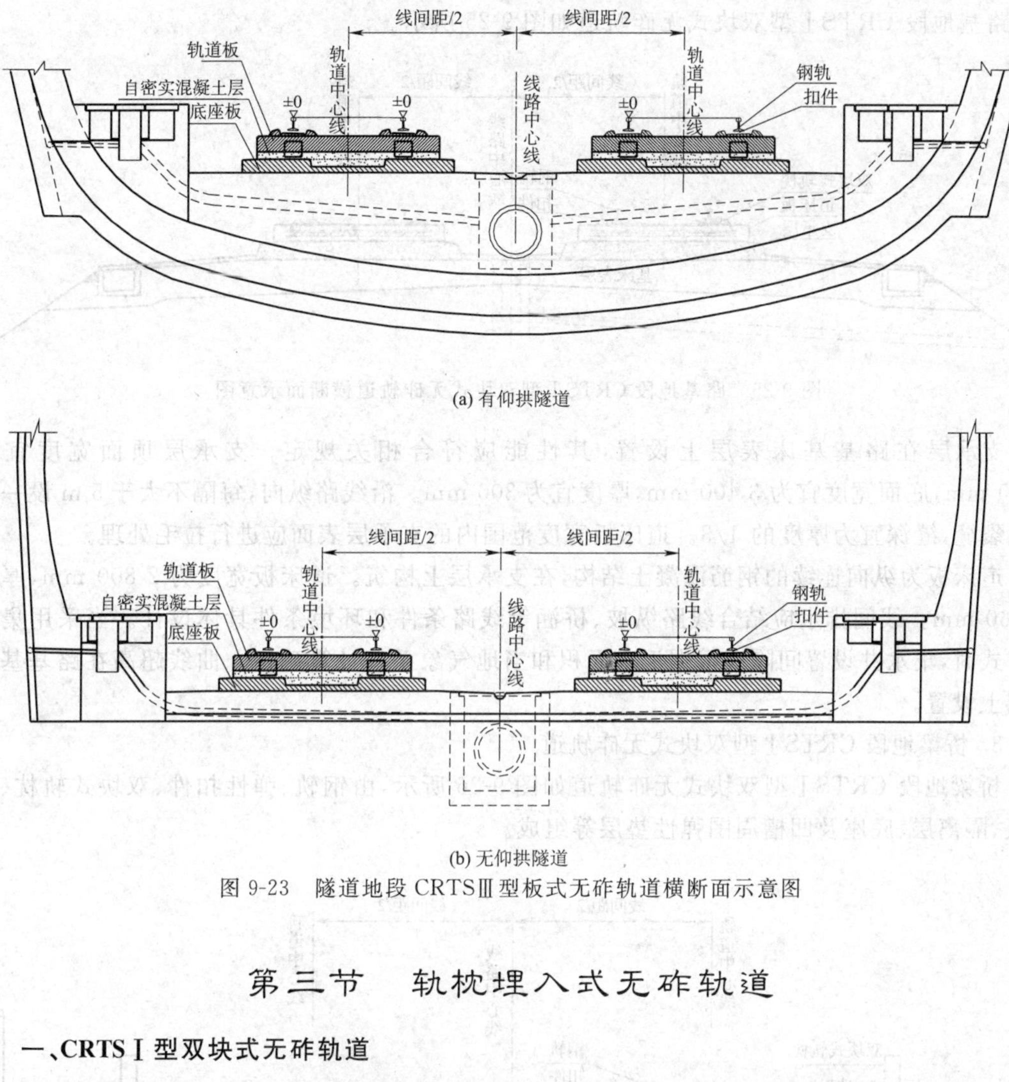

(a) 有仰拱隧道

(b) 无仰拱隧道

图 9-23　隧道地段 CRTSⅢ型板式无砟轨道横断面示意图

第三节　轨枕埋入式无砟轨道

一、CRTSⅠ型双块式无砟轨道

1. CRTSⅠ型双块式无砟轨道基本构造

CRTSⅠ型双块式无砟轨道由钢轨、弹性扣件、双块式轨枕、道床板、底座板/支承层等组成，是将预制的双块式轨枕组装成轨排，以现场浇注混凝土方式将轨枕浇入均匀连续的钢筋混凝土道床内的无砟轨道结构形式，如图 9-24 所示。

图 9-24　CRTSⅠ型双块式无砟轨道结构

2. 路基地段 CRTSⅠ型双块式无砟轨道

路基地段 CRTSⅠ型双块式无砟轨道如图 9-25 所示。

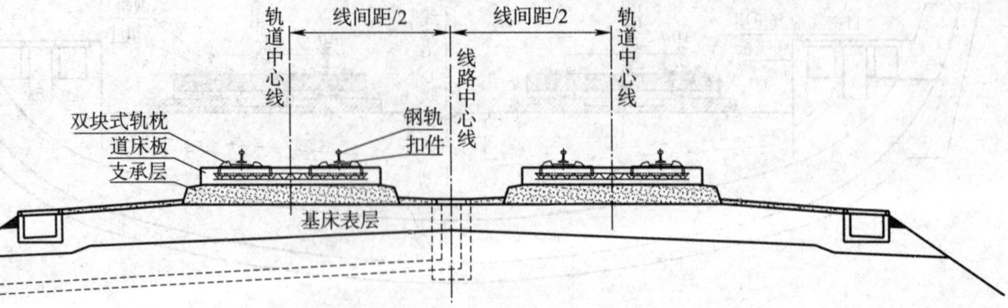

图 9-25 路基地段 CRTSⅠ型双块式无砟轨道横断面示意图

支承层在路基基床表层上设置，其性能应符合相关规定。支承层顶面宽度宜为 3 200 mm，底面宽度宜为 3 400 mm，厚度宜为 300 mm。沿线路纵向，每隔不大于 5 m 设一横向预裂缝，缝深宜为厚度的 1/3。道床板宽度范围内的支承层表面应进行拉毛处理。

道床板为纵向连续的钢筋混凝土结构，在支承层上构筑。道床板宽度为 2 800 mm，厚度为 260 mm。线间排水应结合线路纵坡、桥涵等线路条件和环境条件具体设计。当采用集水井方式时，集水井设置间隔应根据汇水面积和当地气象条件计算确定。曲线超高在路基基床表层上设置。

3. 桥梁地段 CRTSⅠ型双块式无砟轨道

桥梁地段 CRTSⅠ型双块式无砟轨道如图 9-26 所示，由钢轨、弹性扣件、双块式轨枕、道床板、隔离层、底座及凹槽周围弹性垫层等组成。

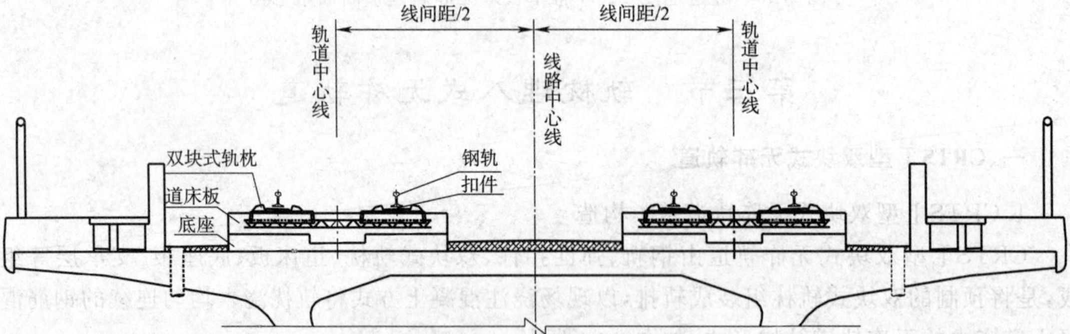

图 9-26 桥梁地段 CRTSⅠ型双块式无砟轨道横断面示意图

道床板、底座沿线路纵向在梁面上分块构筑，分块长度宜在 5.0～7.0 m 范围，相邻道床板及底座的间隔缝为 100 mm。道床板宽度宜为 2 800 mm，厚度宜为 260 mm。底座宽度宜为 2 800 mm，直线地段底座厚度不宜小于 210 mm，曲线地段底座内侧厚度不应小于 100 mm。

底座通过梁体预埋套筒植筋或预埋钢筋与桥梁连接，轨道中心线 2.6 m 范围内，梁面应进行拉毛处理。底座顶面应设置隔离层。对应每块道床板，底座设置限位凹槽，凹槽的形式尺寸应根据设计荷载计算确定，凹槽侧面设弹性垫层。曲线超高在底座上设置，底座范围内，梁面不设防水层和保护层。

4. 隧道地段 CRTSⅠ型双块无砟轨道

隧道地段 CRTSⅠ型双块式无砟轨道由钢轨、弹性扣件、双块式轨枕、道床板等组成，如图 9-27 所示。

道床板可为分块或纵向连续的钢筋混凝土结构，直接在隧道仰拱回填层（有仰拱隧道）或底板（无仰拱隧道）上构筑。道床板宽度宜为 2 800 mm，厚度宜为 260 mm，其宽度范围内，仰拱回填层或底板表面应进行拉毛处理。曲线超高在道床板上设置。

距洞口 200 m 范围，隧道内道床板结构与路基地段相同。其余地段的道床板结构设计应根据相应的设计荷载确定。

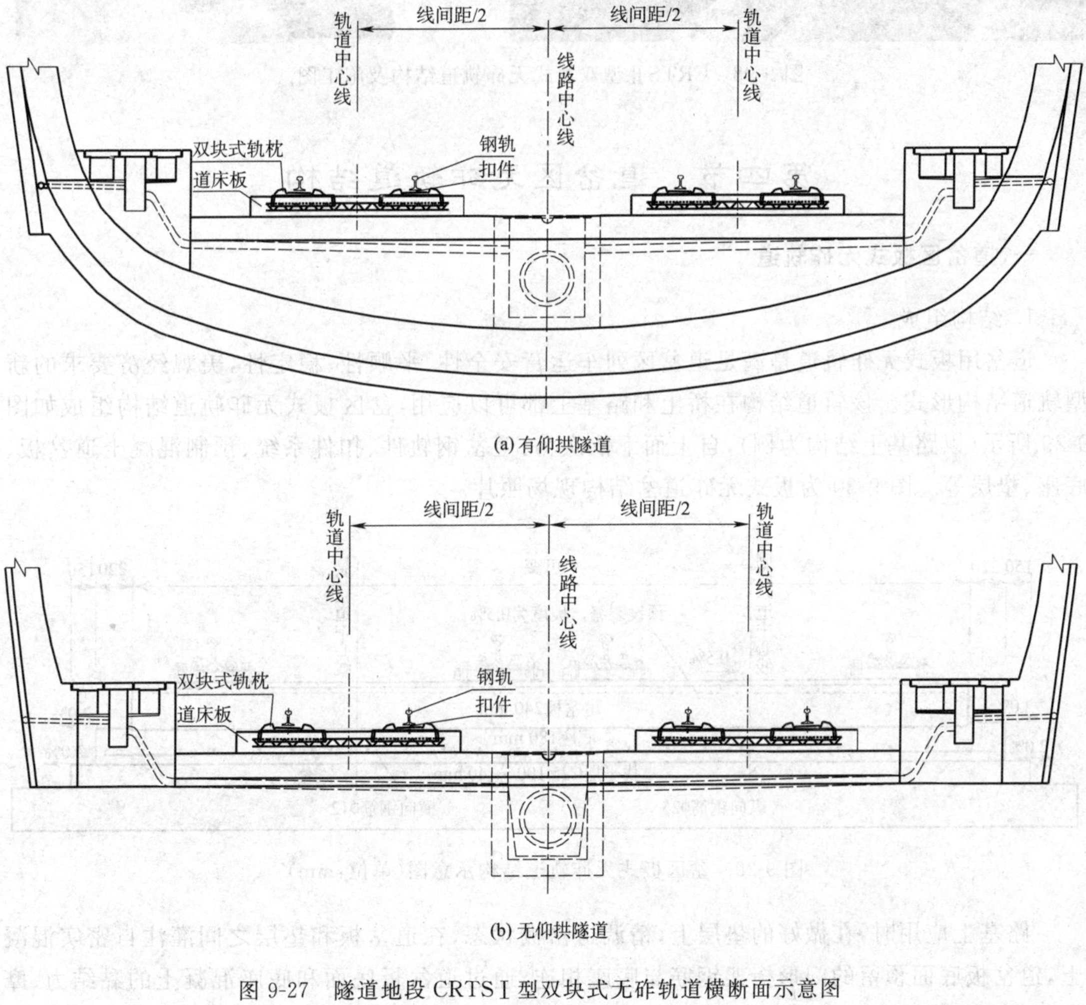

图 9-27　隧道地段 CRTSⅠ型双块式无砟轨道横断面示意图

二、CRTSⅡ型双块式无砟轨道

CRTSⅡ型双块式无砟轨道与 CRTSⅠ型无砟轨道相似，由钢轨、扣件、双块式轨枕、道床板、支承层（路基地段）、底座和保护层（桥梁地段）组成，都是在水硬性混凝土承载层上铺设双块埋入式无砟轨道，但采用的施工工艺不同。其特点是以现场浇注混凝土方式，将预制的双块式轨枕通过机械振动嵌入均匀连续的钢筋混凝土道床内，如图 9-28 所示。

图 9-28 CRTSⅡ型双块式无砟轨道结构及施工图

第四节 道岔区无砟轨道结构

一、道岔区板式无砟轨道

1. 结构组成

道岔用板式无砟轨道是满足道岔区列车运营安全性、平顺性、稳定性，美观经济要求的新型轨道结构形式。该轨道结构在桥上和路基上都可以应用，岔区板式无砟轨道结构组成如图9-29 所示(以路基上结构为例)，自上而下依次为：道岔钢轨件、扣件系统、预制混凝土道岔板、底座、垫层等。图 9-30 为板式无砟道岔结构现场照片。

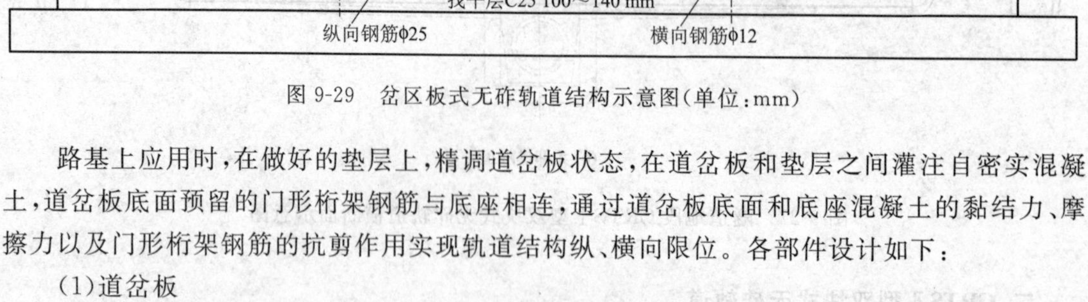

图 9-29 岔区板式无砟轨道结构示意图(单位：mm)

路基上应用时，在做好的垫层上，精调道岔板状态，在道岔板和垫层之间灌注自密实混凝土，道岔板底面预留的门形桁架钢筋与底座相连，通过道岔板底面和底座混凝土的黏结力、摩擦力以及门形桁架钢筋的抗剪作用实现轨道结构纵、横向限位。各部件设计如下：

(1)道岔板

道岔板采用 C55 普通钢筋混凝土结构，根据不同的道岔型号，纵向上按扣件间距及电务设备安装要求等因素合理分块，除转辙机安装位置外，道岔板间连接缝宽度为 100 mm。

(2)底座

底座采用流动性较好的自密实混凝土，强度等级为 C40。底座厚度为 180 mm，横向宽度较相应的道岔板宽 400 mm。突出的边缘向轨道系统外侧设置 4%的排水坡，亦可以根据具体

图 9-30　板式无砟道岔结构

情况而定。

(3)垫层

垫层混凝土强度等级为C25,可不配筋。垫层厚度为130～200 mm,横向宽度较相应的底座宽300 mm。

(4)门形桁架钢筋

道岔板板底预留门形桁架钢筋植入底座,从而将道岔板和底座连接为整体。通过道岔板和底座的黏结力、摩擦力以及门形桁架钢筋的抗剪作用保证轨道结构的稳定。

在桥上使用时,在混凝土底座上进行道岔板精调,在道岔板和底座之间灌注充填层,在道岔板和底座钻孔,植入销钉,通过销钉的抗剪作用实现轨道结构的纵、横向限位。

2. 结构特点

(1)道岔板的结构高度低,现场施工简单,混凝土现浇量减少,施工进度快。

(2)道岔板与扣件连接的套管定位精度高,在现场施工时,钢轨精调效率高,所用的轨距调整块数少,调整快速,便于施工组织。

(3)在道岔板结构上应用套管预埋技术,具有结构稳定性好、保持力强等特点。

(4)岔区板式无砟轨道结构,路基上用门形钢筋,桥上用填充层加销钉的方式来进行道岔板的纵、横向限位,有效地增强了道岔板与下部结构的连接性能,提高了结构的强度和耐久性。

二、道岔区轨枕埋入式无砟轨道

1. 结构组成

路基上岔区轨枕埋入式无砟轨道由道岔钢轨件、扣件、岔枕、道床板及混凝土支承层(下部基础)组成,其结构图如图9-31所示。混凝土支承层直接铺设在路基基床表层上。当在桥上使用时,道床板与梁面上铺设的底座板连接。

(1)混凝土岔枕

混凝土岔枕为梯形截面,内部设置有纵、横向普通钢筋和预应力钢筋。岔枕(如图9-32)通过枕底预设的桁架钢筋、枕端部伸出钢筋以及转辙机位置岔枕侧面伸出锚固钢筋等方式与

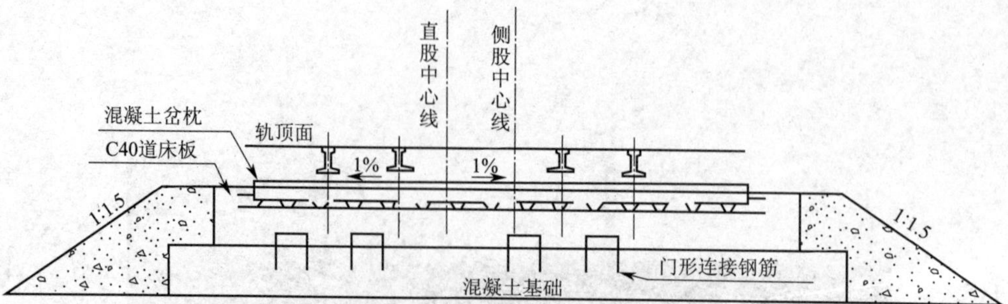

图 9-31 岔区轨枕埋入式无砟轨道结构示意图

混凝土道床、支承层(底座)构成轨道结构。

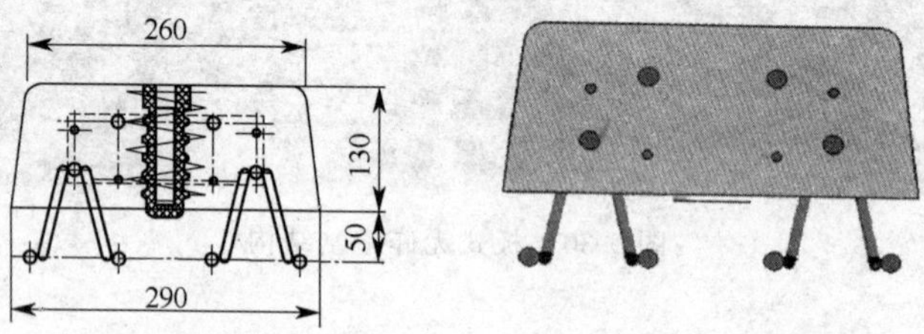

图 9-32 无砟岔枕示意图(单位:mm)

(2)道床板

道床板采用强度等级为 C40 的混凝土。道床板的横向宽度沿道岔纵向是变化的数值,设计的原则是,首先保证有足够的道床强度,道床结构钢筋侧面保护层厚度满足要求;其次道床板的宽度变化要尽量连续,使整个岔区道床板侧边顺畅、美观。道床板高度考虑线路排水的要求,设计有坡度。

(3)道床板与下部基础的连接

道床板可通过门形连接钢筋、板底与基础设凸台和凹槽以及表面拉毛等方式进行连接,从而形成整体,满足轨道结构纵、横向限位的要求。

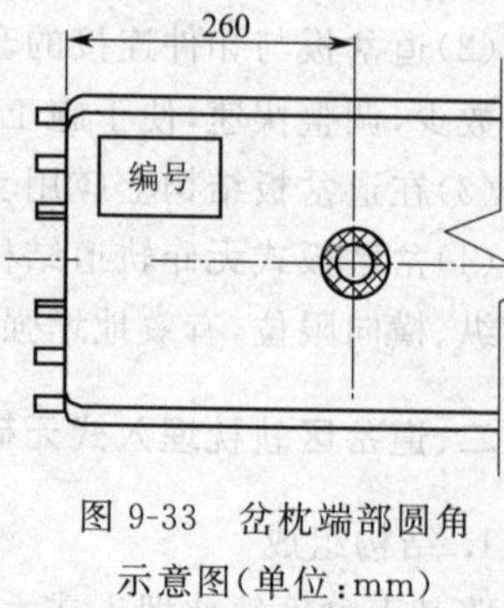

图 9-33 岔枕端部圆角示意图(单位:mm)

2. 结构特点

(1)无砟岔枕截面为梯形截面,内部设有纵、横向普通钢筋和预应力钢筋,其中非预应力钢筋侧面通过焊接 S 形连接筋与轨底的非预应力钢筋连接组成桁架结构。

(2)无砟岔枕通过枕底的桁架钢筋、枕端部伸出钢筋以及转辙机位置岔枕侧面伸出锚固钢筋等方式与混凝土道床、支承层(底座)构成轨道结构。

(3)无砟岔枕端角在竖向做成带圆弧的结构形式(图 9-33),可改善预制岔枕与后灌注道床板混凝土之间新老结合问题，减少岔枕端部混凝土道床应力集中造成的裂纹问题。

(4)无砟岔枕中预埋设施工套管，满足施工时调整轨道几何形位的要求。

第五节　其他类型无砟轨道简介

一、弹性支承块式(LVT)无砟轨道

弹性支承块式无砟轨道是在双块式轨枕(或两个独立支承块)的下部及周围设橡胶套靴，在块底与套靴间设橡胶弹性垫层，而在双块式轨枕周围及下部灌注混凝土而成型，为减振型轨道。其最初由 Roger Sonneville 提出并开发，瑞士国铁于 1966 年在隧道内首次试铺。法国开发的 VSB-STEDET 系轨道也属此类，在地铁内使用居多。1993 年开通运营的英吉利海峡两单线隧道内全部铺设独立支承块式 LVT 型轨道。英吉利海峡 LVT 无砟轨道如图 9-34 所示。

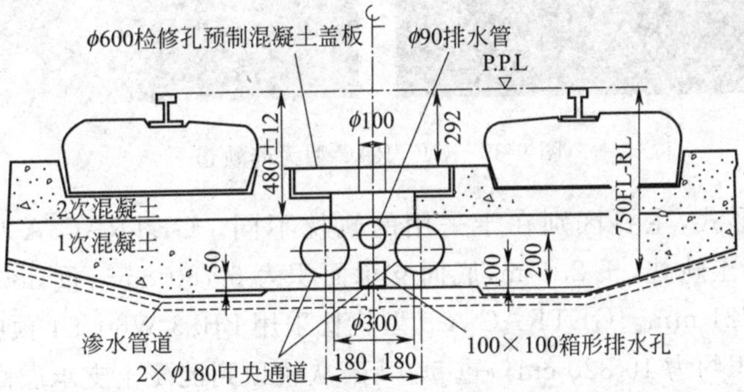

图 9-34　英吉利海峡 LVT 无砟轨道

弹性支承块型无砟轨道在国外得到了推广应用，不仅在丹麦、葡萄牙、法国、委内瑞拉和英国的铁路得到发展，而且还在哥本哈根、亚特兰大等城市的地铁内推广应用。

我国西康线秦岭隧道一、二线(长度为 18.5 km)内采用了弹性支承块式无砟轨道，至今使用状况良好。

二、GETRAC 直接支承式无砟轨道

1. 概述

GETRAC 型无砟轨道系统(如图 9-35)最主要的特征是使用沥青承载层为混凝土轨枕提供直接支承。轨枕通过特殊的混凝土锚块弹性地连接到沥青层上，混凝土锚块将来自轨排的横向作用力传到沥青上。沥青承载层上的宽轨枕是这个系统中不可缺少的部分，能够大大降低轨道的结构高度。混凝土轨枕通过浇注的沥青固定到沥青支持层上并永久性地保持其安装位置。

GETRA 无砟轨道 1994 年得到 EBA 批准，1995 年在柏林郊区铺设 3.6 km，至今运营状态良好。

2. 系统构成

GETRAC 型无砟轨道由混凝土支承层、下部沥青承载层、上部沥青承载层和混凝土轨枕

图 9-35　GETRAC 型无砟轨道

组成。有两种结构形式,主要区别在于采用的轨枕不同。GETRAC A-1 型的轨枕为 B316 W60/54 预应力混凝土轨枕,长 2.6 m,底面支承面积为 6 780 cm^2,重 380 kg,从轨顶到混凝土支承层的高度为 721 mm。GETRAC A-3 型轨枕采用 BBS3 W60/54 预应力混凝上轨枕,长 2.4 m,底面支承面积约为 10 820 cm^2,重 560 kg,从轨顶到混凝土支承层高度为 580 mm。由于宽轨枕底面支承面积大,可以更均匀地传递列车荷载,减少轨枕和沥青层间接触面的单位压力。宽轨枕的长度比较短,特别适合断面宽度较小的隧道铺设。

锚块与轨枕间铺设氯丁橡胶弹性支承层,允许轨排与沥青支承层间发生垂向变形。弹性支承层还具有吸收动荷载能量的作用。观测表明,每隔 3 根轨枕设置一个锚块就足够了。圆形锚块在工厂制作,并粘贴氯丁橡胶,与轨枕一起运到工地,轨枕放置到位后,锚块与沥青预留凹槽的空隙用防水快凝砂浆密封。

三、BTD 型无砟轨道

BTD 型无砟轨道是德语 Betontragschicht mit Direktauflagerung(直接支承在混凝土道床板的无砟轨道)的简称,轨枕为整体轨枕,用销钉与混凝土道床板连接,如图 9-36 所示。

德国 1993 年在 Breddin—Glowen 土质路基试验轨道上进行铺设,1997 年在汉诺威—柏林高速铁路土质路基上试铺 32 km。

四、ATD 型无砟轨道

ATD 型无砟轨道是 Asphalt Rail-span With Direct Support(沥青支撑轨排结构)的简称,结构如图 9-37 所示。

ATD 型无砟轨道的轨枕可以是 2.6 m 长的双块式轨枕,也可以是中间下部留有间隙的整体轨枕。轨枕直接放置在沥青道床板上,靠沥青与轨枕间的摩擦力抵抗纵向作用力。在轨排

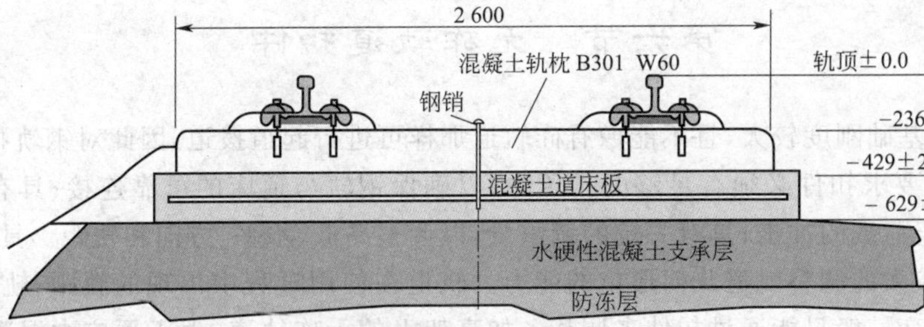

图 9-36　BTD 型无砟轨道结构(单位:mm)

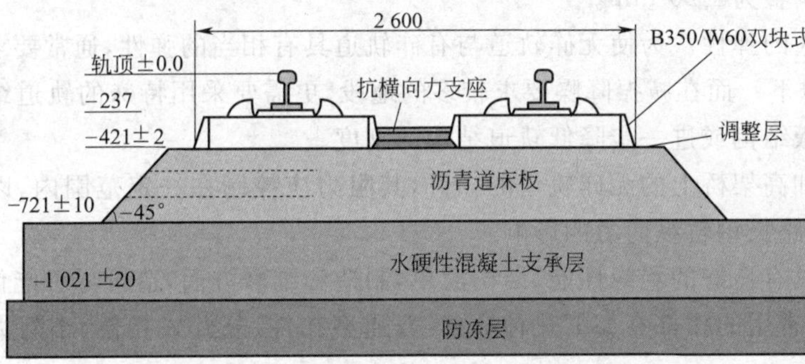

图 9-37　ATD 型无砟轨道结构(单位:mm)

中间设置 60 m 宽的抗横向力支座,提供轨道横向阻力。在横向调整好轨排以后,支座与轨枕间用弹塑性材料充填。

在纵方向上,由于仅靠轨枕与沥青的摩擦力难以抵抗纵向作用力,需要在轨枕间充填道砟或采用重型轨枕。

抗横向力支座为纵向连续结构。沥青基础厚度平均为 250 mm 和 300 mm,一般是多层结构,德铁设计为 4 层。因为需要硬化,其密度应达到 97%。沥青材料经特殊处理后,可保证使用寿命 50~60 年。

五、SATO 型无砟轨道

SATO 型无砟轨道(如图 9-38)是德国第一阶段出现的轨枕支撑式无砟轨道结构形式,是德语 Studiengesellschaft Asphalt-Oberbau(沥青道床研究会)的缩写。轨枕为钢枕。轨枕通过钢销与预制在沥青道床板中的钢板联结。

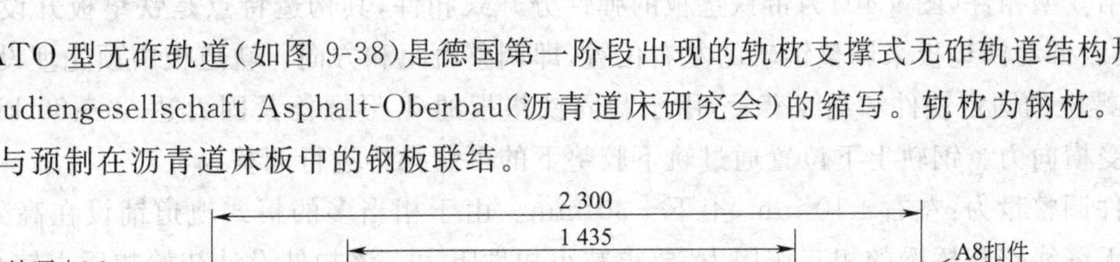

图 9-38　SATO 型无砟轨道结构(单位:mm)

第六节　无砟轨道扣件

无砟轨道基础刚度较大,且不能像有砟轨道那样可进行起道拨道,因此对钢轨扣件提出了更高的要求。要求扣件必须有足够的扣压力,以确保钢轨与道床的可靠连接;具有一定的弹性,以缓冲列车荷载的冲击;具有一定的调整量,以调整高低、水平、方向和轨距。具体要求有:

(1)具有较大的调整轨道几何形位的能力。轨道在使用过程中出现的轨距、轨向、高低等几何形位的改变一般只能通过扣件来调整。如高架上的无砟轨道,由于预应力混凝土梁的徐变上拱,调整轨面高低的能力就更为重要,如上海轨道交通 3 号线设计使用的扣件高低调整量为+40 mm,轨距调整为±20 mm。

(2)应具有较大的弹性。为使无砟轨道与有砟轨道具有相当的弹性,通常要求扣件节点刚度在 50 kN/mm 以下。而在减振降噪要求较多的地段,更需要采用特殊的轨道结构和高弹性扣件,如采用浮置板结构或进一步降低轨道结构的刚度。

(3)用于桥上和高架桥上的无砟轨道的扣件,其阻力应控制在一定范围内,以减小桥梁伸缩和挠曲对无缝线路长钢轨纵向力的影响。

(4)要求扣件具有良好的绝缘性能,结构简单,制造和维修方面,造价尽可能低廉。

无砟轨道上通常用的扣件有如下几种形式:普通型扣件、分开式扣件、小阻力扣件和减振型扣件。

由于无砟轨道对扣件系统设计的特殊要求,各国铁路针对具体的运营条件与线路条件,采用不同的扣件形式。以下主要介绍日本、德国、英国和中国铁路在无砟轨道上所采用的扣件系统。

一、日　本

随着山阳、东北和上越新干线越来越广泛地采用板式轨道,日本研制了多种用于板式轨道的钢轨扣件,主要型号有:直结 4 型、直结 5 型、直结 7 型和直结 8 型。

直结 4 型扣件(图 9-39)为不带铁垫板的弹性不分开式扣件,适用于有挡肩轨下基础结构。采用弹片扣压件扣压钢轨,扣压件由螺栓紧固,钢轨轨底与基础间设置上表面粘贴不锈钢板的橡胶垫板以降低钢轨与胶垫的摩擦系数,钢轨高低位置通过轨下胶垫下的可调衬垫进行调整。

直结 5 型扣件(图 9-40)为带铁垫板的弹性分开式扣件,其构造特点是铁垫板开设长圆状螺栓孔,以挪动铁垫板来调整钢轨的左右位置,即调整轨距和方向。轨道板中预先埋设用于卡固 T 形螺栓的固定铁件和绝缘套管,用于紧固铁垫板的 T 形螺栓紧固力达 60～80 kN,靠摩擦力承受横向力。钢轨上下位置通过轨下胶垫下的可调衬垫进行调整。

扣件调整量为:左右±10 mm,上下+30 mm。由于相当多的板式轨道铺设在高架桥上,为减小无缝线路与桥梁的相互作用力,要求减小扣件阻力。该扣件设计初始扣压力较小,仅为 3 kN,同时在胶垫上表面粘贴 1.5 mm 厚的不锈钢板,以降低钢轨与胶垫的摩擦系数。

直结 7 型扣件(图 9-41)与直结 5 型扣件基本类似,结构仍为带铁垫板的弹性分开式扣件,它与直结 5 型扣件的主要区别是扣压件做了改进。扣压件弹性增大,可减少由于弹性垫层变形、弹片松弛等造成的扣压力衰减。

直结 8K 型扣件为最新研制的扣件,是直结 8 型扣件(图 9-42)的改进型。其与直结 8 型扣件的差异是用锚固螺栓与预埋于轨道板的塑料套管配合紧固铁垫板,替代了 T 形锚固螺栓的固定铁件和套管,对紧固铁垫板的连接件做了改进。用这种方法紧固铁垫板更加牢靠。此外可调衬垫设在铁垫板下而不是在胶垫下。与直结 5 型扣件相比，扣压钢轨的弹片作了重大改进，在同样扣压力的情况下，大大增加了弹片扣压钢轨端的弹程，从而有效地防止轨卡螺栓的松弛，减小扣件养护维修工作量。

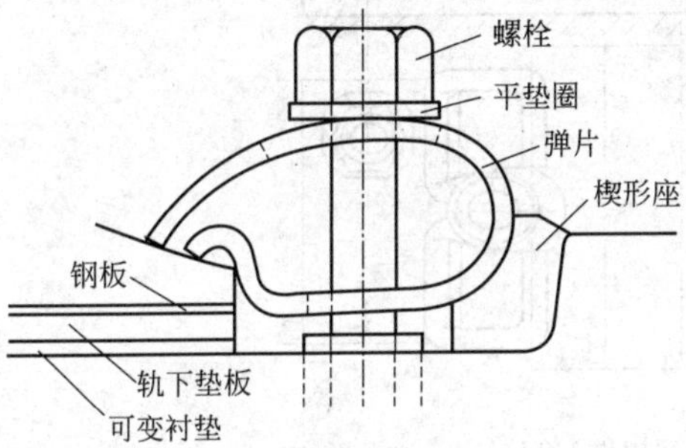

图 9-39　日本直结 4 型扣件

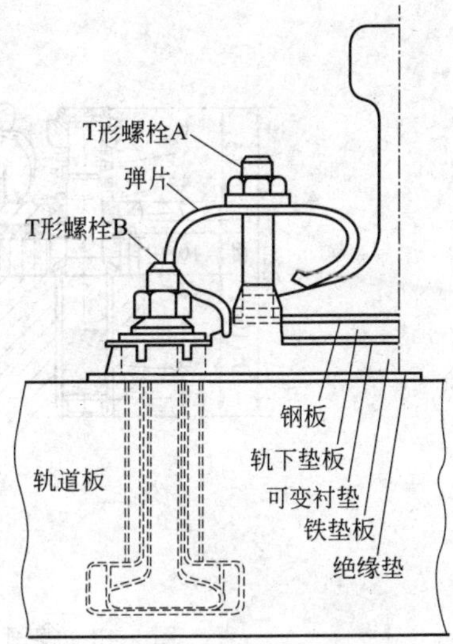

图 9-40　日本直结 5 型扣件

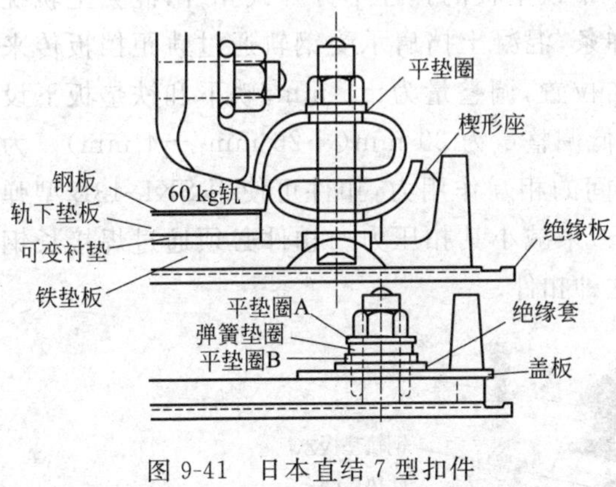

图 9-41　日本直结 7 型扣件

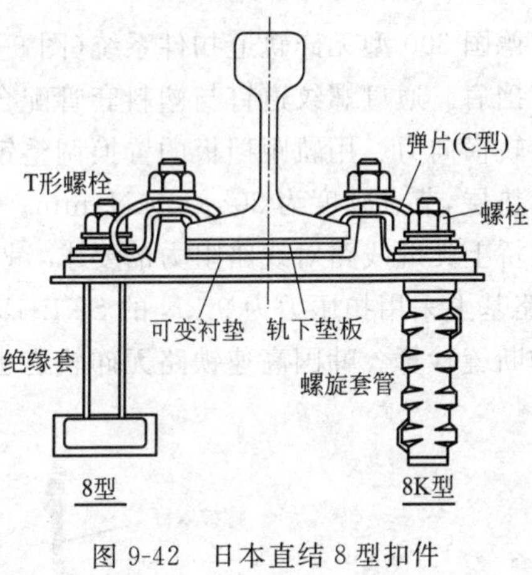

图 9-42　日本直结 8 型扣件

针对桥上无砟轨道无缝线路而设计的扣件较早应用于日本山阳新干线上。为了减小桥梁墩台、板式轨道结构中凸形挡台所受的纵向力，在设计原则上明确要求每股钢轨的线路阻力控制在 5 kN/m 的范围内，同时要求扣件具有一定的钢轨高低与左右位置调整能力。

目前，日本只在隧道内直线段使用直结 4 型扣件，其余地段均使用直结 8 型或 8K 型扣件。

二、德　　国

德国无砟轨道扣件主要有两种形式，即 336 型和 300 型扣件。336 型扣件适用于无挡肩轨下基础，300 型扣件适用于有挡肩轨下基础。

德国 336 型无砟轨道扣件结构(图 9-43)属带铁垫板的弹性分开式扣件。扣件采用圆形截面的 ω 形弹条扣压件扣压钢轨，铁垫板上设有 T 形螺栓座，通过拧紧 T 形螺栓螺母紧固弹条。

钢轨轨底与铁垫板间及铁垫板与基础间均设置弹性垫板,铁垫板螺栓孔处为长圆孔用以无级调整轨距,紧固铁垫板的螺栓采用黏结剂固定在基础孔中。

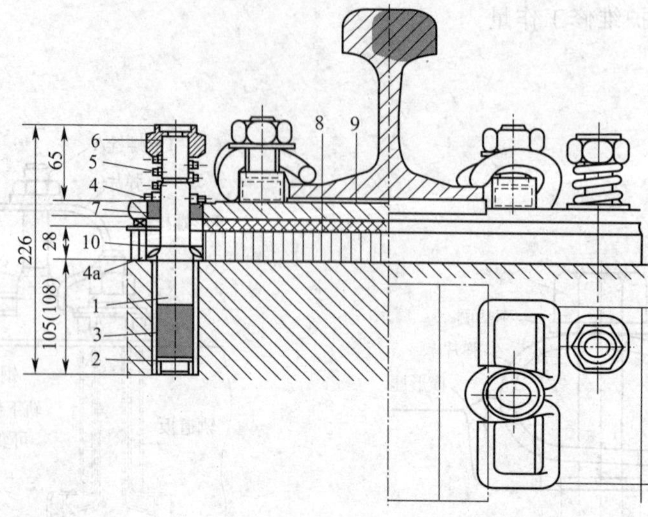

图 9-43 德国 336 型无砟轨道扣件(单位:mm)

1—锚固杆;2—对中环;3—胶结剂;4—绝缘套;4a—密封圈;5—弹簧垫圈;6—锁紧螺母;7—带肩垫板;8—铁垫板,下弹性垫板;9—轨下垫板;10—调高垫板(1,2,5,10 mm)

德国 300 型无砟轨道扣件系统(图 9-44)属于带铁垫板的弹性不分开式扣件,混凝土轨枕带有挡肩。通过螺纹道钉与塑料套管配合紧固弹条,混凝土挡肩承受钢轨通过轨距挡板传来的轮轨横向力。用轨距挡板的置换调整钢轨左右位置,调整量为±5 mm。轨下和铁垫板下设弹性垫层,节点刚度为 20~25 kN/mm。钢轨高低调整量为 30 mm(+26 mm/−4 mm)。为满足桥上无缝线路对线路阻力的要求,减小梁轨间的相互作用力,扣件可使用 SKL-13B 型弹条(路基上采用扣压力为 9 kN 的 SKL-15 型弹条)来减小其扣压力。扣件必须通过焊接长钢轨的断缝检算。韩国高速铁路无砟轨道也采用这种扣件。

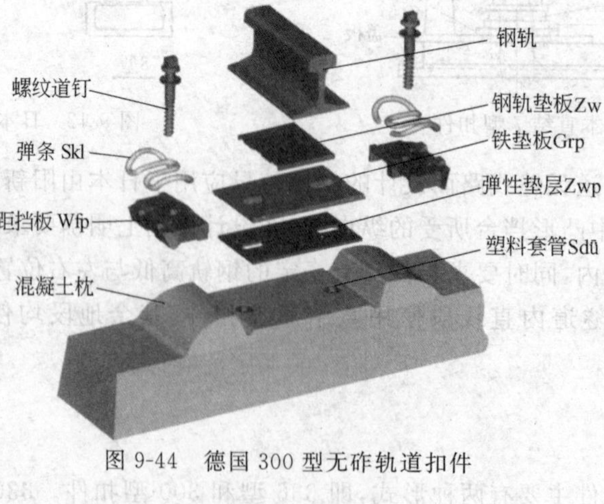

图 9-44 德国 300 型无砟轨道扣件

三、英 国

英国 PANDROL 公司开发了无砟轨道用的 PANDROL FAST 弹性分开式扣件系统(图

9-45)，其铁垫板上部结构与 PANDROL FAST CLIP 扣件(图 9-46)结构相同，采用 FAST 弹条扣压钢轨，为无螺栓扣压方式，其单个弹条扣压力为 12 kN。钢轨轨底与铁垫板间及铁垫板与基础间均设置弹性垫板，铁垫板由 FAST 弹条紧固。PANDROL SFC 扣件(图 9-47)为单弹性或双弹性垫层、分开式、无螺栓、无挡肩扣件。该扣件铁垫板上部结构与 FAST CLIP 扣件相同，铁垫板由预埋螺栓紧固，通过铁垫板下垫板调整高度，轨底与铁垫板间、铁垫板与基础间可同时设置弹性垫板。

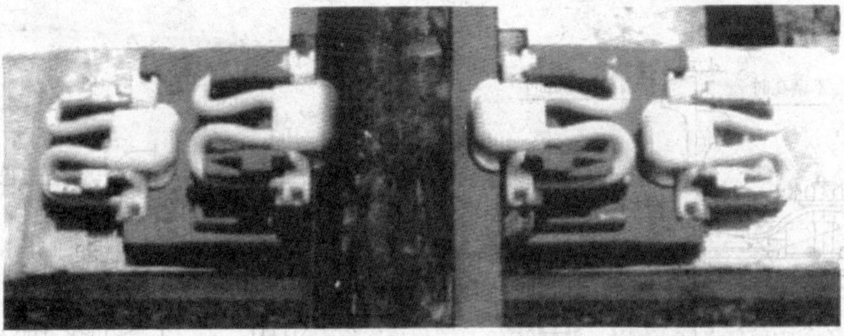

图 9-45　PANDROL FAST 无砟轨道扣件

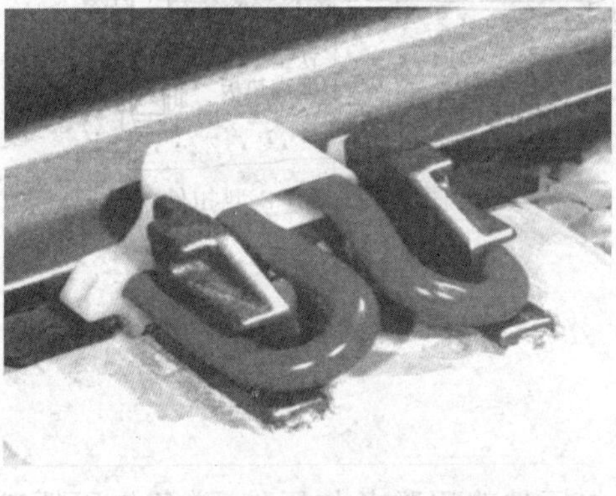

图 9-46　PANDROL FAST CLIP 弹条扣件

图 9-47　PANDROL SFC 弹条扣件

四、中　　国

1. WJ-1 型扣件

WJ-1 型扣件(图 9-48)为带铁垫板的弹性分开式扣件。由预埋于混凝土支承块中的塑料套管和锚固螺栓配合紧固铁垫板，铁垫板上设有 T 形螺栓座，扣压件采用弹片形式，由 T 形螺栓紧固弹片扣压钢轨，轨下使用粘贴不锈钢板的复合胶垫，铁垫板与承轨台间设置5 mm厚的绝缘缓冲垫板。WJ-1 型扣件钢轨调高量 40 mm，通过在铁垫板下和轨下垫入调高垫板实现。单股钢轨左右位置调整量±10 mm，通过移动带有长圆孔的铁垫板来实现，为连续无级调整。弹片扣压件设计扣压力 4 kN，前端弹程 7 mm，T 形螺栓螺母扭矩80 N·m。

由于弹片扣压件工作时主要利用材料的弯曲变形性能，加工相对简易，造价也往往较低，但由于为螺栓紧固而开孔，在该部位容易出现应力集中，而且弯矩最大处恰恰是截面削弱最大处。在九江长江大桥上使用时也发现有弹片开裂现象，后来采取在弹片上附加一小弹片的措施以缓冲弹片扣压件螺栓孔处的应力。

2. WJ-2 型扣件

针对上海市轨道交通明珠线和秦沈客运专线工程的需要,在 WJ-1 型小阻力弹性扣件基础上研制了 WJ-2 型小阻力弹性扣件(图 9-49),WJ-2 型扣件按 60 kg/m 钢轨设计,适用于要求钢轨高低和左右位置调整量大,并铺设焊接长钢轨的预应力混凝土梁的无砟轨道结构。这种小阻力扣件已铺设在秦沈客运专线几座桥梁的长枕埋入式无砟轨道结构上,经受了速度为 321 km/h 的高速列车试验,性能良好。

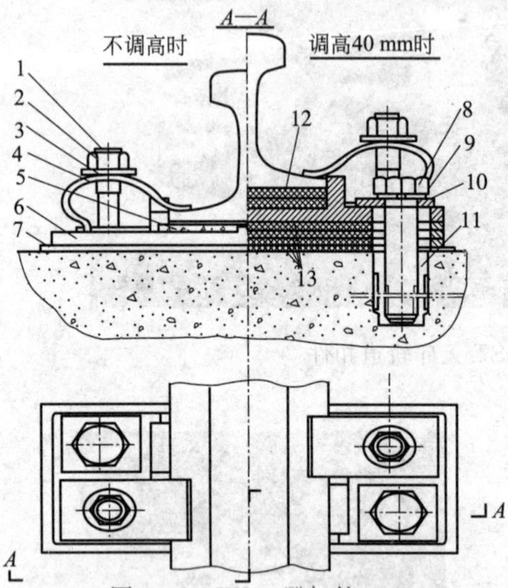

图 9-48 WJ-1 型扣件

1—T 形螺栓;2—螺母;3—平垫圈;4—弹片;
5—轨下胶垫;6—铁垫板;7—绝缘缓冲垫板;
8—锚固螺栓;9—弹簧垫圈;10—平垫块;
11—绝缘套管;12—轨下调高垫板;
13—板下调高垫板

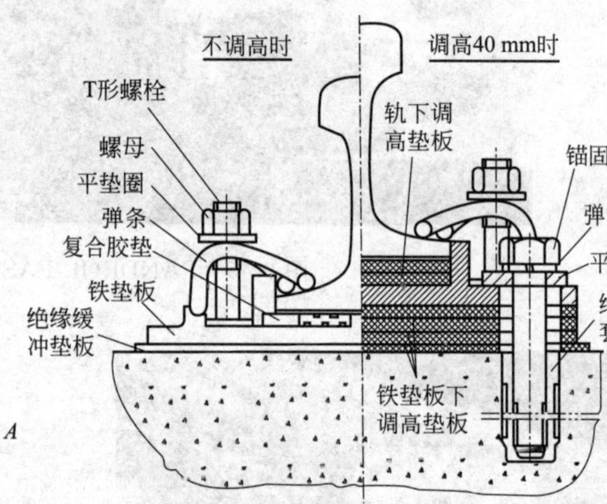

图 9-49 WJ-2 型扣件

该扣件结构与 WJ-1 型扣件相似,只是将弹片扣压件改用弹条扣压件,弹条扣压件工作时,既利用材料的弯曲变形性能又利用材料的扭转变形性能(尤其是圆形截面弹条),因而弹性一般较好,同时基本上无截面削弱,所以材料利用效率较高。该弹条设计扣压力 4 kN,前端弹程11.5 mm。以下是 WJ-2 型扣件主要设计参数及特点:

(1)扣件调高量 40 mm,钢轨高低调整通过在轨下、铁垫板下垫入调高垫板实现,轨下调整量 10 mm,铁垫板下 30 mm。

(2)扣件左右位置调整量每轨±10 mm,调整轨距通过移动带有长圆孔的铁垫板来实现,为连续无级调整。

(3)扣件设计最大承受横向力为 50 kN(疲劳荷载),混凝土承轨台不设挡肩。

(4)铁垫板上设置 1∶40 轨底坡。

(5)扣件节点刚度为 40～60 kN/mm。

(6)扣件 T 形螺栓的螺母不采用松紧搭配方式布置,要求松紧程度一致,使扣件均匀受力,T 形螺栓的螺母扭矩为 80 N·m。

(7)锚固螺栓拧紧扭矩为 300 N·m。

(8)预埋绝缘套管抗拔力大于 100 kN。

3. WJ-7 型

遂渝铁路无砟轨道综合试验段采用的 WJ-7 型扣件即针对 250 km/h 客运专线开发的扣件，其结构形式及实物如图 9-50 所示。

图 9-50　WJ-7 型扣件结构

WJ-7 型扣件为有螺栓扣件，用于无挡肩的混凝土轨枕或轨道板式无砟轨道。每套扣件由两件 T 形螺栓、两件螺母、两件平垫圈、两件弹条、两件绝缘块、一件铁垫板、一件轨下垫板、一件绝缘缓冲垫板、两件重型弹簧垫圈、两件平垫板、两件锚固螺栓和两件预埋套管组成。此外，为了钢轨高低位置调整的需要，还设有轨下调高垫板和铁垫板下调高垫板，其部件组成见图 9-51。扣件节点刚度的设计值为 35～50 kN/mm。单个弹条扣压力为 9 kN，初始弹程 13 mm（小阻力扣件弹条可以互换，其扣压力 4 kN，初始弹程 10 mm，扣件纵向阻力 7～8 kN/m·轨）。

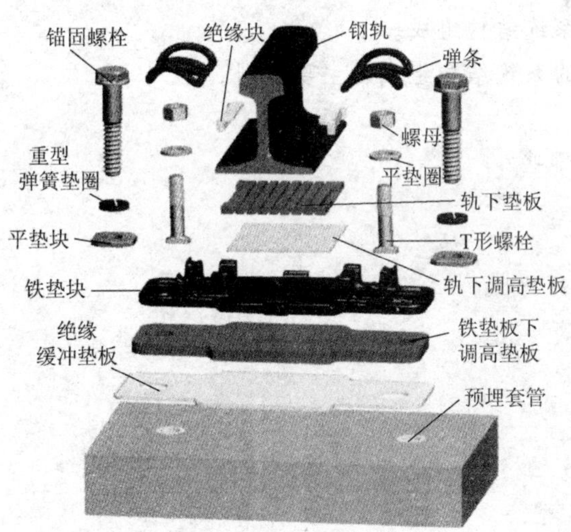

图 9-51　WJ-7 型扣件部件组成

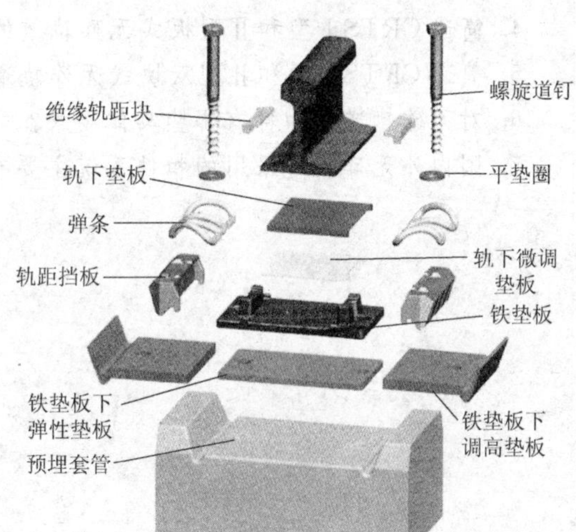

图 9-52　WJ-8 型扣件部件组成

4. WJ-8 型扣件

WJ-8 型扣件为有螺栓扣件，用于有挡肩的混凝土轨枕或轨道板式无砟轨道。每套扣件由两件螺旋道钉、两件平垫圈、两件弹条、两件绝缘轨距块、两件轨距挡板、一件轨下垫板、一件铁垫板、一件铁垫板下弹性垫板和两件预埋套管组成。此外，为了钢轨高低位置调整的需要，还设有轨下微调垫板和铁垫板下调高垫板，其部件组成如图 9-52 所示。

五、减振型扣件

轨道减振器又称为科隆蛋(Cologne-egg),如图 9-53 所示,在德国 Cologne 车站附近首先使用这一弹性扣件。目前我国各大城市轨道交通对减振要求较高的地段采用这种轨道减振器,世界其他国家的轨道交通也较多的使用这种扣件系统。香港西铁在浮置板上采用此种轨道减振器,使轨道结构的减振隔振性能达到最佳。

图 9-53 科隆蛋形扣件

轨道减振器是通过将橡胶圈和承轨板及底座采用硫化工艺牢固地粘结为一个整体,使该扣件充分利用了橡胶圈的剪切变形,同时选择合理的动静比,使轨道结构获得较低的垂向刚度(8～15 kN/mm),但仍能提供较高的横向刚度,以保证轨道的横向稳定性。轨道减振器使轨道结构减振效果较一般扣件高 5 dB 左右。轨道减振器扣件扣压力大,具有较强的保持轨距的能力,轨距调整量可达到＋8 mm、－12 mm,绝缘性能良好,造价相对较低,施工维修方便。

复习思考题

1. 无砟轨道有哪些类型?
2. 无砟轨道的主要技术特点是什么?
3. 什么是板式无砟轨道?
4. 简述 CRTSⅠ型和Ⅱ型板式无砟轨道的系统结构组成。
5. 简述 CRTSⅠ型和Ⅱ型双块式无砟轨道的系统结构组成及主要区别。
6. 对无砟轨道的扣件有哪些具体要求?
7. 国内外无砟轨道采用的扣件系统主要有哪些?

第十章 无缝线路

第一节 概 述

一、铺设无缝线路的意义

无缝线路是指把钢轨连续焊接或胶接超过两个伸缩区长度的轨道，又称焊接长钢轨线路。它是当今轨道结构的一项重要新技术。

在普通线路上，钢轨接头是轨道的薄弱环节之一，由于接缝的存在，列车通过时发生冲击和振动，并伴随有打击噪声，冲击力最大可达到非接头区3倍以上。接头冲击力影响行车的平稳和旅客的舒适，并促使道床破坏、线路状态恶化、钢轨及联结零件的使用寿命缩短、维修劳动、费用的增加。养护线路接头区的费用占养护总经费的35%以上；钢轨因轨端损坏而抽换的数量较其他部位高2～3倍；重伤钢轨60%发生在接头区。随着列车轴重、行车速度和密度的不断增长，上述缺点更加突出，更不能适应现代高速重载运输的需要。

为了改善钢轨接头的工作状态，人们从20世纪30年代开始至今，一直致力于这方面的研究与实践，采用各种方法把钢轨焊接起来构成无缝线路。这中间首先遇到了接头焊接质量问题；其次，长轨在列车动力和温度力共同作用下的强度和稳定问题；还有无缝线路设计、长轨运输、铺设施工、养护维修等一系列理论和技术问题。随着上述一系列问题的逐步解决，无缝线路在世界各国得到广泛的运用。无缝线路由于消灭了大量的接头，因而具有行车平稳、旅客舒适，同时机车车辆和轨道的维修费用减少，使用寿命延长等一系列优点。有资料表明，从节约劳动力和延长设备寿命方面计算，无缝线路比有缝线路可节约维修费用30%～70%。图10-1为换铺无缝线路现场。

二、无缝线路的类型

无缝线路根据处理钢轨内部温度应力方式的不同，可分为温度应力式和放散温度应力式两种类型。

温度应力式无缝线路是由一根焊接长钢轨及其两端2～4根标准轨组成，并采用普通接头的形式。无缝线路铺设锁定后，焊接长钢轨因受线路纵向阻力的抵抗，两端自由伸缩受到一定的限制，中间部分完全不能伸缩，因而在钢轨内部产生很大的温度力，其值随轨温变化而异。温度应力式无缝线路结构简单，铺设维修方便，因而得到广泛应用。对于直线轨道，铺设50 kg/m和60 kg/m钢轨，每公里配量1 840根混凝土枕时，铺设温度应力式无缝线路允许轨温差分别为100 ℃和108 ℃。

放散温度应力式无缝线路，又分为自动放散式和定期放散式两种，适用于年轨温差较大的地区。自动放散式是为了消除和减少钢轨内部的温度力，允许长轨条自由伸缩，在长轨两端设置钢轨伸缩接头，为了防止钢轨爬行，在长轨中部用特制的中间扣件。由于结构复杂，已不使用。定期放散温度应力式无缝线路的结构形式与温度应力式相同。根据当地轨温条件，把钢

图 10-1　换铺无缝线路现场

轨内部的温度应力每年春、秋两季调整放散 1～2 次。放散时,封闭线路,松开焊接长钢轨的全部扣件,使它自由伸缩,放散内部温度应力,应用更换缓冲区不同长度调节轨的办法,保持必要的轨缝。每次放散应力需耗费大量劳力,作业很不方便。

放散温度应力式无缝线路曾在前苏联和我国年温差较大的地区试用,目前已不使用。现今世界各国主要采用温度应力式无缝线路,也是本章介绍的重点。

根据无缝线路铺设位置、设计要求的不同,可分为路基无缝线路(有砟或无砟轨道)、桥上无缝线路、岔区无缝线路等;根据无缝线路轨条长度、是否跨越车站,可分为普通无缝线路、全区间无缝线路和跨区间无缝线路;根据长钢轨接头的连接形式,可分为焊接无缝线路和冻结无缝线路(又称为“准无缝线路”)。

第二节　无缝线路纵向受力分析

一、线路纵向阻力

无缝线路纵向阻力包括接头阻力、扣件阻力及道床纵向阻力。

(一)接头阻力

钢轨两端接头处由钢轨夹板通过螺栓拧紧,产生阻止钢轨纵向位移的阻力,称接头阻力。接头阻力由钢轨夹板间的摩阻力和螺栓的抗剪力提供。为了安全,我国接头阻力 P_H 仅考虑钢轨与夹板间的摩阻力。

$$P_{\mathrm{H}}=n\cdot S$$

式中　S——钢轨与夹板间对应 1 枚螺栓的摩阻力；

　　n——接头一端的螺栓数。

摩阻力的大小主要取决于螺栓拧紧后的张拉力 P 和钢轨与夹板之间的摩擦系数 f。图 10-2 为夹板的受力情况。

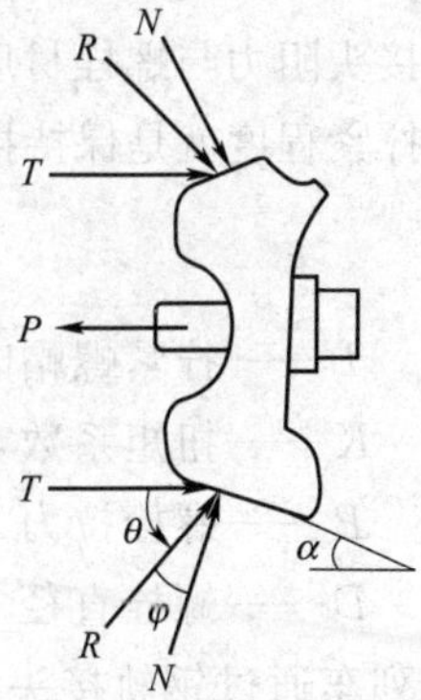

图 10-2　夹板受力图

接头螺栓拧紧后产生的拉力 P 在夹板的上、下接触面上将产生分力。图中 T 为水平分力；N 为法向分力，它垂直于夹板的接触面；R 为 N 与 T 的合力，它与 N 的夹角等于摩擦角 φ。

由图 10-2 可知，$T=P/2$，则有

$$R=\frac{P}{2\cos\theta}=\frac{P}{2\sin(\alpha+\varphi)}$$

式中　P——一枚螺栓拧紧后的拉力（kN）；

　　α——夹板接触面的倾角，$\tan\alpha=i$；

　　i——轨底顶面接触面斜率，对于 50、75 kg/m 钢轨，$i=1/4$，对 43、60 kg/m 钢轨，$i=1/3$。

当钢轨发生位移时，夹板与钢轨接触面之间将产生摩阻力 F，F 将阻止钢轨的位移。

$$F=Nf=R\cos\varphi\cdot f=\frac{P}{2\sin(\alpha+\varphi)}\cdot\cos\varphi\cdot f$$

一枚螺栓对应有 4 个接触面，其上所产生的摩阻力之和 S 为

$$S=4\cdot F=\frac{2P}{\sin(\alpha+\varphi)}\cdot\cos\varphi\cdot f \tag{10-1}$$

接头一端有三枚螺栓，因此接头阻力 P_{H} 应为

$$P_{\mathrm{H}}=3\cdot S\frac{6f\cos\varphi}{\sin(\alpha+\varphi)}\cdot P$$

对应于一枚螺栓所提供的摩阻力可作如下分析：钢的摩擦系数一般为 0.25，而 $f=\tan\varphi$，则有 $\varphi=\arctan 0.25$；又有 $\alpha=\arctan i$。将以上相应值代入式（10-1），可得 70、50 kg/m 钢轨：

$$S=1.03P$$

60、43 kg/m 钢轨：

$$S=0.90P$$

上式表明，一枚螺栓的拉力接近它所产生的接头阻力。在此情况下，接头阻力 P_{H} 的表达式，可写成

$$P_{\mathrm{H}}=n\cdot P \tag{10-2}$$

式中　P_{H}——接头阻力（kN）；

　　P——一枚螺栓的拉力（kN）；

n——接头一端螺栓枚数，我国铁路 $n=3$。

接头阻力与螺栓材质、直径、拧紧程度和夹板孔数有关。在其他条件均相同的情况下，螺栓的拧紧程度就是保持接头阻力的关键。扭力矩 T 与螺栓拉力的关系可用经验公式表示为

$$T=K\cdot D\cdot P$$

式中 T——拧紧螺帽时的扭力矩（N·m）；

K——扭矩系数，$K=0.18\sim0.24$；

P——螺栓拉力（kN）；

D——螺栓直径（mm）。

列车通过钢轨接头时产生的振动，会使扭力矩下降，接头阻力值降低。据国内外资料，可降低到静力测定值的 40%～50%。所以，定期检查扭力矩，重新拧紧螺帽，保证接头阻力值在长期运营过程中保持不变，是一项十分重要的措施。修理规则规定无缝线路钢轨接头必须采用 10.9 级螺栓，扭矩应保持在 700～1 100 N·m。绝缘接头轨缝不得小于 6 mm。表 10-1 所示为计算时采用的接头阻力值。

表 10-1　接头阻力 P_H（kN）

接头条件	接头扭矩 T（N·m）								备　注
	300	400	500	600	700	800	900	1 000	
50 kg/m 钢轨 10.9 级 ϕ24 螺栓	150	200	250	300	370	430	490		
60 kg/m 钢轨 10.9 级 ϕ24 螺栓	130	180	230	280	340				普通线路
						490	510	570	无缝线路

（二）扣件阻力

中间扣件和防爬设备抵抗钢轨沿轨枕面纵向位移的阻力，称扣件阻力。扣件阻力是由钢轨与轨枕垫板面之间的摩阻力和扣压件与轨底扣着面之间的摩阻力所组成。为了防止钢轨爬行，要求扣件阻力必须大于道床纵向阻力。

摩阻力的大小、取决于扣件扣压力和摩擦系数的大小，扣压力的大小则取决于扣件扭矩的大小。为此《铁路线路修理规则》规定：扣板扣件扭矩保持在 80～140N·m；弹条扣件扭矩保持在 80～150N·m，基本能够满足无缝线路铺设要求。不同扣件阻力，计算时建议按表 10-2 取值。

表 10-2　扣件阻力表（kN）

扣件类型	Ⅰ型	Ⅱ型	Ⅲ型	防爬器	K型
螺母扭矩为 80 N·m	9.0	9.3	16.0	15.0	7.5
螺母扭矩为 150 N·m	12.0	15.0			

（三）道床纵向阻力

道床纵向阻力系指道床抵抗轨道框架纵向位移的阻力。一般以每根轨枕的阻力 R，或每延毫米分布阻力 r 表示。它是抵抗钢轨伸缩，防止线路爬行的重要参数。

道床纵向阻力受道砟材质、颗粒大小及级配、道床断面、捣固质量、脏污程度、轨道框架重量等因素的影响。只要钢轨与轨枕间的扣件阻力大于道床抵抗轨枕纵向移动的阻力，则

无缝线路长钢轨的温度应力和温度应变的纵向分布规律将完全由接头阻力和道床纵向阻力确定。

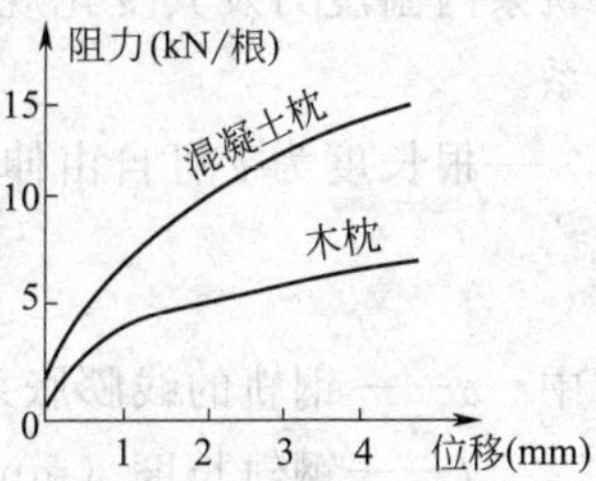

图 10-3　道床纵向阻力与位移的关系曲线

道床纵向阻力，是由轨枕与道床之间的摩阻力和枕木盒内道砟抗推力组成。图 10-3 为实测得到的单根轨枕在正常轨道状态下，道床纵向阻力与位移关系曲线。由图可以看出：道床纵向阻力值随位移的增大而增加，当位移达到一定值之后，轨枕盒内的道砟颗粒之间的结合被破坏，在此情况下，即使位移再增加，阻力也不再增大；在正常轨道条件下，钢筋混凝土轨枕位移小于 2 mm，木枕位移小于1 mm，道床纵向阻力呈斜线增长，钢筋混凝土枕轨道道床纵向阻力大于木枕轨道。

在无缝线路设计中，采用轨枕位移为 2 mm 时相应的道床纵向阻力值。《铁路无缝线路设计规范》规定：有砟轨道采用Ⅲ型混凝土轨枕或新Ⅱ型混凝土轨枕时，单位长度道床纵向阻力可按表 10-3 取值。铺设Ⅲ型混凝土、新Ⅱ型混凝土轨枕时有砟轨道道床纵向阻力如图 10-4 和图 10-5 所示。

表 10-3　道床纵向阻力

轨枕类型	有载		无载	图示
	机车下	车辆下		
Ⅲ型混凝土轨枕（1 667 根/km）	$r=11.6x, x\leqslant 2.0$ mm $r=23.2, x>2.0$ mm	$r=7.5x, x\leqslant 2.0$ mm $r=15.0, x>2.0$ mm	$r=7.5x, x\leqslant 2.0$mm $r=15.0, x>2.0$mm	图 10-4
新Ⅱ型混凝土轨枕（1 760 根/km）	$r=6.8x, x\leqslant 2.0$ mm $r=13.6, x>2.0$ mm	$r=4.4x, x\leqslant 2.0$ mm $r=8.8, x>2.0$ mm	$r=4.4x, x\leqslant 2.0$ mm $r=8.8, x>2.0$ mm	图 10-5

注：x 为轨枕纵向位移。

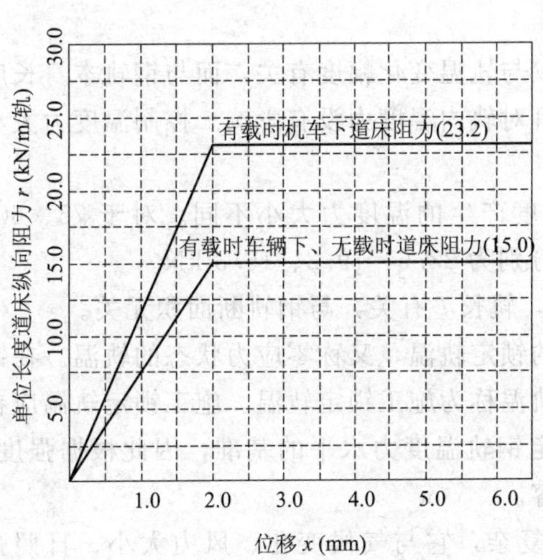

图 10-4　铺设Ⅲ型混凝土轨枕时有砟轨道道床纵向阻力

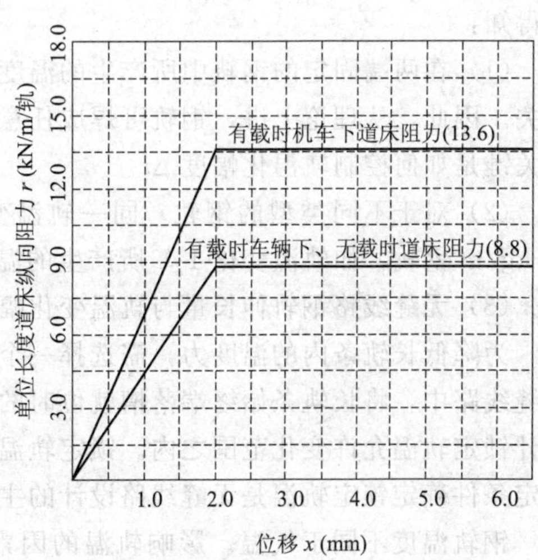

图 10-5　铺设新Ⅱ型混凝土轨枕时有砟轨道道床纵向阻力

二、钢轨温度力与锁定轨温

无缝线路的特点是轨条长，当轨温变化时，钢轨要发生伸缩，但由于有约束作用，不能自由伸缩，在钢轨内部要产生很大的轴向温度力。为保证无缝线路的强度和稳定，需要了解长轨条内温度力及其变化规律。为此首先要分析温度力、伸缩位移与轨温变化及阻力之间的关系。

一根长度为 l 可自由伸缩的钢轨，当轨温变化 Δt℃时，其伸缩量为

$$\Delta l=\alpha \cdot l \cdot \Delta t \tag{10-3}$$

式中 α——钢轨的线膨胀系数，取 $11.8\times10^{-6}/℃$；

l——钢轨长度（mm）；

Δt——轨温变化幅度（℃）。

如果钢轨两端完全被固定，不能随轨温变化而自由伸缩，则将在钢轨内部产生温度应力。根据虎克定律，温度应力 σ_t 为

$$\sigma_t=E \cdot \varepsilon=E\frac{\Delta l}{l}=E \cdot \alpha \cdot \Delta t \tag{10-4}$$

式中 E——钢的弹性模量，$E=2.1\times10^5$ MPa；

ε_t——钢的温度应变。

将 E、α 之值代入式(10-4)，则温度应力为

$$\sigma_t=2.1\times10^5\times11.8\times10^{-6}\Delta t=2.48\Delta t(\text{MPa}) \tag{10-5}$$

一根钢轨所受的温度力 P_t 为

$$P_t=\sigma_t \cdot F=2.48\Delta t \cdot F \tag{10-6}$$

式中 F——钢轨断面积（mm^2）。

式(10-3)、式(10-4)、式(10-6) 即为无缝线路温度应力和温度力计算的基本公式。由此可得知：

(1) 在两端固定的钢轨中所产生的温度力，仅与轨温变化幅度有关，而与钢轨本身长度无关。因此，从理论上讲，钢轨可焊成任意长，且对轨内温度力没有影响。控制温度力大小的关键是如何控制轨温化幅度 Δt。

(2) 对于不同类型的钢轨，同一轨温变化幅度产生的温度力大小不同。对于 75、60、50 kg/m 钢轨，如轨温变化 1 ℃所产生的温度力分别为 23.6、19.2、16.3 kN。

(3) 无缝线路钢轨伸长量与轨温变化幅度 Δt，轨长 l 有关，与钢轨断面积无关。

为降低长轨条内的温度力，需选择一个适宜的锁定轨温，又称零应力状态的轨温。在铺无缝线路中，将长轨条始终端落槽就位时的平均轨温称为施工锁定轨温。施工锁定轨温应在设计锁定轨温允许变化范围之内。锁定轨温是决定钢轨温度力水平的基准，因此根据强度、稳定条件确定锁定轨温是无缝线路设计的主要内容。

钢轨温度不同于气温。影响轨温的因素比较复杂，它与气候变化、风力大小、日照强度、道路走向和所取部位等均有密切关系。根据多年观测，最高轨温 T_{max} 要比当地的最高气温高18～25 ℃，最低轨温 T_{min} 比当地的最低气温低 2～3 ℃。计算时通常取最高轨温等于当地最高气温加 20 ℃，最低轨温等于最低气温。表 10-4 为我国主要地区的轨温资料。

表 10-4 全国主要地区最高、最低及中间轨温表（℃）

地 区	最高轨温	最低轨温	中间轨温	地 区	最高轨温	最低轨温	中间轨温
北京	62.6	−27.4	17.6	兰州	59.1	−23.3	17.9

续上表

地　区	最高轨温	最低轨温	中间轨温	地　区	最高轨温	最低轨温	中间轨温
天津	65.0	−22.9	21.1	西宁	53.5	−26.6	13.5
石家庄	62.7	−26.5	18.1	银川	59.3	−30.6	14.4
太原	61.4	−29.5	16.0	乌鲁木齐	60.7	−41.5	9.6
呼和浩特	58.0	−36.2	10.9	成都	60.1	−5.9	27.1
满洲里	58.7	−46.9	5.9	重庆	64.0	−2.5	30.8
沈阳	59.3	−33.1	13.1	昆明	52.3	−5.4	23.5
长春	59.5	−36.5	11.5	拉萨	49.4	−16.5	16.5
哈尔滨	59.1	−41.4	8.9	贵阳	61.3	−7.8	26.8
西安	65.2	−20.6	22.3	济南	62.5	−19.7	21.4
南京	63.0	−14.0	24.5	南宁	60.4	−2.1	29.2
上海	60.3	−12.1	24.1	长沙	63.0	−11.3	25.9
杭州	62.1	−10.5	25.8	郑州	63.0	−17.9	22.6
合肥	61.0	−20.6	20.2	武汉	61.3	−18.1	21.6
福州	59.8	−2.5	28.7	台北	58.6	−2.0	28.3
南昌	60.6	−9.3	25.7	香港	56.1	0.0	28.1
广州	58.7	−0.3	29.2				

三、温度力图

温度力沿长钢轨的纵向分布，常用温度力图来表示，故温度力图实质是钢轨内力图。温度力图的横坐标轴表示钢轨长度，纵坐标轴表示钢轨的温度力（拉力为正，压力为负）。钢轨内部温度力和钢轨外部阻力随时保持平衡是温度力纵向分布的基本条件。一根焊接长钢轨沿其纵向的温度力分布并不是均匀的，它不仅与阻力和轨温变化幅度等因素有关，而且还与轨温变化的过程有关。

（一）约束条件

1. 接头阻力的约束

为简化计算，通常假定接头阻力 P_H 为常量，见表 10-1。无缝线路长轨条锁定后，当轨温发生变化，由于有接头的约束，长轨条不产生伸缩，只在钢轨全长范围内产生温度力 P_t，这时有多大温度力作用于接头上，接头就提供相等的阻力与之平衡。当温度力 P_t 大于接头阻力 P_H 时，钢轨才能开始伸缩。因此在克服接头阻力阶段，温度力的大小等于接头阻力，即

$$P_t = 2.48\Delta t_H F = P_H$$

$$\Delta t_H = \frac{P_H}{2.48F} \tag{10-7}$$

式中　Δt_H——接头阻力能阻止钢轨伸缩的轨温变化幅度（℃）；

P_H——接头阻力（N）；

F——钢轨断面面积（mm^2）。

2. 道床纵向阻力的约束

接头阻力被克服后，当轨温继续变化时，道床纵向阻力开始阻止钢轨伸缩。但道床纵向阻力的产生是体现在道床对轨枕的位移阻力，随着轨枕位移的根数的增加，相应的阻力也增加。为计算方便，常将单根轨枕的阻力换算为钢轨单位长度上的阻力 r，并取为常量，由上述特征可见，道床纵向阻力是以阻力梯度 r 的形式分布。故在克服道床纵向阻力阶段，钢轨有少量伸缩，钢轨内部分温度力以位移的形式得到部分放散，因而发生位移的钢轨各截面的温度力并不相等，以斜率 r 分布。

（二）基本温度力图

无缝线路锁定以后，轨温单向变化时，温度力沿钢轨纵向分布的规律，称为基本温度力图。现以降温为例说明，图 10-6 即为基本温度力图。

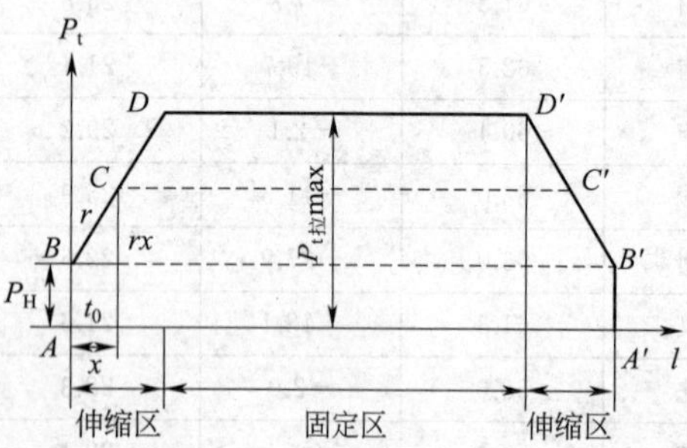

图 10-6 基本温度力图

（1）当 $\Delta t=t-t_0=0$，即轨温 t 等于锁定轨温 t_0 时，钢轨内部无温度力，即 $P_t=0$，如图中 $A—A'$ 线。

（2）当 $\Delta t=t-t_0<\Delta t_H$ 时，轨端无位移，温度力在整个长轨条内均匀分布，$P_t=2.48F\Delta t$。

（3）当 $\Delta t=\Delta t_H$ 时，轨端无位移，温度力在整个长轨条内均匀分布，$P_t=P_H$，图中 $B—B'$ 线。

（4）当 $\Delta t>\Delta t_H$ 时，道床纵向阻力开始发挥作用，轨端开始产生收缩位移，在钢轨发生纵向位移的长度范围内放散部分温度力，图中 BC，$B'C'$ 范围内任意截面的温度力

$$P_t=P_H+r\cdot x$$

式中 P_t——发生位移的钢轨任一截面的温度力（N）；

P_H——接头阻力（N）；

r——单位道床纵向阻力（N/mm）；

x——轨端至发生纵向位移的钢轨任一断面之间的距离（mm）。

长轨条中部未发生纵向位移的钢轨内部温度力为

$$P_{t拉}=2.48F\Delta t$$

（5）当 $\Delta t=\Delta t_{降max}$，即 t 降到最低轨温 T_{min} 时，钢轨内产生最大温度拉力 $P_{t拉max}$，这时发生纵向位移的钢轨长度达到最大值 l_s，即为伸缩区长度。如图中 DD' 线。此时 $P_{t拉max}$ 和 l_s 可按下式计算：

$$P_{t拉max}=2.48F\Delta t_{降max} \tag{10-8}$$

$$l_s=\frac{P_{t拉max}-P_H}{r} \tag{10-9}$$

式中 $P_{t拉max}$——钢轨最大温度拉力（N）；

l_s——伸缩区长度（mm）；

$\Delta t_{降max}$——钢轨最大降温幅度（℃），$\Delta t_{降max}=t_0-T_{min}$。

同理，当轨温从锁定轨温 t_0 变化到最高轨温时，长轨内温度力的分布与图 10-6 相仿，

不同的是轨温升高时，钢轨内将产生温度压力，其最大值为

$$P_{t压max}=2.48F\Delta t_{升max}=2.48F(T_{max}-t_0)$$

（三）轨温反向变化时长轨的温度力图

上面分析了轨温从 t_0 下降到 T_{min} 时，温度力纵向变化的情况。实际上轨温是要随气温循环往复变化的，这时温度力的变化会与前述单向变化有所不同，且与锁定轨温 t_0 的取值有关。t_0 可能有大于、等于或小于当地中间轨温 $t_中$ 的三种情况，则温度力分布图也会有三种不同情况。

$$t_中=\frac{1}{2}(T_{max}+T_{min})$$

现以常见的 $t_0>t_中$ 情况进行分析。如图 10-7 所示，轨温由 t_0 下降到了 T_{min} 时，温度力图为 BDD'（由于温度力图左右对称，图中仅画出了左侧部分）。当轨温开始回升时，温度力的变化情况如下：

（1）当温升 $t-T_{min}<\Delta t_H$ 时，这时轨温回升，钢轨试图伸长，但首先遇到接头阻力的抵抗，钢轨全长范围内温度拉力减小，温度力图平行下移，固定区仍为温度拉力，其值为 $P_{t拉}=P_{t拉max}-2.48F(t-T_{min})$。

（2）当 $t-T_{min}=\Delta t_H$ 时，温度力图从 T_{min} 时平行下移 P_H 值，接头处温度拉力变为零。温度力分布如图中 AEE'，固定区仍为温度拉力，其值为 $P_{t拉}=P_{t拉max}-P_H$。

（3）当 $\Delta t_H<t-T_{min}<2\Delta t_H$ 时，这时接头阻力反向起作用，温度力图继续平行下移，此时接头处承受温度压力，固定区仍为温度拉力，其值为 $P_{t拉}=P_{t拉max}-2.48F(t-T_{min})$。

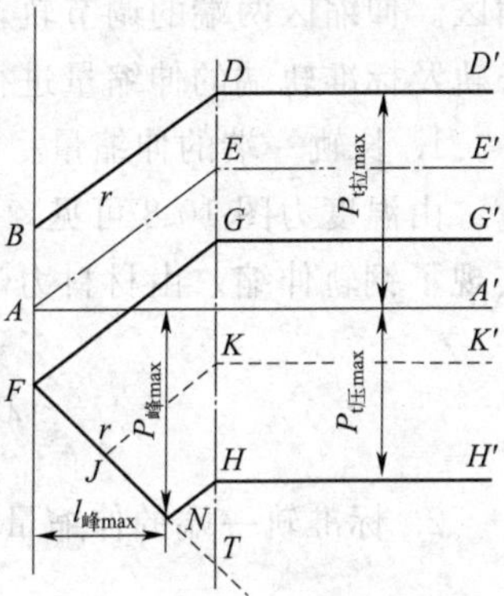

图 10-7　轨温反向变化时的温度力图

（4）当 $t-T_{min}=2\Delta t_H$ 时，这时接头阻力反向起作用，温度力图从 T_{min} 时平行下移 $2P_H$ 值，此时接头处承受温度压力，固定区仍为温度拉力，如图中 FGG' 所示，固定区仍为温度拉力，其值为 $P_{t拉}=P_{t拉max}-2P_H$。

（5）当 $t-T_{min}>2\Delta t_H$ 时，假设接头阻力无限大，则轨端无伸长，整个温度力图平行下移，接头承受的压力不断增大。而实际上接头阻力是有限的，当 $t-T_{min}>2\Delta t_H$ 时，反向接头阻力已被完全克服，接头阻力小于轨端处的温度压力，于是钢轨伸长，轨道框架发生纵向位移，这时道床纵向阻力开始发挥作用，阻止钢轨伸长，以保证钢轨内部温度力与线路纵向阻力相平衡。钢轨在伸长时克服道床纵向阻力，同时也释放了部分温度力。温度压力在接头处等于 P_H，接头处往里，以单位道床纵向阻力 r 为斜率增加，同时在伸缩区出现温度压力峰，如图中 $FJKK'$ 所示。

（6）当 $t=T_{max}$ 时，固定区温度压力达到 $P_{t压max}$。这时由于 $\Delta t_{拉max}>\Delta t_{压max}$，固定区温度力平行下移到 HH'，则 HN 与 FT 的交点，出现了温度压力峰的最大值 $P_{峰max}$，其值大于固定区的温度压力。温度压力峰的最大值等于固定区最大温度拉力与最大温度压力的平均值，即

$$P_{峰max}=\frac{1}{2}(P_{t拉max}+P_{t压max})\tag{10-10}$$

上式说明，温度压力峰的大小与锁定轨温无关。

$$l_{峰\max}=\frac{(P_{t拉\max}+P_{t拉\max})-2P_{H}}{2r}$$

$$=\frac{2.48F(\Delta t_{拉\max}+\Delta t_{压\max})-2P_{H}}{2r}$$

$$=\frac{2.48F\Delta t_{中}-P_{H}}{r} \tag{10-11}$$

上式说明，温度压力峰的位置相当于中间轨温锁定时的伸缩区终点。

当取锁定轨温等于或小于中间轨温时，则不会在伸缩区出现温度压力峰。

（四）轨端伸缩量计算

从温度力图中可知，无缝线路长轨条中部承受大小相等的温度力，钢轨不能伸缩，称为固定区。在两端，温度力是变化的，在克服道床纵向阻力阶段，钢轨有少量的伸缩，称为伸缩区。伸缩区两端的调节轨，称为缓冲区。在设计中要对缓冲区的轨缝进行计算，因此需对长轨及标准轨端的伸缩量进行计算。

1. 长轨一端的伸缩量

由温度力图 10-8 可见，其中阴影线部分为克服道床纵向阻力阶段释放的温度力，从而实现了钢轨伸缩。由材料力学可知，轨端伸缩量长与阴影线部分面积的关系为

$$\lambda_{长}=\frac{S_{\triangle ABC}}{EF}=\frac{r\cdot l_{s}^{2}}{2EF}=\frac{(P_{t\max}-P_{H})^{2}}{2EFr} \tag{10-12}$$

2. 标准轨一端的伸缩量

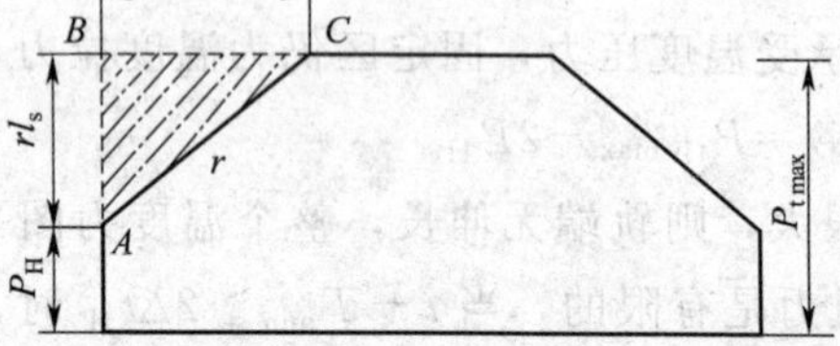

图 10-8　长轨条轨端伸缩量计算图

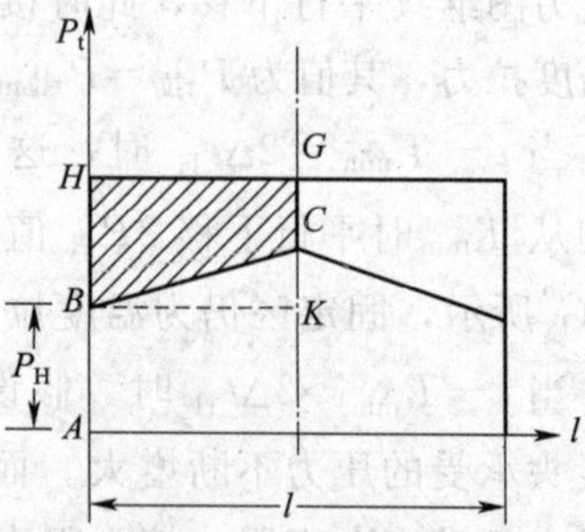

图 10-9　标准轨轨端伸缩量计算图

标准轨轨端伸缩量 $\lambda_{短}$ 计算方法与 $\lambda_{长}$ 基本相同。标准轨的温度力图如图 10-9 所示。由于标准轨长度短，随着轨温的变化，在克服完接头阻力后，在克服道床纵向阻力时，由于轨枕根数有限，很快被全部克服，以后，钢轨可以自由伸缩，温度力得到释放。在标准轨内最大的温度力只有 $P_{H}+r\cdot l/2$（l 为标准轨长度）。标准轨一端温度力释放的面积为阴影线部分 $BCGH$。

同理，可得到轨端伸缩量 $\lambda_{短}$ 计算公式

$$\lambda_{短}=\frac{S_{\square BKGH}}{EF}-\frac{S_{\triangle BKC}}{EF}=\frac{(P_{t\max}-P_{H})\cdot l}{2EF}-\frac{rl^{2}}{8EF} \tag{10-13}$$

式中，$P_{t\max}$ 为从锁定轨温到最低或最高轨温时所产生的温度力。

第三节 无缝线路稳定性分析

一、稳定性概念

无缝线路作为一种新型轨道结构，其最大特点是在夏季高温季节，在钢轨内部存在巨大的温度压力，容易引起轨道横向变形。当钢轨升温幅度过大时，轨道发生横向臌出变形（胀轨）直到发生突发大变形（跑道）的现象称为胀轨跑道。这一现象会严重危及行车安全。

无缝线路稳定性计算的主要目的是研究轨道胀轨跑道的发生规律，分析其产生的力学条件及主要影响因素的作用，计算出保证线路稳定的允许温度压力。因此，稳定性分析对无缝线路的设计，铺设及养护维修具有重要的理论和实践意义。

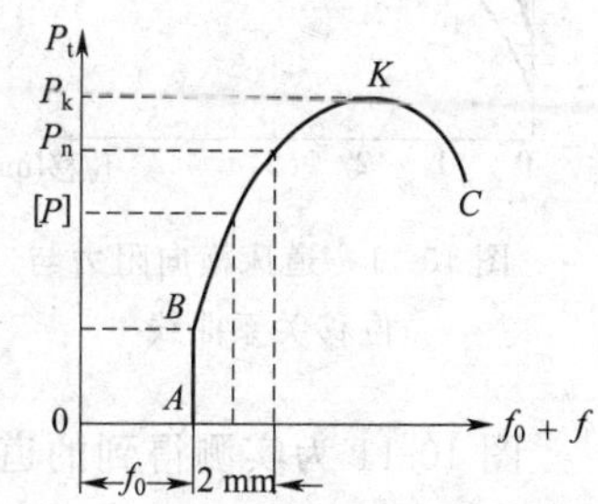

图 10-10 无缝线路胀轨跑道过程

从大量的室内模型轨道和现场实际轨道的稳定试验以及现场事故观察分析，轨道胀轨跑道的发展过程基本上可分为三个阶段，即持稳阶段、胀轨阶段和跑道阶段，如图 10-10 所示。图中纵坐标为钢轨温度压力，横坐标为轨道弯曲变形矢度 f_0+f，f_0 为初始弯曲矢度。胀轨跑道总是从轨道的薄弱地段（即具有原始弯曲的不平顺）开始。在持稳阶段（AB），轨温升高，温度压力增大，但轨道不变形。胀轨阶段（BK），随着轨温的增加，温度压力也随之增加，此时轨道开始出现微小变形，此后，温度压力的增加与横向变形之间呈非线性关系。当温度压力达到临界值 P_k 时，这时轨温稍有升高或稍有外部干扰时，轨道将会突然发生臌曲，道砟抛出，轨枕裂损，钢轨发生较大横向变形，轨道受到严重破坏，此为跑道阶段（KC），至此稳定性完全丧失。

判别结构稳定的准则一般有能量法和静力平衡法。无缝线路的稳定分析大多采用能量法，弹性理论的能量变分原理是理论基础。在稳定性计算中采用的势能驻值原理概念为：结构物处于平衡状态的充要条件是在虚位移过程中，总势能取驻值，即 $\delta A=0$。根据势能驻值原理及边界条件等即可求得轨道平衡的微分方程。

微分方程的解法，有精确解与近似解之分。前者是按边界条件直接解平衡微分方程，解题较麻烦，与近似方法相比差别并不很大，故运用较少；现使用较多的是后者，即假设变形曲线的方法，也称能量法。

国内外对稳定性计算公式进行了长期深入的研究，提出了许多计算公式。比较有影响的公式如米辛柯公式、沼田实公式、科尔公式等。我国在 1977 年提出了“统一无缝线路稳定性计算公式”（简称统一公式），并得到推广应用，对促进我国无缝线路的发展起了重要作用。统一公式是假定变形曲线波长与初始波长相等，并取变形为 2 mm 时对应的温度压力 P_n，再除以安全系数，即为保证无缝线路稳定的允许温度压力［P］，如图 10-8 所示。

2013 年 5 月 1 日开始实施的《铁路无缝线路设计规范》（TB 10015—2012）明确指出，有砟轨道的允许温升受无缝线路稳定性控制，可采用“统一无缝线路稳定性计算公式”或“不等波长稳定性计算公式”计算。

二、影响无缝线路稳定性的因素

对无缝线路大量调查后表明，很多次的胀轨跑道事故并非温度压力过大所致，而是由于对无缝线路起稳定作用的因素认识不足，在养护维修中破坏了这些因素而发生的。因此，我们必须研究丧失稳定与保持稳定两方面的因素，注意发展有利因素，克服、限制不利因素，防止胀轨跑道事故的发生。

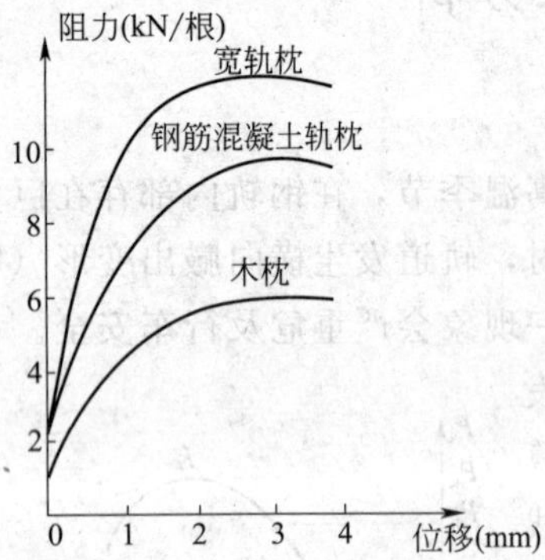

图 10-11　道床横向阻力与位移关系曲线

（一）保持稳定的因素

1. 道床横向阻力

道床抵抗轨道框架横向位移的阻力称道床横向阻力，它是防止无缝线路胀轨跑道，保证线路稳定的主要因素。前苏联资料表明，稳定轨道框架的横向阻力，65％是由道床提供的，而钢轨为25％，扣件为10％。

道床横向阻力是由轨枕两侧及底部与道砟接触面之间的摩阻力，和枕端的砟肩阻止横移的抗力组成。其中，道床肩部占 30％，轨枕两侧占 20％～30％，轨枕底部占50％。道床横向阻力可用单根轨枕的横向阻力 Q 和道床单位横向阻力 q 表示。$q=Q/a$（N/cm），a 为轨枕间距。

图 10-11 为实测得到的道床横向阻力与轨枕位移的关系曲线。由图可见：随着轨枕重量的增加，横向阻力增大；横向阻力与轨枕横向位移成非线性关系，阻力随位移的增加而增加，当位移达到一定值时，阻力接近常量，位移继续增大，道床即破坏。

阻力与位移的关系，通过实测得到下面的表达式：

$$q=q_0-By^Z+Cy^{\frac{1}{N}} \tag{10-14}$$

式中　q——道床横向阻力（N/m）；

q_0——初始道床横向阻力（N/m）；

y——轨枕横向位移（cm）；

B、C、Z、N——阻力系数，见表 10-5。

表 10-5　道床横向阻力各项系数

	线路特征	q_0	B	C	Z	$1/N$
木枕	道床肩宽 40 cm,1 840 根/km	12.4	215	296	1	2/3
	道床密实,标准断面,1 840 根/km	20.0	8.0	60	1.7	1/3
混凝土枕	Ⅰ型,道床肩宽 40 cm,1 840 根/km	15.0	444	583	1	3/4
	Ⅰ型,道床密实,标准断面,1 840 根/km	22.0	38	110	1.5	1/3
	Ⅱ型,1 760 根/km	11.6	214.8	597.5	1	3/4
	Ⅱ型,1 840 根/km	12.1	225.1	624.6	1	3/4
	Ⅲ型,1 667 根/km	14.6	357.2	784.7	1	3/4
	Ⅲ型,1 760 根/km	15.4	366.6	819.7	1	3/4

对无缝线路丧失稳定情况的大量调查中得知，在不少情况下胀轨跑道并非温度力过大所致，而是由于维修作业不当，降低了道床横向阻力而发生。因此要对影响道床横向阻力的因素有所了解，以利于指导工作。

影响道床横向阻力的因素很多，下面主要从道床的材料，肩宽以维修作业等方面进行分析。

(1) 道床

道床是由道砟堆积而成，道床的饱满程度和道砟的材质及粒径尺寸对道床横向阻力都有影响。饱满的道床可以提高道床的横向阻力。道砟的材质不同，提供的阻力也不一样。据国外资料，砂砾石道床比碎石道床阻力低 30%～40%。道床粒径较大提供的横向阻力也较大，例如粒径由 25～65 mm 减小到 15～30 mm，横向阻力将降低 20%～40%。

(2) 道床肩部

适当的道床肩宽可以提供一定的横向阻力，但并不等于肩宽愈大，横向阻力总会增大。轨枕端部的横向阻力是轨枕横移挤动砟肩道砟棱体时的阻力。由图 10-12 中可以看到，轨枕挤动道床，最终形成破裂面 BC，且与轨枕端面的夹角为 $45°+\varphi/2$。滑动体的重量决定了横向阻力的大小，即在滑动体之外的道床对枕端横向阻力不起作用。滑动体的宽度 b 可用下式计算：

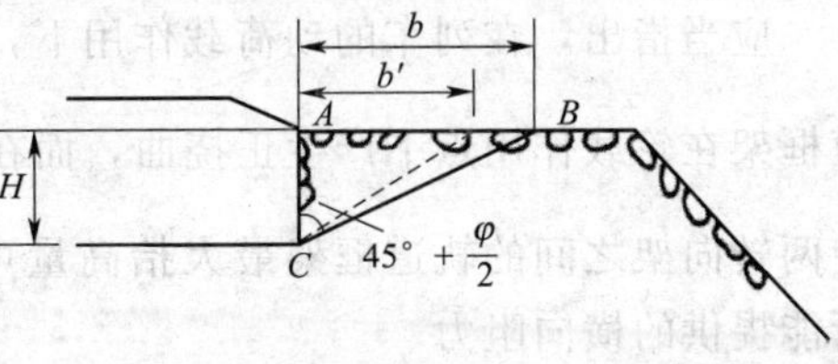

图 10-12　轨端道床破裂面示意图

$$b=H\tan\left(45°+\frac{\varphi}{2}\right)$$

式中　H——轨枕端埋入道床的深度（mm）；

φ——摩擦角，一般 $\varphi=35°\sim50°$。

对于混凝土枕，若取 $H=228$ mm，$\varphi=38°$，则有

$$b=228\times\tan\left(45°+\frac{38°}{2}\right)\approx470\ \text{mm}$$

在道床肩部堆高石砟，加大了滑动体的重量，这无疑是提高道床横向阻力最经济有效的方法。道床肩部堆高形式如图 10-13 所示。道床横向阻力的提高，肩部堆高比肩部加宽效果更明显，且节约道砟。

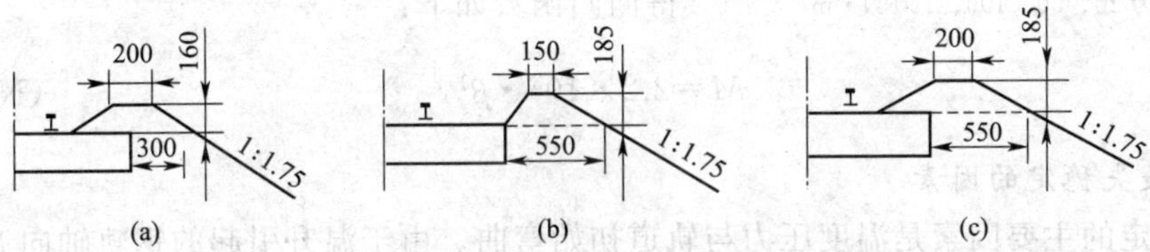

图 10-13　道床肩部堆高示意图（单位：mm）

(3) 线路维修作业的影响

维修作业中，凡扰动道床，如起道捣固、清筛等改变道砟间或道砟与轨枕间的接触状态，都会导致道床阻力的下降。线路维修作业前后道床横向阻力的变化情况，如表 10-6 所示。

线路中修破底清筛，整个道床被扰动，道床阻力下降最大，清筛过后阻力才逐渐恢复，清筛后道床横向阻力的变化如表 10-7 所示。

表 10-6　维修作业前后道床横向阻力

作业项目	作业前	扒砟	捣固	回填	夯拍	逆向拨道 10 mm
道床横向阻力(kN/根)	8.48	7.52	5.44	6.0	6.4	2.48
%	100	89	64	71	75	29

表 10-7 破底清筛前后道床横向阻力

破底清筛作业情况	清筛前	起道一遍捣固两遍	当天取消慢行后	作业后第二天
道床横向阻力(kN/根)	8.66	2.56	3.26	4.05
%	100	30	36	47

应当指出，在列车的动荷载作用下，每根轨枕所提供的横向阻力是不同的。这是因为轨道框架在轮载作用点下产生正挠曲，而在距车辆 $x=\dfrac{3\pi}{k}$ 至 $x=\dfrac{7\pi}{4k}$ 长度范围内会出现负挠曲，使两转向架之间的轨道框架最大抬高量可达 0.1～0.3 mm，从而大大削弱这一范围内轨枕所能提供的横向阻力。

2. 轨道框架刚度

轨道框架刚度是反映其自身抵抗弯曲变形能力的参数。轨道框架刚度愈大，其抵抗弯曲变形的能力愈大，所以是保持轨道稳定的重要因素。轨道框架刚度，在水平面内，等于两股钢轨的水平刚度及钢轨与轨枕节点间的阻矩之和。

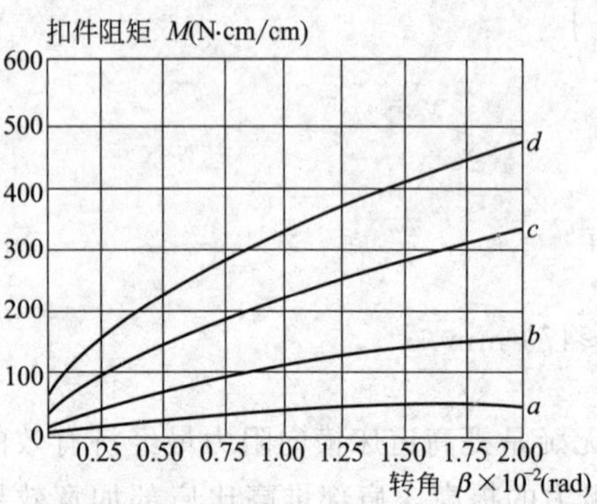

图 10-14 弹条Ⅰ型扣件阻矩实测值

a、b、c、d 曲线对应的扣件螺母扭矩分别为 20、50、100、150 N·m

(1) 两股钢轨的水平刚度（即横向刚度）$EI=2EI_y$（I_y 为一根钢轨对竖直轴的惯性矩）。

(2) 扣件阻矩与轨枕类型、扣件类型、扣压力及钢轨相对于轨枕的转角有关。阻矩 M 可以表示为钢轨相对轨枕转角 β 的幂函数：

$$M=H\cdot\beta^{\frac{1}{\mu}} \qquad (10\text{-}15)$$

式中 H、μ——阻矩系数。

图 10-14 为弹条Ⅰ型扣件阻矩实测值。对螺母扭矩为 100 N·m 的实测阻矩值进行回归分析，求得回归函数如下：

$$M=2.2\times10^3\cdot\beta^{1/2} \qquad (\text{N}\cdot\text{cm/cm})$$

(二) 丧失稳定的因素

丧失稳定的主要因素是温度压力与轨道初始弯曲。由于温升引起的钢轨轴向温度压力是构成无缝线路稳定问题的根本原因，而初始弯曲是影响稳定的直接因素，胀轨跑道多发生在轨道的初始弯曲处。因而控制初始弯曲的大小，对保证轨道稳定有重要作用。

初始弯曲一般可发分为弹性初始弯曲和塑性初始弯曲。现场调查表明，大量塑性初始弯曲矢度为 3～4 mm，波长为 4～7 m。塑性初弯矢度约占总初弯矢度的 58.33%。

三、统一无缝线路稳定性计算公式

(一) 基本原理

(1) 无缝线路轨道原始弯曲呈多波形状，仅取其中最不利的一个半波作为计算对象。

(2) 轨道原始弯曲由原始弹性弯曲 y_{oe} 和原始塑性弯曲 y_{op} 两部分组成，如图 10-15 所示。

轨道原始弹性弯曲为正弦曲线，可用式(10-16) 表示：

$$y_{oe}=f_{oe}\sin\frac{\pi\cdot x}{l_0} \tag{10-16}$$

式中 y_{oe}——轨道原始弹性弯曲函数；

f_{oe}——弹性初弯矢度（mm）；

l_0——原始弹性初弯半波长（mm）。

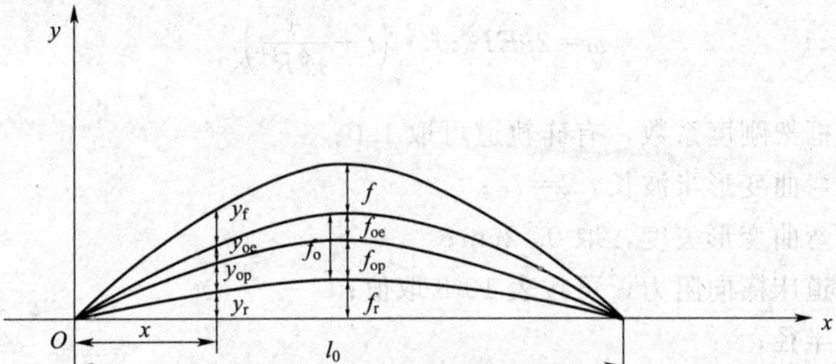

图 10-15 轨道弹性塑性弯曲曲线

轨道原始塑性弯曲半径为 R_0 的圆曲线，可用式(10-17) 表示：

$$y_{op}=\frac{(l_0-x)\cdot x}{2R_{op}} \tag{10-17}$$

式中 y_{op}——轨道原始塑性弯曲函数。

图 10-15 中，轨道原始弯曲矢度 f_o由原始弹性弯曲矢度 f_{oe}和原始塑性弯曲矢度 f_{op}两部分组成，即 $f_o=f_{oe}+f_{op}$；f_r 为线路曲率半径为 r 的圆曲线在弦长为 l 时所对应的矢度；y_r为线路曲率半径为 r 的圆曲线各点至弦长的距离。

（3）在温度压力作用下，轨道变形曲线为正弦曲线，可用式(10-18) 表示：

$$y_f=f\sin\frac{\pi\cdot x}{l} \tag{10-18}$$

式中 y_f——轨道变形函数；

f——轨道弯曲变形矢度，可取 0. 2 cm；

l——轨道弯曲半波长，$l=l_0$。

（4）道床单位横向阻力 q（x）采用以下三项式表示：

$$q(x)=q_0-q_1y_f^z+q_2y_f^n$$

式中 q_0，q_1，q_2，n，z——道床阻力系数，根据实测资料并进行数理统计后确定。

（二）计算临界温度压力 P_w

根据势能驻值原理，两股钢轨的计算温度压力 P_w 可按下列统一稳定性计算公式计算：

$$P_w=\frac{\beta EI_y\pi^2\dfrac{f+f_{oe}}{l^2}+\dfrac{4}{\pi^3}Ql^2}{f+f_{oe}+\dfrac{4l^2}{\pi^3R'}} \tag{10-19}$$

$$l^2=\frac{\omega+\sqrt{\omega^2+\left(\frac{4Q}{\pi^3}-\frac{\omega t}{f}\right)\cdot 2f\beta EI_y\pi^2}}{\frac{4Q}{\pi^3}-\frac{\omega t}{f}} \tag{10-20}$$

$$\frac{1}{R'}=\frac{1}{R}+\frac{1}{R_{op}}$$

$$\omega=2\beta EI_y\pi^2\cdot\left(t+\frac{4}{\pi^3 R'}\right)$$

式中 β——轨道框架刚度系数，有砟轨道可取 1.0；

l——轨道弯曲变形半波长，$l=l_0$；

f——轨道弯曲变形矢度，取 0. 2cm；

Q——等效道床横向阻力，可按表 10-8 取值；

R——曲线半径；

R_{op}——钢轨原始塑性弯曲半径，$1/R_{op}=8\times f_{op}/l^2=1.39639\times10^{-5}$；

t——轨道原始弹性弯曲的相对曲率，$t=f_{oe}/l_0^2$。

根据现场调查资料统计分析，轨道原始弯曲相对曲率 $f_o/l^2=2.103\times10^{-6}$，其中塑性弯曲占 83%，弹性弯曲占 17%，即轨道原始塑性弯曲的相对曲率 $f_{op}/l^2=0.83\times f_o/l^2=0.83\times 2.103\times10^{-6}=1.74549\times10^{-6}$，轨道原始弹性弯曲的相对曲率 $f_{oe}/l^2=0.17\times f_o/l^2=0.17\times 2.103\times10^{-6}=3.575\times10^{-7}$。

表 10-8 等效道床横向阻力（kN/m）

轨枕类型		等效道床横向阻力
新Ⅱ型混凝土枕	1 760 根/km	8.5
	1 840 根/km	8.9
Ⅲ型混凝土枕	1 667 根/km	11.5

根据式(10-20) 计算轨道稳定性临界波长 l 及弹性弯曲矢度 f_{oe}（$f_{oe}=t\cdot l^2$），将其代入式(10-19) 即可计算临界温度压力 P_w。

（三）计算允许温升幅度

(1) 两股钢轨的允许温度压力 $[P]$ 可按式(10-21) 计算

$$[P]=\frac{P_w}{K} \tag{10-21}$$

式中 K——安全系数，可取 $K=1.3$。

(2) 允许温升 $[\Delta T_u]$ 可按式(10-22) 计算：

$$[\Delta T_u]=\frac{[P]}{2E\alpha F} \tag{10-22}$$

式中 α——钢轨钢线膨胀系数，取 1.18×10^{-5}℃。

在进行桥上无缝线路、无缝道岔地段轨道稳定性检算时，允许温升 $[\Delta T_u]$ 应考虑桥上无缝线路伸缩力和挠曲力及无缝道岔基本轨附加纵向力的影响，可按式(10-23) 计算：

$$[\Delta T_u]=\frac{[P]}{E\alpha F}\left\{\frac{[P]}{2}-P_f\right\} \tag{10-23}$$

式中　P_f——桥上无缝线路为伸缩力（压力）和挠曲力（压力）的最大值，无缝道岔为基本轨附加纵向力（压力）的最大值。

四、不等波长稳定性计算公式

不等波长稳定性计算公式的基本假定是：轨道为无限长梁，此梁埋置在均匀介质（道床）中；梁具有初始弯曲；梁在温度压力作用下，变形曲线波形与初始弯曲波形相似，但波长不等。

（一）计算图式

如图 10-16 所示，初始弯曲的函数为

$$y_0=f_0\sin^2\frac{\pi x}{l_0}$$

该函数满足如下边界条件；当 $x=0$ 或 $x=l_0$ 时，$y_0=0$，$y_0'=0$。

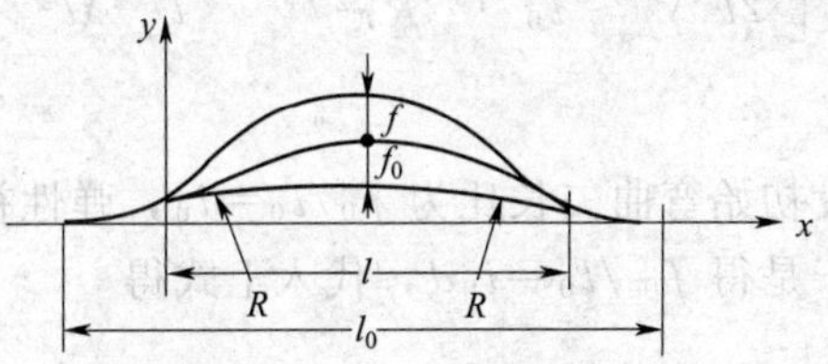

图 10-16　不等波长方法计算图

当初始弯曲位于半径为 R 的曲线上时，初始状态曲线可用函数 y_s 表示，即

$$y_s=y_0+y_R=f_0\sin^2\frac{\pi x}{l_0}+\frac{x(l_0-x)}{2R}$$

式中　f_0——轨道初弯矢度；

　　　l_0——轨道初弯弦长。

在温度压力作用下，轨道将在有初始弯曲的地方产生变形。变形后的曲线仍保持连续，用函数 y_K 表示，即

$$y_K=y+y_s$$

相对图 10-16 的坐标系，初始弯曲 y_0 的表达式，应改写为

$$\begin{aligned}y_0&=f_0\sin^2\frac{\pi}{l_0}\left(\frac{l_0-l}{2}+x\right)=f_0\sin^2\pi\left(\frac{1}{2}-\frac{2x-l}{2l_0}\right)\\&=f_0\left[\sin\frac{\pi}{2}\cos\left(\frac{2x-l}{2l_0}\right)\pi+\cos\frac{\pi}{2}\sin\left(\frac{2x-l}{2l_0}\right)\pi\right]^2\\&=f_0\cos^2\frac{\pi(2x-l)}{2l_0}\end{aligned}$$

同理，y_R 可改写为

$$y_R=\frac{l_0^2-(2x-l)^2}{8R}$$

则

$$\begin{aligned}y_K&=y+y_0+y_R\\&=f\sin^2\frac{\pi x}{l}+f_0\cos^2\frac{\pi(2x-l)}{2l_0}+\frac{l_0^2-(2x-l)^2}{8R}\quad(0\leqslant x\leqslant l)\end{aligned} \tag{10-24}$$

式中 f——弯曲变形矢度；

l——弯曲变形弦长。

(二) 稳定性计算公式

梁（轨道）的总势能 A 为

$$A=A_1+A_2+A_3+A_4$$

其中，A_1 为梁压缩形变能，A_2 为梁的弯曲形变能，A_3 为道床形变能，A_4 为扣件形变能。

运用弹性势能驻值原理，对总势能 A 取驻值，即 $\frac{dA}{df}=0$，经推导得

$$\left[\frac{P\pi^2}{2l}\left(f+\frac{f_0 l}{l_0}\eta+\frac{l^2}{R\pi^2}\right)-\frac{2EI\pi^4}{l}\left(\frac{f}{l^2}+\frac{f_{0e}}{l_0^2}\varphi\right)-\left(\frac{q_0 l}{2}-BGf^z l+CKf^{\frac{1}{N}}l\right)-H\left(\frac{f}{l}\right)^{\frac{1}{\mu}}\psi\right]=0 \tag{10-25}$$

设初始弯曲矢长比为 $f_0/l_0=i_0$，弹性初弯矢度 f_{0e} 占总初弯矢度 f_0 的比例为 $d=f_{0e}/f_0$，于是得 $f_{0e}/l_0=i_0 d$，代入上式得

$$P\left(f+i_0 l\eta+\frac{l^2}{R\pi^2}\right)-4EI\pi^2\left(\frac{f}{l^2}+\frac{di_0}{l_0}\varphi\right)-\frac{l^2}{\pi^2}\left(q_0-2BGf^z+2CKf^{\frac{1}{N}}\right)-\frac{2H}{\pi^2}f^{\frac{1}{\mu}}\cdot l^{\frac{\mu-1}{\mu}}\psi=0 \tag{10-26}$$

令
$$\tau_{\mathrm{I}}=4EI\pi^2\left(\frac{f}{l^2}+\frac{di_0}{l_0}\varphi\right) \tag{10-27}$$

$$\tau_{\mathrm{q}}=\frac{l^2}{\pi^2}\left(q_0-2BGf^z+2cKf^{\frac{1}{N}}\right) \tag{10-28}$$

$$\tau_{\mathrm{m}}=\frac{2\cdot\psi\cdot H}{\pi^2}f^{\frac{1}{\mu}}l^{\frac{\mu-1}{\mu}} \tag{10-29}$$

$$\tau_0=f+li_0\eta+\frac{l^2}{\pi^2 R} \tag{10-30}$$

则
$$P=\frac{\tau_{\mathrm{I}}+\tau_{\mathrm{q}}+\tau_{\mathrm{m}}}{\tau_0} \tag{10-31}$$

上式即为按能量法推导出来无缝线路保持平衡稳定状态时的温度压力，实践证明，无缝线路内纵向力的分布并非绝对均匀，因此稳定性计算，除考虑均匀分布的温度力外，还应考虑非均匀分布的纵向力。但由于无缝线路臌曲位置与纵向力的分布具有一定随机性，且规律复杂，故在计算公式中暂用均匀分布纵向力 ΔP 代替。

$$\Delta P=\frac{2}{l}\int_0^{\frac{l}{2}}\frac{F_0}{a_0}\left[\mathrm{e}^{-\left(\frac{x}{l}\right)^4}-b\right]\mathrm{d}x \tag{10-32}$$

式中 F_0——纵向力峰值，计算中取 F_0 等于 10 ℃时的温度力；

a_0——纵向力峰系数；

b——纵向力分布系数。

换算求得的 ΔP 相当 8 ℃的温度力。考虑 ΔP 的影响，式(10-31)变为

$$P=\frac{\tau_{\mathrm{I}}+\tau_{\mathrm{q}}+\tau_{\mathrm{m}}}{\tau_0}-\Delta P \tag{10-33}$$

按式(10-32)计算无缝线路稳定性时，一般先给定 f 值，然后输入不同的 l_i 进行计算，以求出对应一定 f 值的温度力极小值 P_{min} 和相应的 l 值。

第四节 无缝线路设计

无缝线路设计应根据线路、运营、气候条件及轨道类型等因素进行轨道强度、稳定性、断缝安全性等检算，其核心是确定合理的锁定轨温范围。

一、确定设计锁定轨温

设计锁定轨温亦称为中和温度。

（一）根据强度条件确定允许的降温幅度

无缝线路钢轨应有足够的强度，以保证在动弯应力、温度应力及其他附加应力共同作用下能正常工作，不会破坏。此时，要求钢轨所承受的各种应力的总和不超过规定的容许应力 $[\sigma]$，即

$$\sigma_d+\sigma_t+\sigma_c\leqslant[\sigma]$$

式中 σ_d——钢轨承受的最大动弯应力（MPa）；

σ_t——钢轨温度应力（MPa）；

σ_c——钢轨附加应力，主要考虑钢轨承受的制动应力，一般按 10 MPa 计算；

$[\sigma]$——钢轨容许应力，它等于钢轨的屈服强度 σ_s 除以安全系数 K，$[\sigma]=\sigma_s/K$。

极限强度 $\sigma_b=785$ MPa 级钢轨，$\sigma_s=405$ MPa；

极限强度 $\sigma_b=883$ MPa 级钢轨，$\sigma_s=457$ MPa；

一般钢轨 $K=1.3$，再用轨 $K=1.35$。

允许的降温幅度 $[\Delta t_s]$ 由下式计算：

$$[\Delta t_s]=\frac{[\sigma]-\sigma_{gd}-\sigma_c}{E\alpha} \tag{10-34}$$

式中 σ_{gd}——钢轨底部下缘动弯应力。

（二）根据稳定条件确定允许的升温幅度

根据稳定条件求得允许温度压力 $[P]$ 后，按下式计算钢轨允许温升幅度 $[\Delta t_c]$：

$$[\Delta t_c]=\frac{[P]}{2E\alpha F} \tag{10-35}$$

（三）设计锁定轨温的确定

设计锁定轨温 t_0 按图 10-17 计算得

$$t_0=\frac{T_{max}+T_{min}}{2}+\frac{[\Delta t_s]-[\Delta t_c]}{2}\pm\Delta t_k \tag{10-36}$$

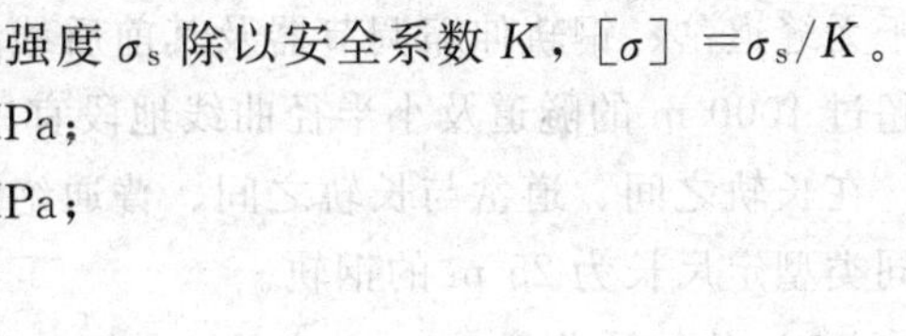

图 10-17 设计锁定轨温计算图

式中 T_{max}、T_{min}——铺轨地区的最高、最低轨温；

Δt_k——温度修正值，可根据当地具体情况取 0～5 ℃。

（四）施工锁定轨温范围的确定

无缝线路铺设时，允许施工的锁定轨温应有一个范围，一般取设计锁定轨温±5 ℃，则

施工锁定轨温上限 $t_m = t_0 + 5$ ℃

施工锁定轨温下限 $t_n = t_0 - 5$ ℃

且须满足以下条件： $T_{max} - t_n < [\Delta t_c]$

$$t_m - T_{min} < [\Delta t_s]$$

（五）钢轨断缝检算

确定锁定轨温范围后，需要进行钢轨断缝检算，钢轨断缝检算按照式(10-37) 进行。

$$\lambda = \frac{EF(\alpha \Delta T_{dmax})^2}{r} \leqslant [\lambda] \tag{10-37}$$

式中 λ——钢轨断缝（mm）；

$[\lambda]$——钢轨断缝容许值（mm），一般情况取 70 mm，困难条件下取 90 mm；

ΔT_{dmax}——可能的最大降温幅度（℃）。

二、无缝线路结构计算

（一）轨条长度

跨区间和区间无缝线路单元轨节的布置，应根据线路条件、工点情况、施工工艺及养护维修等因素综合研究确定。区间单元轨节长度宜为 1 000～2 000 m，最短不应小于 200 m。对于无缝道岔、钢轨伸缩调节器及其前后线路、长大桥梁及两端线路护轨梭头范围之内、长度超过 1000 m 的隧道及小半径曲线地段宜单独设计为一个或多个单元轨节。

在长轨之间、道岔与长轨之间、普通绝缘接头处，需设置缓冲区，缓冲区一般设置2～4对同类型定尺长为 25 m 的钢轨。

（二）伸缩区长度

伸缩区长度 l_s 按式（10-9）计算。伸缩区长度一般取 50～100 m，宜取为标准轨长度的整倍数。

（三）预留轨缝

长轨条一端的伸缩量 $\lambda_{长}$ 按式（10-12）计算，标准轨一端的伸缩量 $\lambda_{短}$ 按式（10-13）计算。

确定预留轨缝的原则与普通线路轨缝的确定原则相同。缓冲区中标准轨之间的预留轨缝与普通线路相同。长轨与标准轨之间的预留轨缝计算方法如下：

按冬季轨缝不超过构造轨缝 a_g 的条件，可算得预留轨缝上限 $a_{上}$ 为

$$a_{上} = a_g - (\lambda_{长} + \lambda_{短}) \tag{10-38}$$

按夏季轨缝不顶严的条件，其下限为

$$a_{下} = (\lambda'_{长} + \lambda'_{短}) \tag{10-39}$$

式中 $\lambda_{长}$、$\lambda_{短}$——从锁定轨温至当地最低轨温时，长轨、短轨一端的缩短量；

$\lambda'_{长}$、$\lambda'_{短}$——从锁定轨温至当地最高轨温时，长轨、短轨一端的伸长量。

预留轨缝 a_0 为

$$a_0 = \frac{a_{上} + a_{下}}{2} \tag{10-40}$$

若钢轨绝缘接头采用胶接绝缘接头，则允许缓冲区轨缝挤严。

（四）防爬设备的设置

列车运行时产生的纵向水平力，使钢轨沿着轨枕或轨道框架沿着道床顶面纵向移动，这种现象称为线路爬行。线路爬行是造成轨道病害的主要原因之一。无缝线路地段，如发生爬行，其后果较普通线路更为严重。因为它除产生一般的轨道病害外，还会因钢轨受力不均而改变原来的锁定轨温。

防爬设备可有效地防止线路爬行。防爬设备由防爬器和防爬木撑（或石撑）组成。

在无缝线路的伸缩区和缓冲区上，因钢轨可能有伸缩，必须布置足够的防爬设备，保证钢轨无相对于轨枕的纵向移动。为此，要求钢轨与轨枕间的扣件阻力，大于轨枕与道床间的纵向阻力，即

$$P_{防}+nP_{扣}\geqslant nR$$

式中 $P_{防}$——一对防爬器提供的阻力（N），见表 10-2；

$P_{扣}$——一根轨枕上扣件的阻力（N），见表 10-2；

R——一根轨枕提供的道床纵向阻力（N），见表 10-3；

n——配置一对防爬器的轨枕数。

缓冲区的防爬设备与伸缩区相同。采用弹条Ⅰ、Ⅱ型扣件时，一般可不装防爬器。

（五）位移观测桩布置

无缝线路位移观测桩可按以下原则进行布置：

(1) 跨区间无缝线路、区间无缝线路按单元轨节等距离设置位移观测桩，且桩间距离不宜大于 500 m。单元轨节位移观测桩可按图 10-18 设置，单元轨节长度不足 500 m 整倍数时，可适当调整桩间距离。

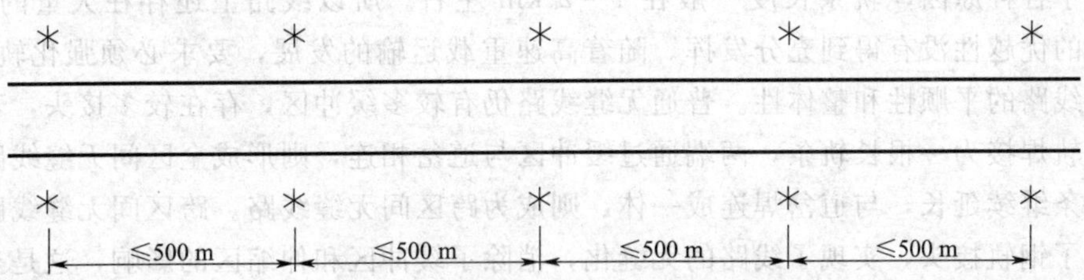

图 10-18 单元轨节位移观测桩布置图

(2) 跨区间无缝线路、区间无缝线路距长轨条起、终点 100 m 处应分别设置一组位移观测桩。

(3) 普通无缝线路的长轨条长度不大于 1 200 m 时，可按图 10-19 设置五组位移观测桩；长轨条长度大于 1 200 m 时，应适当增设位移观测桩且桩间距离不大于 500 m。

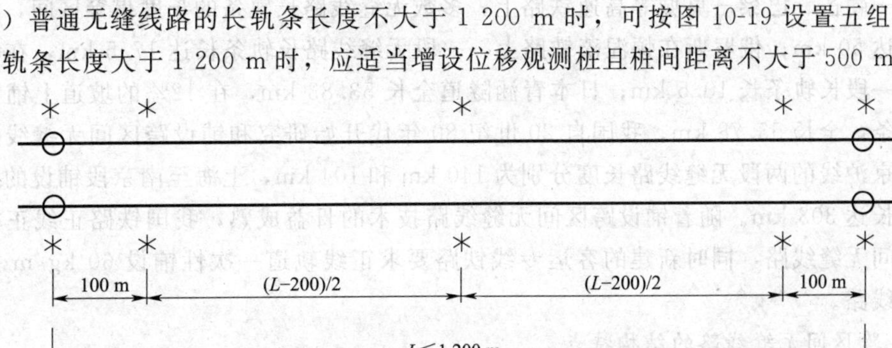

图 10-19 普通无缝线路观测桩设置图

(4) 无缝道岔宜按图 10-20 分别在道岔始端和终端、尖轨跟端（或限位器处）分别设置一组钢轨位移观测桩，18 号及以上的大号码道岔在心轨处加设一组位移观测桩。

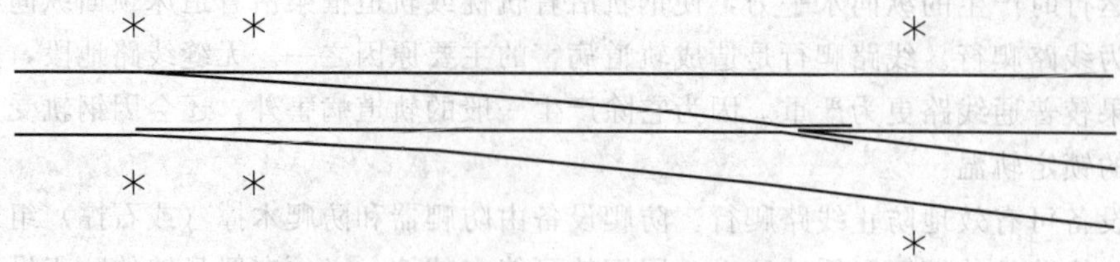

图 10-20 无缝道岔位移观测桩布置图

(5) 钢轨伸缩调节器基本轨一侧距离基本轨接头 100～150 m 处应设置一组位移观测桩。

(6) 长大桥梁两端、长大隧道的洞口应设置一组位移观测桩。

(7) 新建铁路可选择在线路一侧或两侧设置位移观测桩。

(8) 位移观测桩应预先埋设牢固，或设置在线路两侧的固定构筑物上，并在单元轨节两端就位后即进行标记。

第五节 跨区间无缝线路

一、概 述

(一) 跨区间无缝线路发展简况

跨区间无缝线路是指轨条长度跨越区间，轨条与道岔直接连接的无缝线路。

根据无缝线路受力原理，理论上讲无缝线路的轨条长度可以无限长。目前在普通无缝线路上，由于各种原因，轨条长度一般在 1～2 km 左右。所以线路上还存在大量的缓冲区，无缝线路的优越性没有得到充分发挥。随着高速重载运输的发展，要求必须强化轨道结构，全面提高线路的平顺性和整体性。普通无缝线路仍有较多缓冲区，存在较多接头，若将区间内线路钢轨焊接为一根长轨条，两端通过缓冲区与道岔相连，则形成全区间无缝线路。若无缝线路轨条继续延长，与道岔焊连成一体，则成为跨区间无缝线路。跨区间无缝线路最大限度地减少了钢轨接头，实现了线路的无缝化，消除了缓冲区和伸缩区的影响，这是当代无缝线路的重要发展。

国内外在跨区间无缝线路方面都在进行研究并取得了一定进展。如德国铁路把区间无缝线路长轨条与站内道岔直接焊接起来，焊接道岔数达 11 万组之多；法国在巴黎—里昂—马塞、巴黎—勒芒、巴黎—莫城等高速铁路上，多数无缝线路长轨条的长度贯穿区间，其中最长一段长达 50 km；俄罗斯在顿涅茨铁路上，一段无缝线路长轨条长达 17.5 km，在科沃夫铁路线上一段长轨条长 10.5 km；日本青涵隧道全长 53.83 km，在 12‰的坡道上铺设无缝线路长轨条，全长 53.78 km。我国自 20 世纪 80 年代开始研究和铺设跨区间无缝线路。在京广线和京沪线的两段无缝线路长度分别为 140 km 和 104 km，上海至南京段铺设的跨区间无缝线路长达 303 km。随着铺设跨区间无缝线路技术的日益成熟，我国铁路正线正在大力推广跨区间无缝线路，同时新建的客运专线铁路要求正线轨道一次性铺设 60 kg/m 钢轨跨区间无缝线路。

(二) 跨区间无缝线路的结构特点

跨区间无缝线路从本质上说与普通无缝线路没有什么区别，但其在结构、铺设、养护维修等方面也具有不同的特点，并将带来很多新的技术问题。

(1) 用胶接绝缘接头替代了原有缓冲区的绝缘接头。整体性好、强度高、刚度大、绝缘性能好、寿命长、养护少的胶接绝缘接头的研制成功是跨区间无缝线路得以发展的重要保证。对这种胶接接头的使用寿命要求应该达到与基本轨同步的水平。目前美、日、俄、法等国胶接接头的质量水平较高。近年来我国从国外引进胶接材料进行试验研究，提高了质量，能满足跨区间无缝线路的要求。同时还要注意到胶接接头与焊接接头本质上还不一样，它不能承受撕裂力，且缺少弹性，不能承受过大的弯曲和撞击。根据实验室试验表明，其疲劳强度低于焊接接头。所以在运输和铺设过程中，要尽量避免发生剧烈撞击、摔打或弯曲等行为。

(2) 跨区间无缝线路在现场的焊接和施工。跨区间无缝线路由于施工技术条件和运营条件所限，不可能在一个天窗时间内一次铺设完成（一次仅能铺设 1～3 km），只能把跨区间无缝线路分成若干单元轨条。通常把一次铺设的轨条长度叫单元轨条。道岔区及前后约 200 m 的线路作为一单元，对两单元间的焊接必须在线路上进行。而且要求每单元长轨在焊联后的锁定轨温相同，这就需要配备有较大拉伸能力的焊接设备或性能良好的拉伸机。由于跨区间无缝线路不是一次完成铺设，要使整个轨条温度力均匀，即锁定轨温一致。在铺设施工中，如何组织施工队伍，安排施工程序，使得铺设、焊接、放散应力、锁定等工作有序进行，且保证锁定轨温符合要求，这就成为施工中一个关键问题。

(3) 跨区间无缝线路的维修养护方法。如前所述，跨区间无缝线路的基本原理与普通无缝线路是一致的，因此原有的普通无缝线路维修养护方法还适用。但现有的普通无缝线路存在缓冲区，如对无缝线路进行较长区段的破底清筛，或抽换轨枕作业，尤其进行大修作业或出现温度力不均匀等情况时，往往可以放散应力后作业。跨区间无缝线路实施起来就比较困难，这时作业的轨温条件可能就会控制得很严，同时应配备有快速切割、拉轨方便、焊接简便等相应的施工设备，便于处理各种应急情况。另外在道岔区由于钢轨受力状态较为复杂，而道岔的各部件和各部位的尺寸要求也较严，在有温度力状态下如何作业尚没有经验。这些都有待进一步研究和实践总结。

(4) 道岔区轨道受力情况。道岔区是两股轨道交叉一起，接头很多，转辙器的尖轨是可以自由活动的，辙叉是整体性的，而目前已经投入运营应用的可动心轨辙叉，情况又更复杂。当将道岔焊连成无缝道岔后，岔内钢轨温度力的分布，伸缩位移的大小，强度和稳定等问题，都有待进一步研究完善。

总的来说需要建立一套跨区间无缝线路（包括道岔区在内）的设计、铺设施工、维修养护的方法和规则。

二、跨区间无缝线路的设计

跨区间无缝线路不论是在新线或在运营线结合大修铺设，其线路平纵面设计与普通无缝线路设计一样。

跨区间无缝线路与普通无缝线路不同的是轨条贯通整个区间或区段，其长轨条不可能一次铺成，为此将长轨条分成若干个单元轨条，然后分次焊连铺入。一般单元轨条含有胶接接头时，要把胶接接头设置在离单元轨条端 200 m 外。单元轨条长度多长为合理，需要进行设计。此外还包括单元轨条的锁定轨温、轨条位移观测桩的设置、道岔区温度纵向力分布、轨道稳定和强度检算等内容。

(1) 单元轨条长度设计。跨区间无缝线路长轨条长度的设计，与普通无缝线路不同，跨区间无缝线路长轨条长度的设计是一次铺入长度的设计，即单元铺设长度的设计。单元轨条长度的合理定量，就是单元铺设长度设计的主要内容。跨区间无缝线路单元轨条长度的设计，受施工天窗长短、线路平面条件、铺设技术、铺设方法、焊接技术、轨温变化状态、施工组织、人员素质等诸多因素的制约，同时要考虑到各路局的具体情况和铺设现场存在的问题来确定。按目前现有的技术能力应以 2～2.5 km 为基数，争取 2.5～3.0 km。

(2) 锁定轨温和单元轨条之间焊连温度的选择。跨区间无缝线路设计锁定轨温的确定与普通无缝线路的设计方法和原则是一致的，一根轨条一个设计锁定轨温。但跨区间无缝线路是由在不同时间铺设的各单元轨条焊连成的，如何保证其全长内温度力均匀分布是一个关键。普通无缝线路考虑到铺设实际情况，一般铺设时锁定轨温容许有±5 ℃变化范围，如果强度和稳定得到保证，在特殊情况可适当放宽到±8 ℃，但这并不意味着一根轨条的锁定轨温可有这一范围变化。因此跨区间无缝线路在各个单元轨条焊接时，最好选择轨温在设计锁定轨温时间，且两相邻单元之间的锁定轨温差小于±5 ℃内来进行，并在焊接前后采用拉轨机将轨条应力调整均匀。其最终焊接必须选择在靠近设计锁定轨温的温度下进行，并做好局部应力放散。

(3) 无缝道岔单元轨条设计。无缝道岔单元轨条是把一组或几组道岔及其前后 50 m 以上的线路焊联成一个单元轨条，以便同时铺设（或放散）同时锁定，按同一锁定轨温管理。

无缝道岔单元是跨区间无缝线路很重要的单元，道岔单元中接头多，钢轨纵向力分布复杂，同时还会遇到不同材质的钢轨焊接问题，所以对无缝线路的接头焊联设计、岔内钢轨纵向力分布、强度和稳定性检算，是跨区间无缝线路设计的重要组成部分。

① 无缝道岔的接头焊连设计。目前我国跨区间无缝线路焊接的道岔一般有两种类型：一种是 60 kg/m 钢轨 AT 尖轨可动心轨 12 号单开道岔；另一种是 60 kg/m 钢轨 AT 尖轨整铸锰钢辙叉 12 号单开道岔。无缝道岔直基本轨焊接，曲基本轨接头焊接或冻结。

② 无缝道岔钢轨纵向力分析、强度和稳定性检算等内容见下面有关介绍。

三、无缝道岔

跨区间无缝线路中的道岔应当是没有任何轨缝的道岔，道岔中所有的钢轨接头都应焊接或胶接起来，道岔两端也需要与直股或与直股和侧股的无缝线路长轨条焊接在一起，这样的道岔称之为无缝道岔。

无缝道岔是跨区间无缝线路的一个重要组成部分，它与长轨条一样要承受无缝线路温度力的作用。道岔中的钢轨不但承受巨大的温度力作用，而且里侧轨线两端受力状况不同，这种不平衡的温度力状态使无缝道岔中的钢轨受力与变形位移发生变化，是无缝道岔设计、铺设、维修养护中需要处理的核心问题。

(一) 无缝道岔里轨伸缩位移

由于温度力的作用，无缝道岔的尖轨与可动心轨要发生纵向位移，尖轨或可动心轨尖端的伸缩位移为跟端处钢轨伸缩位移与自由伸缩长度之和，通常在尖轨尖端与可动心轨尖端钢轨伸缩位移最大，为了不至于影响转辙机械的搬动，钢轨的最大伸缩位移不能超过容许限值。

不同的道岔类型、不同的辙跟结构、不同的翼轨结构、直股与侧股的不同焊接情况、不同的岔枕类型等条件下，跟端处钢轨伸缩位移不同，但基本计算原理是相同的。

间隔铁辙跟结构将会把里轨温度力传递到基本轨。同钢轨接头阻力一样，辙跟摩阻力由钢轨与间隔铁间的摩阻力和螺栓的抗弯力或抗剪力提供，计算方法与接头阻力类似。辙跟若为限位器结构，则在轨温升高或降低的初始阶段，道岔里股钢轨将不会通过辙跟传递温度力。待辙跟处里股钢轨有了一定的伸缩位移（7～10 mm），限位器结构部件相互接触后才传递温度力，并且可传递很大的温度力，此时可认为辙跟处里股钢轨不再进一步产生伸缩位移。

道岔中由于岔枕长度不同，里外轨间距不同，钢轨在每一根岔枕处道床纵向阻力均是不相同的，岔枕单位长度的纵向阻力一般应通过实测获得。

当道岔钢轨扣件足够强固时，四轨线岔枕在里轨温度力的作用下将产生弯曲变形，其上的里轨将不会自由伸缩，岔枕的弯曲刚度则相当于钢轨的一种纵向阻力阻止其自由伸缩。对于直股与侧股均焊接的无缝道岔，里股钢轨均要承受元缝线路温度力，钢轨相对于岔枕发生纵向位移，通过扣件致使岔枕承受作用力。对于仅有直股焊接的无缝道岔，直股里轨承受无缝线路温度力作用；侧股里轨为普通线路，温度力较小可忽略不计。

岔枕所承受里股钢轨所传递的温度力若大于扣件的推移阻力，则里股钢轨传递给岔枕的作用力将保持不变，等于里股钢轨的扣件推移阻力。

（二）无缝道岔基本轨附加温度力

无缝道岔基本轨焊接后，相当于无缝线路的固定区，在不受外力作用下不会发生伸缩位移。而道岔里股钢轨焊接后，相当于无缝线路的伸缩区，它将释放的温度力转换成伸缩位移。由于构造原因，道岔基本轨通过岔枕、辙跟间隔铁等部件与里轨相连，参与里轨阻止在温度力作用下的伸缩位移，从而使道岔基本轨承受了道岔里轨传来的附加温度力。无缝道岔设计的一项重要内容，就是计算道岔外侧基本轨承受的附加温度力，把它与基本轨承受的初始温度力叠加，进而检算基本轨的强度以及道岔前二轨线地段的无缝线路稳定性。

计算中首先求得间隔铁结构及每一根岔枕传递于基本轨上的作用力，然后叠加基本轨下的道床阻力即可得到该处基本轨所承受的附加温度力。由于无缝道岔基本轨处于无缝线路的固定区，在道岔两端足够远的钢轨上无任何伸缩位移，当无缝道岔基本轨承受附加温度力后将产生伸缩位移，附加力造成的钢轨拉伸与压缩变形是相等的，即基本轨附加温度力图上拉力区面积与压力区面积相等，以保证道岔两端足够远处钢轨位置不变。采用与桥上无缝线路伸缩附加力计算类似的试算方法，按附加温度力的方向逐点叠加形成无缝道岔基本轨附加温度力图。图 10-21 即为一典型的固定辙叉无缝道岔基本轨附加温度力图。

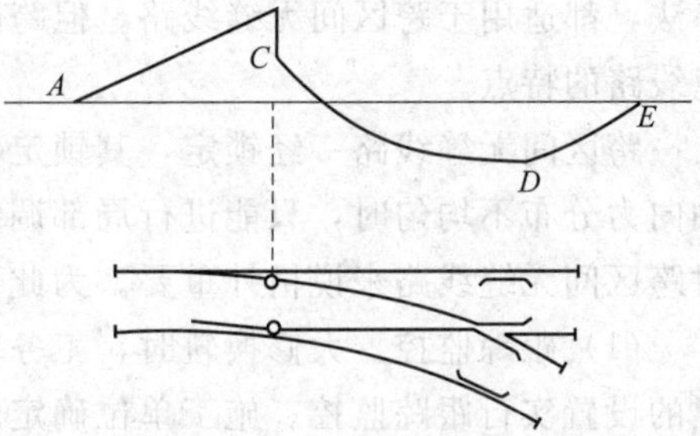

图 10-21 固定辙叉道岔基本轨附加温度力图

（三）无缝道岔检算

无缝道岔的检算包括钢轨强度检算和岔前线路稳定性检算两项内容。

在相对辙跟与可动心轨弹性可弯中心处的基本轨上出现附加温度力峰值，该处的钢轨应进行强度检算。若无缝道岔钢轨不能满足其强度条件时，应采取措施提高钢轨强度，尤其要保证基本轨焊接接头质量。若仍不能满足强度条件，应适当调整无缝道岔的锁定轨温。

岔前线路稳定性检算可采用普通无缝线路稳定性计算公式进行计算。需要说明的是，由于岔前线路温度力并非均匀分布，因而需确定一个恰当的检算位置。一般取尖轨尖端前 4 m 处作为稳定性检算的位置。岔前线路若不能满足无缝线路稳定性要求，则需要采取提高无缝线路稳定性的措施，例如：保持道床饱满、密实及足够的道砟肩宽；在砟肩适当堆高石砟；按规定拧紧钢轨扣件等。在仍不能满足稳定性要求的条件下，可适当提高无缝道岔及区间线路的锁定轨温。

四、跨区间无缝线路的铺设和养护

（一）跨区间无缝线路的铺设

跨区间无缝线路的铺设是以单元轨条为一段依次分段焊连施工的。焊连时保证锁定轨温不超限（在设计中和轨温范围）是关键。所以根据施工作业轨温和施工条件一般有两种施工方法，一种叫"连入法"，一种叫"插入法"。

（1）连入法

采用连入法施工时，是在一个天窗时间内把要铺设的单元轨条始端用焊接法与前一天铺设的单元轨条终端焊连，铺设时同时焊接同时放散，做到一步到位。也就是说，在认为锁定轨温相符的条件下，新轨引进换轨车龙门之后，换轨车边前进边进行长轨条的始端焊接。这种施工组织难度较大，一般适用于封闭线路铺设和轨温变化不大，与锁定轨温相同的条件。

（2）插入法

在一个天窗内，与铺设普通无缝线路一样，在两单元轨条之间设一根缓冲轨（长度不短于 6 m），而在另一个天窗时间取出缓冲轨，插入经计算确定的轨长放散应力，然后进行最终焊接。第二次焊接作业，可以选在正在铺设新轨区间或相邻区间铺设新单元轨条时的同一个天窗内来进行。作业地点间隔以相互施工不发生影响，最好不小于三个单元轨条长。这种施工方法原则上可以任意轨温下铺设，施工难度较小，容易做到温度力均匀，符合设计中和轨温要求。

（二）跨区间无缝线路的养护

跨区间无缝线路的基本原理与普通无缝线路相同，因此，普通无缝线路的一切养护维修办法，都适用于跨区间无缝线路。但跨区间无缝线路因其轨条特长，也有一些不同于普通无缝线路的特点。

跨区间无缝线路一经锁定，其锁定状况，因其超长而不易改变。例如，锁定轨温不准、轴向力分布不均匀时，只能进行局部调整，几乎无法进行整体放散。因此，"锁定轨温要准"对跨区间无缝线路来说格外重要。为此，必须做好：

（1）跟踪监控。大修换轨时，工务段要派遣分管无缝线路的技术人员，对施工中锁定轨温的设置实行跟踪监控。施工单位确定的锁定轨温之依据是否可靠；新轨的入槽轨温和落槽轨温的测定是否准确适时；低温拉伸时，其拉伸温差和拉伸量的核定是否无误，拉伸是否均匀等等，都要认真监视、检查和记录。

（2）严格验收。工程验交时，有关记录锁定轨温的资料，必须齐全，同时要一一查对核实，如有疑问必须核查清楚。

（3）最终复核。工程验交之后，工务段要对验交区段的轨长标定进行一次取标测量，去掉可疑点，算出各分段的锁定轨温值。而后将跟踪监控、交验资料、取标测算三方面的情况进行一次最终核查，将查定的锁定轨温作为日后管理的依据。

（4）日常监测。在日常管理中，要对爬行观测桩和轨长标定的设标点进行定期观测，并互相核对。如发现两观测桩之间有位移，则进一步对两观测桩之间的设标点进行取标测量，详查发生位移的实际段落所在。核定后进行局部应力调整，使之均匀。

复习思考题

1. 无缝线路的类型有哪些？

2. 什么是施工锁定轨温、中和轨温和中间轨温？

3. 为什么说无缝线路的长轨条可以无限长？

4. 线路的纵向阻力主要有哪些，各有什么作用，受什么因素影响？

5. 伸缩区和固定区是如何定义的？

6. 如何绘制温度力图？

7. 轨端伸缩量如何计算？

8. 无缝线路涨轨跑道的过程主要有几个阶段，各有什么特征？

9. 影响无缝线路稳定性的因素主要有哪些？

10. 如何确定中和轨温？

11. 什么是跨区间无缝线路？有哪些铺设方法？

12. 上海地区铺设无缝线路：50 kg/m 钢轨，弹性模量 $E=2.1\times10^5$ MPa，线性膨胀系数$\alpha=11.8\times10^{-6}$/℃，横截面积 $F=65.80\ \text{cm}^2$；混凝土轨枕，接头阻力 $P_H=270$ kN，道床纵向阻力 $r=8.7$ N/mm。当地最高轨温 60.2 ℃，最低轨温 −12.1 ℃，锁定轨温为 25 ℃；缓冲区标准轨长度为 25 m，构造轨缝为 17 mm。试计算：

(1) 伸缩区长度；

(2) 压力峰位置及压力峰大小；

(3) 预留轨缝值。

参考文献

[1] 中华人民共和国铁道部. 铁路轨道设计规范. 北京：中国铁道出版社，2004.

[2] 中华人民共和国铁道部. 铁路线路修理规则. 北京：中国铁道出版社，2006.

[3] 中华人民共和国铁道部. 新建时速 200～250 公里客运专线铁路设计暂行规定. 北京：中国铁道出版社，2005.

[4] 中华人民共和国铁道部. 新建时速 200 公里客货共线铁路设计暂行规定. 北京：中国铁道出版社，2005.

[5] 中国铁路总公司．铁路技术管理规程（普速铁路部分）．北京：中国铁道出版社，2014.

[6] 缪鲲，王保成．铁路选线设计．北京：人民交通出版社，2015.

[7] 中华人民共和国铁道部. 铁路线路设计规范. 北京：中国计划出版社，2006.

[8] 高速铁路设计规范（TB 10621—2014）. 北京：中国铁道出版社，2014.

[9] 郝瀛. 铁道工程：北京：中国铁道出版社，2000.

[10] 王其昌. 高速铁路土木工程. 成都：西南交通大学出版社，1999.

[11] 谷爱军. 铁路轨道. 北京. 中国铁道出版社，2005.

[12] 易思蓉. 铁路选线设计. 武汉：武汉大学出版社，2014.

[13] 李成辉. 铁路轨道. 北京：中国铁道出版社，2014.

[14] 詹振炎. 铁路选线设计的现代理论和方法. 北京：中国铁道出版社，2001.

[15] 广钟岩，高慧安. 铁路无缝线路. 北京：中国铁道出版社，2001.

[16] 何华武. 无砟轨道技术. 北京：中国铁道出版社，2005.

[17] 赵国堂. 高速铁路无砟轨道结构. 北京：中国铁道出版社，2006.

[18] 中华人民共和国铁道部．铁路无缝线路设计规范（TB 10015—2012). 北京：中国铁道出版社，2013.